SICHOU ZHILU

YANXIAN XINFAXIAN DE
HANTANG SHIQI FALÜ WENSHU YANJIU

丝绸之路沿线新发现的汉唐时期法律文书研究

郑显文◎ 主编

中国法制出版社
CHINA LEGAL PUBLISHING HOUSE

本书出版得到上海市教委科研创新计划重大项目“‘一带一路’沿线新发现的古代各民族的法律文书整理及研究”（2017-01-07-00-02-E00048）项目和上海师范大学第九期校级重点文科“法律史学”项目的资助

目 录

CONTENTS

霸姬盘小考

王　沛*

2007年，山西省考古研究所等单位对翼城县大河口西周墓地进行发掘，获取很多霸国青铜器，其中2002号墓出土的霸姬盘与已公布的鸟形盉铭文内容相关，是重要的西周诉讼资料。这批资料的涉及面很广，难点、疑点甚多，笔者仅就其中个别问题陈述自己的陋见。这里先将两器铭文录之于下。

霸姬盘铭文：

唯八月戊申，霸姬以气讼于穆公曰：以公命用簋朕僕驭臣妾自气，不余气。公曰：余不女命曰虒霸姬？气誓曰：余某弗戾再公命，用虒霸姬。余唯自舞，鞭五百，罚五百寽。报厥誓曰：余再公命，用虒霸姬，襄余改朕辞，则鞭五百，罚五百寽。气则誓。曾厥誓曰：女某弗再公命，用虒霸姬。余唯自舞，则鞭身，传出。报厥誓曰：余既曰再公命，襄余改朕辞，则出弃。气则誓。对公命，用乍（作）宝盘盉，孙子子其万年宝用。

鸟形盉铭文：

气誓曰：余某弗再公命，余自無，则鞭身、第传出。报乎誓曰：余即曰余再公命，襄余亦改朕辞，出弃。对公命，用作宝盘盉，孙子其万年用。

---

*　王沛，华东政法大学法律古籍整理研究所教授。本文写作过程中，曾与陈昭容、郭永秉、胡嘉麟、邬勖等师友多次探讨，特此致谢。本文系笔者承担的国家社科基金项目《新出金文、简牍所见周秦法制变革研究》（项目批准号：16BFX018）的阶段性成果。

以下本文将从四个方面对铭文中的问题加以讨论。

一、两篇铭文的关系

霸姬盘和鸟形盉为同批铸造的一套铜器，其铭文所叙述为同一件事。霸姬盘铭文铸于盘内底部，盘底面积较大，直径超过 20 厘米，可用 10 行 153 字的篇幅充分铺陈文意。而鸟形盉铭文铸造鸟背盖内，盖内面积狭小，最大直径不到 10 厘米，8 行 52 字的铭文铸于其上已显得十分拥挤，所以内容只能节录盘铭。鸟形盉铭文删去了事件的背景，只留下两则精简版的誓言。也正因如此，精简版本之辞句乃是誓言中最重要的部分，这使我们在审读更为详细的盘铭时得以抓住重点，避免被某些生僻的枝节语句所左右。

霸姬盘铭中“霸姬以气讼于穆公曰”是金文中非常典型的“A 以 B 讼于 C”的讼诉格式，此固定格式中，A 为原告，B 为被告，C 是审判官。《礼记·祭统》中说“铭之义，称美而不称恶”，涉及诉讼的铭文，都是胜利者的记录，而不可能是败诉者自叙其丑。故盘、盉铭应为原告，也即胜诉者霸姬所作，不会是败诉者气所作。尽管鸟形盉中没有出现霸姬之名，但因其为霸姬所作，其正式名称仍应是“霸盉”，而非“气盉”。

二、作器的背景

铭文说八月戊申这天，霸姬到穆公那里起诉了气。有学者认为霸姬是 2002 号墓墓主的夫人，而墓主为霸国国君霸伯的弟弟霸仲；[1] 也有学者认为霸姬是国君霸伯的妻子——霸仲墓南侧不远的 1017 号墓，就是霸仲之兄霸伯的墓地。[2] 第一种观点的疑点很多。本器出土于霸仲的墓地，说明案件发生在霸仲去世之前。霸仲为何不自己提起诉讼，而让其妻提起诉讼，这令人费解。第二种观点

[1] 裘锡圭：《大河口西周墓地 2002 号墓出土盘盉铭文解释》，载复旦大学出土文献与古文字研究中心网站，http://www.gwz.fudan.edu.cn/Web/Show/4277。

[2] 谢尧亭：《倗、霸及其联姻的国族初探》，载陈光祖主编：《金玉交辉——商周考古、艺术与文化论文集》，中国台湾“中央研究院历史语言研究所”2013 年版。

的可能性更大，但霸姬是哪代霸伯的妻子，还有必要再做讨论。笔者认为，霸姬当是2002号墓主霸仲与1017号墓主霸伯的母亲，案件发生于霸姬的丈夫，也就是1017号墓主之上代霸伯去世之后，而其子尚幼之时。霸姬作器的原因要放在两周女性作器的背景下来理解。

霸姬盘为记录诉讼而铸铭，这在女性作器中是比较罕见的。两周金文中的女性作器，其铭文内容多为自己的名字，至多加上祝福语，或说明作器是为了祭祀自己的父母、丈夫，仅此而已，为纪念重要事件而作器的情形并不多，而这些“纪念性”铜器铸造原因可分为以下两类。

（一）受高级女性贵族的赏赐而作器纪念，其赏赐与作器皆具常规性。具体又可分为：

1. 周王后妃赐财物与女官，女官作器纪念。如保侃母壶（集成9646），铭文说“王姒易保侃母贝，扬姒休，作宝壶”。与之类似的铜器还有保侃母簋盖（集成3743）、保汝母器（集成10580），作器者皆为女保。

2. 周王后妃赐财物与贵族妻子，后者作器纪念。如公姞鬲（集成3035）、尹姞鬲（集成3039）、季姬尊（新收364）。其中尹姞鬲提到穆公，下文还会述及；而季姬则是王后的女儿。

（二）女性因特殊原因参与政治活动，为此作器纪念，其原因具有特殊性，具有代表性的铜器有三件：

1. 胡应姬鼎。胡应姬是嫁入胡国的应国姬性女子。铭文说昭王伐楚的时候，胡应姬觐见了昭王，昭王赐给她贝与玄布，她制作了纪念自己先夫“嫡君公叔乙”的这件鼎。做器背景有二：昭王南征与其夫去世。胡应姬独自觐见周王，或因其夫公叔乙死于南征，周王为此特加慰问褒奖。[1]

2. 晋姜鼎（集成2826）。晋姜鼎铭开篇即言作器者的丈夫文侯已去世。丈夫去世后，晋姜不暇荒宁，辅弼新君，做出种种丰功伟绩，所以制作铜器加以纪念。

---

[1] 李学勤先生认为“嫡君”“公叔乙”是两人，“嫡君”为胡应姬之夫的正夫人，公叔乙为胡应姬之子。参见李学勤：《胡应姬鼎试释》，载复旦大学出土文献与古文字研究中心：《出土文献与古文字研究》第六辑，上海古籍出版社2015年版；《胡应姬鼎再释》，载《武汉大学学报》2017年第4期。

铭文特别强调晋姜“乍（作）疐为亟（极）”。疐通柢，是根底的意思；[1] 为亟（极），则是为准则的意思，这体现出晋姜在制度创制方面的巨大权力。

3. 霸姬盘，即本器。霸姬盘并没有提及霸姬的丈夫，但从前面两器的制作背景来看，霸姬夫亡子幼，必须亲自打理内政外交的可能性最大。其夫亡故，遇有此类重大纠纷，自己以宗妇身份向穆公提起诉讼，胜诉后作器纪念，这样解读似乎较合情理。本器传与其子霸仲，后来埋葬于霸仲墓中。[2]

霸姬作器之原因明显有异于前述第一种常规情形，而属于第二种特殊情形，如此可以较好地解释霸姬盘的出土信息。此外，铭文中审判官穆公的身份，也是我们推定霸姬生活年代的重要依据。

三、霸姬与穆公的时代

霸姬盘中提及的穆公应为西周铜器中经常出现的王朝重臣穆公。我们从相关铜器中可知：

（一）穆公生活在昭、穆王时期。盠尊（集成 6013）铭文说周王在太庙册命盠时，穆公担任右者。据逨盘（新收 757）铭文可知，盠曾在昭、穆时供职于王朝，穆公生活的时代也大致如此。[3]

（二）穆公为井氏家族的宗子。如西周晚期铜器禹鼎（集成 2833）的器主说自己受命“政于井邦”，而自己的祖先便是“丕显桓桓皇祖穆公”。

（三）穆公是井氏分支井叔一系的祖先。如张家坡出土的西周中期铜器井叔钟铭文便说“井叔叔采作朕文祖穆公大钟”。

我们以往见到的井叔铜器大多是铸造于西周中期，[4] 距离穆公生活的时代较远，说明穆公之后不久井叔一支就已分出。而 1017 号墓霸伯山簋中正出现井叔蔑历霸伯的文字：

---

[1] 参见于省吾：《泽螺居诗经新证》，中华书局 1982 年版，第 231—232 页。

[2] 某人所作之铜器传与子孙，并出现在子孙的墓葬中是很常见的，参见李伯谦：《从晋侯墓地看西周公墓墓地制度的几个问题》，载《考古》1997 年第 11 期。

[3] 甘肃庆城县博物馆藏的穆公簋盖（集成 4191），其铭文中的穆公为私名，故不纳入考察范围。

[4] 张长寿：《论井叔铜器——1983—1986 年沣西发掘资料之二》，载《文物》1990 年第 7 期。

隹十又一月，井叔来耞盐，蔑霸伯历，事（使）伐用帱二百，丹二量，虎皮二，霸伯拜稽首，对扬井叔休，用作宝山簋，其万年子子孙孙其永宝用。

据发掘报告分析，1017号墓年代在西周中期偏早，接近穆公生活的年代。而上述铭文中的井叔，应当就是第一代井叔。前文论证霸姬当是1017号墓主霸伯尚的母亲，这与霸伯山簋铭文背景正好呼应：穆公时，1017号墓主霸伯尚还年幼，遇到纠纷，则由其母霸姬亲自赴穆公处打官司；而到穆公之子井叔理政的时代，霸伯尚已经成年，出现在接受井叔嘉奖的场合。换句话说，霸姬与穆公同时代；霸伯尚与井叔同时代。[1] 张长寿先生在论述张家坡井叔铜器时，曾绘有如下世系：

……文祖穆公——□□——井叔采……

（缩略图）

而据大河口资料推测，文祖穆公与井叔采之间的所缺之第一代井叔，正是霸伯山簋中的井叔。

井叔家族与霸国关系密切。霸伯山簋铭文说井叔来祈求盐业丰产，并嘉奖霸伯；曶鼎铭文说“井叔在异为□”，处理诉讼的事件，异即翼，其地当在今日翼城附近。霸国附近的晋南地区盛产食盐，以上资料表明井叔家族对霸国及临近的晋南地区事务拥有一定管理权，这种管理权应该自穆公时代就开始了，继而为井叔家族所延续。

霸姬之所以向穆公告状，是因为“以公命用簋朕仆驭臣妾，不余气”，这句话大致是说霸姬与气之间因仆驭臣妾问题产生了纠纷，而霸姬乃是受穆公之命而主张其权力的。[2] 气的身份难以确定，从上下文分析，似乎他是王朝派出驻扎

[1] 霸姬盘形制与守官盘（集成10168）相似，而唐兰将守官盘定为穆王时铜器，年代略早于出土霸姬盘的2002号墓，这与我们所确定的霸姬、穆公、井叔、霸伯尚、霸仲之年代次序是吻合的。唐兰：《西周青铜器铭文分代史征（上）》，上海古籍出版社2016年版，第389页；发掘报告将2002号墓的年代定在穆、恭之际，参见山西省考古研究所等：《山西翼城大河口西周墓地2002号墓发掘》，载《考古学报》2008年第2期。

[2] 这句铭文的具体含义笔者将另文讨论。

在霸国，而地位不太高的某贵族。穆公审理此案，或因他对霸姬与气仆驭臣妾事务同时享有管辖之权。

需要注意的是，师瘨簋盖铭文（集成 4284）中有位担任司马的井伯，叫䙴，其身份为井氏家族的宗子，䙴大致生活在穆王、恭王世，有学者怀疑䙴就是穆公的私名。[1] 而 2006 年 3 月《中国历史文物》公布了一件穆王时的铜器䙴簋，器主也是䙴，其铭文讲述周王册令䙴之史实。周王说：

更乃且（祖）服，作冢司马，女（汝）乃谏讯有粦，取徵十寽。

由此可知，䙴既任司马之职，掌握军权；又有审判之权，可以“谏讯有粦”。无疑，䙴的角色和霸姬簋铭文中那位调令仆驭臣妾、又担任审判官的穆公非常吻合。[2] 䙴簋铭文中的“更乃祖服”表明，这种权力来自䙴的家族，也即井氏家族之世袭。无论䙴是不是穆公，这件铜器都可用以了解穆公所属之井氏家族的职务背景。

四、铭文中的誓言

在铭文中，被告气发出的四则誓言，这四则誓言分为两组，我们简称为 A 组、B 组誓辞。两组誓辞各以“气则誓”结尾：

A 组：

A-1. 气誓曰：余某弗爯公命，用䖒霸姬。余唯自舞，鞭五百，罚五百寽。

A-2. 报厥誓曰：余爯公命，用䖒霸姬，襄余改朕辞，则鞭五百，罚五百寽。气则誓。

[1] 杨亚长：《金文所见之益公、穆公与武公》，载《考古与文物》2004 年第 6 期；王世民、陈公柔、张长寿：《西周青铜器分期断代研究》，文物出版社 1999 年版，第 100 页。

[2] 同为穆王时器的趞簋（集成 4266），器主趞担任𢿢师冢司马，官司“仆、射、士”，“讯小大有粦”其执掌背景可与䙴簋和霸姬盘参看。

B组：

B-1. 曾厥誓曰：女某弗再公命，用虒霸姬。余唯自舞，则鞭身，传出。

B-2. 报厥誓曰：余既曰再公命，襄余改朕辞，则出弃。气则誓。

这两组中誓辞中，A组是最初做出的誓辞，但后来誓辞发生了改变，代之以B组誓辞。B组誓辞被称之为“曾厥誓”，“曾”即“增”，指增加了刑罚的等级：惩罚力度由原来的鞭五百、罚五百寽增至鞭身和流放，B组誓辞是最终的誓辞。鸟形盉铸铭于盖，盖面狭小，所以简略地节录了B组誓辞，而略去了之前的A组誓辞。鸟形盉铭文虽然简略，却是整个事件中最重要的部分。如霸姬盘誓词中有“用虒霸姬”一语，“虒”字难懂，全句难解。不过鸟形盉在记录誓辞时省略了这句话，表明这句话并非特别关键，即便没有这句话，我们依旧可以大体把握誓辞含义。

两组誓辞都由“誓曰”和“报厥誓曰”两部分组成。二者的区别在于：“誓曰”的核心是“再公命”；“报厥誓曰”的核心是“改朕辞”。“报”的含义是指对前誓的回报、回应。“誓曰”之内容是针对违背公命行为的制裁；“报𠂤誓”之内容是对改动“誓曰”文辞的制裁——倘敢更改“誓曰”中的文辞，也要受到惩罚。擅自改变誓言的行为见于㒼匜（集成10285）。㒼匜铭文中的被告牧牛就有“卬先誓”的行为，卬即代字，“代先誓”就是改变了以前的誓言，牧牛因此受到惩罚。牧牛随后在法庭上不但保证自己要“御誓”（遵守誓言），还要“从辞从誓”。西周时代对“从辞”的重视及对“改辞”的防范，由此可见一斑。关于“报誓”的问题，笔者曾经写过论文考证。[1]只是当时未见到霸姬盘，所以对鸟形盉铭文的总体理解出现了偏差。不过关于“誓”与“报誓”的关系，笔者依旧持有原先的见解。

---

[1] 王沛：《西周邦国的法秩序构建：以新出金文为中心》，载《法学研究》2016年第6期；王沛：《西周的“井”与“誓”：以兮甲盘和鸟形盉铭文为主的研究》，载《当代法学》2012年第5期。

霸姬盘、鸟形盉及其铭文[1]

[1] 采自山西考古研究所等:《山西翼城大河口西周墓地2002号墓发掘》,载《考古学报》2018年第2期。

《曶鼎铭》第二段再探讨

吕　利*

一、引言

曶鼎，亦作舀鼎，文献记载，镇洋毕秋帆尚书（毕沅）所藏，得之于西安。[1] 鼎"高二尺，围四尺，深九寸，足作牛首形，……尚书置于家庙，籍没后不知流落何所，或重入内府志亦无确证"[2]。也有人说毁于兵火，或沉于太湖。[3] 因器形未见著录，所以曶鼎实际样貌如何，已不得而知。所幸有几种珍稀拓本留存，曶鼎得以铭文著称于世。

曶鼎铭一经问世即引人注目。一来铭文篇幅甚巨，全文超过 400 字，其中字迹可辨者 370 余，如此规模，在西周中晚期的青铜器铭中，仅次于毛公鼎；二来铭文内容丰富，风格奇特。该铭是年、月、月相、干支记日四项因素俱全的记时铭文，对于青铜器断代和金文历谱的研究有重要价值；[4] 铭文分三段，除第一段依惯例记述册命、赏赐、作器缘由外，另两段各载诉讼案例一篇，如此布局，亦不平凡。另外，第二段所记"匹马束丝赎五夫"案，在二十世纪三十年

* 吕利，山东滕州人，上海师范大学马克思主义学院副教授，法学博士，主要从事中国法制史研究。

[1] （清）阮元：《积古斋钟鼎彝器款识》，清嘉庆九年刻本，第 39—40 页。毕沅（1730—1797 年），乾隆二十五年（1760 年）进士，曾任陕西巡抚。

[2] 上海博物馆图书馆藏《〈灵岩山馆藏〉曶鼎铭拓本》，吴云题端。见李朝远：《曶鼎铭文拓片之比勘》，载《上海文博论丛》2009 年第 2 期。

[3] （清）刘心源：《奇觚室吉金文述》卷二·二五，光绪刻本影印本；"沉湖"一说，据黄海《曶鼎铭文法律问题研究》（华东政法大学 2016 年硕士学位论文）所述，出自光绪年间吴士鑑的题识，见严一萍：《金文总集》，台北艺文印书馆 1983 年版，第 712 页。

[4] 李朝远：《曶鼎诸铭文拓片之比勘》，载《上海文博》2009 年第 1 期。

代关于中国古代社会性质的讨论中，为郭沫若先生所引用，并据以确认西周时代的中国社会为奴隶社会，曶鼎铭也因此成为研究西周社会史的重要史料。当然，作为西周时期少数直接涉讼的金文资料之一，曶鼎铭在中国法制史研究领域也很受关注。

然金文之史料化，有赖于一定程度的释读。曶鼎铭考释之难，有其客观原因。铭文计 3 段 24 行，所有现今可见的拓本都显示——鼎铭底部有蚀损，每一竖行大约损失半字到一、二字不等。[1] 另外剔削不当也可能导致部分字迹受损，辨识方面仍有疑异。上述损坏对于第一、三两段的解读并不构成实质妨碍，但对于第二段（即“匹马束丝赎五夫案”）却影响巨大。该段所述事项，出场人物众多，且于能反映各方关系的关键之处毁损到毫无痕迹可循。许多中外知名学者参与了对曶鼎的考释、研读，然而吊诡的是，关于曶鼎铭第二段，他们各自提出的解释方案如此不同，仅据《曶鼎铭文法律问题研究》一文不完全列举已有八种之多。[2] 笔者不揣驽钝，在这八种相互歧义的解决方案中进行了一个求同存异的梳理工作，发现它们有一个共同之处，就是在铭文第二段第一行下部缺损部分，自郭沫若先生补入“曶”以来，似乎已经获得了学界的普遍认可，该方案成为其他各种解释的共同前提。以此方案添补断句如下：

[1] 也有可能损失三字。统计可知，《曶鼎铭》24 行中，不计段尾，其他各行每行现有字数在 16—19 之间，绝大部分为 16、17 字。唯第三段之第二行为 19 字，最后一字残一半，犹可辨认；第三段第三行 18 字，残一字。如此，如果每行最大可容纳 19 字，现存每行 16 字的，也存在缺 3 字的可能。

[2] 黄海在《曶鼎铭文法律问题研究》中，集录来自国内外学者的八种不同解释，并作图解。分别见于郭沫若：《两周金文辞大系图录考释》，上海书店 1999 年版，第 446—447 页；陈梦家：《西周铜器断代》，中华书局 2004 年版，第 199—201 页；姚孝遂：《舀鼎铭文研究》，载《吉林大学社会科学学报》1962 年第 2 期；谭戒甫：《西周“舀”器铭文综合研究》，中华文史论丛第三辑；〔日〕白川静著：《金文通释选译》，曹兆兰选译，武汉大学出版社 2000 版，第 134—158 页；孙常叙：《曶鼎铭文通释》，载《孙常叙古文字学论集》，东北师范大学出版社 1998 年版；〔日〕松本道雄：《西周后期社会所见的变革萌芽——曶鼎铭解释问题的初步解决》，见《日本学者研究中国史论著选译》第三卷，中华书局 1993 年版，第 150—188 页；李学勤：《论曶鼎及其反映的西周制度》，载《中国史研究》1985 年第 1 期。

【曶】事（使）厥小子𩞁（究）以限訟于井叔。[1]

如此，可以断定，作器者——“曶”——就是“匹马束丝赎五夫案”的一方当事人，即本案的原告。积极方面考虑，无疑这意味着已经产生共识与权威性的解释；但换个角度，也许这正是问题的症结所在：在紧要之处，一个不适当的补正，造成所有其他角色分配上的无所适从，无论怎样排列组合，似乎都不是那么圆融可靠，反倒是解释越多越离奇，越需要在文本之外构思补充更多的情节。本文试图在吸收前人诸多研究成果的基础上，结合晚近出土的秦汉法律简牍中的相关内容，尝试其他可能，以期走出这种迷津，即或最终被证明是错误的，也以试错排除的方式向其本相更靠近一步。

二、铭文的断代及对相关事实的初步研判

（一）曶鼎铭释文

以《集成》为蓝本，将曶鼎铭全文照录如下〔原拓本残缺部分加“【 】”标出，字形变异通假的则以“( )”标出，原竖行每一行以“/”分隔〕。

第一段：（5行）

唯王元年，六月既望乙亥，王在周穆王大【室】，【王】/
若曰：曶，令（命）女（汝）更乃祖考嗣卜事。赐女(汝)赤⊖【芾】、【 】/
用事。王在遡应，井叔賜曶赤金鐖。曶受休【命】【於】/
王，曶用兹金乍（作）朕文孝（考）究伯䵼牛鼎。曶其【萬】【年】/

[1] 此处，阮元、毕沅合著《山左金石志》，录钱坫（钱献之）释文，蚀损部分缺而不补；阮元《积古斋钟鼎彝器款识》，也空置；上海博物馆图书馆藏《秋谷藏》曶鼎铭拓本，上有提拔无数，其中所载释文也未见补入；中国社科院考古研究所编订的《殷周金文集成》修订增补本释文也保持空缺。只是在对第二段内容做概述时，阮元作了如下判断：“小子訟于井叔以百爰赎五夫曶受五夫而为誓词也。”如果断为“小子訟于井叔，以百爰赎五夫，曶受五夫，而为誓词也”，可以说它只陈述了释文中可以确定的部分，并没有试图解释更多，也无意对其中的错综复杂的关系进行梳理。

用祀，子子孫孫其永寶。

第二段：（11行）

唯王四月既省（生）霸，辰在丁酉，井叔在異，為【 】【 】/
事（使）厥小子𪆽（究）以限訟于井叔：我既賣（贖）女（汝）五【夫】【效】/
父用匹馬、束絲。限許曰：𠭯則卑（俾）我賞（偿）馬；效【父】【則】/
卑（俾）復厥丝束。𩕿、效父迺许𧪡曰：于王參門【 】【 】/
木榜。用徵祉（誕）賣（贖）茲五夫，用百寽（锊）。非出五夫，【則】【 】/
訋（詑）。迺𩰫又（有）訋（詑）眔𪖉金。井叔曰：才（裁）：王人迺賣（贖）【用】【徵】/
不逆付。曶毋卑式於𠭯，曶則拜韻首。受茲五【夫】，/
曰陪（陪）、曰恒、曰劦、曰𩰬、曰省，事（使）寽（锊）以告𠭯，迺卑（俾）【饗】/
以曶酉（酒）彶（及）羊，絲三寽（锊），用𢓊（致）茲人。曶迺每（誨）於𩰫【曰】：/
女（汝）其舍𪆽（究）矢五秉。曰：弋尚（當）卑（俾）處厥邑，田【厥】/
田，𠭯則卑（俾）復令（命）曰：若（诺）。

第三段：（8行）

昔饉歲，匡眔厥臣廿夫寇曶禾十秭，以匡/
季告東宮，東宮迺曰：求乃人，乃弗得，女（汝）匡罰大，匡/
迺韻首。于曶用五田，用眔一夫，曰嗌，用臣曰疐、【曰】/
朏、曰奠，曰用茲四夫。韻首曰：余無卣（由）具寇正（足）【秭】/
不出，僾（鞭）余。曶或（又）以匡季告東宮，曶曰：弋唯朕【禾】【是】/
賞（償）。東宮迺曰：賞（償）曶禾十秭，遺（饋）十秭，爲廿秭。【若】/
來歲弗賞（償），則付卌（四十）秭。迺或（又）即曶用田二，又臣【一】【夫】/

凡用即曶田七田、人五夫，曶覓匡三十秭。[1]

释文第一段记册命、赏赐与作器之事。“王若曰”一句，“是册命的传达之语，此册命极简略”，“言曶被命为嗣袭祖考的职事”，并给与例行的赏赐；铭文又记载井叔对曶的赏赐，“王在邇应”表明册命礼仪以外的另一场合；而后才是“受休”等惯用语句。白川静先生提出，“赐予分为二节等，是甚为特异的形式”。[2]关于“井叔赐曶”确可作两种理解，一种以为赏赐来自于王，井叔是奉王命赏赐；一种以为“王在邇应”旨在表达事件发生的背景，既然明言“井叔赐”，就是来自井叔的赏赐。联系第二段，井叔与曶出现在同一场诉讼中，本文倾向于后者。第三段所陈述内容相对比较明晰。

（二）时间问题

研究曶鼎，“时间”意味着两方面的问题，一是关于曶鼎的断代；二是铭文所记事件发生的先后次序。曶鼎的断代问题，王国维、董作宾、唐兰、陈梦家、郭沫若等各家都有研究。王国维《生霸死霸考》把它定为西周中叶物；董作宾、唐兰定为恭王器；陈梦家《西周铜器断代》、容庚《商周彝器通考》定为懿王器；郭沫若《两周金文辞大系》、吴其昌《金文历朔疏证》定为孝王器。今张闻玉先生又进一步考证认为“唯王元年”是指周懿王元年，并把历朔与气象相结合起来考证，确定曶鼎绝对年代为公元前916年。[3]

至于曶鼎铭文所载事件的发生时间及先后次序，王国维、张闻玉皆认为第二、三段所记诉讼事是追述前事。其中第二段所言“唯王四月”，没有表明具体年数，王国维以为四月在六月前，为同一年事；[4]张闻玉先生认为或为同年的四月，或为前王末年四月。至于第三段，有“昔”字交代，应该更早。虽然“唯

---

[1] 中国社会科学院考古研究所编：《殷周金文集成（修订增补本）》第二册，中华书局2007年版，第1521页。

[2] 〔日〕白川静著：《金文通释选译》，曹兆兰选译，武汉大学出版社2000年版，第134—140页。

[3] 张闻玉：《曶鼎王年考》，载《贵州社会科学》1988年第2期。

[4] 王国维：《生霸死霸考》，《观堂集林》卷一，中华书局1959年版。

王元年”究竟为何年并不确定，夏商周断代工程及其他学者也还有各种争议，但笔者认同王国维、张闻玉先生关于追述前事的结论。

（三）对事实的归纳

以《集成》释文为基础，结合其他各家考释成果，除去细节上可能存在的分歧，下列事项可以得到确认：

1. 新的周王即位不久（元年六月）即在周穆王太室举行了册命仪式，任命曶接任其祖先世代相袭的职务——卜官，并赐给他与履职有关的章服器物。在另一场合，井叔又赐于曶一些财物。曶领受了王的美好命令，并且用所领受的财物作了该鼎来祭祀他死去的父亲宄伯。

2. 在此之前的某个四月，在一个叫“異”的地方，曶出现在井叔担任裁判官的一起诉讼中。因原文残缺，致使出现在本案中的包括曶在内的五个人物之间的关系难以辨明。

3. 在过往的某个饥荒之年，匡的属民和臣二十人夺取了曶的谷物。曶两次把匡季告到东宫那里。东宫支持了曶的诉讼请求，并且判令匡季赔给曶数倍于其损失的土地、谷物和奴隶。曶大获全胜。

上述事实向我们展示的是这样一幅历史场景：出身于卜世家的曶，在正式获得王的册命继承家族世代相袭的王朝卜官职务后，用赏赐所得铸成一件高二尺围四尺的鼎以祭祀自己的父亲，并制作了长达400余字的巨幅铭文。依据《周礼·春官》的记载，巫、卜、史、祝乃礼官之属，卜者掌三兆三易之等，占梦卜卦，乃鬼神之事。在这篇堪称洋洋巨制的长铭中，与册命、赏赐、祭祀先考、子孙保用等充满庄严凝重气息的内容并列的，不是祖先或自身以自己的专业技能辅佐王室的功德文章，而是充满俗世气息的两篇诉讼记录。

毕沅对这三段内容做了这样的概括：“第一节盖因王赐曶赤环赤金瓗而用金做牛鼎以祀文考宄伯；第二节小子〔 〕讼于井叔以金百锊赎五夫曶受五夫而为誓词也；第三节匡众寇曶禾十秭曶告东宫因与匡季为誓词也。”[1] 把后两段定义为

[1] （清）毕沅、阮元著：《山左金石志》卷一。

“誓词”，似乎符合《周礼·秋官·司约》所谓“凡大约剂书于宗彝，小约剂书于丹图”，以及“凡民之约剂者，其贰在司盟，有狱讼者，则使之盟诅”的相关规定。但西周中后期出现的其他因狱讼或重大财产交易而制作之铜器，往往是一器一铭一事，并无连篇累牍记载多件事的情况。何况“寇禾案”明显是对不确定几年前发生的讼案的追述，应当不是辞誓原文。

从“铭者自铭”，到“著之后世”，既书之宗彝，必有其目的和宗旨。尊王尚祖、高扬血统、表彰功勋、戒律训德？第一段标准册命文书，确有这个意味。后两段讼案所要表达的意图是什么？仅仅是家族大事记？把通过诉讼获得的利益及其依据固定保存于宗庙彝器中，获得一个永不磨灭的权利证书？[1] 抑或彰显自己早在正式接替祖先世袭职务之前就已表现出来的捍卫自己家族利益的决心与能力？或者自己与王朝权势集团——东宫（未来的周王）、井叔（王朝重臣）——之间的往来交接？[2] 又或者，三者都有？果真如此的话，那么三段之间不失内在联系。

另外，曶似乎并未受到春秋战国以后儒家所宣扬的那种无讼、息讼思想的影响，对诉讼非但没有偏见，反而显得相当熟悉，甚至用“娴于狱讼”来形容这位后来被正式册命为王朝卜官的作器者，也不为过。

三、作为“畴人子弟”的卜

“畴人”“畴官”在秦汉时期的史料当中并不少见。整合相关史料，还可以还原其制度。根据《史记》记载，史、卜皆畴官。研习秦汉制度以追溯解读西周中后期之史料，确实相去甚远，但畴官制度，巫、卜、史、祝等职官或职业，原本就是上古事物的遗传，秦汉只是在保存旧制的基础上有所演进而已。

---

[1] 吕静：《“铭者自铭”与“著之后世”——以西周中晚期青铜器铭文特色的考察为中心》，载《第五届“出土文献与法律史研究”学术研讨会论文集》。

[2] “东宫”常见于传世文献，《诗经·卫风·硕人》：东宫之妹，刑侯之姨。毛亨传：东宫，齐太子也。孔颖达疏：太子居东宫，因以东宫表太子。“东宫”亦见于金文，曶鼎之外，如东宫鼎（《集成》01484）、效卣（《集成》05433）、驭簋（《商图集成》05243）等。或指地，被称作“东宫”的建筑物或官署；或指人，在东宫主持政务的人。详见黄凤春：《从叶家山新出曾伯爵铭谈西周金文中的“西宫”和“东宫”问题》，载《江汉考古》2016年第3期。

（一）畴人与畴官

畴，《说文》曰："耕治之田也。从田象耕屈之形。"[1]《吕氏春秋·慎大》曰："农不去畴，商不变肆。"农人受田，商人受列，守以为业，世世不徙。这既是每个个体（古代以"家族"为单位）赖以安身立命之本，又解决了与更高的组织或权威（王室、公室、县官等）之间的关系。"畴人""畴官"之说，表达的正是这种关系，只不过他们的"畴"往往需要一些特殊技能。

秦汉帝国建立之后，每一个作为自由人的成年男子都被国家组织起来，到达一定年龄即到官方傅籍给役，同时也获得一个皇权统治下的正式身份。具体的组织规则见于《傅律》。汉初《二年律令·傅律》关于傅籍的规定中涉及"畴官"问题，具体内容如下：

> 不更以下子年廿岁，大夫以上至五大子及小爵不更以下至上造年廿二岁，卿以上子及小爵大夫以上年廿四岁，皆傅之。公士、公卒及士五（伍）、司寇、隐官子，皆为士五（伍）。畴官各从其父畴，有学师者学之。

对于"畴"，整理小组解释为：畴，世业。《史记·历书》集解引如淳曰：家业世世相传为畴。傅律规定："年二十三傅之畴官，各从其父学。"如此，"畴人"可以理解为，世世代代固定从事某种职业的人，即司马迁所谓"畴人子弟"。依如淳注释，再推究律文，畴官似乎是指畴人所担任的职官的总称。但不管怎样，"畴人子弟"成年后，按照父亲的职业界别——"父畴"到各自所属的官署傅籍，并向国家承担职役；有教习机构传授技能的就去该机构学习。

清代阮元曾作《畴人传》，被誉为中国第一部科学家传记集，收录自上古至清嘉庆年间天文、数学、历法等方面的专门学者 275 人，另有西洋天文学家、数学家和来华传教士 41 人。在凡例中，引清人谭泰所作《畴人解》曰："世代相传之业谓之'畴'，家学渊源的科学家则称'畴人'。"此说与本文不尽相同。

---

[1] 许慎：《说文解字》，中华书局 2016 年版。

秦汉时期朝廷专司天文、历法之官确属畴官之列，但畴人、畴官是否专指修习天文、历法者，则颇为可疑。

（二）畴官的历史渊源及大致范围

畴人、畴官之类目起源甚早，根据司马迁《史记》中的描述，可以追溯到皇帝、颛顼时代。其《历书》有：

神农以前尚矣。盖黄帝考定星历，建立五行，起消息，正闰馀，於是有天地神祇物类之官，是谓五官。各司其序，不相乱也。民是以能有信，神是以能有明德。民神异业，敬而不渎……

少皞氏之衰也，九黎乱德，民神杂扰，不可放物，祸菑荐至，莫尽其气。

颛顼受之，乃命南正重司天以属神，命火正黎司地以属民，使复旧常，无相侵渎。

尧复遂重黎之后，……舜亦以命禹……

夏正以正月，殷正以十二月，周正以十一月。盖三王之正若循环，穷则反本。天下有道，则不失纪序；无道，则正朔不行於诸侯。

幽、厉之后，周室微，陪臣执政，史不记时，君不告朔，故畴人子弟分散，或在诸夏，或在夷狄，是以其禨祥废而不统。[1]

始于“天地神祇物类之官”——“五官”，为《历书》题名所限，司马迁这里所说“畴人子弟”，主要还是指掌管天文历法的“史”。史所经营之事业虽关乎天地神祇，但三代以来，莫不依附于王室而履职，为王的诸有司之一。幽、厉之后，随周王室的衰微，畴人子弟也流离失所，散入民间。

《史记·太史公自序》中，司马迁在追述自己家族历史时再现了这一进程：

昔在颛顼，命南正重以司天，北正黎以司地。唐虞之际，绍重黎之后，使

[1] （汉）司马迁：《史记》，中华书局 1982 年版，第 1255 页。

复典之，至于夏商，故重黎氏世序天地。其在周，程伯吉甫是其后也。当周宣王时，失其守而为司马氏。司马氏世典周史。惠襄之间，司马氏去周适晋。[1]

厉、宣、幽皆西周中期以后诸王，此时社会结构变化趋势已然显露，贵族世家之远缘疏属不断被边缘化，因远离政治权力中心而陨落民间。畴人并非血缘贵族，子弟离散更是在所难免。

根据褚少孙补《史记·龟策列传》的说法，卜官亦在畴官之列。

略闻夏殷欲卜者，乃取蓍龟，已则弃去之，……至周室之卜官，常宝藏蓍龟；……至高祖时，因秦太卜官。天下始定，兵革未息……未遑讲试，虽父子畴官，世世相传，其精微深妙，多所遗失。[2]

汉初《二年律令·史律》详细规定了史、卜、祝的培养、考核、选任及晋升规则。名曰《史律》，却把卜、祝也纳入其中，是否可以推定——汉初广义上的“史”包含“史、卜、祝”三者？如此，则三者皆为畴官。

另外，《礼记·王制》关于“执技以事上者”的规定，也往往让人联想到“畴官”。内容如下：

凡执技以事上者：祝、史、射、御、医、卜及百工，不贰事，不移官。[3]

朱彬《礼记训纂》有“方性夫曰：祝若《周官》大祝之类，史若《周官》大史之类。祝、史皆事神之官。以其作辞以事神，故曰祝；以其执书以事神，故曰史。医则医师之类。卜则卜师之类。百工则土工、木工、金工、石工之类，以其类非一，故以百言之。不移事，欲其无异习；不移官，欲其有常守。”[4] 以此类推周王室之巫师、乐师之类也应属于畴官。“执技以事上”“不二事”“不移官”

[1] （汉）司马迁：《史记》，中华书局 1982 年版，第 3285 页。
[2] （汉）司马迁：《史记》，中华书局 1982 年版，第 3223 页。
[3] 《礼记》，见《十三经注疏》，上海古籍出版社 2007 年版。
[4] （清）朱彬撰：《礼记训纂》，饶钦农点校，中华书局 1998 年版。

确实足以表达畴官的几乎全部属性。但其中作为知识阶层的“史、卜、祝”是否世世代代“不二事”“不移官”，或者“不二事”“不移官”到什么程度，则颇值得怀疑。

（三）秦汉时期史、卜的培养及任职

即便祝、史、射、御、医、卜、百工等都归入畴官之列，其地位和重要性还是大有分别。其中史、卜、祝，还有巫，是事鬼神者，属于《周礼春官》宗伯统辖下的礼官之属，也可以说神职人员。巫，以舞降神者也；祝，作辞以事神；史，执书以事神；卜者则通过龟蓍占卜、观兆等方式决嫌疑、定吉凶，并记录在案，殷墟出土的海量甲骨卜辞即殷商贞人留下的杰作。史、卜、祝之履职皆与文字密切相关，巫则不在此列。史、卜、祝应是从上古中国深厚的原始宗教巫术与祭祀文化传统中走出来的最早、也是最主要的知识阶层。

巫、卜、史、祝四者，在殷商时期，卜的地位应当最尊。“殷人尊神，率民以事神，先鬼而后礼”，殷商文化笼罩着浓厚的神秘狰狞气息。所谓“三代明王，皆事天地之神明，无非卜筮之用。……大事有时日，小事无时日，外事用刚日，内事用柔日，不违龟筮”[1] 用来形容殷商最为贴切。殷人无事不卜——大事、小事、内事、外事皆卜，无事也要卜——凡逢癸日例行占卜。甲骨卜辞研究中，一般把卜者称为“贞人”，商王有时以最高祭司的身份亲自参与贞卜，所以卜辞中常常出现“王占曰”。煌煌殷商文化，因甲骨卜辞得以文字形式流传。至于周，“周人尊礼尚施，事鬼神敬而远之，近人而忠焉，其赏罚用爵列。”周人的事鬼神背后有着相当程度的人本意味，所以周代传承发展出发达的礼制文明。虽周文王演八卦，也是高明的占卜者，但周代卜官的地位较商明显下降，史的地位和重要性却大大提升。这也是“巫史文化”向“王官文化”过渡的必然趋势。

随着王的统治的不断深入，许多国家职能的实现，离不开文化阶层的参与。早在商代后期，就已建立起庞大的史官集团，见于甲骨卜辞中的大史、大史寮、六史、四史、三史、御史、西史、北史、女史、作册、尹等职官名称，大致可

---

[1] 《礼记》，见《十三经注疏》，上海古籍出版社 2007 年版。

以说明当时的大史寮已经成为与卿事寮并存的王室最高权力机构的一部分。其时，巫、史渐趋分离。周人继承商代史官制度，上述职名在《周礼·春官宗伯》中大多都有保留。[1] 周代的巫、卜、史、祝统属“礼官”，仍掌宗庙祭祀大典，参与占卜、祈雨等事。但史官集团显然还频繁参与其他国家事务，所谓“佐王命、协执事”“掌官书以赞治”。至于史、卜之间，稍作考察不难发现，见于史籍与金文的周代高级史官大都以政治和文化活动著称，有影响的卜官却很少见。由此推知，两周专职的卜官，其职业地位与权能已经无法与殷商时代的贞人相比。学者甚至以为，周时的卜官不仅重要性远不如史官，并且相当大程度上已经史官化了。[2] 从汉初《二年律令·史律》把“史、卜、祝”都纳入《史律》一篇规定来看，确实可以说，广义上的史，包含了史、卜、祝三者。

史、卜、祝履职需要以相当的文化知识与专业技能为基础，既是“世业”，父子相畴，家传私学自不必说，古代有“学在官府”的传统，对应的职官机构也可能教授学徒。殷墟出土的甲骨卜辞中，少数明显是“习刻”之作。商周时代的史、卜、祝如何学在官府，并不像国子学那样有系统的记载，但史官制度与史官文化至秦汉仍有传承，秦汉律中有明确规定，考察这些规定，或可窥得某些旧事的影子。

与“畴官从其父畴”相对应，《二年律令·史律》规定史、卜之子年满十七入学室学习，学制三年。学室在中央由太史、太卜、太祝监督考核，地方由郡守负责。并规定不得向学童摊派徭役兵役。

史、卜子年十七岁学。史、卜、祝学童学三岁，学佴将诣大史、大卜、大祝，郡史学童诣其守，皆会八月朔日试之。

【 】【 】学佴敢擅傜使史、卜、祝学童者，罚金四两。

睡虎地秦简《内史杂》还做了禁止性规定，充分体现出畴官的特点：

---

[1] 张富祥：《从王官文化到儒家学说——关于儒家起源问题的推索和思考》，载《孔子研究》1997年第1期。

[2] 张富祥：《从王官文化到儒家学说——关于儒家起源问题的推索和思考》，载《孔子研究》1997年第1期。

非史子也，毋敢学学室，犯令者有罪。

对于卜学童，还有一特别规定，即可以申请在学室以外的其他地方学习：

谒任卜学童令外学者，许之。

考核内容、方式、任职资格的获得，考核优异者的任职，以及对不合格者的处罚措施等皆有明确规定：

【试】史学童以十五篇，能风（讽）书五千字以上，乃得为史。有（又）以八体试之，郡移其八体课大史，大史诵课，取最一人以为县令史，殿者毋以为史。三岁一并课，取最一人为尚书卒史。

【卜】【学】童能风（讽）书史书三千字，诵卜书三千字，卜六发中一以上，乃得为卜，以为官【佐】。其能诵三万以上者，以为卜，上计六更。缺，试条法，以六发中三以上者补之。

以祝十四章试祝学童，能诵七千言以上者，乃得为祝，五更。大祝试祝，善祝、明祠事者，以为冗祝，冗之。不入史、卜、祝者，罚金四两，学佴二两。[1]

“乃得为史”“乃得为卜”理解为“考核合格获得任职资格”应该不为错。考核中，表现最优异的史学童可直接获得的职位为县令史、尚书卒史；其他表现一般的如何安排，没有规定。[2] 对于卜则又不同，“能风（讽）书史书三千字，

[1] 张家山二四七号汉墓竹简整理小组：《张家山汉墓竹简［二四七号墓］（释文修订本）》，文物出版社 2006 年版，第 80 页。

[2] 里耶秦简显示，初获任职资格的史，可以从更基层的乡、田部等机构开始任职。“资中令史阳里扣阀阅：十一年九月隃为史。为乡史九岁一日，为田部史四岁三月十一日，为令史二月，……户计，年卅六（8—269）。”见湖北省文物考古研究所编：《里耶秦简（壹）》，文物出版社 2012 年版。另据岳麓书院藏秦简之《置吏律》规定：“县除小佐毋（无）秩者，各除其县中，皆择除不更以下到士五（伍）史者为佐；不足，益除君子子、大夫子、小爵及公卒、士五（伍）子年十八岁以上备员，其新黔首勿强，年过六十者勿以为佐。”可见，“史”也可出任官佐。当然这里的“不更以下到士伍史者”，可能是指包括史、卜、祝在内的广义上的史。见岳麓书院藏秦简整理小组编：《岳麓书院藏秦简（肆）》，上海辞书出版社 2015 年版。

诵卜书三千字，卜六发中一以上，乃得为卜，以为官【佐】"，即考核合格获得担任卜的资格以后，统一可以出任官【佐】。"官"字后字迹模糊，整理小组根据上下文补"佐"字。"其能诵三万以上者，以为卜，上计六更"，真正能够出任专职卜官的，要求明显高出很多，应是极优异者。

查考《二年律令·秩律》，尚书卒史、县令史并不在"有秩"以上官员之列，推测仍属于"斗食"之类的少吏，其他官佐、史更不必说。官佐、史之类的吏员虽级别很低，且绝大多数为长官（郡守）自辟，但对秦汉中央集权的君主官僚政权的运行、国家职能的实现，却是不可小觑的力量。里耶秦简中有题名"遷陵吏志"的木牍：

遷陵吏志：吏员百三人。令史廿八人，其十徭使，【今见】十八人。（第一栏）

官啬夫十人，其二人缺，三人徭使，今见五人。校长六人，其四人缺，（第二栏）

今见二人。官佐五十三人，其七人缺，廿二人徭使，今见廿四人。牢监一人，（第三栏）

长吏三人，其二人缺，今见一人。凡见吏五十一人。（第四栏）[1]

迁陵县吏员编制总计 103 人，其中令史 28 人，官佐 53 人，占吏员总额的近 80%。当然这和秦代建立的中央集权的郡县制国家体制有关，中央到郡、县，层层遥控，文书工作非常繁杂。《史律》表明，这些基层刀笔之吏一个主要来源就是作为畴人子弟的史、卜。

史在中央，由太史任命；地方由郡守任命；卜则归太卜。太史、太卜皆有权从地方县道官那里调任史、卜。

【 】【 】，大史官之；郡，郡守官之。卜，大卜官之。史、卜不足，乃除佐。

大史、大卜谨以吏员调官史、卜县道官，官受除事，毋环。吏僉罷、佐劳少者，毋敢擅史、卜。史、卜受调书大史、大卜而逋、留，及擅不视事盈三月，

[1] 孙闻博：《里耶秦简〈遷陵吏志〉考释——以"吏志"、"吏员"与"员"外群体为中心》，载《国学学刊》2017 年第 3 期。

斥毋为史、卜。

汉代少吏可以累计年资升迁，史、卜、祝也是如此，累资可达“有秩”、五百石，达到十二更者，则可以践更太史、太卜、太祝等：

史、卜年五十六，佐为吏盈廿岁年五十六，皆为八更；六十为十二【更】。五百石以下至有秩为吏盈十岁，年当睆老者，为十二更，践更【 】【 】……祝年盈六十者，十二更，践更大祝。

综上所述，秦汉时期作为畴人子弟的史，广义上包含了史、卜、祝三者。《史律》所说“学室”实为官办的高等职业教育机构。其中史、卜经过系统的学习、考核获得任职资格以后，大部分人并没有成为专职的作为礼官的史、卜，而是进入郡、县及中央各机构充当文书佐杂吏员。此类吏员在基层官府中数量庞大，也有可能累资得到升迁，对中央集权的郡县制国家职能的实现意义重大。

（四）《周礼》反映的史、卜任职制度

《周礼·春官》曰：“大宗伯之职，掌建邦之天神人鬼地示之礼。”巫、卜、史、祝诸官皆规定于此。在此，我们仅考察史、卜。根据《周礼》的记载，周王朝的史官，其职能已有明显的分化，至少分为两类：传统的“以书事神”的史，以及掌管朝廷文书典籍参与朝廷政务的史。

太史下大夫二人，上士四人；小史下士十有六人；府二人；史二人；胥四人；徒四十人。

（注释云：太史，史官之长。疏：案其职曰掌读礼书。祭之日，执书以次位，常是礼事及鬼神之事也。）

内史中大夫一人，下大夫二人，上士四人，中士八人，下士十有六人；府四

人，史八人；胥四人，徒四十人。

（释曰：案其职掌八枋执国法及国令之贰，册命群臣。）

外史上士四人，中士八人，下士十有六人。胥四人，徒四十人。

（释曰：在此者案其职云掌书外令，及三皇五帝之书，亦礼书之类。）

御史中士八人，下士十有六人。其史百有二十人，府四人；胥四人，徒四十人。

（释曰：其职云，凡治者受法令焉，并掌赞书。）[1]

可见《周礼》所记载的“史官”，只有“太史”是传统意义上的掌“天神人鬼地示”之礼的史，其属官中还有冯相氏、保章氏分别负责天文、星象；而内史、外史、御史其职能更多地涉及政务文书，且内史又某种程度上担任着王的顾问的职能，所以内史地位最尊，为中大夫；而作为“史官之长”的太史只是下大夫。

至于卜，长官为“太卜”，地位等同于太史。太卜及副贰设置如下：

太卜下大夫二人；卜师上士四人；卜人中士八人，下士十有六人。府二人，史二人。胥四人，徒四十人。

太卜之下还有龟人、占人、占梦等属官。从这些规定中，看不出有分裂和世俗化的倾向，但回顾前文汉《史律》关于卜学童的培养与选拔的规定，不得不承认，即使是上溯到西周，卜也应该是一个世代相袭的与史同属于一个大范畴的知识群体。“史”群体中所发生的职能分化，在卜当中也不可避免。

这里需要特别注意的是另一类史，和“府”并立的“史”。《周礼》所载天地春夏秋五官（冬官除外），从主管官吏到下属诸官，几乎每一职官都配有府、史、胥、徒若干。粗略统计，五官之史，不下千人。

[1] 《周礼》，见《十三经注疏》，上海古籍出版社 2007 年版。

此类“史”跟前文所述太史、内史、外史、御史显然有别。《周礼・天官冢宰》贾公彦疏做这样的解释:“大宰至旅下士转相副贰,皆王臣也。……言王臣者,自士以上得王简策命之,则为王臣也。”即“太宰卿一人”至“旅下士”,每降一级人数增加一倍,虽然如此,但凡拥有“士”以上职衔者,都曾获得王的正式册命,与王建立了君臣关系,可以称为“王臣”。而府、史却不同。郑注:“府治藏,史掌书者。凡府、史皆其官长所自辟除。”“府”负责管理府库收藏事宜,“史”掌管文书,二者皆由其主管官吏自行任命,未获王的册命,不能称为王臣。

至于府、史在各官的实际分布状况,贾公彦疏曰:

《周礼》之内,府、史大例皆府少而史多,而府又在史上。唯有御史百又二十人特多而在府上,……又有府兼有史,以其当职事繁故也;或空有史而无府者,以其当职事少得史即足故也;至于角人、羽人等,直有府无史,以其当职文书少而有税物须藏之故。

一般“府”的地位高于“史”,或许因为掌管府库者,不仅要具备基本的读写技能,还须精通算术,有一定的会计知识。但总体而言,二者之间并无实质差别。《周礼》和出土的秦汉律,都反映了一个事实:“府藏”与“文书”是古代各级官府最重要的职能之一。执掌此职,需要具备相当的文化知识和专业技能。《周礼》中的“府”“史”,应相当于秦汉律中的官佐、史。《二年律令・史律》显示,官佐、史来自于作为畴人子弟的史、卜。

四、《曶鼎铭》第二段再探讨

通常认为西周私学尚未兴起,“学在官府”为一般情形,国家高等教育机构——国子学专为贵族子弟而设。而作为畴人子弟的史、卜学童,其知识技能的传习,兼具有私学与官学性质,学业既成,基于畴官“执技以事上”、依附王室的古老传统,很有可能(如《周礼》所载)进入各级官署充当低级文职吏员。并且随着社会结构的演进,国家管理职能的扩张,也是势所必然。当然西周中期,距离司马迁所说“畴人子弟离散”之时并不遥远。“离散”更多地意味着失去王室职位，但作为当时社会最主要的知识阶层，仍不失为紧缺资源。“流散”之后的畴人子弟，许多为诸侯所用。曶在被王正式册命接替祖先世袭职位之前，自然不是“王臣”，虽有世世相传的专业技能，受过良好的教育，若要出仕，很有可能也须从低级职位做起，比如《周礼》所记载的“府”“史”，甚至仕于井叔这样的卿大夫之家，也未尝不可。曶很有可能追随过井叔，因此熟悉诉讼事务，也为井叔欣赏，所以才有第一段的井叔赏赐一事。

带着以上“成见”来读《曶鼎铭》第二段，笔者以为作器者——“曶”在本案中并非争议的一方当事人，而是井叔的属官。如此，其大致情节可以理解为：限为交易的中间人，㓝为买方，效父为卖方。买卖双方约定以百锊价格交易五夫，并经官方制作了交易的契券。但当时货币经济并不发达，百锊的价金实际是以实物交易的方式，即以“匹马束丝”来进行支付的。但支付的过程中双方发生争执，效父以为还应交付一部分丝，因而没有交出五夫；㓝不同意，还表示要撤销交易，索回已经支付的马。因此，㓝指派其家臣小子究把促成交易的中间人限起诉到井叔那里。井叔裁定，依照王所颁布的规则，人们交易的时候要制定契券，就是为了使双方不相违背。井叔把案子交给曶去办理，并吩咐在㓝的案件上绝不能有什么例外。曶从卖方领受了五夫，并使人告诉㓝价款事宜。㓝用羊和酒招待了曶，又交出了三锊丝，作为接收五夫的代价。曶对其进行了训诫：“你要给小子究矢五秉作为诉讼费”，又说，“你要保证这五个人能够在这个城邑里居住，并耕种这里的土地。”㓝则答复曶的命令说：“是。”

原文断句、补正如下：

唯王四月既眚（生）霸，辰在丁酉，井叔在异為【 】，【㓝】事（使）厥小子㲅（究）以限訟于井叔：我既賣（贖）女（汝）五【夫】，【效】父用匹馬束絲。限許曰：㓝則卑（俾）我赏（偿）馬；效【父】【則】卑（俾）復厥丝【 】孚。效父迺许贊曰：于王参門【 】【 】木梼。用儥徃（徙）賣（贖）兹五夫，用百寽（锊）。非出五夫，【則】【 】訋（詑）。迺䛤又訋（詑）眔斷金。井叔曰：在王，人迺賣（贖）【用】【 】，不逆。付曶，毋卑式於㓝。曶則拜䭫首，受兹五【夫】，曰陪（陪）、曰恒、曰劦、曰鑫、曰眚，事（使）寽（锊）以告。㓝迺卑（俾）【饗】以曶酉（酒）彶（及）羊，絲三寽（锊），用致兹人。曶迺每（誨）於䛤【曰】：女（汝）其舍㲅（究）

矢五秉。曰：弋尚（當）卑（俾）處厥邑，田【厥】田。䧅則卑（俾）復令（命）曰：若（诺）。

1. 唯王四月既眚（生）霸，辰在丁酉，井叔在異為【 】，【䧅】事（使）厥小子𩵦（究）以限訟于井叔。

井叔为本案的裁判官，确定无疑。因此，“為【 】”，此处无论补否，不影响下文的理解，故空而不补。另一处，依前文所述补“䧅”字。

2. 我既賣（贖）女（汝）五【夫】，【效】父用匹馬束絲。

此句是小子究的控诉之辞：我已经从你那儿贸买五夫，效父收取了匹马束丝。有学者主张【效】父前省略了“于”字，也是取此意。[1]

3. 限許曰：䧅則卑（俾）我賞（償）馬；效【父】【則】卑（俾）復厥丝【 】𠬪。

此句是被告限的答辞。“许”是诉讼题材金文中常见的术语，表示一方对另一方的控诉或法官提问所做的答辞。如五祀卫鼎有“厲迺许曰”，攸从鼎有“牧弗能许”。“某则……”，在本篇反复出现过，为惯用句式，表示某人做某事。后半句“某则俾复……”在下文也出现过，为完整的一句：“䧅則卑（俾）復令（命）曰：若（诺）”，是用来表示对前文曶提出来的要求的答复之辞。此处是否也可以作此理解呢？如此，则是效父对前文提出的偿还马的要求的回复。限作为中间人只是传达了二者的意向。

“效【父】【則】卑（俾）復厥丝【 】𠬪。”空缺处《集成》，还有不少前辈学人补了“束”，应该是根据文意和自己的理解所补。若论字形，笔者比对了几种拓片，都很难说这点残存的笔迹与前文清晰可见的“束”有什么相似之处。至于𠬪，还有䛗、䧅，多数学者以为是指同一人。容庚先生《金文编》把这三个字并列置于附录中。从文字的使用语境来看，和均出现在效父的答辞或限转述的效父答辞中。从字、形、义多方考虑，前者附加“又”，后者双“口”，是否表达交易或诉讼中的特殊意义，还是仅仅为了行文的多样性，值得斟酌。从“又”，类“手”，可否用来指代交易中负有支付义务的一方。从双口，是否可以指代已经发生争执的双方中的另一方？如果这一猜测成立，那么限的答辞可以理解为：双方是发生

[1] 谭戒甫：《西周“䧅”器铭文综合研究》，载《中华文史论丛》1963年第三辑。

了争执，要求我把马匹还给他——撤销交易，效父则回复说要求继续交付丝。

4. 效父迺许䜣曰：于王参門【 】【 】木楞。用𠈹征（徙）賣（贖）兹五夫，用百寽（锊）。非出五夫，【則】【 】訠（訇）。迺䛠又訠（訇）眔𫓯金。

这是效父的答辞，作为被告之一，此时效父已经到庭应诉。效父说：（与原告）在王参门某处经官方设立了券书。[1] 用来交易五个男子，费用为百锊。没有交出五夫。于是发生了纠纷。买方又争执着要拿回金。徵，郭沫若、马承远先生都认为是类似金属货币的东西，西周中晚期的金文中也有几次提到“取𠈹五锊”，书写也稍有差异，集成一般译成“徵”，毛公鼎更有“取徵三十锊”，但几处出现均是王发给大臣的类似薪水的东西，日常交易中是否广泛使用，则不得而知。因为目前出土的能够确证的金属货币，只能上溯到东周。[2]《国语・周语下》记载周景王二十一年（公元前 524 年）曾进行货币改革，铸大钱。似乎至景王时期金属货币已有相当悠久的历史。但参考涉及大宗交易的金文资料，会发现这种所谓金属货币至西周中期又几乎没有被提及。比如裘卫盉、九年卫鼎，时代与曶鼎相去不远，尤其是裘卫盉，铭文记载矩伯多次与裘卫交易，每次都作价若干朋贝，然后以“田”来支付。或许当时的金属货币也罢，貝也罢，只是作为价值尺度，并未广泛流通。民间大宗交易仍以实物为主要支付手段。曶鼎铭中的五夫交易应该也是如此，只是交付时发生了分歧，以至引发诉讼。

5. 井叔曰：在王，人迺賣（贖）【用】【 】，不逆。付曶，母卑式於𣱼。

这是井叔的完整判语。“在王”，《集成》作“裁，王”，本文以为应连起来，读作“在王”，应指周王的治理之下，或王所认定的规则、惯例等，人们进行交易的时候既然设立了券书，就不得违背。交给曶去办理，不要在𣱼的案子上背离这个原则。

6. 曶則拜韻首，受兹五【夫】曰陪（陪）、曰恒、曰劦、曰𧽙、曰省，事（使）寽（锊）以告。

曶领受了井叔的命令，从卖方受领了五夫，并且告诉买方应交付的价金。

---

[1] 应是“质剂”之类。岳麓书院藏秦简《金布律》规定：“黔首卖奴婢、马、牛及买者，各出廿二钱以质市亭。……过旬不质，赀吏主者一甲，而以不质律论。……卖奴婢、马、牛者，皆以帛书质，不从令者，赀一甲。”与《周礼》的记载可相印证。

[2] 李学勤：《东周和先秦文明》，上海人民出版社 2007 年版，第 236 页。

7. 迺卑（俾）【饗】以曶酉（酒）彶（及）羊，絲三寽（锊），用致兹人。曶迺每（誨）於𩵦【曰】：女（汝）其舍𩵦（究）矢五秉。曰：弋尚（当）卑（俾）處厥邑，田【厥】田。𩵦則卑（俾）復令（命）曰：若(诺)。

这是曶对案件的了结。“致”，向买方——交付了五夫，买方以酒及羊招待曶，并交付了三锊丝，作为受领五夫的代价。曶对其进行训诫，要求他给小子究矢五秉作为诉讼费；另外既然购买了五夫，还要保证他们能够得到妥善安置，在该邑居住，并且有土地供其耕种。

五、结语

如此解读，确实不免带有作者自己的成见乃至一定程度的臆测，但也的确在免去诸多曲折离奇的情节构设的前提下使释文略显畅通了；同时还解决了铭文三段之间的逻辑关联问题。乖谬之处，敬请批评指正！

笞刑源流考

——东周秦汉时期的“笞”与“笞刑”

黄　海*

笞刑作为中古五刑“笞、杖、徒、流、死”中的主刑之一，在中国法制史上具有重要的地位。根据目前所见文献，在秦汉时期，“笞”便已经作为刑罚出现在了律令之中，并在汉文帝刑制改革之后，成为刑罚体系当中重要的一环。

对于东周秦汉时期的笞刑本身，学界已围绕各个方面多有讨论。[1] 但是，在这一时期，“笞”存在的形态并非只是刑罚，换言之，“笞”在这一时期仍然存在不少非刑罚的样态。“笞”除了刑罚以外还有哪些样态？这种“笞”与“笞刑”并存的现象产生的原因究竟为何？“笞刑”本身产生的深层原因又是什么？对于这些问题，学界之前罕有涉及，而这也将是本文讨论的重点。

在展开具体的讨论之前，有必要首先对本文当中刑罚的概念作一界定。先秦秦汉时期的法律体系，与当代差距巨大，故而本文所言的刑罚，自然与现代西方法学定义下的刑罚有所区别。本文所言的刑罚，是指国家基于自身的强制力，为了惩治犯罪之人而长期、稳定使用的处罚方式。

一、非刑之“笞”与“笞刑”

为了厘清东周秦汉时期“笞刑”的种种问题，首先，我们需要清楚地了解

---

* 黄海，华东政法大学法律史专业博士研究生，日本东京大学联合培养博士研究生。

[1] 参见刘海年：《秦律刑罚考析》，载刘海年：《战国秦代法制管窥》，中国社会科学出版社2017年版；张伯元：《出土法律文献丛考》，上海人民出版社2013年版，第12—18页；王震亚：《秦代刑罚制度考述》，载《简牍学研究》第二辑，甘肃人民出版社1998年版；丁义娟：《秦及汉初刑罚体系研究》，吉林大学2012年博士学位论文等。

这一时期“笞”的各种样态。根据现有材料，我们主要可以看到以下几种“笞”。

（一）家内之“笞”

东周时期，在家族内部，家长可以对子女或妻妾通过“笞”的方式施以处罚。《战国策·燕策》所载苏秦说燕王之事便反映了这一点：

燕王曰：“夫忠信，又何罪之有也？”对曰：“足下不知也。臣邻家有远为吏者，其妻私人。其夫且归，其私之者忧之。其牺曰：‘公勿忧也，吾已为药酒以待之矣。’后二日，夫至。妻使妾奉卮酒进之，妾知其药酒也，进之则杀主父，言之则逐主母，乃阳僵弃酒。主父大怒而笞之。故妾一僵而其酒，上以活主父，下以存主母也。忠至如此，然不免于笞，此以忠信得罪者也。臣之事，适不幸而有类妾之弃酒也……”[1]

在该记载当中，苏秦为了说服燕王相信自己而讲了一个故事。在这一故事当中，家长（即“主父”）在处罚妾时所使用的手段便是“笞”。《韩非子·六反》亦有云“故母厚爱处，子多败，推爱也；父薄爱教笞，子多善，用严也”，即家长可以通过“笞”来处罚子女。这种家内之“笞”，在当时人的观念中被视为理所应当，《吕氏春秋·荡兵》云“怒笞不可偃于家，刑罚不可偃于国，诛伐不可偃于天下”便以“笞”为家内的处罚方式。

至秦汉时期，这种家内之“笞”仍然广为存在，如《史记·曹相国世家》所载曹参与其子窋之事。

参子窋为中大夫。惠帝怪相国不治事，以为“岂少朕与”？乃谓窋曰：“若归，试私从容问而父曰：‘高帝新弃群臣，帝富于春秋，君为相，日饮，无所请事，何以忧天下乎？’然无言吾告若也。”窋既洗沐归，窋侍，自从其所谏参。参怒，而笞窋二百，曰：“趣入侍，天下事非若所当言也。”

曹参因为其子曹窋询问自己为何作为丞相却“无所请事”而大怒，并对其

---

[1] 该故事同样见于《战国策·燕策》苏代与燕王之语中。

子处以“笞二百”的处罚。又如《汉书》所载田千秋为戾太子上书讼冤之事，其辞云“子弄父兵，罪当笞；天子之子过误杀人，当何罪哉！臣尝梦见一白头翁教臣言”[1]，正反映了汉朝之时，笞为家内处罚方式的观念。

这种观念在古文字字形当中亦可找到旁证，“父”字之古文字作“”，许慎《说文解字》云“父，矩也，家长率教者，从又举杖”，即父字字形是手举着杖，就像家长用来教育家族内其他人一样。

家内之“笞”并非基于国家强制力的惩罚方式，故而其并非刑罚。

（二）刑讯之“笞”

东周秦汉时期，“笞”还有一种重要的存在样态，便是在对诉讼相关人员进行讯问之时，以“笞”的方式加以刑讯。《尉缭子·将理》云“笞人之背，灼人之胁，束人之指，而讯囚之情，虽国士有不胜其酷，而自诬矣”，便记载了包括“笞”在内的数种刑讯方式。

这种以“笞”刑讯的方式，在秦汉时期多被称为“笞掠”或“掠笞”，常见于文献当中，如《史记·樊郦滕灌列传》所载夏侯婴之事。

高祖戏而伤婴，人有告高祖。高祖时为亭长，重坐伤人，告故不伤婴，婴证之。后狱覆，婴坐高祖系岁馀，掠笞数百，终以是脱高祖。

夏侯婴因为刘邦的原因，被关押一年有余，并被“掠笞数百”，即被刑讯。《史记·酷吏列传》亦载杜周为廷尉时之事，云“会狱，吏因责如章告劾，不服，以笞掠定之”，即杜周对于不服罪状者，以笞掠的方式来刑讯，以使其招认。

刑讯之“笞”亦见于出土文献之中。《睡虎地秦简·封诊式》简1有如下记载：

治狱，能以书从迹其言，毋治（笞）谅（掠）而得人请（情）为上；治（笞）

[1] 参见《汉书·孙刘田王杨蔡陈郑传》。

谅（掠）为下；有恐为败。[1]

此处的“笞掠”便是刑讯拷打之意。岳麓秦简亦有有关记载，《岳麓书院藏秦简（三）》简 194 至简 195 云“弗治（笞）谅（掠），田、市仁（认）奸”。[2]

对于刑讯之“笞”的使用条件，依据出土文献可知，秦时已有比较完善的规定。《睡虎地秦简·封诊式》简 2 至简 5 便记录了当时询问的有关规定，其中有言“其律当治（笞）谅（掠）者，乃治（笞）谅（掠）。治（笞）谅（掠）之必书曰：爰书：以某数更言，毋（无）解辞，笞讯某”。[3] 即，只有在律令规定可以以“笞”刑讯之时，方可刑讯，而且刑讯之时必须留有书面记录。

刑讯之“笞”虽与狱讼有关，但其是在定罪之前所使用的手段，其目的主要是为了侦查案件，而并不是惩罚他人，故而也并非刑罚。

（三）上层对下层之“笞”

除以上的家内之“笞”与刑讯之“笞”以外，另外还有一些关于“笞”的记载散见于各处。对于这些有关“笞”的记载，在起因、内容等方面均有很大的差异。他们唯一的共同点，便是在记载当中，均是上层对下层通过“笞”来加以处罚，故而本文暂以此命名此类之“笞”。

1. 春秋战国时期上层对下层之“笞”

春秋时例，可见《左传·襄公十七年》所载：

宋皇国父为大宰，为平公筑台，妨于农功。子罕请俟农功之毕，公弗许。筑者讴曰：“泽门之皙，实兴我役，邑中之黔，实慰我心。”子罕闻之，亲执扑，以行筑者，而抶其不勉者。

[1] 睡虎地秦墓竹简整理小组：《睡虎地秦墓竹简》，文物出版社 1990 年版，释文注释部分第 147 页。

[2] 朱汉民、陈松长主编：《岳麓书院藏秦简（三）》，上海辞书出版社 2013 年版，第 206—207 页。

[3] 睡虎地秦墓竹简整理小组：《睡虎地秦墓竹简》，文物出版社 1990 年版，释文注释部分第 148 页。

执扑而抶，即是笞打。杜预注“扑，杖也”,《说文解字》云“抶，笞击也”。在这里，身为贵族的子罕亲自以“笞”处罚筑台之人，是春秋时期上层可对下层使用“笞”处罚之实证。

战国时期，这种上层对下层之“笞”仍然存在，如《史记·范雎蔡泽列传》记载范雎之事：

须贾为魏昭王使于齐，范雎从。留数月，未得报。齐襄王闻雎辩口，乃使人赐雎金十斤及牛酒，雎辞谢不敢受。须贾知之，大怒，以为雎持魏国阴事告齐，故得此馈，令雎受其牛酒，还其金。既归，心怒雎，以告魏相。魏相，魏之诸公子，曰魏齐。魏齐大怒，使舍人笞击雎，折胁摺齿。

范雎因被魏相怀疑向齐国泄露“魏国阴事”，所以被魏相以“笞击”的方式惩罚。

可以看到，上举的几例当中，上层对下层之“笞”似乎带有极大的个人性与随意性，子罕可以因筑者讴歌而对其笞打[1]、范雎因为被魏相怀疑便被其舍人笞击，[2]在这种情况之下，很难说“笞”已经是基于国家强制力的刑罚，而更像是上层出于一时考虑的个人行为。

但是，通过睡虎地秦简，我们可以知道笞刑在战国时期的秦国已经出现。[3]其中有出现“笞十”“笞五十”等记载。[4]而且这些关于“笞刑”的记载，均属于上层对下层之笞（刑罚基于国家强制力，自然均为上对下之罚）。故而，在战国时期，上层对下层之“笞”似乎产生了分化。一部分上层对下层之“笞”被纳入了刑罚体系。

2. 秦汉时期上层对下层之“笞”

至秦汉时期，就目前所见材料而言，这种上层对下层之“笞”与战国时期

[1] 参见前引《左传·襄公二十七年》。

[2] 参见前引《史记·范雎蔡泽列传》。

[3] 刘海年先生认为睡虎地秦简“应是商鞅变法后至秦始皇执政时逐步制定和执行的”，参见刘海年:《云梦秦简的发现和秦律研究》，载《法学研究》1982年第1期。

[4] 参见王震亚:《秦代刑罚制度考述》，载《简牍学研究》第二辑，甘肃人民出版社1998年版。

的状态类似，即一部分上层对下层之“笞”被纳入了刑罚体系；另一部分则未纳入刑罚体系，而是作为上层官吏治民的手段之一继续存在。

汉初的《二年律令》当中，存在不少与笞刑相关的条文。例如，简 273 云：“邮人行书，一日一夜行二百里。行不中程半日，笞五十；过半日至盈一日，笞百；过一日，罚金二两。”[1] 这条律文规定了官方的邮人未按照规定的速度行进时会遭到的刑罚，其中包括笞刑。《二年律令》当中，出现笞刑的情况还有很多，[2] 可见此时之“笞”已是刑罚体系中较为稳定的一环。

传世文献中，同样有所反映。《史记 · 张耳陈馀列传》载张耳、陈馀二人事云“里吏尝有过笞陈馀，陈馀欲起，张耳蹑之，使受笞”。此时二人的状态是“为里监门以自食”，所以此处是上层之“里吏”因为陈馀“有过”而欲对其以笞刑的方式施以处罚。

与此同时，未进入刑罚体系的上层对下层之“笞”在这一时期似乎同样存在，这种行为应该属于个人行为。《史记 · 陈涉世家》记载了吴广起兵之时的情况：

> 吴广素爱人，士卒多为用者。将尉醉，广故数言欲亡，忿恚尉，令辱之，以激怒其众。尉果笞广。尉剑挺，广起，夺而杀尉。陈胜佐之，并杀两尉。

吴广为了得到士卒的支持起兵，故而在将尉醉酒之时，有意激怒将尉，将尉被激怒以后，用“笞”的方式处罚了吴广。在这里，将尉处罚吴广是在醉酒之时，且情绪上非常愤怒，很难想象在这种情况下的“笞”仍是基于律令规定的刑罚。而且之后将尉“剑挺”，应该是因为一时冲动，想杀死吴广，这一行为应该与之前的“笞”性质一样，很可能并非基于律令规定的刑罚，而只是将尉基于情绪的个人行为而已。

可以看到，上层对下层之“笞”在秦汉时期逐步进入了刑罚体系，与此同时，作为个人行为而并非刑罚的上层对下层之“笞”在这一时期仍然存在。

---

[1] 彭浩、陈伟、工藤元男主编：《二年律令与奏谳书》，上海古籍出版社 2007 年版，第 203 页。
[2] 参见丁义娟：《秦及汉初刑罚体系研究》，吉林大学 2012 年博士学位论文，第 107—108 页。

综上所述，“笞”在东周秦汉时期，大略以三种形式出现，分别是家内之“笞”、刑讯之“笞”与上层对下层之“笞”。在这三种形式当中，家内之“笞”与刑讯之“笞”并非刑罚，而上层对下层之“笞”则大约在战国时期部分进入刑罚体系，成为“笞刑”。

二、“笞”何以入刑

如上所述，“笞”作为刑罚出现，目前所见，最早是在睡虎地秦简当中。在睡虎地秦简的《秦律十八种》《秦律杂抄》《法律答问》等诸篇当中，有数条关于笞刑的记载。[1] 睡虎地秦简“应是商鞅变法后至秦始皇执政时逐步制定和执行的”[2]，若此结论可信，则根据目前所见，笞刑在战国时期的秦国已经出现。那么，为何在战国时期的秦国，笞会成为一种刑罚呢？这将是本节着力探讨的问题。

（一）律令制之前的法秩序：“三刑”

众所周知，秦汉时期的社会为律令社会。在律令社会之中，法律秩序基本均由一套律令系统维持，而律令制度出现于以秦国为代表的战国时期。那么，在律令制度出现之前，东周时期法律秩序的实态又是怎么样的呢？

《国语·鲁语上》录有臧文仲之言，可以为我们提供一些线索。

臧文仲言于僖公曰：“夫卫君殆无罪矣。刑五而已，无有隐者，隐乃讳也。大刑用甲兵，其次用斧钺，中刑用刀锯，其次用钻笮，薄刑用鞭扑，以威民也。故大者陈之原野，小者致之市朝，五刑三次，是无隐也。”

可以看到，按照臧文仲所言，法律秩序由“大刑”“中刑”“薄刑”构成，

[1] 参见刘海年：《秦律刑罚考析》，载刘海年：《战国秦代法制管窥》，中国社会科学出版社 2017 年版。

[2] 刘海年：《云梦秦简的发现和秦律研究》，载《法学研究》1982 年第 1 期。

我们暂时称其为“三刑”。而“笞”在其中属于薄刑（即所谓的“鞭扑”）。[1]

关于“笞”与“鞭扑”之间的关系，“笞”字的本义只是击打而已，我们今天之所以将其认为是用竹板拷打，是受到了汉代以降对其理解的影响。“笞”在早期实行时所使用之工具，或即鞭一类的东西。换言之，早期的“笞”与“鞭”或许并无差别。[2]

由上可见，律令社会之前的东周法律秩序，或即此“三刑”。仅看此条记载的话，似乎“三刑”在当时人观念中均为刑罚。但是，结合同时期的其他记载，我们会有不同的发现。《吕氏春秋·荡兵》有云：

家无怒笞，则竖子婴儿之有过也立见；国无刑罚，则百姓之悟相侵也立见；天下无诛伐，则诸侯之相暴也立见。故怒笞不可偃于家，刑罚不可偃于国，诛伐不可偃于天下，有巧有拙而已矣。故古之圣王有义兵而无有偃兵。

《吕氏春秋》此处所载，同样将法律秩序分为三部分，即“家”“国”“天下”，而其所对应的处罚方式分别为“笞”“刑罚”“诛伐”。这三部分和臧仲子所言的“三刑”可以一一对应。所谓的“天下”与“诛伐”，可对应“大刑”与“甲兵”“斧钺”；所谓的“国”与“刑罚”，可对应“中刑”与“刀锯”“钻笮”；所谓的“家”与“笞”，可以对应“薄刑”与“鞭扑”。

可以看到，“大刑”与“薄刑”的处罚方式（“甲兵”“斧钺”“鞭扑”）均与《吕氏春秋》部分对应的处罚方式（“诛伐”“笞”）保持一致，只有“中刑”部分，臧仲子所言为“刀锯”“钻笮”，而吕氏春秋则直言“刑罚”。

由此，我们可以推测，在当时人的观念当中，所谓的“三刑”并非均是刑罚，而是属于广义上的“刑”。[3] 而在此“三刑”当中，只有“中刑”被认为是狭义上的“刑”，也即《吕氏春秋》所言的“刑罚”。而《吕氏春秋》所言之“刑罚”

[1] 对于臧仲子所言，从刑罚角度出发的详细分析，参见〔日〕籾山明著：《法家以前——春秋时期的刑与秩序》，徐世虹译，载《日本学者中国法制史论著选（先秦秦汉卷）》，中华书局 2016 年版。

[2] 参见张伯元：《出土法律文献丛考》，上海人民出版社 2013 年版，第 16—18 页。

[3] “刑”字之古意，本身便是规范的意思，而不专指刑罚。参见王沛：《“刑”字古意辨正》，载《上海师范大学学报（哲学社会科学版）》2013 年第 4 期。

与“国”相对应，这正符合刑罚是基于国家强制力产生的这一重要前提。

与《吕氏春秋》相似的记载，亦见于《史记·律书》，“笔教笞不可废于家，刑罚不可捐于国，诛伐不可偃于天下”，可为旁证。

基于以上分析，可以看到，“薄刑”的“鞭扑”（《吕氏春秋》为“笞”）在律令社会以前人们的观念当中，并不属于刑罚，而是主要用于维持家内秩序的存在。也就是说，在律令体系产生之前，“笞”很可能仍未成为刑罚。

（二）“三刑”合一：律令制度对旧秩序的整合

如上所述，律令体系产生之前的“笞”属于“三刑”中的“薄刑”，仍非本文定义之刑罚，其发展为刑罚或要到律令社会形成之后。那么，在律令社会的形成过程当中，“笞”是怎么样发展为“笞刑”的呢？这应该与律令社会对原有的法律秩序进行统一和整合有关。

在律令社会当中，律令体系应该是唯一的法律秩序。而正如上文所言，在律令制度形成之前，东周的法律秩序或由三套系统（“三刑”）组成，并无统一的法律秩序。而且《国语·鲁语》中所谓的“三刑”，也可能只是将春秋时期各种“刑”纳入同一体系的尝试而已，[1] 实际情况也许更加复杂。

故而，律令制度的形成过程，实际上便是对旧有的多元法秩序进行重新整合，并在整合之后形成新的唯一的法秩序。在这一过程之中，一些旧有法秩序中的制度会被析分出来，不再属于法秩序之内。例如，“大刑”中的“甲兵”，其本质是战争行为，并不具有长期性与普遍性，故而对于他国之讨伐并未被融入律令体系之中，而是被析分于法秩序之外单独存在。而另一些制度则会被律令系统吸收并且整合，最终成为律令体系中的一环。

“笞”便是被律令体系吸收并重新整合的一员，通过整合，“笞”进入了律令中的刑罚体型，从而成为“笞刑”。之所以会如此，与“笞”在旧有法律秩序当中的适用范围密切相关。“笞”在旧有的秩序当中属于“薄刑”，也即是说，

[1]〔日〕籾山明著：《法家以前——春秋时期的刑与秩序》，徐世虹译，载《日本学者中国法制史论著选（先秦秦汉卷）》，中华书局 2016 年版。

其适用于较轻的过错，“是一种惩戒性的制裁手段”。[1] 而比较轻的过错，无论是在怎样的社会结构当中，均是长期且大量的存在的，故而律令体系作为唯一的法秩序，需要一种与此相对应的刑罚。正是因为如此，旧秩序中用以处罚较轻过错的“笞”被律令体系吸收并整合，成为律令制度刑罚体系中的一员。

这一点可以在出土文献中得到验证，秦汉之笞刑所对应之行为，均是性质并不非常严重的过错，如耕牛变瘦、[2] 公家器物损毁 [3] 等等。《岳麓书院藏秦简（四）》当中，还有更为直观的记载：

城旦舂亡而得，黥，复为城旦舂；不得，命之，自出殹（也），笞百。[4]

可以看到，在本条律文当中，城旦舂逃亡后被捕获，本来需要处以黥，但如果是自出的话，则只需要笞一百便可，而不用受黥。

相似性质的条文亦见于《二年律令·具律》简 120，“鬼薪白粲有耐罪到完城旦舂罪，黥以为城旦舂；其有赎罪以下，笞百”[5]，即鬼薪、白粲犯罪之时，赎罪以下的轻罪只会被笞百，而较重之罪则会黥以为城旦舂。

以上这些例证可以很直观地说明，笞刑所适用的情况多是本身便不严重的过错，或是通过某些行为而得到减轻的过错。这也正是“笞”被律令体系吸收为“笞刑”的原因所在。

（三）律令系统之外的非刑之“笞”

明确了“笞”的入刑是因为新的法秩序（律令系统）对旧的法秩序（所谓“三刑”）进行整合与统一的结果之后，仍有一个问题值得我们思考，即为何在“笞”在被整合成“笞刑”之后，仍有并非刑罚的“笞”存在呢？

---

[1] 〔日〕滋贺秀三著：《中国上古刑罚考——以盟誓为线索》，姚荣涛译，载《日本学者中国法制史论著选（先秦秦汉卷）》，中华书局 2016 年版。

[2] 睡虎地秦墓竹简整理小组：《睡虎地秦墓竹简》，文物出版社 1990 年版，释文注释部分第 22—23 页。

[3] 睡虎地秦墓竹简整理小组：《睡虎地秦墓竹简》，文物出版社 1990 年版，释文注释部分第 53—54 页。

[4] 陈松长主编：《岳麓书院藏秦简（四）》，上海辞书出版社 2015 年版，第 54 页。

[5] 彭浩、陈伟、工藤元男主编：《二年律令与奏谳书》，上海古籍出版社 2007 年版，第 141 页。

根据本文第一部分的分析，在进入律令社会之后，非刑之“笞”主要有家内之“笞”、刑讯之“笞”与一部分上层对下层之“笞”三种。其中，非刑的上层对下层之“笞”属于个人行为，具有偶然性，并非长期、稳定的存在，故而无须讨论。

1. 家内之“笞”

家内之“笞”因为并不是基于国家强制力的处罚，故而并非刑罚。这种“笞”如上文分析的那样，在律令系统产生之前便已存在，而且在律令系统产生之后并非消失，而是仍然存在于现实之中。

之所以会如此，主要原因在于家庭和家长制的存在，只要以家庭（无论大小）为基础的家长制仍然存在，家内出于家长的处罚便不会消失。家长制在宗族社会当中处于非常重要的地位，家长在宗族中拥有很大的权力，此点无须赘言。宗族社会解体之后，在律令社会之中，社会的基本单位变成了规模远远小于宗族的小家庭。[1] 然而，在这些所谓“编户齐民”的小家庭当中，家长制的传统观念并未消失，家长仍然在小家庭当中拥有一定的权力。这在出土文献当中也可以看到一些端倪。《睡虎地秦简·法律答问》简 104 至简 105 有如下记载：

“子告父母，臣妾告主，非公室告，勿听。”何谓“非公室告”？主擅杀、刑、髡其子、臣妾，是谓“非公室告”，勿听。而行告，告者罪。告【者】罪已行，它人有（又）袭其告之，亦不当听。

此条的大意是说，“子告父母，臣妾告主，非公室告，勿聽”这条律文当中，“非公室告”是指家主擅自杀死、刑伤、髡剃其子或奴婢。[2] 这种家主在家内的所谓犯罪，即使被告发也不会被处罚（“勿听”），不仅如此，告者还有罪。

由此可见，在律令社会下的秦代，在小家庭当中，家长仍然拥有一定的权力，可以对家庭成员进行惩罚。正是因为如此，家内之“笞”作为一种家内的处罚

---

[1] Li Feng, *Early China*, Cambridge University Press, 2013, pp.189-190.

[2] 睡虎地秦墓竹简整理小组：《睡虎地秦墓竹简》，文物出版社 1990 年版，释文注释部分第 118 页。

方式，得以在律令社会之中继续以非刑罚的方式存在。

2. 刑讯之“笞”

刑讯之“笞”，其目的主要是侦查案件，而并不是惩罚他人，故而也并非刑罚。其在律令时代仍然存在的理由其实非常简单，即刑讯本身在律令时代仍然是狱讼环节中的关键一环，正因为如此，刑讯之“笞”自然也不会消失。实际上，刑讯之“笞”不仅并未消失，而且还融入了律令体系之中，成为律令社会当中统一法秩序的一部分。例如，《睡虎地秦简·封诊式》简 1 便记录了对使用刑讯之“笞”的限制。

治狱，能以书从迹其言，毋治（笞）谅（掠）而得人请（情）为上；治（笞）谅（掠）为下；有恐为败。[1]

可以看到，此处主张在治狱的过程当中，最好不使用刑讯，实际上是通过律令规范刑讯之“笞”的使用。《睡虎地秦简·封诊式》简 2 至简 5 也记录了当时刑讯的有关规定，“其律当治（笞）谅（掠）者，乃治（笞）谅（掠）。治（笞）谅（掠）之必书曰：爰书：以某数更言，毋（无）解辞，笞讯某”。[2] 即，只有在律令规定可以以“笞”刑讯之时，方可刑讯，而且刑讯之时必须留有书面记录。从“其律当治（笞）谅（掠）者”可以看出，当时的律令对于刑讯之“笞”的使用应有更为具体的规定。

综上，“笞”在律令系统产生之前，属于多元法秩序（“三刑”）中的一员，作为所谓“薄刑”，用以处罚较轻的过错，但其本身仍然不是基于国家强制力的长期、稳定的刑罚。其进入刑罚系统，成为基于国家强制力的刑罚，是因为律令系统作为新的、唯一的法秩序，对旧有的多元法秩序进行了统一与整合。作为处罚较轻过错的手段之一，“笞”也被整合进了律令系统，从而成为刑罚之一。

---

[1] 睡虎地秦墓竹简整理小组：《睡虎地秦墓竹简》，文物出版社 1990 年版，释文注释部分第 147 页。

[2] 睡虎地秦墓竹简整理小组：《睡虎地秦墓竹简》，文物出版社 1990 年版，释文注释部分第 148 页。

在律令社会中，与“笞刑”并存的非刑之“笞”，家内之“笞”因为律令系统仍然承认家长权而继续存在，而刑讯之“笞”则作为讯问手段被整合入了律令系统，故而继续存在。

三、结语：律令社会的形成与“笞刑”的产生

“笞”在东周秦汉时期的存在形态主要有三种，分别是家内之“笞”、刑讯之“笞”与上层对下层之“笞”。这三种“笞”之中，前两种“笞”并非刑罚，且在律令系统诞生前后一直存在，而上层对下层之“笞”则在律令系统形成之后，成了一种基于国家强制力的刑罚。

之所以会有这种变化，主要是因为律令系统对旧有多元法秩序的重新整合。律令社会之中，法秩序是统一且唯一的，即律令系统。而在律令系统形成之前，法秩序是多元的，即文献中所谓的“大刑”“中刑”“薄刑”，也即所谓的“三刑”。“笞”在三刑当中属于“薄刑”，并非基于国家强制力的刑罚。而在律令系统对旧有法秩序进行统一整合的过程中，“笞”作为处罚较小过错的手段之一，被吸收整合进入了律令系统之中，从而成了刑罚体系的一员，这便是所谓的“笞刑”。

岳麓秦简所见秦代庭审的分类及其参与者

李勤通*

秦代推行法家理念下的“以法治国”模式，司法制度则是贯彻法制的重要环节。不过尽管法家反复阐述法制的重要性，但司法制度的具体设计在法学思想家的论述并不占据中心地位。随着法家治理模式的推行，司法制度在实践中逐步完善。甚至，某些秦律令的出现就透露出秦代司法制度的生长模式。[1] 庭审制度大概也是如此。从先秦到秦代，庭审制度发生很大变化。在发展过程中，秦代逐渐建立起较为完善的庭审制度。从《为狱等状四种》《奏谳书》乃至传世文献中都可以发现，秦代相当多数的案件都需要经过庭审才能定案。秦代的庭审可以分为两种过程：事实审与法律审。庭审的存在不仅仅是为了解决案件事实的发现问题，秦代统治者还希望能够最大限度约束法官的自由裁量权。因此，庭审的双重功能要求发现事实与适用法律都必然在其中解决。为此，秦代逐渐建立事实审与法律审分离的制度。[2] 而不同的庭审模式

* 李勤通，湖南大学法学院助理教授，法学博士。本文系国家社科基金后期项目“岳麓秦简所见秦代司法实践及其后的转型”的阶段性成果。

[1] 如《岳麓书院藏秦简（伍）》载：“制诏御史：闻狱多留或至数岁不决，令无罪者久毄（系）而有罪者久留，甚不善，其举留狱上之。御史请：至计，令执法上（最）者，各牒书上其余狱不决者，一牒署不决岁月日及毄（系）者人数，为（最），偕上御史，御史奏之，其执法不将计而郡守丞将计者，亦上之。制曰：可。”陈松长：《岳麓书院藏秦简（伍）》，上海辞书出版社2017年版，第58—59页。这一律令记录了秦代解决案件淹留制度的形成。政府在司法政务的处理过程中逐渐认识到积案对司法不公的影响，进而催生司法上计制度的改变。这说明秦代司法制度是不断完善，并非一步到位的。

[2] 参见肖洪泳：《岳麓秦简所见秦刑事诉讼程序的历史价值》，载《湖南大学学报（社会科学版）》2013年第3期，第16—17页；李勤通：《论礼法融合对唐宋司法制度的影响》，载《江苏社会科学》2018年第4期，第145页。

需要不同的主体参加，以最大限度实现庭审功能。本文首先试对这一问题进行论述。

一、岳麓秦简所见秦代事实审及其参与者

法律审和事实审的功能差异明显，事实审的功能在于发现作为裁判前提的事实基础；法律审的功能在于准确找到可适用的法律条文。这两者的相同之处在于都需要通过言辞辩驳等方式达到目的，不同之处在于关注重点和辩驳基础，而且参与的主体多有不同。所谓事实审主要是讯狱的过程；所谓法律审主要是断罪的过程，在法律文书中常常体现为“吏议”或“吏当”。

所谓讯狱就是审查犯罪的庭审过程。[1] 讯字之意，《说文解字·言部》载：“问也。从言，卂声。”[2] 讯字很早就出现，甲骨文中就已经存在，而作为审查罪犯之意的讯最晚到西周时期就已经出现。[3] 如𩰫毁“唯王正月，辰才（在）甲午，王曰：𩰫处，命女（汝）嗣司（司）成周里人眔者（诸）侯、大亚，讯讼罚，取徵五寽（锊），易（赐）女（汝）尸（夷）臣十家，用事。𩰫拜䭫首，对扬王休命，用乍（作）宝毁，其子子孙孙宝用”。[4] 讯讼罚应该就是审理案件，至于是否包括讼和狱两种类型则不确定。不过，狱、讼在当时可能是不分

[1] 这里有一个十分重要的问题：讯狱是否是在县廷或者郡廷展开，并由此可以称之为庭审。事实上，从秦代来看，廷应该不仅是进行法律审的地方，讯狱可能也是在廷中进行。如《封诊式·经死》载：“爰书：某里典甲曰：‘里人士五（伍）丙经死其室，不智（知）故，来告。’即令令史某往诊。令史某爰书：与牢隶臣某即甲、丙妻、女诊丙……即令甲、女载丙死（尸）诣廷。”睡虎地秦墓竹简整理小组编：《睡虎地秦墓竹简》，文物出版社 1990 年版，第 158 页。将丙的尸体送到廷，显然是将之作为证据保持在县廷，基于证据在庭审中的功能，显然县廷是进行讯狱的地方。再看《奏谳书》案例十七在乞鞫者在覆狱后讲述初审时指出：“毛坐讲旁，铫谓毛，毛与讲盗牛状何如？”张家山二四七号汉墓竹简整理小组：《张家山汉墓竹简［二四七号墓］（释文修订本）》，文物出版社 2006 年版，第 101 页。作为犯罪嫌疑人的毛和讲都有地方坐，可以推知当时的环境有可能是有较多座位的廷中。当然，这里的县廷可能是一个较为扩大的概念，即将县级官吏的官署等都是为廷，不过由此还是可知讯狱是当时庭审的一部分。

[2] （汉）许慎、（清）段玉裁：《说文解字注》，许惟贤整理，凤凰出版社 2015 年版，第 164—165 页。

[3] 参见古文字诂林编纂委员会：《古文字诂林》第三册，上海世纪出版集团等 2004 年版，第 2 页。

[4] 中国社会科学院考古研究所编：《殷周金文集成》第八册，中华书局 1987 年版，第 126 页。校释参考先秦甲骨金文简牍词汇资料库，网址：http://inscription.asdc.sinica.edu.tw/c_index.php。

的，因此春秋战国带有民事色彩的庭审和带有刑事色彩的庭审都是相似的。到秦代，仍然很少有类似现代民事诉讼的案例发现。[1]不过有些案件显然有较强的民事色彩，如《封诊式·争牛》应该涉及民事讼争，其文曰："爰书：某里公士甲、士五（伍）乙诣牛一，黑牝曼靡（縻）有角，告曰：'甲、乙牛殹（也），而亡，各识，共诣来争之。'即令令史某齿牛，牛六岁矣。"[2]但这一资料并未涉及庭审的具体过程，从中可获知的信息过少，不过从中可以看到证据对庭审的重要意义。

目前来看，涉及秦代庭审实践的案例一般属于相对严格的刑事案例。《封诊式》中有关于讯狱的基本原则。《封诊式·讯狱》载："凡讯狱，必先尽听其言而书之，各展其辞，虽智（知）其訑，勿庸辄诘。其辞已尽书而毋（无）解，乃以诘者诘之。诘之有（又）尽听书其解辞，有（又）视其他毋（无）解者以复诘之。诘之极而数訑，更言不服，其律当治（笞）谅（掠）者，乃治（笞）谅（掠）。治（笞）谅（掠）之必书曰：爰书：以某数更言，毋（无）解辞，治（笞）讯某。"[3]由于中国的古代民事案件也会采取刑讯，[4]所以很难判断这里的讯狱究竟仅涉及严格意义上的刑事诉讼，还是民事讼争也会适用。从相关案例中所见的具体司法实践来看，这段材料对秦代刑事诉讼之庭审的总结是相当精确的，甚至具体案例中少见的刑讯还能够从中窥其一斑。根据案情的差异，责、听言、书记、诘问、解辞、笞掠等一系列程序逐步展开，这对发现事实真相具有很重要的意义。

在秦代司法制度的设计中，在县的层面，讯狱主要是由狱史、狱佐和令佐

---

[1] 到汉代，民事和刑事诉讼可能有所区别的案例已经出现。参见徐世虹：《汉代民事诉讼程序考述》，载《政法论坛》2001年第6期，第122—130页；孔祥军：《居延新简"建武三年十二月侯粟君所责寇恩事"册书复原与研究》，载《西域研究》2012年第4期，第76—86页。

[2] 睡虎地秦墓竹简整理小组编：《睡虎地秦墓竹简》，文物出版社1990年版，第152页。

[3] 睡虎地秦墓竹简整理小组编：《睡虎地秦墓竹简》，文物出版社1990年版，第148页。

[4] 参见于晓青：《刑讯在古代民事案件中的适用》，载《法学》2008年第5期，第136—143页；祖伟：《中国古代证据制度及其理据研究》，吉林大学2009年博士学位论文，第124—126页。

等完成的。[1] 相对而言，郡是否进行事实审要根据案件的差异而定。郡的司法主管是极为复杂的，主要包括三个部分：其一，部分初审案件；其二，奏谳类案件；其三，乞鞫类案件。[2] 首先，睡虎地秦简《法律答问》载：“‘辞者辞廷。’今郡守为廷不为？为殹（也）。”[3] 这说明郡显然会处理部分初审案件，而初审类案件一般存在事实审与法律审的区别。这一点可以从《奏谳书》中看出。《奏谳书》案例：“八年十月己未，安陆丞忠刻（劾）狱史平舍匿无名数大男子种一月，平曰：诚智（知）种无【名】数，舍匿之，罪。它如刻（劾）。种言如平。问：平爵五大夫，居安陆和众里，属安陆相，它如辞（辞）。鞫：平智（知）种无名数，舍匿之，审。当：平当耐为隶臣，锢，毋得以爵、当赏免。令曰：诸无名数者，皆令自占书名数。令到县道官，盈卅日，不自占书名数，皆耐为隶臣妾，锢，勿令以爵、赏免，舍匿者与同罪。以此当平。南郡守强、守丞吉、卒史建、舍治。八年四月甲辰朔乙巳，南郡守强敢言之，上奏七牒，谒以闻，种县论。敢言之。”[4] 这个案件由南郡守强、守丞吉、卒史建等进行审理。而从其记述中会发现，在接受安陆丞忠的劾后，南郡的司法官吏对之进行了审讯，尽管记录的简述显示不出司法官吏的质询过程，但是“平

[1] 在此试举三例：第一，狱史参与讯狱，《为狱等状四种》“猩、敞知盗分赃案”载：“今视故狱：廿（二十）一年五月丁未，狱史窣诣士五（伍）去疾、号曰：载铜。●去疾、号曰：号乘轺之醴阳，与去疾买铜锡冗募乐一男子所，载欲买（卖），得。它如窣。”朱汉民、陈松长：《岳麓书院藏秦简（叁）》，上海辞书出版社 2013 年版，第 120 页。第二，狱佐参与讯狱，《里耶秦简》8—877 又载：“六月乙丑，狱佐曋讯戌：戌私留苑中……”陈伟主编：《里耶秦简牍校释（第一卷）》，武汉大学出版社 2012 年版，第 240 页。第三，令佐参与讯狱，《里耶秦简》8—988 载：“迁陵狱佐士五朐忍成都谢，长七尺二寸，年廿八岁，白皙色。舍人令佐冣占。”陈伟主编：《里耶秦简牍校释（第一卷）》，武汉大学出版社 2012 年版，第 257 页。宫宅洁认为县内接触犯罪嫌疑人并对其审讯的是秩禄在百石以下的小吏。参见〔日〕宫宅洁：《秦汉时期的审判制度——张家山汉简〈奏谳书〉所见》，徐世虹译，收入杨一凡、寺田浩明主编：《日本学者中国法制史论著选·先秦秦汉卷》，中华书局 2016 年版，第 293 页。

[2] 参见游逸飞：《三府分立——从新出秦简论秦代郡制》，载简帛网，http://www.bsm.org.cn/show_article.php?id=2644，最后访问时间：2019 年 1 月 21 日。

[3] 睡虎地秦墓竹简整理小组编：《睡虎地秦墓竹简》，文物出版社 1990 年版，第 115 页。根据这一段材料认为郡守有司法权的观点，参见刘海年：《秦的诉讼制度（上）》，载《中国法学》1985 年第 1 期，第 158 页；高恒：《秦汉法制论考》，厦门大学出版社 1994 年版，第 12 页。

[4] 张家山二四七号汉墓竹简整理小组：《张家山汉墓竹简［二四七号墓］（释文修订本）》，文物出版社 2006 年版，第 97 页。

曰”的内容意味着，这是平受到质询后的答辩，这应为事实审。奏谳类案件往往较少关注事实问题，郡级司法官吏主要进行法律审。与此相比，乞鞫类案件则可能存在事实审。如在《为狱等状四种》“田与市和奸案”[1]中，审理者对该案的事实问题进行了反复审理。张家山汉简《二年律令·具律》载：“气（乞）鞫者各辞在所县道，县道官令、长、丞谨听，书其气（乞）鞫，上狱属所二千石官，二千石官令都吏覆之。”[2]也即郡守、郡丞有审理乞鞫案的权力，或者说在郡县两级中只有郡级才能审理乞鞫案。[3]不过郡守可能会委托都吏进行法律审。除了司法官吏外，犯罪嫌疑人、自告人、证人等也都会出现在庭审中。本文试将《为狱等状四种》中的参与主体做表如下，以展现具体案件中参与者的基本情况：

表一

序列号	案例	司法官吏	犯罪嫌疑人	证人
1	癸、琐相移谋购案	未知[4]	治/癸、行、柳、轿、沃/琐、渠、乐、得、潘、沛[5]	无
2	尸等捕盗疑购案	未知	治等四人、荆男子阆等十人	谋[6]

[1] 参见朱汉民、陈松长：《岳麓书院藏秦简（叁）》，上海辞书出版社2013年版，第205—211页。

[2] 张家山二四七号汉墓竹简整理小组：《张家山汉墓竹简［二四七号墓］（释文修订本）》，文物出版社2006年版，第24—25页。

[3] 参见〔日〕水间大辅：《秦汉时期承担覆狱的机关与官吏》，载《简帛》第七辑，第279页。

[4] 该案的县守、县丞等是法律审主体，但是事实审的主体并未出现。下同，不再赘述。

[5] 在该案中，治等人属于群盗杀人的犯罪嫌疑人，其后癸、行、柳、轿、沃等人在捕盗过程中发生相移谋购的犯罪行为因而成为新的犯罪嫌疑人，不过癸等人是如何被告发的并没有得到准确信息，尽管沙羡守驩向州陵守转移文书指出琐等人向癸转移法律文书是癸等告发的重要前提，但是何以沙羡没有自己直接进行审查而是转交州陵县，这里可能有两种情况：第一，沙羡对相关的案例没有审查权，这使得其不得不将犯罪嫌疑人转交给州陵县这一有管辖权的主体；第二，州陵县已经发现癸等人的犯罪嫌疑，因此向沙羡要求进行犯罪嫌疑人的转移，在此之后进行正式地庭审。秦汉的司法管辖采用的是发现地主义。参见彭浩：《谈〈奏谳书〉中的西汉案例》，载《文物》1993年第8期，第34页；〔日〕宫宅洁：《秦汉时期的审判制度——张家山汉简〈奏谳书〉所见》，徐世虹译，收入杨一凡、寺田浩明主编：《日本学者中国法制史论著选·先秦秦汉卷》，中华书局2016年版，第277页。

[6] 之前有治等、阆等人的供述，而后才出现谋，因此疑谋为证人。

续表

序列号	案例	司法官吏	犯罪嫌疑人	证人
3	猩、敞知盗分赃案	未知	猩、敞、达	醴阳丞悝[1]
4	芮盗卖公列地案	狱史猪等	更[2]、材[3]、芮	方、贺
5	多小未能与谋案	未知	多	无
6	暨过误坐失官案	未知	暨	无
7	识劫娩案	未知	娩、识	建、昌、積、喜、遗、妹、快、臣、拳、嘉、颉、狗、羽、齡、唐、佐
8	譊、妘刑杀人等案	未知	譊、喜	无
9	同、显盗杀人案	狱史洋等	同、显	无
10	魏盗杀安、宜等案	狱史触、彭沮、衷	魏	无
11	得之强与弃妻奸案	廷史赐等	得之	变、颠、雎
12	田与市和奸案		田	毋智、狱史相、驩、路、田妻、市、爨、丞祒[4]
13	善等去作所案	未知	善、定、良、獾	未知
14	学为伪书案	未知	学（癸）	丞矰[5]
15	绾等畏懦还走案	未知	得等、猩等、文、刍、庆、绾	无

[1] 从该案的记载来看，敞之所以成为讯狱的对象显然与醴阳丞悝有关。而一般来说，如“暨过误坐失官案”的记述一样，如果官员是犯罪嫌疑人，记述中是不将其称为“某官暨”而直接称其为暨，而醴阳丞悝的记述则与之明显区别，应该是证人。

[2] 更后来的犯罪嫌疑被取消，材亦同。

[3] 材的角色可能有多元性，即早期作为犯罪嫌疑人，但是后来又变成证人。

[4] 在田进行最早的乞鞫申请时，丞祒没有允许，因此在乞鞫案中他作为证人出现。

[5] 丞矰在该案中既是告发者，但同时也应当是证人。

从这可以发现，事实审的参与主体确乎较为多元。第一，司法官吏当然必不可少，但奇怪的是，除少数案件外，事实审的主体并未出现在记录中。少数之所以会出现事实审的审理主体的案件，主要是对定案事实有疑义的乞鞫案。而透过“学为伪书案”会发现，在法律文书中出现一个将官员职务记录错误的行政过误就会给予处罚，而进行事实审的主体却未在记录中。这可能意味着，在文书行政的秦汉时代，[1] 上级的文书审查很难直接对事实审的审理主体进行直接处罚。[2] 之所以出现这种情况，可能存在这些原因：在秦代的审级结构中，上级主要处理法律审问题，而《为狱等状四种》中多数案件都是奏谳类，也即上书请求解决法律适用疑难，因此没有必要写明事实审的主体；而涉及乞鞫案时，事实审就变得较为重要，因此事实审的主体就出现了，比如“得之强与弃妻奸案”中就出现了事实审的主体“廷史赐”。第二，犯罪嫌疑人会存在转变的情况。如在“芮盗卖公列地”案中，司法官吏最初认为更有犯罪嫌疑，后来又转而认为材才是可能的犯罪者，最后才发现真正的犯罪者是芮。第三，证人具有相当的多元性，受害人、前一程序的审理者、公职人员以及与案件有关的人员等等都可能会成为证人。当然，有些案件并没有出现证人，是否出现证人与案情有密切关系。

从上面来看，事实审以司法官吏（尤其是狱吏等小吏）为主导，[3] 其他与厘清案件事实有关的主体也会通过各种方式参与进来。从具体案例来看，事实审的过程往往涉及案情侦查、证据认定、犯罪嫌疑人审讯、证人口供获取等等，这些都是技术性很强的事情，往往需要专门的经验和知识。相较于县守、县丞等地方长官，狱史等小吏在这些方面拥有更多的经验和知识，因此他们承担起法律审的工作，同时这也能够防止地方长官的专权。

---

[1] 关于文书行政，可以参见〔日〕永田英正：《文书行政》，王勇华译，载〔日〕佐竹靖彦：《殷周秦汉史学的基本问题》，中华书局 2008 年版，第 224—253 页；〔日〕富谷至：《文书行政的汉帝国》，刘恒武、孔李波译，江苏人民出版社 2013 年版。

[2] 也有学者提出，文书行政是秦汉监察制度的制度起源。参见曹勤：《论秦汉监察制度起于文书行政》，载《河北法学》2017 年第 12 期，第 182—191 页。

[3] 又参见〔日〕宫宅洁：《秦汉时期的审判制度——张家山汉简〈奏谳书〉所见》，徐世虹译，收入杨一凡、寺田浩明主编：《日本学者中国法制史论著选·先秦秦汉卷》，中华书局 2016 年版，第 293 页。

二、岳麓秦简所见秦代法律审及其参与者

讯狱所确定的案件事实是定罪的基本前提。“在审判过程中，司法官吏就是依据事实去适用相关法律，这是秦代断狱的基本原则。”[1] 因此，在确定裁判事实后，法律审就成为下一步要解决的问题。在《为狱等状四种》的案例中，法律审的具体过程往往并未得到体现，但是仍然可见其存在，并且呈现出某种争议状态，即针对同一案件有一种以上的法律意见。这种情况在张家山汉简《奏谳书》中也极为常见。[2] 本文首先对《为狱等状四种》中存在的法律审情况进行总结。

表二

序列号	案例	法律审记载
1	癸、琐相移谋购案	吏议曰：癸、琐等论当殴（也）；沛、绾等不当论。或曰：癸、琐等当耐为侯（候），令琐等环（还）癸等钱；绾等
2	尸等捕盗疑购案	吏议：以捕羣盗律购尸等。或曰：以捕它邦人
3	多小未能与谋案	吏议曰：除多。或曰：黥为城旦。
4	暨过误坐失官案	吏议：赀暨一甲，勿羸（累）
5	识劫婉案	吏议：婉为大夫☐妻；赀识二甲。或曰：婉为庶人；完识为城旦，纍（緐）足输蜀。
6	学为伪书案	吏议：耐学隶臣。或〖曰〗：令赎耐

事实审完成之后就进入法律审的阶段。不过，上述对《为狱等状四种》中法律审的总结主要是对奏谳过程中所产生的法律审的记录（详细论证见下文）。未进行奏谳程序的案件当然也要经历法律审。因此，一个案件中的法律审可能有两次：初审中的法律审和奏谳中的法律审，当然初审就结束的案件应该就只有一次法律审。从表一和表二的对比可以很明显地发现，犯罪嫌疑人、证人等在事实审中大量出现的成员此时已经不再出现，取而代之的是所谓“吏议”中的“吏”，至于“吏”包括哪些主体则受到初审和奏谳差异的影响。

在初审中的法律审中，县守、县丞是主要的审判者，但是在部分案件中县史

---

[1] 张琮军：《秦汉刑事证据制度研究》，中国政法大学出版社 2013 年版，第 66 页。

[2] 如张家山汉简《奏谳书》案例一、案例二、案例四等都有两种不同的法律意见。

等也会参与其中。如“癸琐相移谋购案”中，事实审结束后，“五月甲辰，州陵守绾、丞越、史获论令癸、琐等各赎黥。癸、行戍衡山郡各三岁，以当灋（法）；先备赎。不论沛等。”[1] 州陵的县守、县丞、县史等共同参与了法律审。不过，虽然县史获参与了法律审，且对从表面上对审判结果负责。但是在上行文书中，并没有县史的联署。而且，文书中还指出“获手，其赀绾、越、获各一盾。”[2] 也即，县史获之所以会受罚，是因为他有经手该案。既然特别指出了获之所以受罚的原因，那么就不可能是因为他拥有法律审的权力所以才受罚。这可能意味着，尽管县史参与了法律审，并提出法律意见，但是最终拥有决策权的还是县守和县丞。

在文书行政的秦汉时代，文书的署名与责任主体有密切关系。[3] 如《为狱等状四种》“癸、琐相移谋购案”是由州陵守绾、丞越共同奏谳的；《奏谳书》案例一则由夷道𬂔、丞嘉共同奏谳。多数案件都是如此。既然奏谳由他们提起，那么案件处理结果更可能主要由他们负责，其他人也有可能负责，但这种责任可能是连坐责任。当然从《为狱等状四种》来看，之所以初审中的法律审由县守和县丞负责，跟这些案件的性质有关，即这些都属于应当由县初审的案件。对某些应当由郡初审的案件，其法律审的初审是由郡级完成的，比如在《奏谳书》案例十四、十五中，法律审的主体主要包括郡守、郡丞、郡史等，但是又由前二者署名奏谳。

针对县史等对法律审的参与，籾山明、宫宅洁、水间大辅等曾经提出这意味着秦汉司法是狱吏主导性或县吏主导性的结构，[4] 但这颇令人怀疑。笔者拟对

---

[1] 朱汉民、陈松长：《岳麓书院藏秦简（叁）》，上海辞书出版社 2013 年版，第 99 页。

[2] 朱汉民、陈松长：《岳麓书院藏秦简（叁）》，上海辞书出版社 2013 年版，第 104 页。

[3] 从汉代来看，署名能够影响到署名者的法律责任。如《二年律令·兴律》载：“乘徼，亡人道其署出入，弗觉，罚金。”又如《奏谳书》案例八载：“北地守瀸（谳）：奴宜亡，越塞，道戍卒官大夫有署出，弗得。疑罪。廷报：有当赎耐。”张家山二四七号汉墓竹简整理小组：《张家山汉墓竹简［二四七号墓］（释文修订本）》，文物出版社 2006 年版，第 63、96 页。

[4] 参见〔日〕籾山明著：《中国古代诉讼制度研究》，李力译，上海古籍出版社 2018 年版，第 101 页；〔日〕宫宅洁：《秦汉时期的审判制度——张家山汉简〈奏谳书〉所见》，徐世虹译，载杨一凡、寺田浩明主编：《日本学者中国法制史论著选·先秦秦汉卷》，中华书局 2016 年版，第 295 页；〔日〕水间大辅：《秦汉时期县狱史的职责》，载王沛主编：《出土文献与法律史研究》第一辑，上海人民出版社 2012 年版，第 201 页；齐伟玲：《秦汉刑事法律适用研究》，北京大学出版社 2018 年版，第 35 页。

这一问题专门研究，在此仅略作说明。因为县史等在事实审中的主导性是无疑的，所以这一观点的合理性基础在于县中小吏对审判的参与（主要是法律审的参与）。而且他们认为这种参与使得县史与县守、县丞等责任共担，并在此基础上提出县史是贯穿于整个审判过程中的，同时影响到最终审判结果并对之负责。但事实上，诸位论者对作为主要例证的《奏谳书》案例十七“毛诬讲盗牛案”的解读存在问题。由于该案的认定是丞昭、史敢、史铫、史赐论失（即讲被诬指参与盗牛），所以论者以为他们共同承担了审判不直的罪名。但是从该案记载来看，之所以发生“论失”的原因是事实审出了问题，而不是法律审出了问题，即刑讯逼供导致案件事实认定错误。这意味着，被处罚的丞昭、史敢、史铫、史赐等是因为刑讯逼供导致事实认定上出了问题，从而才在最后得出错误判决。那么，何以该案被斩钉截铁地认为几位县史之所以受到处罚是因为他们参与了法律审的审判?

到奏谳中，法律审的主体在文献中就变得较难分辨。尤其是表二总结的“吏议”的部分。首先需要明确的是，这里的“吏议”究竟来自请谳主体还是来自被请谳主体。对于这一问题，学界有较大争论。第一种观点认为吏议的主体是请谳主体。如《为狱等状四种》的整理者认为：“吏议，附加在奏谳文书的判决意见，是在奏谳机关内经过议论所产生的，与奏谳文书一同上报。”[1] 陶安认为：“位于‘谒报’字样后边的‘吏当’指郡级官吏的判决意见，而位于‘敢言之’后边的‘吏议’是县级官吏的判决意见。”[2] 万荣与之有大略相同的观点。[3] 第二种观点则认为吏议的主体是被请谳机关。如宫宅洁认为：“收到文书的机关再次量刑。首先要列举判决已经，这一阶段可视为‘史（吏）当——史（吏）援引法律。廷尉下设‘奏谳掾’以参与决疑案。”[4] 周海锋则认为：“《为狱等状四种》

---

[1] 朱汉民、陈松长：《岳麓书院藏秦简（叁）》，上海辞书出版社 2013 年版，第 110 页。

[2] 〔德〕陶安：《张家山汉简〈奏谳书〉吏议札记》，王沛主编：《出土文献与法律史研究》第二辑，上海人民出版社 2013 年版，第 98 页。

[3] 参见万荣：《秦与汉初刑事诉讼程序中的判决：“论”、“当”、“报”》，载《简帛》第十一辑，第 146—149 页。

[4] 〔日〕宫宅洁：《秦汉时期的审判制度——张家山汉简〈奏谳书〉所见》，徐世虹译，收入杨一凡、寺田浩明主编：《日本学者中国法制史论著选·先秦秦汉卷》，中华书局 2016 年版，第 292 页。

一书中‘吏议’之‘吏’必当为都吏无疑。”[1] 由于《为狱等状四种》中的案例很多都是由县请谳而郡裁定的，如果认为吏议的主体是都吏，这则意味着吏议来自被请谳主体。

相较之下，笔者赞同第二种观点。陶安等人所提出的观点的核心在于将“吏当”之前的“谒报。署某某发”视为是请谳机关文书格式的留存。[2] 以《奏谳书》案例一为例，其载：“疑毋忧罪，它县论，敢灋（谳）之，谒报。署狱史曹发。· 吏当：毋忧当要（腰）斩。或曰：不当论。· 廷报：当要（腰）斩。”[3] 当将“谒报。署狱史曹发”视为郡级机关向廷尉进行请谳的文书残留时，后面紧随的“吏当”就有可能是郡级机关所写。但是，这会产生几个疑问。第一，为什么请谳机关会请求上级机关的特定人而不是特定职位启封文书？由于人的职位和职权是存在变动可能的，在当时的信息传递条件下，万一对方不再担任特定职位或者职务改变，岂不是会出现严重的行政失误。[4] 因此，像里耶秦简所载“谒报，署主吏发。敢言之”[5] 就只言“主吏”不言人名。第二，相关文书中对“吏议”或“吏当”的内容会产生两次记述。[6] 如前引《奏谳书》案例一中“疑毋忧罪”和“吏当：毋忧当要（腰）斩。或曰：不当论”本质是一回事，何以不在正文中记述，反而

[1] 参见周海锋：《〈为狱等状四种〉中的“吏议”与“邦亡”》，载《湖南大学学报（社会科学版）》2014 年第 4 期，第 12 页。秦涛持相似观点。参见秦涛：《律令时代的“议事以制”：汉代集议制研究》，西南政法大学 2014 年博士学位论文，第 230 页。

[2] 需要说明的是，陶安根据籾山明的研究，把“谒报。署某某发”断句为“谒报，署某某发”。参见〔日〕籾山明著：《中国古代诉讼制度研究》，李力译，上海古籍出版社 2018 年版，第 251 页；〔德〕陶安：《张家山汉简〈奏谳书〉吏议札记》，载王沛主编：《出土文献与法律史研究》第二辑，上海人民出版社 2013 年版，第 97 页。相较之下，《奏谳书》相关整理小组采“谒报。署某某发”。本文认为，“谒报。署某某发”与“谒报，署某某发”对认识相关问题有很大影响，而陶安等人的观点没有足够的说服力证明其观点的准确无误。

[3] 张家山二四七号汉墓竹简整理小组：《张家山汉墓竹简［二四七号墓］（释文修订本）》，文物出版社 2006 年版，第 91 页。

[4] 在《为狱等状四种》“学为伪书案”中，上行文书只是写错了冯毋择的官职就使请谳者受到了处罚。

[5] 陈伟：《里耶秦简牍校释 · 第 1 卷》，武汉大学出版社 2012 年版，第 109 页。

[6] 万荣认为吏议与吏当不完全相同，吏议包括对被告行为性质、所适用法律解释以及对被告的惩罚措施；吏当则主要仅包括判决。陶安则认为吏当与汉高祖七年疑狱谳诏的“当报”有关，而吏议则是晋唐律“异议”的前身。参见〔德〕陶安：《张家山汉简〈奏谳书〉吏议札记》，载王沛主编：《出土文献与法律史研究》第二辑，上海人民出版社 2013 年版，第 82—83 页。如果从内容来看，万荣的观点十分有道理，而陶安的观点视角也十分独特。本文认为，吏议与吏当在内容上有关注重点的差异，但确实都属于法律审的内容。

将之作为附件？再如“癸琐相移谋购案”中“疑癸、琐、绾等辠（罪）”与“吏议曰：癸、琐等论当殴（也）；沛、绾等不当论。或曰：癸、琐等当耐为侯（候），令琐等环（还）癸等钱；绾等”也是如此。同时，把“吏议”之吏何以不是具体的人名，这与秦代法律文书的记述方法有异。[1] 第三，如果奏谳文书的正文中会存在要求特定人才能启封的做法，为什么下行文书不见要求特定人启封的痕迹？

在本文看来，如“谒报。署某某发”应该是两个文书格式，前者是请谳文书的结语，后者是被请谳机关接收上行文书的档案标记。所谓谒报，《奏谳书》案例一的整理报告称：“谒，《尔雅·释言》：‘请也。’报，《汉书·胡建注》：‘断狱为报。’”[2] 睡虎地秦简《金布律》：“都官远大内者输县，县受买（卖）之。粪其有物不可以须时，求先买（卖），以书时谒其状内史。”[3] 这一律文明确指出，向上请谒时应当“谒其状”，状应当也就在谒内。作为奏谳的谒报，与断案有关的内容也应当是谒其状，那么既然已经谒报终结后，何以下面还会有与本案有关的内容？同时，前面还有敢谳之表达主体内容的结束。因此，谒报并非与“署某某发”相连，而是构成请谳文书的结束。这样实际上也可以容纳陶安的观点。即，郡在收到县的奏谳之后，再加上“谒报”继续向廷尉请谒。而当收到上行文书后，上级机关的特定人员就需要对文书进行登记并署名，大概会写上“某某发”。而当被请谳机关作出裁判后，一方面被请谳机关肯定要留存上行文书的原件，另一方面则要重新誊写上行文书的基础上做出下行文书，这时候“某某发”作为档案标记留存在文书中，同时加上“署”以标识其是档案标记。[4] 因此，谒报属于上行文书的留存，“署某某发”则是下行文书的留存，并成为文书格式的一部分。当下行文书到达郡县时，虽然仍应有档案标记存在，但已非文书的一

[1] 在笔者看来，这可能是一种防弊手段。如果下级对上级机关究竟哪位人士可以作出与最后判决结果相似的判断，这意味着下级可以向其请教而不用经过奏谳程序。这样，不仅可能会造成某些人对司法权的垄断，而且容易导致上下勾结，进而影响司法公正。

[2] 张家山二四七号汉墓竹简整理小组：《张家山汉墓竹简［二四七号墓］（释文修订本）》，文物出版社 2006 年版，第 92 页。

[3] 睡虎地秦墓竹简整理小组编：《睡虎地秦墓竹简》，文物出版社 1990 年版，第 40 页。

[4] 籾山明很早就指出，秦代文书的书写特征是“很多木牍正反面所开列的是若干机关所发出的指示和委托，且一枚中的笔记也不一样。这是因为，在一枚木牍的文书上，若干机关将其委托与指示接连写下去。这是后世的纸质文书中广为人知的一个现象”。〔日〕籾山明著：《中国古代诉讼制度研究》，李力译，上海古籍出版社 2018 年版，第 253 页。

部分。《奏谳书》的整理者就可能把这一部分省略了。而且，就其性质而言《为狱等状四种》《奏谳书》应当属于教科书，[1] 当“某某发”作为档案标识时就不需要记录在文书中，而当“署某某发”成为文书格式的一部分时就有可能存在于文书中。

如果这一推断正确的话，“署某某发”后面必然是被请谒机关对案件的讨论，即被请谳机关的法律审过程也需要做记录，并且誊写到下行文书中。不过，就此而言，陶安提出一个非常重要的质疑。即被请谳机关完全可以只写最后判决，没有必要把自己内部的异议写出来。[2] 这一方面如前文所指出的是一种防弊手段，另一方面这可能是一种责任分配机制。《史记·酷吏列传·张汤传》载：“奏谳疑事，必豫先为上分别其原，上所是，受而著谳决法廷尉，絜令扬主之明。奏事即谴，汤应谢，乡上意所便，必引正、监、掾史贤者，曰：‘固为臣议，如上责臣，臣弗用，愚抵于此。’罪常释。”[3] 张汤向皇帝报告奏谳裁判时，如果皇帝对其不满，他就会常常引用其他人的合理判决进行自我谴责。这不仅说明廷尉内部的案件讨论应当是有记录的，而且说明这可能是一种官吏与不合理的判决保持距离从而避免陷入出入人罪责任的方式。吏议的存在意味着被奏谳机关内部也要进行讨论，而且从吏议的内容来看，基本都属于法律审的内容。但是“吏议”或“吏当”所包括的被请谳机关的吏究竟包括哪些主体？这又有争论。

第一种如前文所引，周海锋认为所谓吏议的主体是指“都吏”[4]。第二种，如宫宅洁、汪桂海等认为是廷尉下属的小吏。[5] 但这还需要再推敲。即吏究竟特指都吏，还是泛指上级审判主体中的成员存在疑义。尽管《为狱等状四种》

---

[1] 参见李勤通：《试论岳麓秦简中〈为狱等状四种〉的性质》，载《简帛研究》2018 年春夏卷。

[2] 〔德〕陶安：《张家山汉简〈奏谳书〉吏议札记》，载王沛主编：《出土文献与法律史研究》第二辑，上海人民出版社 2013 年版，第 96 页。

[3] （汉）司马迁：《史记》，中华书局 2014 年版，第 3811 页。

[4] 所谓都吏，有学者提出“它是郡府掾、史等属吏的泛指或统称”。参见黄金言：《西汉“都吏”考略》，载《中华文化论丛》2015 年第 1 期，第 199 页。不过都吏应该并不包括郡守、郡丞等。张家山汉简《徭律》载：“都吏及令、丞时案不如律者论之，而岁上繇（徭）员及行繇（徭）数二千石官。”张家山二四七号汉墓竹简整理小组：《张家山汉墓竹简［二四七号墓］（释文修订本）》，文物出版社 2006 年版，第 65 页。由此都吏与令、丞并列来看，令、丞等地方长吏应当不是都吏的范畴。

[5] 参见汪桂海：《汉代官文书制度》，广西教育出版社 1999 年版，第 88 页。

中并没有相关信息，但是《奏谳书》案例二十一却有关于吏议的具体内容。在该案中，进行法律审的主体包括廷尉、廷正、廷监、廷史等等，而且这些人在法律意见上是存在冲突的，也即构成法律审中的异议。再如《汉书·朱博传》载："(朱博)复征为光禄大夫，迁廷尉，职典决疑，当谳平天下狱。博恐为官属所诬，视事，召见正监典法掾史，谓曰：'廷尉本起于武吏，不通法律，幸有众贤，亦何忧！然廷尉治郡断狱以来且二十年，亦独耳剽日久，三尺律令，人事出其中。掾史试与正监共撰前世决事吏议难知者数十事，持以问廷尉，得［为］诸君覆意之。'正监以为博苟强，意未必能然，即共条白焉。博皆召掾史，并坐而问，为平处其轻重，十中八九。官属咸服博之疏略，材过人也。每迁徙易官，所到辄出奇谲如此，以明示下为不可欺者。"[1] 在这个记载中，朱博要求"掾史试与正监共撰前世决事吏议难知者数十事"，即让掾史、廷尉正、廷尉监等对之前的疑难案件提出法律意见，进而向后者暗示自己对相关律令是非常熟悉的，因此后者不要通过吏议陷害自己。这不仅说明廷尉是对吏议是否合乎法律承当连带责任，而且廷尉还可能要参与到吏议过程。因此，所谓"吏议"应该是泛指上级审理者。

因此，在秦代奏谳的法律审过程中，被请谳机关的相关司法人员都会参与其中，并且形成集议审判的格局，但是究竟是否他们要一体承担法律责任，或者说属吏要承担跟长官一样的法律责任恐怕还需要再斟酌。睡虎地秦简《法律答问》载："赎罪不直，史不与啬夫和，问史可(何)论？当赀一盾。"[2] 按照这一规定，如果县史不跟县啬夫媾和而枉法裁判，那么他们只受极轻的连坐。这意味着，属吏要与长官承担法律责任，这应该是秦代连坐制度的必然。但是，如果县吏所提出的法律意见与长官不一，其也可因此减轻责任。这可能说明两个问题：第一，县吏的法律意见不对案件具有决定性影响；第二，县吏对司法判决所承担的责任可能是一种连坐责任，而并不是自身行为导致的责任。

[1] (汉)班固：《汉书》，中华书局1964年版，第3403—3404页。

[2] 睡虎地秦墓竹简整理小组编：《睡虎地秦墓竹简》，文物出版社1990年版，第115页。

三、结语

从前述可以发现，秦代的庭审制度已经相当完善，并且形成事实审与法律审相分离、参与主体特定的结构。这种结构的形成或与秦代的权力控制思维有关。《三国志·魏书·夏侯玄传》载夏侯玄语："始自秦世，不师圣道，私以御职，奸以待下；惧宰官之不脩，立监牧以董之，畏督监之容曲，设司察以纠之；宰牧相累，监察相司，人怀异心，上下殊务。汉承其绪，莫能匡改。"[1]秦代通过连坐使官吏之间形成特定连接，但是又通过分权尽量减少相互之间的勾连。防止司法过程中某些人独掌权力，是减少司法腐败和冤假错案的方式。这有其制度设计的原理，但本质上无法完全有效地解决问题，因此冤假错案在秦代仍然会有出现。后世对秦代的司法制度多有所继承，但仍旧不得不面对其固有缺陷。

[1]（晋）陈寿：《三国志》，中华书局1964年版，第296页。

秦汉时期“符”的尺寸及其演变

——兼论岳麓秦简肆《奔警律》的年代

杨振红 *

“符”和印、玺、节等一样，是古代重要的凭证信物。由于传世文献记载存在矛盾，历来对秦汉时期符的尺寸存在异说。20 世纪以来，在出土秦汉简牍中发现了很多有关“符”的简，一些简文中明确出现了“六寸符”一词，为符制研究提供了宝贵的新资料，使得这一研究有了很大推进。[1] 但目前仍有一些问题未得到解决。2015 年《岳麓书院藏秦简（肆）》[2] 刊布，其中《奔警律》中出现了“五寸符”。这一发现在丰富了符制材料的同时，也使得问题更趋复杂。那么，秦汉时期符的尺寸是否是统一的，其间是否经历过变化，是如何变化的？本文拟在前贤讨论的基础上，尝试对这些问题作进一步的讨论。

一、汉代的竹使符及其流变

《史记·孝文本纪》载文帝二年：

> 九月，初与郡国守相为铜虎符、竹使符。[3]

---

* 杨振红，南开大学历史学院教授。本文系国家社科基金重大项目“先秦乐学整理与研究”（17ZDA250）成果。

[1] 相关学术史请参见郭伟涛：《汉代的出入关符与肩水金关》，载西北师范大学历史文化学院等编：《简牍学研究》第七辑，甘肃人民出版社 2018 年版，第 96—97 页。

[2] 陈松长主编：《岳麓书院藏秦简（肆）》，上海辞书出版社 2015 年版。下文简称“岳麓肆”。

[3] 《史记》卷一〇《孝文本纪》，中华书局 1982 年版，第 424 页。

据此，文帝二年始创立皇帝、中央与郡国守相之间使用铜虎符、竹使符的制度。《汉书 · 文帝纪》的记载略有不同：

九月，初与郡守为铜虎符、竹使符。[1]

仅仅提到郡守，而不包括诸侯国相。《史记》日本古注在其下出注：

《通鉴》卷十三《高后纪》：“八月，丙午，齐王欲使人诛相；相闻之，乃发卒卫王宫。魏勃绐邵平曰：‘王欲发兵，非有汉虎符验也。’”胡注：“张晏曰：‘符以代古之圭璋，从简易也。’予据《史记 · 文帝纪》：‘三年[2]九月，初与郡国守相铜虎符。’既有‘初’字，则前乎文帝之时当未有铜虎符也。召平、魏勃事在三年之前，何缘有虎符发兵！班史于《文纪》三年，只书‘初与郡守为铜虎符’，汰去‘国相’二字。温公则但书勃语于此，而《文纪》不复书。岂亦有疑于此邪。”[3]

指出《资治通鉴 · 高后纪》转引魏勃语，说诸侯王发兵需汉虎符。胡三省注认为，此事既然发生在汉文帝二年创立铜虎符制之前，表明此前汉与诸侯国相之间早就使用铜虎符发兵。《汉书 · 文帝纪》删掉“国相”二字，以及司马光特意引魏勃语，可能都是因为怀疑《史记》的记载是错误的。胡三省的说法颇有道理。吕后时期时既然已经存在虎符发兵制，其发出的对象是谁需要进一步讨论，但宥于主题的限制，本文略而不论。

关于铜虎符、竹使符，《史记集解》和《史记索隐》分别作注：

《史记集解》：应劭曰：“铜虎符第一至第五，国家当发兵，遣使者至郡合符，符合乃听受之。竹使符皆以竹箭五枚，长五寸，镌刻篆书，第一至第五。”张晏曰：“符以代古之珪璋，从简易也。”

[1] （清）段玉裁注：《说文解字注》第八篇上，中华书局 2013 年版，第 193 页上。

[2] 此处的“三年”误，当为“二年”。

[3] 张玉春疏证：《〈史记〉日本古注疏证》十《孝文本纪第十》，齐鲁书社 2016 年版，第 74 页。

《史记索隐》:《汉旧仪》铜虎符发兵，长六寸。竹使符出入征发。《说文》云分符而合之。小颜云“右留京师，左与之”。《古今注》云“铜虎符银错书之”。张晏云“铜取其同心也”。[1]

据此，竹使符长五寸，铜虎符长六寸。《汉书》颜师古注所引有所不同：应劭曰：“铜虎符第一至第五，国家当发兵，遣使者[2]至郡合符，符合乃听受之。竹使符皆以竹箭五枚，长五寸，镌刻篆书，第一至第五。”张晏曰：“符以代古之圭璋，从简易也。”师古曰：“与郡守为符者，谓各分其半，右留京师，左以与之。”[3]未提《汉旧仪》所说铜虎符六寸，其余大体相同。

值得注意的是，《史记索隐》提到《说文》，但并没有照录《说文》全文。事实上，《说文》所说符的长度为六寸，与应劭说不合。《说文》竹部：

符，信也。汉制以竹，长六寸，分而相合。从竹，付声。[4]

许慎说符是竹制的，与竹使符材质相同，但是长度却与应劭说不同，那么他们所说是同一种符吗？自裴骃、颜师古、司马贞以及《文选》《通典》等多照搬应劭说，以为竹使符长五寸，[5]或也引《说文》，却不提两者的矛盾。直至段玉裁注《说文》才提及此事：

《周礼》门关用符节，注曰：“符节者，如今宫中诸官诏符也。”《小宰》“傅别”故书作“傅辨”，郑大夫读为“符别”。《汉孝文纪》“始与郡国守相为铜虎符、竹使符”，应劭云：“铜虎符一至五，国家当发兵，遣使至郡合符，符合乃听受之。

---

[1] 《史记》卷一〇《孝文本纪》，第424页。

[2] 原断作：“国家当发兵遣使者，至郡合符”，今据《史记》中华书局标点本改。《史记》卷一〇《孝文本纪》，第424页。

[3] 《汉书》卷四《文帝纪》，中华书局1962年版，第118页。

[4] （清）段玉裁注：《说文解字注》第八篇上，第193页。

[5] 笔者以“竹使符”+“五寸”为检索词查检“中国基本古籍库”，共检出88条材料。以“竹使符”+“寸”为检索词，仅有一条文献载竹使符长六寸，即清代王筠《说文解字句读》卷五上“符”字下，在引应劭说后，又说：“《汉旧仪》：竹使符，长六寸。”（清刻本，“中国基本古籍库”电子版）不知其所出。

竹使符皆以竹箭五枚，长五寸，镌刻篆书，第一至第五。”张晏曰：“符以代古之圭璋，从简易也。”按许云六寸，《汉书》注作五寸，未知孰是。[1]

段玉裁因材料不足，故说“未知孰是”。时代稍晚的黄以周则说：“盖汉诸符长短自有不同也。”[2] 推测可能是因种类的不同，符的长短也不同。

汉文帝创立铜虎符、竹使符制度后，一直沿用到后代，唐初才废止竹使符，先代以银菟符，后更以铜鱼符。[3]《新唐书·车服志》载：

初，高祖入长安，罢隋竹使符，班银菟符，其后改为铜鱼符，以起军旅、易守长，京都留守、折冲府、捉兵镇守之所及左右金吾、宫苑总监、牧监皆给之。[4]

新、旧唐书《高祖纪》在武德二年也均有记载：

夏四月辛卯，停竹使符，颁银菟符于诸郡。[5]

（四月）辛巳，停竹使符，班银菟符。[6]

《史记》日本古注所引《集览》系统梳理了唐以前符制源流：

---

[1] （清）段玉裁注：《说文解字注》第八篇上，第 193 页。

[2] （清）黄以周撰：《礼书通故》卷四七《名物通故》，王文锦点校，中华书局 2007 年版，第 1916—1917 页。

[3] 魏晋至隋时用竹使符的例子，可参见《宋书》卷二《武帝纪中》：“天子策曰：今命使持节、兼太尉、尚书左仆射、晋宁县五等男湛授相国印绶，宋公玺绂；使持节、兼司空、散骑常侍、尚书、阳遂乡侯泰授宋公茅土，金虎符第一至第五左，竹使符第一至第十左。”（中华书局 1974 年版，第 40 页）《南齐书》卷一《高帝纪上》：“〔今〕命使持节、兼太尉、侍中、中书监、司空、卫将军、雩都县开国侯渊授〔公〕相国印绶，齐公玺绂；持节、兼司空副、守尚书令僧虔授齐公茅土，金虎符第一至第五左，竹使符第一至第十左。”（中华书局 1972 年版，第 18 页）《隋书》卷二六《百官志六》：“诸王皆假金兽符第一至第五左，竹使符第一至第十左。诸公侯皆假铜兽符，竹使符第一至第五。”（中华书局 1973 年版，第 728 页）

[4] 《新唐书》卷二四《车服志》，中华书局 1975 年版，第 525—526 页。《旧唐书》卷四五《与服志》说：“高祖武德元年九月，改银菟符为银鱼符。”（中华书局 1975 年版，第 1954 页）恐误。

[5] 《旧唐书》卷一《高祖纪》，第 5 页。

[6] 《新唐书》卷一《高祖纪》，第 6 页。

《集览》:“符，兵符，符信也，辅也，所以辅信。古者以竹为之，故字从竹。后世诈伪蜂起，以竹易得之物，不足为之防，于是有铜、铁、金、银铸为物象而用之。汉文帝初，与郡国为铜虎符、竹使符。应劭曰：‘铜虎符长六寸，第一至五，国家发兵遣使，至郡合符，符合乃听受之。竹使符，以竹箭五枚，长五寸，旁镌篆书，亦一至五，出入征发用之。’张晏曰：‘符，以代古之珪璋，从简易也。’颜师古曰：‘与郡国为符，各分一半，右留京师，左以与之，此汉制也。唐高祖入长安，罢隋竹使符，班银菟符，其后改为铜鱼木契，朝廷征发，下敕书契鱼，都督郡府参验，皆合，然后遣之。’”[1]

清人胡延作《凤池恩波》诗：“凤池春暖衍恩波，玉纽朱丝字不讹。竹契鱼符遗制[2]在，不愁少府费缗多。”[3]表明竹契鱼符制度确实源远流长。

宋以前竹使符、鱼符的尺寸，史籍无闻，但《辽史・仪卫志三》记载了辽代金鱼符的尺寸：

金鱼符七枚，黄金铸，长六寸，各有字号，每鱼左右判合之。有事，以左半先授守将，使者执右半，大小、长短、字号合同，然后发兵。事讫，归于内府。[4]

辽代金鱼符长六寸，授守将发兵之用。

二、秦汉简牍中符的尺寸

王国维曾据崔豹《古今注》“凡传皆以木为之，长五寸，书符信于上。又以一版封之，皆封以御史印章”的说法，认为五寸的传是“最短之牍”，“为通行之信”。他进而推测，秦、汉简牍的长短存在一定比例，简的长度是二十四的分数，牍的长度则是五的倍数，简是秦制，牍是汉制。《史记・秦始皇本纪》：“数

[1] 张玉春疏证：《〈史记〉日本古注疏证》七七《信陵君列传第十七》，第 342 页。

[2] 原文作“製”，疑此当作“制”。

[3] 钱仲联主编：《清诗纪事》第四册《光绪宣统朝卷・胡延》，凤凰出版社 2004 年影印本，第 3576 页上栏。

[4] 《辽史》卷五七《仪卫志三・符契》，中华书局 1974 年版，第 915 页。

以六为纪，符、法冠皆六寸”，六寸之符是“最短之策”，一尺二寸者是其二倍，二尺四寸者是其四倍。[1]

然而，20 世纪在居延、肩水金关等西北汉简中明确出现了符的尺寸。例如：

> 始元七年闰月甲辰居延与金关为出入六寸符券齿百从第一至千左居
> 官右移金关符合以从事　●第八　（居延合 65.7）[2]
>
> 始元七年闰月甲辰居延与金关为出入六寸符券齿百从第一至千左居
> □□□□□□□合以从事　●第十八　（居延合 65.9）[3]
>
> 始元七年闰月甲辰居延与金关为出入六寸符券齿百从第一至千
> （居延合 65.10）[4]
>
> 元凤二年二月癸卯居延与金关为出入六寸符券齿百
> 从第一至千左居官右移金关符合以从事第九百五十九
> （金关叁）73EJT26：16[5]

这些是居延制作的出入金关的通关符，简文中称作“出入六寸符”，实测长度约为 14.5 厘米，宽 2.1 或 2.4 厘米。大庭脩据此反驳王国维说，认为居延汉简中仅发现了六寸符的事实为《说文》提供了有力证据。马缟的《中华古今注》以及《四部丛刊》所收宋嘉定本崔豹《古今注》“凡传皆以木为之”后面均写作“长尺五寸”，由此可知今本《古今注》少了“尺”字，尺五寸者当为乘传者之“棨”。[6]

此后，在敦煌酥油土汉代烽燧遗址中出土的一枚写有“■平望青堆隧惊候

---

[1] 王国维著，胡平生、马月华校注：《简牍检署考校注》，上海古籍出版社 2004 年版，第 57—59 页。

[2] 此简后收入谢桂华、李均明、朱国炤：《居延汉简释文合校》上册，文物出版社 1987 年版，第 113 页。简称“居延合”。

[3] 此简后收入谢桂华、李均明、朱国炤：《居延汉简释文合校》上册，第 113 页。

[4] 此简后收入谢桂华、李均明、朱国炤：《居延汉简释文合校》上册，第 113 页。

[5] 此简后收入甘肃简牍博物馆、甘肃省文物考古研究所、甘肃省博物馆、中国文化遗产研究院古文献研究室、中国社会科学院简帛研究中心编：《肩水金关汉简（叁）》，中西书局 2013 年版。简称“金关叁”。

[6] 〔日〕大庭脩著：《秦汉法制史研究》第五篇第一章“汉代的关所与通行证”，徐世虹等译，中西书局 2017 年版，第 435—438 页。同名论文最初刊于《关西大学东西学术研究所论丛》1954 年第 16 期。关于“棨”的问题，笔者拟另文论考。

符左券齿百”的惊候符，长度为 14.5 厘米，宽 1.2 厘米；[1] 敦煌马圈湾发现的写有“合符取茭六十束”[2] 的领茭符，“长约汉尺六寸”。[3] 这样，六寸符的范围就不限于出入关符，还包括惊候符、领茭符等。徐乐尧据此明确反对傅振伦“六寸之符”的提法 [4]，认为“据现有汉简数据看”，汉代不存在六寸以外的符。[5] 然而，由于西北汉简中符的种类毕竟有限，诸如竹使符这样著名的“符”尚没有确切发现，而且，徐文也未将应劭说等传世文献资料充分纳入到讨论范围中。[6] 徐氏的断言尚缺乏足够的支撑。

1989 年，在出土的湖北云梦龙岗秦简中也发现了六寸符：

六寸符皆传□□□□□□□□□□〼（简 14）[7]

它的发现进一步增强了六寸符说。

然而，在 2015 年公布的《岳麓书院藏秦简（肆）》中却发现了六寸以外的符——五寸符。其出现在《奔警律》中，律文如下：

---

[1] 敦煌县文化馆：《敦煌酥油土汉代烽燧遗址出土的木简》，甘肃省文物工作队等编：《汉简研究文集》，甘肃人民出版社 1984 年版，第 5 页。此简收入李均明、何双全编：《散见简牍合集》，简 206，文物出版社 1990 年版。

[2] 张德芳主编：《甘肃秦汉简牍集释：敦煌马圈湾汉简集释》，简 1152A、B，甘肃文化出版社 2013 年版。

[3] 参见徐乐尧：《汉简所见信符辨析》，载《敦煌学辑刊》1984 年第 2 期。另，齐继伟依据《居延汉简》《肩水金关汉简》《敦煌汉简》《敦煌马圈湾汉简》中的图版对其中出入符、惊候符等符的尺寸进行了测量（齐继伟：《西北汉简所见吏及家属出入符比对研究》，载《敦煌研究》2018 年第 6 期）。但这些图版并不都是原大，因此数据的可靠性存在一定问题。

[4] 傅振伦：《西汉始元七年出入六寸符》，载《文史》1980 年第十辑。

[5] 徐乐尧：《汉简所见信符辨析》，载《敦煌学辑刊》1984 年第 2 期。

[6] 正如以往学者所指出，除了应劭说外，传世文献中还有其他说法。《续汉书》志二五《百官志二》“卫尉”条：“凡居官中者，皆有口籍于门之所属。官名两字，为铁印文符，案省符乃内之。若外人以事当入，本（官）〔官〕长史为封棨传；其有官位，出入令御者言其官。”刘昭注：“胡广曰：‘符用木，长（可）〔尺〕二寸，铁印以符之。’”（《后汉书》，中华书局 1965 年版，第 3580、3581 页）关于“可”改为“尺”字，《校勘记》：“据汲本、殿本改。”但《资治通鉴》卷三五《汉纪三七》胡三省注仍作“长可二寸”（《资治通鉴》，中华书局 1956 年版，第 1468 页）无论是“尺二寸”还是“二寸”，均与六寸不合。

[7] 中国文物研究所、湖北省文物考古研究所编：《龙岗秦简》，中华书局 2001 年版，第 76 页。

奔敬（警）律曰：先粼黔首当奔敬（警）者，为五寸符，人一，右在［官］[1]，左在黔首，黔首佩之节（即）奔敬（警）。诸挟符者皆奔敬（警）故（1252）徼外盗彻所，合符焉，以撰（选）伍之。黔首老弱及（癃）病，不可令奔敬（警）者，牒书署其故，勿予符。其故徼县道（1253）……[2]

《奔警律》是关于奔命警备的法律。秦律规定，当边塞地区出现紧急军情时，需从百姓中征发年轻武勇紧急增援，称作“奔命”。县要给奔命的黔首制作五寸符，每人一个，一剖两半，右半存放在官府，左半佩戴在黔首身上。黔首到了出警地进行合符。黔首中老弱及癃病者不能奔警，则不发放符。[3]

岳麓秦简《奔警律》五寸符的出现，使符的尺寸问题变得更加复杂。秦汉简牍资料中既出现了六寸符，也出现了五寸符，到底该如何看待这个问题呢？有学者再次提出和黄以周一样的观点，认为“秦汉符因用途不同其尺寸也有区别”，《史记·秦始皇本纪》“符、法冠皆六寸”的说法不准确。[4] 然而，若将传世文献和出土简牍数据充分结合进行综合考察，或许可以找到解决矛盾的钥匙。

三、秦始皇符制改革的划时代意义

正如以往论者所引，秦始皇二十六年统一天下后，开始推行水德政治，数字皆用水德对应的“六”，“符、法冠皆六寸”。此事载于《史记·秦始皇本纪》：

始皇推终始五德之传，以为周得火德，秦代周德，从所不胜。方今水德之始，改年始，朝贺皆自十月朔。衣服旄旌节旗皆上黑。数以六为纪，符、法冠皆六寸，而舆六尺，六尺为步，乘六马。更名河曰德水，以为水德之始。[5]

---

[1] 整理者释文补“县官”，但根据汉简文例，或应当仅补“官”一字为宜。

[2] 陈松长主编：《岳麓书院藏秦简（肆）》，上海辞书出版社 2015 年版。下文简称“岳麓肆”。

[3] 关于此律的讨论，请参见杨振红：《嶽麓秦簡을 통해 본秦漢시기“奔命警備”관련 법률》，载（韩）《东洋史学研究》第一百四十二辑，东洋史学会 2018 年版，第 1—24 页。

[4] 齐继伟：《西北汉简所见吏及家属出入符比对研究》，载《敦煌研究》2018 年第 6 期。

[5] 《史记》卷六《秦始皇本纪》，第 237 页。

如果仔细分析现有符的材料，就会发现它们均与这一记载不相矛盾。

云梦龙岗秦简简14的六寸符可以看作是秦始皇符制改革的结果，龙岗秦简的整理者将简牍的年代下限定在秦二世三年可支持这一判断。[1] 岳麓秦简《奔警律》中的五寸符应当是秦始皇二十六年统一天下前颁布的法令。但要做出这一判断，我们必须首先对律文中出现的“黔首”和“故徼”两个词语加以说明。

首先，众所周知，《史记·秦始皇本纪》记载的秦统一天下后推行的改制措施包括：“更名民曰‘黔首’。”[2] 故以往学界多将“黔首”的出现作为确定秦简年代为秦统一后的证据之一。但近年来，一些学者注意到秦统一前的文献中已经出现了“黔首”一词，如《礼记·祭义》、《吴越春秋》、《越绝书》、《韩非子·忠孝》、《吕氏春秋》中的《爱类》《大乐》《古乐》等十四篇、《放马滩秦简》、《战国策·魏策二》、《史记》载李斯《谏逐客书》、《银雀山汉简》等，因此“黔首”一词不能作为文献年代判定的标准。[3] 传世文献的确很难确定其是否经过后人的改写，但诸如《放马滩秦简》《银雀山汉简》等出土数据却是佐证“黔首”一词在秦统一前已经广泛使用的有力证据。因此，秦始皇统一后更名民曰黔首，应是和统一度量衡制度一样，并非创立新制，而是把已有的秦制推广到全国。

其次，里耶秦简秦始皇二十六年更名方中有：“边塞曰故塞。毋塞者曰故徼。”[4] 那么，它是否意味着“故徼”一词是秦始皇二十六年统一天下后才开始使用的？有学者曾考证整理者披露的三枚简（0706简“绾请许而令郡有罪罚当戍者，泰原署四川郡；东郡、三川、颍川署江胡郡；南阳、河内署九江郡……”；0914简“……泰原署四川郡；东郡、三川、颍川署江胡郡；南阳”；0383简“河内署九江郡；南郡、上党□邦道当戍东故徼者，署衡山郡。”）的年代是秦始皇

[1] 参见中国文物研究所、湖北省文物考古研究所编：《龙岗秦简》，“云梦龙岗六号秦墓及出土简牍概述”三“木牍、墓主与墓葬年代”，第7—8页。

[2] 《史记》卷六《秦始皇本纪》，第239页。

[3] 参见王子今：《秦汉称谓研究》，中国社会科学出版社2014年版；张伯元：《出土法律文献丛考》，上海人民出版社2013年版。

[4] 陈伟主编：《里耶秦简牍校释（第一卷）》，8—461简BXVⅡ、BXVⅢ，武汉大学出版社2012年版，第157页。

二十四年到二十五年。[1]其说甚有据。这样，“故徼”一词的年代也不与本文的结论相矛盾。

因此，汉简出土的诸如出入关符、惊候符、取茭符等均为六寸，可视为汉承秦制的结果。《汉旧仪》和《集览》引应劭说汉代铜虎符长六寸，也与上述判断相契合。虽然应劭说汉代的竹使符长五寸，但是从竹使符演变而来的辽代金鱼符长六寸，或许可以反证竹使符的长度也是六寸，应劭说竹使符长五寸是错误的。清代王筠《说文解字句读》卷五上“符”下所引《汉旧仪》“竹使符，长六寸”的说法，或可作为佐证。

如果汉代的铜虎符、竹使符、出入关符、惊候符、取茭符等都是六寸的话，那么，我们或许可以推论，至少在许慎时代，汉代所有的符均长六寸。也正因为如此，《说文》解释“符”的字义时，才没有特别标明是哪种符长六寸，而是泛泛地说竹制的符长六寸吧。

最后顺带提及，传说周吕望所撰《六韬》中有《阴符》一节：

武王问太公曰：“引兵深入诸侯之地，三军卒有缓急，或利或害，吾将以近通远，从中应外，以给三军之用，为之奈何？”太公曰：“主与将有阴符，凡八等：有大胜克敌之符，长一尺；破军擒将之符，长九寸；降城得邑之符，长八寸；却敌报远之符，长七寸；警众坚守之符，长六寸；请粮益兵之符，长五寸；败军亡将之符，长四寸；失利亡士之符，长三寸。诸奉使行符稽留者，若符事泄告者，闻者皆诛之。八符者，主将秘闻，所以阴通言语不泄中外相知之术，敌虽圣智，莫之能识。”武王曰：“善哉。”[2]

由此可知，周时符的长度因用途而不同，其中“请粮益兵之符”长五寸。而岳麓秦简《奔警律》的奔命符恰是益兵之符，这是巧合，还是秦统一之前确实存在《六韬》所讲的繁复符制，尚需新材料加以验证。

---

[1] 周运中：《岳麓秦简江胡郡新考》，载简帛网，http://www.bsm.org.cn/show_article.php?id=1142，2009年9月12日。

[2]《六韬》卷三《阴符二十四》，清平津馆丛书本，“中国基本古籍库”电子版。笔者标点。

附记：本文为杨振红、邬水杰主持湖南师范大学历史文化学院《岳麓书院藏秦简（肆）》读简班成果之一。写作过程中得到邬水杰、李迎春先生及张楠、尚宇昌、齐继伟、杨旭同学的帮助，特此致谢。

秦及汉初律上的“加罪”和刑罚加等排序

张传玺 *

秦及汉初刑罚体系具有三重结构，即规定刑系统、加减刑系统和替换刑系统，彼此间在内部刑罚种类、刑罚排序逻辑和呈现方式等方面皆有差异，不容混淆。[1] 笔者已另文说明规定刑系统和替换刑系统的基本原理，[2] 加减刑系统内的刑罚减等排序也已另行成文，本文专为讨论加减刑系统内的加刑和刑罚加等排序问题。

秦汉律常规定，当犯罪主体有特定身份或具备特定犯罪情节时，需在参引规定刑系统基准刑罚时作出增加刑罚的修正，此类修正规定通常表述为“加罪”。目前所见的秦及汉初律“加罪”类型包括：有仅言“加罪”，具体“加罪”形式需特做说明的，如睡虎地秦简《法律答问》1、2 简“害盗别徼而盗，驾（加）罪之”，《龙岗秦简》44 简“盗同灋（法），有（又）驾（加）其罪，如守县【官】金钱☐☑”；[3] 有明言“加罪一 / 二等”，表现为刑罚加等排序的，如司法官吏受赇枉法裁判“加罪二等”（《具律》95 简），乞鞫不审“加罪一等”（《具律》114 简）；还有既言“加罪一等”又言“耐罪以下又迁之”的，如新出《岳麓书院藏

---

* 张传玺，中国政法大学法律古籍整理研究所讲师。

[1] 其中规定刑系统是在“罪—刑”结构条文里，针对抽象主体的一般犯罪所给定的“刑”之部分；加减刑系统是“甲刑→乙刑→丙刑”的刑罚加、减等排序，通常是基于特定犯罪主体或情节，对作为基准的犯罪该当规定刑的加重或减轻形式；替换刑系统是因犯罪主体有特别身份或身体状态，而享有刑罚优待或导致该当刑罚执行不能，因此替换原该当刑罚的规定。规定刑系统是加减刑和替换刑系统的适用基准，加减刑系统和替换刑系统是落实规定刑时的修正规定。

[2] 参见拙文：《睡虎地秦简〈法律答问〉“狱未断”诸条再释——兼论秦及汉初刑罚体系构造》，载中国政法大学法律古籍整理研究所编：《中国古代法律文献研究》第十二辑，社会科学文献出版社 2019 年版。

[3] 陈伟主编，李天虹、曹方向、蔡丹撰著：《秦简牍合集（贰）· 龙岗秦墓简牍》，武汉大学出版社 2014 年版，第 43 页。

秦简（伍）》291 简。[1] 上述“加罪”的独立用例和表述为“加罪某等”之加等排序的用例既有关联又有区别。对“加罪”或“加罪一 / 二等”的研究已有部分成果，[2] 但有些基本问题尚有讨论空间。

本文将分别讨论“加罪”和“加罪一 / 二等”语例的含义和加罪原理。本文认为，“加罪”是“附加刑罚”而非“以重换轻、递进加重”之意，因此本质是复数刑罚的叠加，而非有轻重等级的单数刑罚的代替；“加罪一 / 二等”是指在基准刑罚上附加一 / 二项该基准刑罚；“加罪”形式不一定确定，但“加罪一 / 二等”的形式明确；“加罪某等”在城旦舂刑序列和耐刑、赀刑序列的表现形式不同，在城旦舂刑序列，加罪是依照一定次序施加不同肉刑，因此表现为复数肉刑的叠加，在耐刑序列，则因所加刑罚为不同种身份 / 劳役刑，耐司寇或耐隶臣妾加一 / 二等时不能同时施加一身，而只能替换为耐隶臣妾和耐隶臣妾系城旦舂六岁；加罪时，不会跨越“死刑—城旦舂刑—耐刑—财产刑”的基本序列，加罪发生在各自序列之内；加罪的观念和方式可能是时人不言自明之事，无须专作规定，因此可能不存在专门针对加罪方式的律文。在具体论证里，本文还试图提出：《法律答问》1、2 简害盗盗加罪，在城旦舂刑序列是加黥，在耐赀刑序列是加迁（而非改耐、赀为迁）；张家山 247 号墓汉简 X2 号简残留首字可能是“论”而非原释文的“盗”字，该简不是主守盗乃至盗罪加罪之例；主守盗的加罪形式可能是“加罪一等，耐罪以下又迁之”。

---

[1] 陈松长主编：《岳麓书院藏秦简（伍）》，上海辞书出版社 2017 年版，第 195 页，291 简正。此外，公事迟滞可能会按照滞留日期加罚罚金，《岳麓书院藏秦简（肆）》多见“辄加赀一 / 二甲（盾）”等，与后世律如唐律中常见的“稽程”递进式加刑相似。

[2] 围绕秦汉律刑罚原则的著述多会涉及加减刑问题，如见刘海年：《秦律刑罚的适用原则（上、下）》，载《法学研究》1983 年第 1、2 期；张伯元：《〈秦简·法律答问〉与秦代法律解释》，载《华东政法学院学报》1999 年第 3 期；李均明：《张家山汉简所反映的适用刑罚原则》，载《郑州大学学报》2002 年第 4 期；韩树峰：《秦汉徒刑散论》，载《历史研究》2005 年第 3 期；彭浩：《谈〈二年律令〉中“鬼薪白粲”加罪的两条律文》，载《简帛》第二辑，上海古籍出版社 2007 年版；鲁家亮：《关于〈二年律令·具律〉90—92 号简等三条律文的关系》，载《简帛》第二辑，上海古籍出版社 2007 年版；鲁家亮：《张家山汉简〈具律〉中所见影响“减刑”的几个因素》，载《社会科学》2008 年第 3 期；邬文玲：《汉代的减罪与赎罪》，载《简牍与古代史研究》，北京大学出版社 2012 年版；〔日〕藤井律之：《“罪”之加减与两性差别》，李力译，载卜宪群、杨振红主编：《简帛研究二〇〇九》，广西师范大学出版社 2011 年版；等等。

一、“害盗别徼而盗”的“加罪”形式与原因

秦汉律上“罪”常作“刑罚”解，因此“加罪”字面意思是“加刑”即“加重/增加刑罚”，自不必言。但“加罪”原理是“额外附加一项刑罚”还是“递进加重一等级刑罚”，单言“加罪”与“加罪一等”中的“加罪”是否同义，“加罪”与“加罪一等”关系如何等问题，尚需解释。[1] 以下即从学者关注较多的《法律答问》1、2简展开讨论。

“害盗别徼而盗，驾（加）罪之。”·可（何）谓“驾（加）罪”？·五人盗，臧（赃）一钱以上，斩左止，有（又）黥以为城旦；不盈五人盗，过六百六十钱，黥劓（劓）以为城旦；不盈六百六十到二百廿钱，黥为城旦；不盈二百廿以下到一钱，䙴（迁）之。求盗比此。

---

[1] 冨谷至先生认为“‘加罪’是加罚即附加刑罚的意思”，并把《法律答问》1、2简和111、112简“刑城旦”“刑鬼薪”和120简“当黥城旦而以完城旦诬人，可（何）论？当黥劓（劓）”等都作为“附加刑罚”之例。参见〔日〕冨谷至：《秦汉刑罚制度研究》，柴生芳、朱恒晔译，广西师范大学出版社2006年版，第20—21页。冨谷先生对“加罪”的解释，尤其是对“肉刑叠加”的解释的类似观点还可见吕利：《律简身份法考论：秦汉初期国家秩序中的身份》，法律出版社2011年版，第225—227页。不过，在冨谷至先生所举上述诸例中，1、2简明言“加罪”，是因违反特定职责而加刑的一罪处理；而111、112、120等简反映的是对有罪狱未断再犯新罪时的数罪处理，其要旨在于，先行确定未断之狱的刑罚，再在此刑罚基础上确定新罪的刑罚（对120简以及《法律答问》“狱未断”诸简的刑罚原理的讨论，参见拙文：《睡虎地秦简〈法律答问〉“狱未断”诸条再释——兼论秦及汉初刑罚体系构造》，载中国政法大学法律古籍整理研究所编：《中国古代法律文献研究》第十二辑，社会科学文献出版社2019年版）。这二种附加刑罚的原理有异，111简等不是与1、2简相同的“加罪”之例，不宜以“加罪”这一有着较专门含义的概念称呼之。鉴于此，在本文看来，冨谷至先生提出的“附加刑罚”是在字面上描述了“加罪”这一动作，但以“附加刑罚”来解“加罪”并不完全达意；此外，冨谷先生是以1、2简和111、112、120简等肉刑叠加之例来说明“加罪”系附加刑罚之意，但未对耐刑和赀刑序列的“加罪”作出例解，在分栏标示1、2简的“加罪”内容时，对“盗窃集团不足五人、赃值未满220钱”之盗，亦即应处耐刑和赀刑之凡盗的加刑标示为“迁”，不同于其上所列的“斩左趾＋黥城旦”“劓＋黥城旦”“黥城旦”的加刑形式（参见〔日〕冨谷至：《秦汉刑罚制度研究》，柴生芳、朱恒晔译，广西师范大学出版社2006年版，第20页），也就不符合“附加刑罚”的意思。故而，诸简“加罪”原理究竟是“递进加重刑罚等级”还是“额外附加刑罚”，尚需澄清。

（一）"害盗别徼而盗"的"加罪"形式

二简覆盖了害盗窃盗的，在城旦舂刑序列和耐、赀刑序列的不同加刑方式。[1]其要点在于：

1. 城旦舂刑序列内的加罪是加黥

首先，1、2 简"五人盗"有特别含义，虽未明言，但五人盗应可推断构成群盗。《二年律令·盗律》62 简："盗五人以上相与功盗，为群盗。"对此"群盗"定义，可联系《法律答问》136、137 简"共盗"来理解：

夫、妻、子五人共盗，皆当刑城旦，今中〈甲〉尽捕告之，问甲当购○几可（何）？人购二两。（136 简）

夫、妻、子十人共盗，当刑城旦，亡，今甲捕得其八人，问甲当购几可（何）？当购人二两。（137 简）

此二简有三点可予留意：

其一是购赏数额的特点。据 134 简："甲告乙贼伤人，问乙贼杀人，非伤殹（也），甲当购，购几可（何）？当购二两。"贼伤人当黥城旦舂，告者购二两；据《二年律令·捕律》139 简："詷告罪人，吏捕得之，半购詷者。"捕者加倍，即为四两。又《捕律》137 简："……刑城旦舂罪，购金四两。"但《法律答问》136、137 简捕告"刑城旦"之购金为二两，仅为捕"黥城旦"购金的半数，即"夫、妻、子共盗，皆当刑城旦"之赏格尚不及普通窃盗过 660 钱者，遑论一般群盗。购赏上的特殊性只能归结为二简中五人以上共盗者之间存在家庭关系这一因素。此处"共盗"不会是与"群盗"处在同一层面上的"罪名"，而只是描述"共同盗窃行为"之词。因而二简尚不能排除"夫妻子五人 / 十人共盗"就是群盗，但购赏有别于一般群盗的可能。

---

[1] 对 1、2 简刑罚的图示说明，参见拙文：《睡虎地秦简〈法律答问〉"狱未断"诸条再释——兼论秦及汉初刑罚体系构造》，载中国政法大学法律古籍整理研究所编：《中国古代法律文献研究》第十二辑，社会科学文献出版社 2019 年版。

其二是“夫妻子共盗”的刑罚特点。二简描述共盗的该当刑罚是“刑城旦”而无“舂”，且二简均如此，漏写的可能性较低；但参与者有女性（“妻”必为女性，“子”可能包括女性）。鉴于在睡虎地秦简、《岳麓书院藏秦简（肆）》和《二年律令》等所见“刑城旦”和“刑城旦舂”之例都有明确的性别区分，“刑城旦”就可能专指男性犯罪，落实到上136、137简时，就是夫、妻、子犯罪的该当刑罚，而尚未考虑犯罪者身份及性别。在规定刑系统里，一般盗罪的该当刑罚已经明确区分“耐为隶臣妾”和“完/黥为城旦舂”的性别特征，在二简语境下，没有理由排除“舂”；只有群盗罪的该当刑罚是斩趾城旦，而无“舂”，盖因群盗之女性共犯并不执行斩趾肉刑，而是以黥代之（《二年律令·具律》88、89简："女子……当斩为城旦者黥为舂……"）。因此，若认可二简遣词严格的前提，那么从字面看，“当刑城旦”恰说明存在如下可能：二简“夫妻子五人/十人共盗”就是“群盗”，参与者该当刑罚是“刑城旦”（斩趾城旦），捕获者的购赏尚不及捕获一般窃盗者的原因是群盗存在家庭关系。

其三是“共盗”可能与“相与功盗”同义。“共盗”显然强调了共同下手盗窃的事实；而“相与功盗”可按字面意思解作“共同加功于窃盗行为”。支强先生指出，“‘功’指实施某种行为，‘相与功’强调‘五人’必须存在共同实施犯罪的意思表示并共同实施了犯罪行为”。[1] 中国政法大学中国法制史基础史料研读会在讨论长沙五一广场东汉简牍CWJ1③：135简“盗三人以上相与功盗，为群盗”时提出，彼处亦用“功”字；“功”取本字，意为“下手实行”，亦通。[2]《汉书·薛宣传》：“况首为恶，明手伤，功意俱恶，皆大不敬。”“功”即指杨明“手伤”申咸。此外，唐律称“共犯罪”的下手参与行为为“加功”。作如是解时，“相与功盗”其实就是“共盗”，群盗就是五人以上共盗者，《法律答问》136、137简就是主体同属一个家庭的特殊形态的群盗。

综上，136、137简“夫、妻、子共盗”的“共盗”可能不是如“群盗”般的既有罪名，而是对群盗的事实描述；该二条能说明“夫妻子五人/十人共盗”

---

[1] 见支强：《秦汉律所见“群盗”犯罪的构成》，载王捷主编：《出土文献与法律史研究》第六辑，法律出版社2017年版，第238页。

[2] 释文见长沙市文物考古研究所等编：《长沙五一广场东汉简牍选释》，中西书局2015年版，第211页。

不是以一般群盗罪来购赏捕告之人，但难以推论出，二条是“群盗要件限于人数为五人以上”的反证；以二条出现“五人以上共盗”来否定群盗以人数为要件，也就未必完全稳妥。其实不难想见，“群盗”罪名必然强调较稳定的集团结构、共同犯意和共同的下手盗窃行为，不论对“相与攻盗”作何解，此四字都明示，“群盗”罪应具备共同的下手盗窃行为。因此本文认为，群盗是“五人以上共同盗窃”，人数而非暴力性是其必要要件；《法律答问》1、2 简“五人盗”是群盗。

常人五人盗为群盗，应处斩左趾城旦。害盗参与群盗的，加黥刑为斩左趾黥城旦。

其次，常人非群盗应处黥城旦的，害盗为黥劓城旦；常人非群盗应处完城旦的，害盗为黥城旦。此时劓刑是黥刑的替换刑。

2. 耐刑和赀刑序列内的加罪是加迁

耐刑和赀刑序列内的加罪，是在常人的耐刑和赀刑罚上加迁刑，迁刑与原赀耐刑一并执行。对此需稍作说明。其一，害盗加刑排序里没有完城旦一级，这意味着害盗没有按照常人盗的规定刑系统从耐隶臣升格为完城旦刑。其二，作为加刑的迁刑较为特殊。虽然秦简偶见“迁”被单独用作处置“不从令”［如岳麓秦简（肆）115 简］或“以奸为事”，职务履行不当的吏、民之例，但“迁”常与耐、赀刑并施，在秦汉法律简的排序里又常与耐刑并列于一等级或轻于耐刑；因此常表现为对官吏和对黔首特定犯罪的附随处置措施。

在此需指出 1、2 简“加罪”内容与常见的“加罪一等”的关系。彭浩先生认为害盗“‘加罪’就是‘加罪一等’，与《二年律令》X2 号简‘加其罪一等’相同。……如其盗窃管辖范围内的财物，属监守自盗，情节恶劣，处罪自然要比外人加重。……X2 号简……有可能是针对官吏‘主守自盗’制定的”。[1] 陶安先生也提出：“与普通盗犯相比，加重盗犯的‘黥为城旦’和‘黥劓以为城旦’分别与普通盗犯之‘完为城旦’和‘黥为城旦’相对，很明显含有罪加一等的意思。”[2] 表面看，在城旦舂刑序列内，“完城旦→黥城旦→黥劓城旦”确乎表现

[1] 彭浩：《谈〈二年律令〉中“鬼薪白粲”加罪的两条律文》，第 439—440 页。

[2] 徐世虹等著：《秦律研究》，第七章“秦律刑罚等序研究序说”（〔德〕陶安撰），武汉大学出版社 2017 年版，第 250 页。

为加罪一等的形态；在赀耐刑序列内，如果迁刑是赀耐刑加重一等后的形态，则“不盈二百廿以下到一钱，迁之”一句就是在说明，常人盗应处赀耐刑的，害盗盗加重一等为迁刑。[1] 不过问题在于，迁刑不是刑罚加等排序的一等级，如将“迁之”理解为改耐赀刑为迁刑，则意味着此时“加罪”不是在耐赀刑上“附加”迁刑而只能是“加重”为迁刑，这与其他“加罪”用于描述刑罚叠加的语例不符。迁刑常被定向适用于官吏与职务有关犯罪，这一特点使其本身无法被置于常规的规定刑系统内，也难以被一般性地视作刑罚加等排序的一等级。更重要的是，《岳麓书院藏秦简（伍）》有“加罪一等”和加迁并用之例：

●令曰：诸从者有卖买而绐（诒）人，与盗同法，有（又）驾（加）其辠（罪）一等，耐辠（罪）以下有（又）罨（迁）之；从而奸，皆以强与人奸律论之。（291 简）[2]

“从者”，疑为官吏的随从。此类人倚仗官势压榨官员所监临者，与之交易诈欺取利甚或渔色。对从者“卖买而诒人”即交易时有诈欺行为的，按照窃盗罪的计赃量刑方式，并加刑一等，耐刑以下的加罚迁刑。令文将“与盗同法，又加罪一等”和“耐罪以下又迁之”并列。此时存在三种可能理解：第一种理解为，“加罪一等”仅针对城旦舂序列，耐、赀刑序列的加罪不是加罪一等，而是加迁。第二种理解为，“耐罪以下又迁之”是对“加罪一等”的解释，即“耐罪以下加罪一等的，是加迁刑”。若取此一理解，则《法律答问》1、2 简之加迁可被视为与岳麓秦简（伍）相同的“加罪一等”之例。第三种为，“耐罪以下又迁之”是对“加罪一等”的递进，即“耐罪以下加罪一等以后，再附加迁刑”。第三种是最为可能的理解：首先，“又迁之”的“又”字暗示出，“与盗同法”“加罪一等”和“耐罪以下又迁之”逐级递进，耐刑以下的“加罪一等”和“迁”并列施行。秦汉简牍常见“又”的此一用法；其次，“与盗同法”之犯罪的规定刑在耐刑以

[1] 前引冨谷至先生将五人以下盗而赃值未满 220 钱的加罪内容标示为迁，此外彭浩先生认为是“改耐、赀为迁”，参见彭浩：《谈〈二年律令〉中“鬼薪白粲”加罪的两条律文》，载武汉大学简帛研究中心主办：《简帛》第二辑，上海古籍出版社 2007 年版，第 439 页。陶安先生似亦同彭浩先生之说。对后二位学者之说的看法，参见拙文：《睡虎地秦简〈法律答问〉“狱未断”诸条再释——兼论秦及汉初刑罚体系构造》，载中国政法大学法律古籍整理研究所编：《中国古代法律文献研究》第十二辑，社会科学文献出版社 2019 年版。

[2] 陈松长主编：《岳麓书院藏秦简（伍）》，上海辞书出版社 2017 年版，第 195 页，291 简正。

下的只有耐为隶臣妾、赀二甲和赀一盾；其中耐为隶臣妾加刑一等的，据《岳麓书院藏秦简（叁）》“得之强与弃妻奸”和“田与市和奸”二案所见，应是系城旦舂六岁复为隶臣妾，不是1、2简的迁刑；最后，张家山汉简《二年律令·关市律》261、262简有：

诸詐（诈）绐人以有取，及有贩卖贸买而詐（诈）绐人，皆坐臧（赃）与盗同法，罪耐以下有（又）䙴（迁）之。

《关市律》该条应是针对常人交易诈欺取利的犯罪，在城旦舂刑序列内不加刑，在耐、赀刑序列内加迁。对比可知，本条秦令规定的是“从者”交易诈欺取利的，是在常人同类犯罪的基准刑罚上加一等，耐刑以下额外附加迁刑。由此可见，上引秦令无疑是“加罪一等”和“加迁”同处之例；《法律答问》1、2简“加迁”就不会是“加罪一等”的内容。

从岳麓秦简（伍）291简来看，在“加罪一等”之外单独提出对耐罪以下加迁刑，也说明了迁刑未进入刑罚加等排序。[1] 故此，在盗罪对应的耐刑和赀刑序列内，害盗“加罪”是除了承受常人盗该当的耐刑和赀刑外，再“附加”该二序列内的附加措施“迁”，没有跨越进入城旦舂刑序列。

（二）“害盗别徼而盗”的“加罪”原因

1、2简“加罪”在耐赀刑序列内不是“加罪一等”之例，但在城旦舂刑序列内，害盗参与非群盗的加罪符合“加罪一等”的表象，因此将“害盗别徼而盗加罪”视为“监守自盗加罪一等”之例，可以较清晰地解释1、2简的加罪原因。不过检视现有论据，此说尚需澄清：

第一，从犯罪危害性和刑罚轻重的比较角度看，1、2简不会是监守自盗之

---

[1] 对本简可能还会延伸出进一步疑问，即赃值在一百一十钱到二百二十钱之间时“与盗同法”为耐隶臣，加刑一等又附加迁刑的，迁刑的执行应发生在何种阶段？对“系城旦舂六岁复为隶臣妾”的刑徒而言，是至迁所后系城旦六岁，还是系城旦六岁后输往迁所？如系后者，被强制随迁的人（“迁者所包”）在六年内的状态又是如何，是否先于刑徒本人到迁所？此类疑问尚待考实。

例。对吏而言，交易诈欺取利之刑罚轻于或至少不会重于监守自盗，1、2 简“加罪”又轻于交易诈欺取利，因此 1、2 简就不可能是监守自盗。

第二，《二年律令》X2 号竹简残片简文释读和理解存疑，该简未必是关于监守自盗的规定，也就不能作为 1、2 简“监守自盗加罪一等”的论据。其简文原释读为：“☐□□□盗之罪完城旦舂鬼薪白粲以上，驾（加）其罪一等。”整理者：“今按：此残简原与三三六号简粘黏，现已分离。简文据红外线影像读得。简文仅存下部，似指某种人如犯有当处‘完城旦舂鬼薪白粲以上’盗窃罪时，加罪一等。”并提示可参考《汉书·刑法志》“守县官财物而即盗之”的记载。[1]查看图版，X 二简首字残，左部笔画有类“盗”字左下部；若是，则确实近于“守县官财物而即盗之”的句式，且简文“驾（加）其罪一等”表述也符合“监守自盗加罪一等”的推测。但疑问在于：首先，首字若为“盗”，则意味着“罪完城旦舂鬼薪白粲以上”被用以限定某种“盗”之刑罚。但盗罪的规定刑只有完 / 刑城旦舂、耐隶臣妾和财产刑，没有（耐）鬼薪白粲刑；加减刑的步骤发生在特权优待导致的刑罚替换之前，故此处“鬼薪白粲”不应是盗罪规定刑等级中完城旦舂以上刑罚的替换刑；他处也尚未见到盗罪刑罚里出现“鬼薪白粲”之例；其次，监守自盗不会只有在城旦舂刑序列内才加罪一等，耐罪以下的加罪形式尚不能坐实，但必定会有“加罪一等”或“又迁之”的加刑规定，本简却单独提出完城旦舂刑序列内的加刑，其理难明。再次，X 二简有“罪完舂、白粲”，包括了女性主体，但监守自盗的犯罪主体一般应为男性。因此简文前部不应是对监守自盗的规定，不能作为监守自盗加罪一等之例；甚至首字是否“盗”字也不无疑问。[2]最后，观察图版，首字残存部件（X 二简残字）可能是言字下部，该字可能不是“盗”字而是“论”字。现聊各举一字例：（《二年律令·贼律》20 简）；（《二年律令·贼律》17 简）。比对可见 X 二简残字为“论”字的可能性不能排除。若然，则本简可释读为：“☐□□□论之；罪完城旦舂鬼薪白粲

[1] 彭浩、陈伟、工藤元男主编：《二年律令与奏谳书：张家山二四七号汉墓出土法律文书释读》，上海古籍出版社 2007 年版，第 326 页。

[2] 该简的缀合也有疑问。据上引整理者所言，该简系拼接而来，其上半段原黏于三三六号简的下半段，而存有简文的下半段与其黏缀的位置应是简文“盗”字前残字笔画之上，但难以判断接口是否吻合。整理者没有给出如此拼接的理由。

以上，驾（加）其罪一等。”先以“论之”统言某罪的一般处置，后接规定了具体或别样处置方式的律文并不罕见，如《二年律令·具律》100简“□□□□□以其罪论之。完城旦舂罪，黥之。鬼薪白粲罪，黥以为城旦舂”即为典型。与X二简句式相同，前言“论之”、后接加重情节并言“加罪一/二等”之例，还可见岳麓秦简（伍）220—221简：“●诸当衣赤衣冒擅（毡），枸椟杕及当钳及当盗戒（械）而擅解衣物以上弗服者，皆以自爵律论之，其辠鬼薪白粲以上，有（又）驾（加）辠一等。”[1]《二年律令·具律》95简：“其受赇者，驾（加）其罪二等。所予臧（赃）罪重，以重者论之，亦驾（加）二等。”等等。因此X二简难以作为“监守自盗加罪一等”之例。

第三，秦及汉初律上官吏监守自盗必定加罪，但可能不是“加罪一等”，而是“加罪一等，耐罪以下又迁之”。简牍所见“加罪”之例甚多，据此细加揣度秦及汉初加罪方式（尤其是赃罪的加罪方式），主守自盗加罪之法或有四种可能：其一为，如《法律答问》1、2简般城旦舂刑序列和耐刑以下序列分别加刑。但如害盗别徼盗与主守盗处置相同，则1、2简直言“加罪如主守盗（或‘加罪如盗所监临’，详下）”即可，不必详解如斯。其二是“加罪一等”。鉴于上引秦令仅是规范“从者”诈欺，在耐刑以下加迁，已经重于单独的“加罪一等”，那么官吏主守盗者不会较之为轻。[2]其三是“加罪二等”，目前仅见于受赇枉法裁判者，本以其所枉罪之刑罚上加二等，只有赃罪重于所枉罪时是在赃罪之刑上加二等。仅以身份加重的主守盗应轻于（或至少不重于）受赇枉法裁判者，不应是“加罪二等”。其四是“加罪一等，耐以下又迁之”。因此从反面言，前三种可能性较低，则需考虑第四种可能性。从正面言，上引秦令应是对随从官吏之人犯奸

[1] 陈松长主编：《岳麓书院藏秦简（伍）》，上海辞书出版社2017年版，第141页。

[2] 上引《龙岗秦简》44简可能侧证监主自盗之刑罚非“加罪一等”。该简读作“盗同灋（法），有（又）驾（加）其罪，如守县【官】金钱□☑”。李天虹先生等认为，“本句疑指监守自盗一类的犯罪行为”（参见陈伟主编，李天虹、曹方向、蔡丹撰著：《秦简牍合集（贰）·龙岗秦墓简牍》，武汉大学出版社2014年版，第43页），其说近是。但44简所惩治的不会是窃盗行为本身：该简必前接他简，该他简应描述了负有监管职责者犯有非窃盗的侵犯官物行为，本简则规定对此一行为比照“守县官金钱【而即盗之】”的规定来“加罪”。“守县官金钱而即盗之”应即所谓“监守自盗”或“主守盗”。44简不言“与盗同法，又加罪一等”，却舍简就繁写作“与盗同法、又加罪如主守盗”，更像是强调了“加罪如主守盗”不是“加罪一等”。

和交易诈欺取利的处置规定，鉴于奸罪是比照吏之犯奸的处置（事实上之强奸、和奸皆以强奸论之），[1] 则此令对诈欺取利的规定也可能是比照了既有的官吏诈欺之规定；而且如前所述，常人交易诈欺取利者本就是“坐赃与盗同法，耐以下又迁之”，官吏在常人基准刑罚上加一等、耐刑以下加迁，极为合理。意即，官吏交易诈欺的，也应是“与盗同法、加罪一等，耐罪以下又迁之”。监临主守交易诈欺之赃罪，有可能与监主自盗之赃罪处置相同；[2] 进而，监主自盗的处置可能也是“加罪一等，耐罪以下又迁之”而非“加罪一等”。

1、2 简“害盗别徼而盗”难以被看作“监守自盗”的表述，不是按监守自盗来加刑，因此目前难以考实 1、2 简问答如何定性“害盗别徼而盗”。更深的疑问在于：对官吏而言，如果当时已经存在对监临主守的特别规定以规制窃盗官府财物行为（据上引龙岗秦简 44 简，很可能如此），那么应该还会有类似唐律的“盗所监临”和“于监临外盗”的针对窃盗私人财物的规定，这些规定要么是同于常人盗，要么是另有规定。1、2 简设置问答的背景就值得推敲：

一方面，害盗职责不明，尚难判定其是否能列入“监临主守”，因此其加刑方式是否与“守县官财物”者相同，难下断语。如果不因职责列入监临主守，其窃盗处置似与常人无异，“别徼”与否就无关刑罚。1、2 简既然提出“加罪”，要么说明“别徼”确与“非别徼”有别，害盗职责应该是加罪考虑的因素；要么是“别徼盗”语境下，“加罪”仅源于“害盗”的身份，而非对职责的违反。

另一方面，如害盗属于“监临主守”之吏，鉴于上文已论证“别徼而盗”的加刑方式不同于监守自盗，故“别徼而盗”的对象不会是官府财物；此时“别徼而盗”要么是“盗所监临”，要么是“于监临外盗”。进一步的疑问在于：首先，

---

[1] 随从官员时与官员所监临者发生性行为的，不论是和奸还是强奸，都以强奸罪论处。简文“从而奸”中“从”为动词，意指随从官吏。既然本简只提及一类主体，则此处“皆”字不是针对复数主体，而是针对不同类型的奸罪，暗示犯奸包括强奸和和奸二类，规定不论合意与否，皆以强奸论处。如此规定恐怕是比照了对官吏犯奸的规定。《二年律令·杂律》192 简：“诸与人妻和奸，及其所与皆完为城旦舂。其吏也，以强奸论之。”

[2] 目前秦及汉初材料尚无法证实这一点，但唐律《诈伪》“诈欺官私财物”条律文有“诸诈欺官私以取财物者，准盗论”。小注有：“若监主诈取者，自从盗法。”律疏有：“‘若监主诈取’，谓监临主守诈取所监临主守之物，自从盗法，加凡盗二等，有官者除名。”明言监主诈取所监临财物，以监主盗所监临加凡盗二等处置相同。唐律“监守自盗”加凡盗二等，《贼盗》“监临主守自盗”条：“诸监临主守自盗及盗所监临财物者，加凡盗二等，三十匹绞”。

如当时对“盗所监临”处置并无特别规定，则“别徼”与否都将同于凡盗，1、2简的设问就不必出现。其次，如当时对“盗所监临”的处置已有特别规定，那么“别徼而盗”之成为设问题目，说明“别徼而盗”不是在所监临部内行盗，“别徼”当指在害盗职责范围之外，类于“于监临外盗”。唐律“于监临外盗”同于凡盗，但1、2简是“加罪”，且轻于监守自盗的“加罪”方式。如此将暗示出，害盗在监临外盗的需加罪，且加罪方式不同于监守自盗。若其处置是比照了“盗所监临”，则意味着“盗所监临”不同于“监守自盗”。

综上，最为可能的是，1、2简问答是为解决“别徼而盗”的加刑方式是否同于“盗所监临”的问题。其隐含前提是：秦律对“盗所监临”已有特别规定，但目前不能确证其与“监守自盗”是否处置相同；“别徼而盗”不是“盗所监临”，更不是“监守自盗”；“别徼而盗”刑罚在耐刑以下时轻于监守自盗/官吏诈欺取利，后者与其职务直接相关；则“害盗别徼而盗”可能是指害盗不在自己职务管辖范围内盗窃，类于唐律“于监临外盗”，但不同于常人盗，而是“加罪”，“加罪”仅基于其身份而非对其害盗具体职责的违反。

二、“加罪一等”的逻辑

整体而言，“害盗别徼而盗加罪”不是“监守自盗加罪一等”之例，在城旦舂刑序列和赀耐刑序列内的加罪形式也有区别。接下来的问题就在于，究竟应如何理解“加罪一等”呢？

（一）城旦舂刑序列的“加罪一等”

如果认为秦及汉初律的刑罚加等排序是递进加重式的，那么对害盗犯非群盗罪、盗赃在220钱以上的情形而言，在完城旦和黥城旦刑罚基准上分别加黥和劓后所呈现“完城旦→黥城旦→黥劓城旦”排序，表面上就符合“加罪一等”的直观印象，而且恐怕此一印象普遍存在于人们头脑之中。不过二简仍存疑问：首先，对害盗参与群盗的“加罪”，是斩左趾城旦上加黥，这是否也是“加罪一等”之例？更基本的问题则是，“加罪一等”是否有轻重刑等明确的参照系？“加罪一等”的逻辑是“递进加重一等级”还是“额外附加一刑罚”？

张伯元先生认为，1、2 简乃是“根据行盗人数和所盗财物的多少，处以‘斩左止（趾）’‘黥以为城旦’‘黥劓以为城旦’等不同的刑罚。这些不同的刑罚与后代的‘刑等’相类”；[1] 吕利先生认为“刑等即刑罚的轻重等级”，秦汉律简所见刑罚等级关系有“抽象的刑罚等级”和“具体的刑罚等级”二种；[2] 朱潇先生也认为，出现等级明确的刑罚体系后，依照其轻重位阶进行刑罚盗盗加减，“加/减刑一等”表述中“‘等’用来说明刑罚的轻重与等级”；[3] 叶山、李安敦先生还提出从司寇到隶臣是“加刑一等”（an increase in one degree of punishment）。[4] 恐怕将秦及汉初律“加罪一等”之“等”视为与后世“刑等”概念相类的“刑罚轻重之等级”的学者不在少数。本文揣测，是说的依据或许包括直观感受、法律规定和历史连贯性表象。

第一，直观感受方面，黥、劓、斩趾、腐的肉刑是递进加重，可能无人对此会有异议。司马迁《报任安书》列举了身受象征刑、人身强制及不当待遇、刑具服饰、肉体摧残等遭受国家刑罚时的不同受辱情状：

> 太上不辱先，其次不辱身，其次不辱理色，其次不辱辞令，其次诎体受辱，其次易服受辱，其次关木索、被箠楚受辱，其次剔毛发、婴金铁受辱，其次毁肌肤、断肢体受辱，最下腐刑极矣！

对不同刑罚尤其是肉刑轻重排序的认识，今人和司马氏应无差别，当代学者恐怕都以“毁肌肤”之黥为肉刑之轻者，而以腐刑为肉刑之至重者。

---

[1] 张伯元：《〈秦简·法律答问〉与秦代法律解释》，载《华东政法学院学报》1999 年第 3 期。

[2] 吕利：《律简身份法考论：秦汉初期国家秩序中的身份》，法律出版社 2011 年版，第 250—252 页。

[3] 朱潇：《岳麓书院藏秦简〈为狱等状四种〉与秦代法制研究》，中国政法大学出版社 2016 年版，第 129 页。

[4] Anthony J. Barbieri-Low and Robin D.S. Yates, Law, State and Society in Early Imperial China: A Study with Critical Edition and Translation of the Legal Texts from Zhangjiashan Tomb no. 247, Leiden: Brill, 2015, Vol.II, , p.520, note 38.

第二，法律规定方面，《二年律令·具律》88、119简分别有：

有罪当黥，故黥者劓之，故劓者斩左止（趾），斩左止（趾）者斩右止（趾），斩右止（趾）者府（腐）之。

赎斩、府（腐），金一斤四两。赎劓、黥，金一斤。

有学者认为这是加罪一等的“刑罚原则”：“按照张家山汉律所提到的刑种，死刑之下为‘斩刑’，‘斩刑’之中，‘斩右趾’又重于‘斩左趾’。‘腐刑’或者说‘宫刑’是一种特殊的刑罚，只在特殊场合使用，重于‘斩刑’而轻于‘死刑’。《具律》此处强调的刑罚原则是‘重复犯罪，罪加一等’。”[1] 而赎刑所对应的肉刑中，斩趾和腐刑确与黥和劓刑有差异。

第三，历史连贯性表象方面，从强调88简的“累犯加重”意味和轻重等级之别出发，还容易勾连出肉刑一直具有轻重等级的表象——传世文献对先秦秦汉肉刑体系记载颇多，出土秦及汉初法律简牍对肉刑有所呼应；文帝刑制改革在髡钳城旦舂基础上以笞三百和笞五百分别代替劓和斩左趾肉刑，似乎也印证了肉刑本有轻重等级的看法。如此，秦及汉初“黥→劓→斩左趾→斩右趾→腐”的递进式轻重等级似乎具有了历史连贯性。

综上，将直观感受、法律规定和连贯性表象这三方面的认识相结合时，确易得出肉刑本有轻重等级的印象。但在本文看来，此一印象并不牢靠：

第一，《二年律令·具律》88简不是累犯加重之例，不能标示肉刑的轻重等级。该条只是黥之肉刑不可重复施行的现实困难的解决之道：在规定刑系统下，城旦舂刑序列内的常规肉刑是黥刑，但已被施行肉刑者犯罪应处黥刑时，黥刑不可执行，只能依次替换为其他身体部位的肉刑。[2]119简赎刑金额的排序规定不是刑罚体系内部具有有意识递进衔接的轻重排序，而是将分散于各具体罪条的规定刑刑名汇总后，以相应的黄金数额加以对应而已，黄金重量之差仅可反映各肉刑自身的轻重程度，但不能进一步推论说，存在与赎刑黄金数额排序一

[1] 朱红林：《张家山汉简〈二年律令〉集释》，社会科学文献出版社2005年版，第79页。

[2] 对替换刑系统，笔者已撰写专文，亦可参见拙文：《睡虎地秦简〈法律答问〉“狱未断”诸条再释——兼论秦及汉初刑罚体系构造》，载中国政法大学法律古籍整理研究所编：《中国古代法律文献研究》第十二辑，社会科学文献出版社2019年版。此处从略。

致、前后相衔接的肉刑轻重排序。

第二，即使从直观感受层面来看，88 简也未严格呈现为肉刑递进加重。首先，斩左趾和斩右趾在对身体机能的损害程度上并无不同，在 88 简里无所谓轻重递进；其次，单看黥、劓、斩趾肉刑时，劓重于黥，斩趾重于黥、劓，直接适用单一的劓、斩趾，就已符合加重理解，但实际上“加罪”或“加罪一等”都是复数肉刑的叠加；最后，“加罪”顺序并不严格遵循“黥→劓→斩左趾→斩右趾→腐”的轻重等级次序，如观念上重于斩左趾的是斩右趾和腐刑，但《法律答问》1、2 简害盗犯群盗罪时是在斩左趾城旦刑上附加黥，而非斩右趾刑；设若《二年律令·具律》95 简情形下，鞫狱故纵死刑囚，反坐斩左趾城旦，如系受赇，加罪二等，其加刑方式大概不会是直接在斩左趾城旦上加斩右趾和腐刑，而是会加黥刑和劓刑；又设若反坐黥城旦刑，受赇加罪二等，则黥、劓、斩左趾三种肉刑皆施加于一身。

第三，以司马氏之说或文帝刑制改革的笞数之不同来倒推秦及汉初肉刑轻重等级的做法有年代错误（anachronic）之嫌。且不说司马氏之说仅是感受的描述而非制度佐证，即令考虑到文帝改革的暂时针对性，也能发现笞三百和笞五百都是针对已犯罪但未决肉刑者，此时的劓、斩趾刑本都是黥刑的替换刑，笞数差异不能反映同一刑罚之替换刑的轻重；改革之后犯罪的不会再适用劓和斩左趾刑，笞三百和笞五百就更无对应肉刑轻重的意味。因此难于以改革后的笞刑轻重等级反推改革前的肉刑轻重等级。

第四，不仅 88、89 简所见替换刑系统没有严格的递进式轻重等级，而且规定刑系统本身也没有明确的递进式轻重等级，不能为刑罚加等排序提供可参照的轻重等级排序。据目前材料所见，秦及汉初律的撰著形式是一事一条，律条的基本结构是“罪—刑”形式，各种规定刑均分散在各具体律条里，不存在后世律《名例》篇“五刑”条“五刑二十等”的系统总汇规定，也就不存在有意设计、有明确内在衔接逻辑的轻重等级排序。

因此，虽然《二年律令·告律》127—129 简规定了明确的刑罚递减等级排序，但“加罪”和“加罪一 / 二等”材料没有展现类似的递进式排序；“加罪”和“减罪”排序的表现形式截然不同，内在逻辑也有异。就目前看来，刑罚加等排序内的刑罚种类是以规定刑系统为基础，结合了替换刑系统的规则，不存在如此轻重递进等级。

城旦舂刑序列“加罪一等”的逻辑既然不是递进加重，就可能是额外附加一项刑罚。如前所述，在《法律答问》1、2 简城旦舂刑序列内，“加罪”的形态分别是：斩左趾城旦的加罪是黥，黥城旦的加罪是劓，完城旦的加罪是黥；其中劓当是黥的替换刑。由此，城旦舂刑序列内的加罪皆为黥刑。疑问是，此一黥刑的来源为何？回答可能有三：其一是，作为加刑基准的具体犯罪的规定刑，即原该当刑罚；其二是，不考虑具体犯罪及其规定刑，概括附加城旦舂刑序列里的完城旦舂刑；其三是，不考虑具体犯罪及其规定刑，概括附加城旦舂刑序列里的黥城旦舂刑。不过，据《二年律令·具律》92 简：

城旦舂有罪耐以上，黥之。

城旦舂刑徒犯耐刑以上罪时，该当刑罚替换为黥。鉴于秦及汉初刑罚的叠加是以假定逻辑在前的刑罚已经执行，在此基础上施加逻辑在后的刑罚，[1] 那么“加罪一等”之例也应适用 92 简规定。如此，在城旦舂刑序列内，不论附加的是原刑罚、完城旦舂刑还是黥城旦舂刑，所附加的刑罚都属于“耐以上”，均应替换为黥刑；最终结果都是在城旦舂的劳役 / 身份刑基础上，附加黥刑及其替换刑。如下图示：

基准刑罚	附加原刑罚后	附加完城旦舂后	附加黥城旦舂后
完城旦舂	黥城旦舂	黥城旦舂	黥城旦舂
黥城旦舂	黥劓城旦舂	黥劓城旦舂	黥劓城旦舂
斩左趾城旦	黥斩左趾城旦	黥斩左趾城旦	黥斩左趾城旦

上述三种可能性的结果完全相同。

稍需说明者：

其一，城旦舂刑序列内的“加罪”形式以不同种肉刑叠加于一身为外在特征。其内在逻辑则是，对城旦舂刑徒而言，身份 / 劳役刑已经是最重形态，无法替换，

[1] 对复数刑罚执行方式的讨论，参见拙文：《睡虎地秦简〈法律答问〉“狱未断”诸条再释——兼论秦及汉初刑罚体系构造》，载中国政法大学法律古籍整理研究所编：《中国古代法律文献研究》第十二辑，社会科学文献出版社 2019 年版。

因此犯有应处耐刑以上刑罚之罪时，新罪刑罚需以肉刑之身体刑的方式执行；进而，肉刑执行后器官损毁不可复属，加刑表现为复数肉刑时，只能表现为身体器官上的不同种肉刑的叠加。

其二，犯罪规定刑为斩左趾城旦的，附加原刑罚时，一方面原刑罚属于“有罪耐以上”，可替换为黥刑；另一方面，斩右趾城旦和原刑罚斩左趾城旦的效果相同，附加斩右趾城旦也有合理性。不过，《法律答问》1、2简“加罪”例中斩左趾城旦附加黥刑，推测斩左趾城旦“加罪一等”时也是加黥而非加斩右趾肉刑。[1]

其三，进而，在包括但不限于“加罪一等”的肉刑附加适用情形下，因该种刑罚必然属于“耐以上”，均应将该肉刑替换为“黥之”；附加时均应以“黥→劓→斩左趾→斩右趾→腐”顺序适用；当受刑者本身已经领受过某种肉刑时，上一顺序不变，再犯罪时肉刑以此顺序叠加，跳过原受肉刑即可。设若强奸人被处腐刑，后贼伤人当黥，则直接处黥；后又犯应耐之窃盗，又应处黥，替换为劓。以此类推。

同时应注意的是，目前未见秦及汉初律“加罪”在三等以上之例。因此，即使是对规定刑中肉刑最重的斩左趾城旦的加罪二等，也将是黥劓斩左趾城旦，不会升入死刑。

综上，城旦舂刑序列内的“加罪一等”逻辑是在基准刑罚上附加一项刑罚；所加刑罚的来源可能是原基准刑罚，或该序列内的完城旦舂或黥城旦舂刑；加刑的确切来源暂无法确定，但加刑形式都可落实为黥刑或其替换刑。

（二）耐刑序列内“加罪一等”的具体形态

耐刑序列“加罪一等”的逻辑可能同样是额外附加一项刑罚，所加刑罚的

[1] 若如此，则牵涉到斩趾城旦刑的反坐、“罪之”或“与同罪”问题。枉法裁判、译人诈伪、隐匿罪人等犯罪的量刑需以反坐、“罪之”、“与同罪”等术语参引规定刑罚，当规定刑是斩左趾城旦时，参引后的刑罚应予替换为黥城旦舂。若不替换，在“死罪，黥为城旦舂；它各以其所出入罪反罪之”（即《二年律令·具律》110简，又见于111简）或“死罪，黥为城旦舂，它各与同罪”（《二年律令·亡律》167简）等规定下，参引死刑时替换为黥城旦舂，如参引斩左趾城旦刑时仍为斩左趾城旦，将出现刑罚轻重相畸的现象。杜晓博士曾与笔者讨论该问题而引发笔者思索，对此谨致谢意。

来源和加刑形式也不全然明了。如果其"加罪"与城旦春刑序列一样，也是附加本序列内的一项刑罚，那么就能推测出耐刑序列"加罪一等"的具体形态。推测前提有二:

其一，目前所见耐刑序列内的规定刑主要是耐为司寇和耐为隶臣妾。睡虎地秦简和岳麓秦简数见"耐为侯（候）"刑名，但不见于汉初简。"耐为候"刑名特殊，怀疑仅适用于官吏特定犯罪，且有无耐隶臣妾般通常需附属于官府的人身强制意味，亦存疑。[1]

其二，耐刑序列的特征是，一方面，耐之身体刑以毛发为对象，而毛发可复生，这与城旦春刑序列内的加刑形式的肉刑不同。因此复数"耐之身体刑"的叠加执行没有意义。另一方面，耐之身份 / 劳役刑部分没有确定期限，因此无法在数量（时长）上直接累加；但在身份高下、劳役轻重和后续效果上有司寇和隶臣妾之分。因此，复数的耐刑规定刑的叠加是通过身份 / 身体刑的替换形式实现的。

依据上述前提和上文所言秦及汉初刑罚叠加的规则，对耐司寇刑的"加罪一等"，加刑形式不论是耐司寇的原刑罚，还是耐隶臣妾刑，抑或"法不名耐"的概称"耐刑"，结果都将是耐为隶臣妾，而耐隶臣妾的"加罪一等"将是"系城旦舂六岁（复为隶臣妾）"。[2]

对耐隶臣妾的"加罪一等"，《岳麓书院藏秦简（叁）》"得之强与弃妻奸"

---

[1] 对"耐为候"刑名的讨论成果较为丰富，对此可参见中国政法大学中国法制史基础史料研读会：《睡虎地秦简法律文书集释（五）:〈秦律十八种〉(〈效〉——〈属邦〉)、〈效〉》，载中国政法大学法律古籍整理研究所编:《中国古代法律文献研究》第十辑，社会科学文献出版社 2016 年版，第 69 页。对"耐为候"刑罚的适用对象和受刑后的身份效果的特殊性的讨论，参见拙文:《睡虎地秦简〈法律答问〉"狱未断"诸条再释——兼论秦及汉初刑罚体系构造》，载中国政法大学法律古籍整理研究所编:《中国古代法律文献研究》第十二辑，社会科学文献出版社 2019 年版。

[2]《二年律令·具律》90 简:"有罪当耐，其法不名耐者，庶人以上耐为司寇，司寇耐为隶臣妾。隶臣妾及收人有耐罪，毄（系）城旦舂六岁。"官宅潔先生认为该简是"加重刑的情况"，"刑徒再犯耐罪时，依次加重刑罚为：隶臣妾→以隶臣妾身份服六年系城旦舂的劳役→完城旦舂"，"（系城旦舂六岁）多数都是以附加某刑的方式使用"。参见〔日〕官宅潔著:《中国古代刑制史研究》，杨振红等译，广西师范大学出版社 2016 年版，第 77、86 页。但"系城旦舂六岁"执行完毕后复为隶臣妾，再犯耐罪仍为"系城旦舂六岁"，即该有期限城旦舂刑可反复施加，并未体现"加重"意味；并且从"系城旦舂"升入完城旦舂的条件并非一般性的再犯耐罪，而是对"临时城旦舂"犯耐罪的处置。因此本文认为，该二简与 88 简"有罪当黥"条一样，不是"累犯加重"之例，仍属替换刑规定。在耐刑序列内，刑罚的身份 / 劳役刑部分与原刑徒身份相同时不能累加，需予替换。其中隶臣妾犯有耐罪的即以"系城旦舂六岁"替换。

案和“田与市和奸”案均为“乞鞫不审，加罪一等”的应用之例，罪名一为强奸未遂，一为和奸，该当刑罚均为耐隶臣；二案“加罪一等”都是“加”了“系城旦六岁”：

“得之强与弃妻奸”案中，得之强奸其弃妻未遂，被判处耐为隶臣。得之不服，第一次乞鞫，被判定为不审，“系城旦六岁”；之后逃亡，又被判罚“系城旦六岁”；此后第二次来乞鞫，又被判定为不审，判罚“系城旦六岁”；通计系城旦十八岁。其中前后二次乞鞫不审，均处以“系城旦六岁”，这二个“系城旦六岁”是分别以耐隶臣为基准刑罚加罪一等而来。“田与市和奸”案中，隶臣田与市和奸。市非人妻，据《奏谳书》182 简：“奸者，耐为隶臣妾。”因田本系隶臣，有耐罪时，该耐罪就被替换为“系城旦六岁”。田就此和奸案乞鞫，被判定不审而“系城旦六岁”，累计“当毄（系）城旦十二岁”［岳麓秦简（叁）440 简］。

尤需提出者，在“乞鞫不审加罪一等”的刑罚加等排序里，因“乞鞫不审”是面对所有犯罪的一般规定，因此可以认定“系城旦春六岁复为隶臣妾”是耐隶臣妾刑罚“加罪一等”的一般形式。鉴于在刑罚加等排序里，“系城旦春六岁复为隶臣妾”和“完城旦春”之间还存在诸如“耐鬼薪白粲”一级的可能性极小，本文认为刑罚加等排序里不存在诸如“耐鬼薪白粲”等其他刑名。并且，“系城旦春六岁（复为隶臣妾）”的刑罚加一等后仍为“系城旦春六岁”，而不升至城旦春刑序列。至此可以设想，如果存在耐隶臣妾加罪二等的情形，先是加一等为系城旦春六岁，再加一等时仍为系城旦春六岁，合计系城旦春十二岁。即使存在加罪超过二等之例，在耐刑序列内也将是系城旦春六岁刑的累加，而不会升入城旦春刑序列。

对此可形成侧证的是，上引岳麓秦简（伍）291 简文言“耐罪以下又迁之”，因迁刑不能适用于城旦春刑徒，则耐隶臣加刑一等后升为城旦刑的可能性就不存在。进而，如果此“耐罪”是加刑一等前的耐隶臣刑，则加刑后将是耐隶臣系城旦春六岁；如果此“耐罪”是加刑一等的结果，则要么是耐隶臣加刑后的耐隶臣系城旦六岁，要么是由赀二甲刑加一等升入耐刑序列。鉴于赀刑是财产刑，而耐刑涉及身份降等，二个刑罚序列间存在深刻差异，赀刑加等可能也是发生在其序列内部，不会升入耐刑序列。

综上，耐刑序列内的“加罪一等”之可能来源和形式如下图示：

基准刑罚	附加耐司寇后	附加耐隶臣妾后	附加概指“耐”后
耐司寇	耐隶臣妾	耐隶臣妾	耐隶臣妾
耐隶臣妾	系城旦舂六岁	系城旦舂六岁	系城旦舂六岁

赀刑本不改变身份，“加罪一 / 二等”后升入耐刑序列的可能性较小。鉴于目前所见适用赎刑的案件多为过失犯罪、监管者的连带责任、轻微的卑犯尊、犯罪未遂、特定犯罪的自告、自出或告不审等，可能不存在赎刑适用“加罪一 / 二等”的情形。本文倾向于认为，就整体而言，暂不必讨论赎刑的加刑排序。据此，可对刑罚加等排序复原如下：

基准之规定刑		“加罪一等”后	“加罪二等”后
赀刑		原刑罚双倍	原刑罚三倍
耐刑	耐司寇	耐隶臣妾	系城旦舂六岁（复为隶臣妾）
	耐隶臣妾	系城旦舂六岁（复为隶臣妾）	系城旦舂十二岁（复为隶臣妾）
城旦舂刑	完城旦舂	黥城旦舂	黥劓城旦舂
	黥城旦舂	黥劓城旦舂	黥劓斩左趾城旦舂[1]
	斩左趾城旦	黥斩左趾城旦	黥劓斩左趾城旦

需说明者，虽然“加罪一 / 二等”是附加原规定刑罚、附加序列内较重或较轻之刑罚及附加概指本序列之刑罚三种可能都会导致如上图示的同一结果，但其中附加原规定刑罚的可能性最大。在“乞鞫不审加罪一等”之例中，“乞鞫不审”附加的应是所乞鞫犯罪之刑罚，即原规定刑罚。乞鞫不审时附加原判刑罚的理由似乎是，乞鞫后再审得到相同判罚时，将此一判罚附加于乞鞫者。在上

[1] 目前所见如《二年律令 · 具律》93—95 简关于受赇枉法裁判“加罪二等”之例极少，其所列举之鞫狱故纵不直、诊报辟故弗穷审之犯罪主体应仅限于男性；《捕律》146 简“群盗、盗贼发，告吏，吏匿弗言其县廷，言之而留盈一日，以其故不得，皆以鞫狱故纵论之”亦限为男性。因此，是否存在女性犯罪者适用“加罪二等”的可能性都成疑。即使女性犯罪可能适用“加罪二等”，《二年律令 · 具律》88 简：“当斩为城旦者黥为舂。”据此，在规定刑系统内，女性犯罪者在参引专为男性设置之“斩左趾城旦”刑时需替换为黥舂之刑；那么在作为黥刑替换刑时，斩左趾和斩右趾之刑是否施加于女性，尚不明确；至于腐刑，则只能施加于男性。故此，是否存在女性主体的“加罪二等”的犯罪，黥舂“加罪二等”是附加劓和斩左趾刑，还是以笞百代替斩趾刑；此类疑问尚待考实。

文所讨论的乞鞫案里，规定刑罚是耐隶臣，落实到隶臣刑徒身上，就被替换为“系城旦六岁”。如果赀刑序列和城旦舂刑序列内“加罪一 / 二等”的“加罪”意义相同，则所附加的都应是原规定刑罚。

三、结语

综上，本文对刑罚加等排序的认识是：

其一，“加罪”表现为附加刑罚，“加罪一 / 二等”是指附加一项或二项原基准刑罚，而非“加重一 / 二级刑罚”。“加罪一 / 二等”是指向明确的术语，所标示的加刑方式应是唯一而不言自明的，不必以律文说明，也不必就此设问。单言“加罪”不一定是“加罪一等”，但在城旦舂刑序列内可能二者结果相同。1、2 简以“加罪”设问，是为解决城旦舂刑序列“加罪一等”而耐罪以下加迁的特异之处；该简之所以非采取“加罪一等”的加刑方式，可能是因为“别徼而盗”非监守自盗或盗所监临之例，因此不具备倚仗职权、违背职责的常规加重因素，也就未采取“加罪一等”的常规性处置。

1、2 简加罪城旦舂以上与加罪一等可能相同，设问，是为解决耐罪以下的加迁；之所以非加罪一等，可能是因为别徼而盗非监守盗，亦非盗所监临。后者有倚仗威力之常规的加重因素，加罪一等的常规性处置即可。别徼而盗，意为离开主守部门盗，非倚仗职务之盗。

其二，对城旦舂刑、耐刑和赀刑序列而言，“加罪”和“加罪一 / 二等”之加刑都发生在各自序列内。城旦舂刑序列里，鉴于未见三等以上的加刑规定，基于黥城旦舂和斩左趾城旦的规定刑的加刑最多为二等，加刑后均为黥劓斩左趾城旦，不至死刑；耐刑序列里，《法律答问》1、2 简基准刑罚是耐隶臣时加刑是迁，亦未升入城旦舂刑序列；耐隶臣妾“乞鞫不审加罪一等”的加刑是系城旦舂六岁，也未升入城旦舂刑序列。因此，不论个别的“加罪”表述还是统一的“加罪一 / 二等”表述，都不会导致加刑结果跨越“耐刑”“城旦舂刑”和“死刑”的基本刑罚序列。在赀刑和耐刑序列之间，更存在身份改变的鸿沟，赀刑加罪升入耐刑序列的可能性也较小。

其三，“加刑一等”的“加重一等级”与“附加一项原刑罚”以及“附加一项原刑罚序列内某项刑罚”的效果相当[1]，但“附加刑罚”的理解实质是复数刑罚的叠加，“加重一等级”的理解则是由某单一刑罚取代另一单一刑罚；在加刑意义上，秦及汉初刑罚体系不具备单一刑罚取代另一单一刑罚的基础。“加重一等级”之说更存在若干反证，与其说“加重一等级”是真实存在的制度规定，毋宁说是基于直观感觉的经验观念，不一定符合秦及汉初刑罚体系的内在逻辑。本文倾向认为，秦及汉初刑罚体系并不存在等级加重的逻辑。

其四，“系城旦舂六岁”出现在刑罚加等中，是作为“加罪一 / 二等”的常规加刑方式出现的；迁刑不是刑罚加等排序的一等级，而是针对特定犯罪所额外附加的刑罚。因此，《法律答问》1、2 简才会专门解释“害盗别徼而盗加罪之”的具体加罪方式。

[1] 在城旦舂刑序列里，附加原刑罚的情形是完城旦舂附加完城旦舂刑将升至黥城旦舂，黥城旦舂附加黥城旦舂将升至黥劓城旦舂，均类似学者所设想的一般性刑罚等级排序里的加重一等级；原刑罚序列内的最低等级时则是完城旦舂附加完城旦舂升至黥城旦舂，黥城旦舂附加完城旦舂升至黥劓城旦舂，效果与上相同，均类似于刑罚等级的加重一等。同理，在耐刑序列里，耐司寇附加耐司寇升至耐隶臣，耐隶臣加耐隶臣升至耐隶臣系城旦舂六岁；或耐司寇附加耐司寇升至耐隶臣，耐隶臣附加耐司寇升至耐隶臣系城旦舂六岁。

张家山汉简《二年律令》释文商榷

邬文玲*

已公布的张家山汉简，虽然整理者已经作了高水平的释读，学界也进行了多年的探讨，但随着新资料的不断面世和相关研究的深入，以往的部分释文及注释仍有值得商榷之处。本文在前人的研究基础上，对张家山汉简《二年律令》的部分释文及解读作进一步的校补，以就教于方家。

一、径请者径请者

张家山汉简《二年律令·置吏律》219—220简的读法，学界有不同意见。为了方便讨论起见，先依据简影图版按原行款将简文录写如下：

县道官有请而当为律令者各请属所二＝千＝石＝官＝上相＝国＝御＝史＝案致当请＝之毋得径＝请＝者＝（219）
罚金四两（220）[2]

简文中多处使用了重文号“=”，如补出重文，则简文如下：

县道官有请而当为律令者各请属所二千石官二千石官上相国御史相国御史

* 邬文玲，中国社会科学院历史研究所研究员，从事秦汉简牍与秦汉历史研究。

[2] 张家山二四七号汉墓竹简整理小组：《张家山汉墓竹简［二四七号墓］》，文物出版社2001年版。本文所引张家山汉简，凡未注明者，皆出自此书，不再一一注出，所引简文皆注明简号，不注页码。

案致当请请之毋得径请者径请者（219）

罚金四两（220）

整理者将这段简文读作：

县道官有请而当为律令者，各请属所二千石官，二千石官上相国、御史，相国、御史案致，当请，请之，毋得径请。径请者者，罚金四两。[1]

其中“径请者者”，整理者注云：“‘者’字下原有重文号，衍。”彭浩等主编《二年律令与奏谳书》将这段简文改读如下：

县道官有请而当为律令者，各请属所二千石官，二千石官上相国、御史，相国、御史案致，当请，请之，毋得径请者。径请者，罚金四两。[2]

仔细揣摩简文，可知“径请者”一句，上述两种读法皆不够准确，应予校正。从图版来看，“毋得径请者”中的“径请者”三字之下皆有重文号，作“毋得径＝请＝者＝”。补出重文，则应释作“毋得径请者径请者”，连缀后文“罚金四两”，全句当作“毋得径请者径请者罚金四两”。其中前一个“者”应读作“诸”，即“凡是”之意。因此该句的正确读法应是“毋得径请。者（诸）径请者，罚金四两”。“者”读作“诸”的用例在睡虎地秦简中屡见，比如《秦律十八种·效律》33—35简：

禾、刍稾积廥，有赢、不备而匿弗谒，及者（诸）移赢以赏（偿）不备，群它物当负赏（偿）而伪出之以彼（貱）赏（偿），皆与盗同法。[3]

《法律答问》：

[1] 张家山二四七号汉墓竹简整理小组：《张家山汉墓竹简［二四七号墓］》，文物出版社2001年版，第163页。

[2] 彭浩、陈伟、工藤元男主编：《奏谳书与二年律令》，上海古籍出版社2007年版，第179页。

[3] 睡虎地秦墓竹简整理小组：《睡虎地秦墓竹简》，文物出版社1990年版。本文所引睡虎地秦简，凡未注明者，皆出自此书，不再一一注出，所引简文皆注明简号，不注页码。

“盗及者（诸）它罪，同居所当坐。”可（何）谓“同居”？户为“同居”，坐隶，隶不坐户谓殹（也）。（22）

部佐匿者（诸）民田，者（诸）民弗智（知），当论不当？部佐为匿田，且可（何）为？已租者（诸）民，弗言，为匿田；未租，不论为匿田。（157）

“使者（诸）侯、外臣邦，其邦徒及伪吏不来，弗坐。”可（何）谓“邦徒”“伪使”？·徒、吏与偕使而弗为私舍人，是谓“邦徒”“伪使”。（180）

可（何）如为“大误”？人户、马牛及者（诸）货材（财）直（值）过六百六十钱为“大误”，其他为小。（209）

而《秦律十八种·工律》105—107简中的一段律文的行文方式与前引张家山汉简《二年律令·置吏律》如出一辙，其文为：

·其叚（假）者死亡、有罪毋（无）责也，吏代赏（偿）。毋擅叚（假）公器，者（诸）擅叚（假）公器者有罪，毁伤公器及□者令赏（偿）。

从图版来看，其中“擅叚公器者”五字之下皆有重文号，如补出重文，则当释作“擅叚公器者擅叚公器者”。整理者将前一个“者”读作“诸”，可信从。“毋擅叚（假）公器，者（诸）擅叚（假）公器者有罪”的意思是：“不得擅自借用官有器物，凡擅借官有器物的有罪。”因此，张家山汉简《二年律令·置吏律》219—220简的释文应改读如下：

县道官有请而当为律令者，各请属所二千石官。二千石官上相国、御史，相国、御史案致。当请，请之，毋得径请。者（诸）径请者，罚金四两。

已有研究表明，战国秦文字中，“诸多”之“诸”，多用“者”字表示。秦统一全国之后，方将“者”“诸”二字的使用区别开来，在所抄写的文本中，已将表示“诸”的“者”字均改为“诸”。[1] 里耶秦简8—461木方中，包含对文字

[1] 周波：《战国时代各系文字间的用字差异现象研究》，线装书局2012年版，第63—64页。

字形及使用的变更规范。由于字迹漫漶，很多文字难以辨识，整理者阙而未释，陈侃理根据字形、文义、句式等，对这些简文重新进行了补释，使之可以通解：

☐假人。

☐更钱□。

大如故，更泰守。

赏如故，更偿责。

吏如故，更事。

卿如故，更鄉。

者如故，更诸。

酉如故，更酒。

法如故，更废官。

鼠如故，更予人。[1]

其中“者如故，更诸”，即是关于“者”“诸”二字的变更及使用的规范，明确规定凡诸之义均写作“诸”，不再写作“者”。从现有的资料来看，这一用字规范得到了较为广泛而严格的遵守。秦统一之前的文本，如诅楚文、睡虎地秦简等，多用“者”字表示“诸”。秦统一之后抄写的文本，如秦始皇诏版、龙岗秦简、马王堆帛书《五十二病方》等，均已将表示诸之义的“者”字，改作“诸”字。通过文本比较，不难看出张家山汉简《二年律令》与睡虎地秦简《秦律十八种》之间的承袭关系，但在《秦律十八种》中，凡诸之义，皆用“者”字表示，而在《二年律令》中，凡诸之义，绝大部分皆已改用“诸”字，仅有本文所举《置吏律》简 219 是例外。这一例外很可能是抄写者为了重文书写的便捷所致。当然还有一种可能就是这条律文系直接承袭秦统一之前所颁行的律文而来，抄写者在抄录的时候疏忽了“者”与“诸”的区分问题。

[1] 参见陈侃理：《里耶秦方与“书同文字”》，载《文物》2014 年第 9 期，第 78 页。

二、自田

张家山汉简《二年律令·户律》中有如下简文：

卿以上所自田户田，不租，不出顷刍稾。（317）

简文中的“自田户田”，含义颇难通解。高敏认为“卿”爵的获得是原来秦时的老授田宅者，汉高祖五年采取“复故爵田宅”的措施，他们不曾重新授田宅，故有“自田”之名。并推测可能是由于他们授田已久，而且经过了秦末“自实田”的田地，故曰“自田”。[1] 张家山汉简研读班怀疑“自”字为“占”字之误，因为二字字形极为相似。[2] 日本三国时代出土文字资料研究班认为“户田”指310—313号简所见授田数。[3] 从图版来看，简文中的“自”字有些漫漶，从字形来看，疑其当为“受”字。[4] 其写法与同书简60“受赇以枉法”之“受”，简289“赐棺享（椁）而欲受斋者”之“受”，简321“受田宅，予人若卖宅，不得更受”之“受”，简482“官受除事”之“受”，简483“史、卜受调书大史、大卜”之“受”，简513“受数”之“受”相似。如“受”字的改释不误，则简文或可改读作：

卿以上所受田、户，田不租、不出顷刍稾。（317）

通常认为卿爵为高爵，指第十八级大庶长以下至第十级左庶长。在张家山汉简《二年律令》中，也通常以“卿”来泛指拥有大庶长至左庶长爵级者，比如《赐律》云：

---

[1] 高敏：《从〈二年律令〉看西汉前期的赐爵制度》，载《文物》2002年第9期，第51页。

[2] 张家山汉简研读班：《张家山汉简〈二年律令〉校读记》，载李学勤、谢桂华主编：《简帛研究二○○二、二○○三》，广西师范大学出版社2005年版，第189页。

[3] 参见〔日〕三国时代出土文字资料研究班：《江陵张家山汉墓出土〈二年律令〉译注稿》（二），载《东方学报》京都第77册，2005年出版，第111页。

[4] 拙文《里耶秦简所见“户赋”及相关问题琐议》（武汉大学简帛研究中心主办：《简帛》第八辑，上海古籍出版社2013年版，第222页）中曾提及此点，但未予详论，兹再作补缀。

赐不为吏及宦皇帝者，关内侯以上比二千石，卿比千石，五大夫比八百石，公乘比六百石，公大夫、官大夫比五百（291）石，大夫比三百石，不更比有秩，簪褭比斗食，上造、公士比佐史。毋爵者，饭一斗、肉五斤、酒大半斗、酱少半升，（292）司寇、徒隶，饭一斗，肉三斤，酒少半斗，盐廿分升一。（293）

根据律文“关内侯以上比二千石，卿比千石，五大夫比八百石”的表述，可知“卿”指代的是拥有关内侯以下、五大夫以上爵级者，即大庶长至左庶长爵级。《户律》中的相关表述也是如此：

不为后而傅者，关内侯子二人为不更，它子为簪褭；卿子二人为不更，它子为上造；五大夫子二人为簪褭，（359）它子为上造；公乘、公大夫子二人为上造，它子为公士；官大夫及大夫子为公士；不更至上造子为公卒。（360）当士为上造以上者，以適（嫡）子；毋適（嫡）子，以扁（偏）妻子、孽子，皆先以长者若次其父所以，所以未傅，须其傅，各以其傅（361）时父定爵士之。父前死者，以死时爵。当为父爵后而傅者，士（仕）之如不为后者。（362）

根据律文“关内侯子二人为不更，它子为簪褭；卿子二人为不更，它子为上造；五大夫子二人为簪褭，它子为上造”，其首言关内侯子，次言卿子，再言五大夫子，可知“卿”亦指代的是拥有关内侯以下、五大夫以上爵级者，即大庶长至左庶长爵级。而“卿以上”则泛指拥有关内侯至左庶长爵级者，比如《传食律》云：“使非吏，食从者，卿以上比千石，五大夫以下到官大夫比五百石，（236）大夫以下比二百石（237）。”《傅律》云：“赐棺享（椁）而欲受赍者，卿以上予棺钱级千、享（椁）级六百；五大夫以下棺钱级六百、享（椁）级三百；毋爵者棺钱三百（289）。”

这些拥有“卿以上”高爵者，通常亦享有“食邑”特权。根据《商君书·境内》的记载，五大夫以上则“税邑三百家”。[1] 西汉初年，则“七大夫以上，皆令食邑”。颜师古注曰：“七大夫，公大夫也，爵第七，故谓之七大夫。”[2] 因此，对于高爵者，

[1] 高亨：《商君书注译》，中华书局 1974 年版，第 149 页。
[2] 《汉书》卷 1《高帝纪》，中华书局 1985 年版，第 54 页。

国家既授予田宅，也赐予食邑户。张家山汉简《二年律令・户律》中即有关于授予拥有各级爵位者的田地标准的规定：

关内侯九十五顷，大庶长九十顷，驷车庶长八十八顷，大上造八十六顷，少上造八十四顷，右更八十二顷，中更八十（310）顷，左更七十八顷，右庶长七十六顷，左庶长七十四顷，五大夫廿五顷，公乘廿顷，公大夫九顷，官大夫七顷，大夫五顷，不（311）更四顷，簪裹三顷，上造二顷，公士一顷半顷，公卒、士五（伍）、庶人各一顷，司寇、隐官各五十亩。（312）

从张家山汉简《二年律令》的相关规定来看，拥有“卿以上”爵位者，还拥有免除赋税等诸种特权。比如《二年律令・田律》规定：“卿以下，五月户出赋十六钱，十月户出刍一石，足其县用，余以入顷刍律入钱（255）”，暗示“卿以上”者无须缴纳户赋。

那么简文“卿以上所受田、户，田不租、不出顷刍稾”的意思就是：凡拥有卿爵以上者，在国家所授予的田地和食邑户中，其田地毋须向国家交纳田租和刍稾税。换句话说，这一方面暗示卿以上高爵者如拥有超出法定授田限额之外的田地，则不享有免除田租和刍稾税的特权，另一方面也意味着其食邑户可能仍需为国家承担某些义务。

三、有籍县官田宅

张家山汉简《二年律令・户律》中有如下简文：

未受田宅者，乡部以其为户先后次次编之，久为右。久等，以爵先后。有籍县官田宅，上其廷，令辄以次行之。（318）

对于简文中“有籍县官田宅”的理解，学界素有争议。高敏认为其意思是：“凡属于依上述条件立户，并获得了田宅的人户，都要造籍册上于廷并按立户先后编次保存之。”[1] 王彦辉认为“有籍县官田宅”是指“有籍没于县官的田宅，要及时上报县廷”。[2] 日本三国时代出土文字资料研究班认为“有籍县官田宅”是指田地、宅地登录于国家簿册。[3] 朱红林认为“有籍县官田宅”只是说具备了受田条件而被登记造册，并非已经受田。[4] 彭浩等主编《二年律令与奏谳书》认为“有籍县官田宅”的意思是，将拟授田宅者的户籍、田宅数量、受领田宅的先后次序等登入政府的簿册。仔细揣摩简文，可知上述几种理解于文意似皆有未安之处。造成歧义的原因主要有两个：

一是诸家皆未对“有籍县官田宅”之“有”字的含义作出合理解释。实际上，这里的“有”应读作“又”；“籍”是登记之意；“县官”即“官府”，此处用于修饰“田宅”，“县官田宅”意即属于官府的田宅，与“县官器”“县官事”“县官马牛”的表述相类。“有（又）籍县官田宅”的意思是“又登记属于官府的田宅”，实际上指要同时对属于官府的可供分授的田宅进行清查登记。

二是忽略了原简所标记的分隔符的意图。从图版来看，该简有两处标记了分隔符“∠”，一处置于“以爵先后”之下，一处置于“上其廷”之下，作：

未受田宅者乡部以其为户先后次次编之久为右久等以爵先后∠有籍县官田宅上其廷∠令辄以次行之

原简所标记的这两处分隔符，实际上意在提醒阅读者，该律文包含了三个层面的内容：

第一层面是按照“久为右”“久等，以爵先后”的原则和顺序登记编制未受田宅者簿册。第二层面是全面统计登录官府可以支配和用于分授的田宅簿册。这两种簿册皆需呈递给县廷。第三个层面是有关机构根据官府田宅情况，按照

---

[1] 高敏：《从张家山汉简〈二年律令〉看西汉前期的土地制度》，载《中国经济史研究》2003 年第 3 期，第 144—145 页。

[2] 王彦辉：《论张家山汉简中的军功名田宅制度》，载《东北师范大学学报（哲学社会科学版）》2004 年第 4 期，第 19 页。

[3] 参见〔日〕三国时代出土文字资料研究班：《江陵张家山汉墓出土〈二年律令〉译注稿》（二），载《东方学报》京都第 77 册，2005 年出版，第 112 页。

[4] 朱红林：《张家山汉简〈二年律令〉集释》，社会科学文献出版社 2005 年版，第 200 页。

先前已经确定的先后顺序向未受田宅者分授田宅。由于可供官府支配和分授的田宅数量有限，并非时时充足，无法一次性向所有应受田宅者进行全面分授，所以需要根据立户时间和获爵时间先行确定未受田宅者的授田顺序并登录造籍。而田宅归属时有变更，且田宅还有美恶之分、等级之别，因此对于官府田宅亦需先行详细统计并登录造籍。正是在掌握这两种簿籍的基础上，官府方能按照法律规定依次向未受田宅者分授田宅。

厘清上述三个层面的逻辑顺序之后，律文内容及含义方臻贯通无碍。据此可知，以往对这段律文的标点句读亦不够准确，当改读如下：

未受田宅者，乡部以其为户先后次次编之，久为右，久等，以爵先后；有（又）籍县官田宅，上其廷。令辄以次行之。（318）

丝路沿线出土诸民族契约文书格式比较研究

韩树伟*

契约，是人们在劳动生产、经济交往中，根据双方的利益，进行交换后达成的一种协议。它既是订约双方对彼此诚信的体现，又是相互履行对方承诺的一种凭据。它具有维护社会秩序、调节社会经济活动的作用。在古代中国，类似契约的“大约”“小约”便出现于《周礼·秋官·司约》中，“凡大约剂书于宗彝，小约剂书于丹图”[1]。在丝绸之路沿线出土的契约文书中，除了汉文契约，还有吐蕃文契约、回鹘文契约、西夏文契约、佉卢文契约、粟特文契约、于阗文契约、蒙古文契约、察合台契约等，这些契约从历史发展的眼光看，贯穿于整个中国古代史，构成了中国宝贵的历史文化遗产。经过长期的发展，中国的契约不论是内容还是形式，都呈现出成熟、完善、多样化的特点。研究这些用不同文字书写的契约，有助于我们了解当时不同时期、不同民族文化之间的关系，发现各民族契约既表现出独自的特点，又与汉文等其他契约有共性，如同现在的民族关系一样，呈现出汉族离不开少数民族、少数民族离不开汉族、各少数民族之间相互离不开的特点。拙文主要以佉卢文契约、粟特文契约、吐蕃文契约、回鹘文契约、蒙古文契约、西夏文契约为主，来探讨中国古代西北民族契约文书的格式，并通过比较不同契约的文书格式，来展现不同民族文化间的借鉴与传承关系。若有不足之处，还望方家批评指正。

---

* 韩树伟，甘肃陇西人，兰州大学敦煌学研究所博士生，主要从事敦煌学、法律社会史、民族史、西域史研究。

[1] 《周礼注疏》卷 36，载《十三经注疏》，中华书局 1980 年版，第 881 页。

一、契约文书概述

关于契约文书的格式，它们既有相同之处，也有不同之处。不论是何种契约文书，大致格式为：立契时间、契约内容（包括交易双方、交易物品、违约处罚等）、见证人、画押。但不同种类的契约（借贷契约、雇佣契约、买卖契约、租赁契约等），又有一些差异。比如买卖契约，附加有买卖物品的价格；借贷契约附加有偿还物品的期限；租赁契约附带有土地的四至、房屋的占地面积；等等。有些契约之间，有着很大的相似性，如汉文契约和西夏文契约是使用皇帝年号标注立契时间，回鹘文契约、吐蕃文契约是使用十二生肖纪年。而在另一些契约文书中，却有着明显的不同，呈现出一些独特之处，如佉卢文契约在契首，首先要使用祝福语对国王或者州长赞美一番，然后再阐述具体事情。总之，每种契约的文书格式都有着丰富的内涵，下面就以具体案例来探析不同契约文书格式的情况。

首先，在契约文书的开头，大多为立契时间。稍有不同的是，有的契约是使用皇帝在位时期的年号，有的契约使用干支纪年，有的契约是十二生肖纪年。如佉卢文契约 592 号“兹于伟大国王、上天之子夷都伽·阿没笈伐迦陛下在位之 32 年 12 月 20 日”[1]，点明立契时间为夷都伽·阿没笈伐迦陛下在位之 32 年，并且在说明日期前附有常用的祝福语“伟大国王、上天之子”。夷都伽·阿没笈伐迦也就是安归伽，是汉晋时期可考证的鄯善第四个王，介于白毗耶、摩习犁之间，在位 38 年。如果按安归迦 17 年为公元 284 年计算的话，那么“夷都伽·阿没笈伐迦陛下在位之 32 年”为公元 299 年，即佉卢文契约 592 号的立契时间为 299 年。[2] 这种格式在佉卢文契约中比较常见，它以当时王在位多少年来记录立

---

[1] T.Burrow, *A Translation of the Kharo Document from Chinese Turkestan*, The Royal Asiatic Society, London, 1940. pp: 126-127. 王广智译：《新疆出土佉卢文残卷译文集》，载韩翔主编：《尼雅考古资料》，新疆社会科学院 1988 年版，第 255 页。

[2] 关于鄯善王的考证，详见林梅村：《佉卢文时代鄯善王朝的世系研究》，载《西域研究》1999 年第 1 期，第 39—50 页。林先生利用布拉夫考证出的“侍中”一词对白毗耶、阿阇伽两位王的顺序提出了质疑，考证出另位两个鄯善王：童格罗伽、疏离阇，童格罗迦在阿阇伽前，疏离阇在元孟后，并罗列出诸王顺序，即童格罗迦、阿阇伽、白毗耶、安归伽、摩习犁、元孟、疏离阇、休密驼，还对鄯善诸王在位最大年数、年代进行了推测，这对文书的断代以及鄯善与汉晋的关系研究无疑是有裨益的。

契的时间，类似于汉文契约、西夏文契约中的皇帝年号。例如，俄藏西夏文契约 И н в.No.6377-16（1）“光定卯年三月六日立契约者梁十月狗” [1]，光定就是西夏神宗嵬名遵顼仅有的年号，而西夏神宗在位共十三年（1211—1224 年），由此可知这是一份西夏神宗光定卯年（1219 年）的贷粮契约。在西夏文契约中，除了光定，还有天庆、乾定、天盛等年号，这都是判断文书年代的关键。

除了皇帝年号，还使用干支纪年。在敦煌石室出土的汉文契约中，立契时间有干支纪年，如 P.3124 号记载“甲午年八月十八日，邓善子欠少匹物，遂于邓上座面上借生绢一匹，长三丈八尺五寸” [2]，沙知先生录校时，将甲午年标注为 934 年。在吐蕃占领敦煌时期的汉文契约中，契首也有“巳年二月十日，康悉杓家令狐善奴为粮用，今于龙处便苅价麦一头六斗” [3]“卯年四月一日悉董萨部落百姓张和和为无种子” [4] 的时间表达方式，不过采用的是地支纪年。

另有一些契约是用十二生肖纪年，如法藏吐蕃文契约 P.1094 号：“鼠年冬十一月，论可足卜登（blon gtsug-brtan）与论绮力心热（blon khri-sum-bzher）、论悉诺心热（blon stag-sum-bzher）在宝门（pevu-mun？）召开瓜州军帐（kva-cu khrom）会议之时” [5]，契约中的时间为鼠年。在回鹘文契约中，契首也是用十二生肖纪年，如一份买卖奴隶文书记载：“龙年八月二十六日。我阿体都统因需要通用钞，把我的一个名叫斌通的契丹（或汉族）男奴以九锭钞……卖给秀赛大

---

[1] 俄罗斯科学院东方研究所圣彼得堡分所、中国社会科学院民族研究所、上海古籍出版社编，史金波、魏同贤、克恰诺夫主编：《俄藏黑水城文献》第 14 册，上海古籍出版社 2011 年版，第 145 页。录文转自史金波：《西夏经济文书研究》，社会科学文献出版社 2017 年版，第 211 页。

[2] 上海古籍出版社、法国国家图书馆编：《法藏敦煌西域文献》第 21 册，上海古籍出版社 2002 年版，第 341 页。录文见沙知先生录校：《敦煌契约文书辑校》，江苏古籍出版社 1998 年版，第 194 页。

[3] P.2964v《巳年二月十日令狐善奴便苅价麦契》，上海古籍出版社、法国国家图书馆编：《法藏敦煌西域文献》第 20 册，上海古籍出版社 2002 年版，第 274 页。录文转自沙知先生录校：《敦煌契约文书辑校》，江苏古籍出版社 1998 年版，第 146 页。

[4] S.6829v3《卯年四月一日悉董萨部落百姓张和子预取永康寺常住造芘蓠价麦契》，中国社会科学院历史研究所、中国敦煌吐鲁番学会敦煌古文献编辑委员会、英国国家图书馆、伦敦大学亚非学院合编：《英藏敦煌文献》（汉文佛经以外部分）第 11 卷（斯 6308—6973），四川人民出版社 1994 年版，第 198 页。录文转自沙知先生录校：《敦煌契约文书辑校》，江苏古籍出版社 1998 年版，第 107 页。

[5] 〔日〕武内绍人著：《敦煌西域出土的古藏文契约文书》，杨铭、杨公卫译，赵晓意校，新疆人民出版社 2016 年版，第 24 页。

师”[1]，立契时间为龙年。在黑水城出土的一份蒙古语契约文书中，也使用十二生肖纪年，“猪儿年三月二十九日。我们申尕儿只，给这些乌密即兀束，温迪省忽里，鲁即赛斋，拽臼失吉，李省吉们五人开具收据”[2]，立契时间为猪年。

以上这几种契约文书中，佉卢文契约的契首稍微特殊一些，我们通常看到，在立契时间前面还加有“此一有关……之文件，由……为保存。此系……之印”的文书主题语及有关封印的字样说明。其实这与佉卢文书的形制有关，这些字样往往书写于盖牍的正面。刘文锁先生指出：“书于上牍正面的这种文字说明显然是便于文件的分类入档，因为从实例看，判决书也采用了这种相同形制。”[3]至于契首的时间表达，佉卢文契约与其他文字书写的契约有相似性。需要说明的是，契约文书的时间表达方式并不单单只有以上这些，如有一份粟特文契约，它的立契时间比较特殊，既有佉卢文契首那样的赞美词，也有君王年号，又有封赠荣号，还有粟特历，汉译文为“岁在神圣的希利发高昌王延寿十六年。在中国说是猪年的五月二十七日，粟特语称为十二月”[4]。“希利发”是突厥为拉拢高昌王，封增的荣号。[5]此处的高昌王为麴文泰，延寿十六年为高昌王麴文泰十六年，也就是唐贞观十三年（639年）。[6]“猪年”即亥年，是“已亥岁”省去天干的结果。特殊的是，加了粟特历。[7]这是目前所见的契约中比较有趣的表达时间的文书，反映出丝绸之路上不同文化间的交流与融合，也体现了粟特文契约的特色。

---

[1] 耿世民：《回鹘文社会经济文书研究》，中央民族大学出版社2006年版，第99页。

[2] 〔日〕吉田顺，齐木德道尔吉合编：《ハラホト出土モンゴル文书の研究（Study on the Mongolian Documents Found at Qaraqota）》，东京雄山阁2008年版。转自〔日〕松井太著：《黑城出土蒙古语契约文书与吐鲁番出土回鹘语契约文书——黑城出土蒙古语文书F61：W6再读》，白玉冬译，载《北方文化研究》第7卷，檀国大学校附设北方文化研究所2016年版，第205页。

[3] 刘文锁：《沙海古卷释稿》，中华书局2007年版，第297页。

[4] 〔日〕吉田丰、森安孝夫、新疆博物馆合著：《麹氏高昌王国时代粟特文买卖女奴隶文书》，柳洪亮译，载《新疆文物》1993年第4期，第108—115页。原载日本中央ユーラシア学研究会编：《内陆アジア言语の研究》Ⅳ，1988年。

[5] 陈国灿：《斯坦因所获吐鲁番文书研究》，武汉大学出版社1994年版，第440页。

[6] 林梅村：《粟特文买婢契与丝绸之路上的女奴贸易》，载《文物》1992年第4期，第51页。

[7] 关于此份粟特文纪年，刘戈、乜小红二位先生各有论见，详见刘戈：《回鹘文契约文书初探》，台北五南图书出版有限公司2000年版，第56页；乜小红：《从粟特文券契看高昌王国奴婢买卖之官文契》，载《西域研究》2009年第4期，第40页。拙文从乜氏说。

与君王年号相比，以十二生肖纪年的契约，在对文书的断代上显得难度大一些，即使是完整的契约，如果没有其他相关联的契约做辅助，或者在契约内容上找不到突破口的话，是很难判定该契约的时间的。甚至是有年号的契约，因历史上有些皇帝的重复使用或者其他原因，也很难确定它属于哪个帝制时期的文书，因此，契首的立契时间显得格外重要，它是我们对文书进行断代的关键。

其次，契约的实质性内容。契约中写有契约主体或者双方当事人、标的物及交易方式、权利与义务、违约处罚等。在契约主体中，根据契约的性质，既出现有两个人之间的交易，又有多人以上的交易。交易时，明确写明交易的物品，如土地、房屋、粮食、牲畜，甚至是奴隶等，然后标明是买卖、借贷，或是租赁、雇佣、交换、领养等交易方式，根据不同的契约种类，又附加有价格、日期期限、土地的四至等不同的具体条件。为了保证契约的有效性，文中还强调契约主体的权利与义务，同时明确指出一旦反悔，即悔约后将受到双倍的惩罚等措施。从内容看大部分的契约都是倾向于保护强者一方的权益。[1] 违约后的处罚力度，在不同的民族契约中是有差异的，有的契约仅需要违约者对对方进行双倍赔偿，而有的契约除了这一赔偿之外，还要向官府赔偿。

二、诸民族契约文书格式

为了更好地说明，下面根据契约使用的时间先后顺序，出示几例不同民族契约的文书格式，来做一比较。

1. 佉卢文契约，主要出土于塔里木盆地南缘的尼雅（还有楼兰故城和安迪尔河流域），时间为公元三至四世纪，相当于汉晋时期。目前已经释读翻译的佉卢文书中，可以确认为书面契约者约为 52 件。从统计上看，这种书面形制的契约文书主要是用来书写、记录与法律以及政府事务有关的文件。[2] 下面是一份佉

[1] 之所以用“强者”这个词，是因为它更能体现出卖方、出贷者、租出者、雇方等拥有者的富有和强势，很多契约中，契约主体并不是平等的，总有一方是被动者。我们把与被动者相对应的另一方称之为“强者”，如此更能体现出契约的实质。

[2] M.A.Stein, *Serindia*, *Detailed Report of Explorations in Central Asia and Westernmost China*, Oxford at the Clarendon Press, vol.I, 1921. pp: 211-269. 转自刘文锁：《沙海古卷释稿》，中华书局 2007 年版，第 295 页。

卢文买卖人口契约，编号为592，文书的格式为：

此一有关妇人莱迷索阿之文件，由司书罗没索蹉保存。

此系cozbo剑支耶之印。

兹于伟大国王、上天之子夷都伽·阿没笈伐迦陛下在位之32年12月20日，有一男人，名叫钵啰难托。彼愿将身高4 distis之女孩莱迷索阿一名卖给司书罗没索蹉。给价为价值30穆立之amklatsa骆驼一峰。钵啰难托收到该骆驼，另外又收到于阗kojava（粗地毯——中译注）1条，作为atga muli。双方如此达成协议。自今以后，罗没索蹉对该妇人莱迷索阿有所有权，可以打她，弄瞎她之眼睛，出卖，交换，抵押，为所欲为。此文件系当诸执政官之面所写。证人为cozbo剑支耶，vasu阿注尼耶，sothamgha鸠伐耶，舍利伐罗，鸠僧多，莱莫，ageta凯托，vasu伐毕迦，僧人达米啰及舍啰钵罗伐，ageta奥钵吉耶。今后，无论何人若对此事进行告发、发生争执或有异议，彼之反案在皇廷皆属无效。此文件系由余，司书莫伽多奉诸执政官之命所写。其权限长如生命。

apsu布色达耶断绳。[1]

如上所言，此契先是有关文书的主题语、封印的说明，即“妇人莱迷索阿之文件”，系“cozbo剑支耶之印”。这是与其他契约不同之处。关于立契时间前文已提及，在此不赘述。接着是双方当事人、标的物及交易方式，契中卖者名叫钵啰难托，买者为罗没索蹉，交易物为莱迷索阿，价值为“30穆立之amklatsa骆驼一峰”。莱迷索阿的特征为“身高4 distis”。卖者钵啰难托除了收到该骆驼外，还收到于阗“kojava”一条。于是双方达成协议。交易完成后，买者罗没索蹉有权对交易物莱迷索阿进行出卖、交换、抵押等行为，甚至打她、弄瞎她眼睛，为所欲为，从这些词眼可以看出交易完成后，买方有绝对的所有权。契中为防止一方反悔，便规定“彼之反案在皇廷皆属无效”“其权限长如生命”，可见契约的严肃性，表明一旦悔约，即使是在君王那里，契约仍是有效的，任

[1] T.Burrow, *A Translation of the Kharo Document from Chinese Turkestan*, The Royal Asiatic Society, London, 1940. pp: 126-127. 王广智译：《新疆出土佉卢文残卷译文集》，载韩翔主编：《尼雅考古资料》，新疆社会科学院1988年版，第255页。

何人都不能反悔。而且契约是司书莫伽多奉执政官之名当场写成，反映了官府参与民间交易的现象。

与汉晋时期中原地区的契约相比较，佉卢文契约既有对中原汉式契约的借鉴、吸取，又有自身的特点。乜小红女士通过对23件土地买卖契约和9件人口买卖契约进行分析后指出，佉卢文契约中的矩形“封检”形制源自汉代的“封检题署”形制，鄯善国与晋的臣属关系，自然在政治、经济、文化领域有交流与互动。[1] 当贵霜文化渗透到塔里木盆地时，佉卢文契约又呈现出一些特色，如契首对君王的修饰词“伟大”“胜利”“公正”等，马雍先生认为这是受贵霜王朝的影响[2]，不过，在后来的一些契约中看到王号带有“守侍中、大都尉、奉晋大侯”[3] 的字样，表现出佉卢文契约在面对外来文化时的无奈、开放与包容，这种情况或许是丝路沿线要塞出土文物中所体现出来的共性。与汉文契约不同，佉卢文契约则由官方插手民间交易，但后期官府干预减少；违约处罚除“一罚二”外，还受官府体罚，如 Kh.571 号契文中就提到，“将罚阉割之牲畜一头并责打七十大板”。再如，中原汉式契约通常是一式两份，双方各执一份并作为凭据，而佉卢文契约仅有一份，经密封、官员“断绳”后作为收据保存在“强者”手中。

2. 在官府参与买卖契约中，粟特文契约较为特殊。1969年在吐鲁番阿斯塔那135号墓发现的《高昌延寿十六年（639年）买女奴契》弥补了学术界长期以来认为在高昌国时期没有经官府许可发给的奴隶买卖文券的认识，从契约格式及内容看，这份粟特文契约既与同时期的汉文契有相似性，又有明显的不同。需要辨别的是，契约文书中出现的“买奴契券”是指私人之间买卖奴隶时订立

[1] 关于佉卢文契约借鉴吸收汉式契约，详见乜小红、陈国灿：《对丝绸之路上佉卢文买卖契约的探讨》，载《西域研究》2017年第2期，第64—78页。文章观点新颖、论证翔实、逻辑缜密，一直是笔者拜读的范文。但需要说明的是，文中的个别论点，如“佉卢文的早期契式很可能也来源于中原的汉文契式”“从东、南、西、北这样一种四至先后序列看，可以肯定，是对内地买卖田地契习俗的模仿和引进”等，是值得商榷的。我们肯定的是：汉晋时期的塔里木盆地与中原的关系是紧密的，但也要看到贵霜文化渗透到了塔里木盆地，佉卢文契约的发现就是明证，我们不能将所有的佉卢文契约源头皆归功于受汉式契约的影响。

[2] 刘迎胜：《西北民族史与察合台汗国史研究》，南京大学出版社1994年版，第61页。

[3] 林梅村：《楼兰尼雅出土文书》，文物出版社1985年版，第86页。

的契约，而“买奴市券”则是交易完成后经官府认可后发给的公验。在十六国至高昌国时期的汉文买卖奴隶契约中，出现有私人交易的买卖券，而由官府钤印的文契并未发现。截至这份出土于阿斯塔纳135号墓的粟特文契约被发现，才得知高昌国时期官府对民间奴隶买卖进行干预。下面将这份粟特文买奴券转摘如下：

岁在神圣的希利发高昌王延寿十六年、在中国说是猪年五月廿七日，粟特历十二月。

在高昌市场众人面前，张姓 'wt' 的儿子沙门 y'nsy'n 用波斯铸纯度很高的银钱一百二十文，向 tws'kk 的儿子 wxwswβyrt，买了 cwy'kk 姓的女人在突厥生的康国的女奴隶，名字叫作 'wp'ch。

沙门 y'nsy'n 买回的女奴无欠债，不再是原主的财产，不能追夺，不得非难，作为永久财产包括她的子孙后代都被买下了。因此沙门 y'nsy'n 及其子孙后代，可以任意支配女奴，包括打她、虐待、捆绑、作人质、出卖或赠送。如同世传家生奴、旁生奴及用银钱买回之财产一样，卖主对此女奴不再有约束力，脱离一切旧有关系，不得再过问。此买女奴券对行者、居者、国王、大臣均有效、有信服力；拥有此券者，即可收领、带走此女奴。写在女奴文书上的条件，就是这样。

在场的有 cwn'kk 的儿子 tysr't; xwt'wc 的儿子米国的 n'mòr; krz 的儿子康国的 pys'k; nnykwc 的儿子笯赤建国的 nyz't; 何国的［ ］。

此券经书记长 pt'wr 许可、经女奴同意、在买主要求下，由书记长之子 wxw'n 书写的。

高昌书记长 pt'wr 的印。

（背面书写）

女奴文书沙门 y'nsy'n[1]

可以看出，此份粟特文契约除了官府认可钤印发给外，格式与前面说的佉卢文契约有相似的地方，立契的时间很特殊，前文已有提及。该份契约描述契约的主体时比较详细，买者为张姓“'wt'”的儿子“y'nsy'n”，是位沙门，卖者为“tws'kk”的儿子“wxwswβyrt”，特意说明家族共同承担的一种责任。交易物为来自康国的女奴隶，价值为波斯银钱一百二十文。交易完成后，女奴属买者沙门“y'nsy'n”的私有财产，任他处置，这在“虐待”“捆绑”“出卖”等修饰词上跟佉卢文契约如出一辙，似有一定的继承关系。此契一旦生效，在国王、大臣那里都有效，可见契约程式的法律性。不过，这份粟特文契约中并没有提及悔约后的惩罚规定，可能跟官府文券的性质有关，即证明了奴隶来源和买卖的合法性，故没必要谈悔约的问题。另外，契尾写有“经女奴同意”字样，如果翻译没问题的话，这就比较有意思，为何女奴被卖的时候还被征求是否“同意”呢？检阅十六国至唐代的汉文买卖奴婢契，发现唐代的契文中有“准状勘责，问口承贱不虚。又责得保人石曹主等伍人款，保不是寒良詃诱等色者。勘责状同，依给买人市券”[2]的记载，由此可见，应该是官府查验奴婢的来源，以防逼良为贱或者被诱骗，故而有“经女奴同意”之说。这从侧面反映出古代官府在人口买卖行为上是不允许买卖良民的。[3]

3. 前揭粟特文契约在交易中受到官府的干涉，而且签约时写上在场的人，实际上类似于证人，在契文中写有契约主体的家族关系，其实这种情况在吐蕃文契约中也有类似的出现。如在一份借贷契约中规定，如果一旦有人反悔，那么除了赔偿外，保人将承担责任，这个保人与契约主体是有关系的，而且是亲

[1] 〔日〕吉田丰、森安孝夫、新疆博物馆合著：《麹氏高昌王国时代粟特文买卖女奴隶文书》，柳洪亮译，载《新疆文物》1993 年第 4 期，第 110—111 页。原载日本中央ユーラシア学研究会编：《内陆アジア言语の研究》Ⅳ，1988 年。此处引文转自乜小红：《从粟特文券契看高昌王国奴婢买卖之官文券》，载《西域研究》2009 年第 4 期，第 39 页。

[2] 国家文物局古文献研究室、新疆维吾尔自治区博物馆、武汉大学历史系编：《吐鲁番出土文书》（录文本）第九册，文物出版社 1990 年版，第 27 页。

[3] 可参拙文《论清代的略人略卖人》（青海师范大学 2014 年硕士学位论文）管窥古代人口买卖的行为。

属关系。我们以科兹洛夫收藏的一份便麦契（编号为 Xt.4）为例[1]，来说明这一情况，并看看吐蕃契约文书的格式：

1-2 龙年夏，悉董萨部落的侯达子（hevu dar-tse），先向安春勒（an［chu］ng-legs）借大麦两汉硕。

2-3 归还时间，双方商定不晚于［本年］秋八月之末。

3-6 如果［借方］不能按期［归还］，［或者］他［试图］不还，抵押物一间空房和土地，从南到北［…五…］，从东到西二十尺，将被［没收？…］，［偿还数量］将加倍，

6-8 且屋外牛群，屋内财务，不管是债务方屋内的［什么财务］，将按照本项契约内容由债权方进行没收，不得争讼。

8-11 如果［借方］不在家中，或经济状况不佳，保人即借方的妻子曹氏佛子（dzevu-za bur-tse），将负责偿还。

11-13 立契见人印章：王金刚（wang kim-kang），张顿勒（cang ldong-legs），张进兴（cang tsin-hing）等，及借方的私章和指印附录。

14（借方签名及私印：）侯达子[2]

吐蕃文契约遵循严格的格式，很可能参照了汉文契约的格式发明而来，只是采用传统藏文表达。[3] 与汉文契约基于卖方的视角不同，吐蕃文契约以第三方中立的视角描述整个交易过程，而且它的见证人多由数位官员担任，具有官方特点。其印章的使用表现出高度的吐蕃化特点。从契约看，契约主体为借者侯达子（hevu dar-tse）、贷者安春勒（an［chu］ng-legs），交易物为大麦；归还时间为庄稼收割后的秋八月；规定一旦借者未能如期归还，那么抵押物及所有财产一并被没收，且偿还加倍，还不得争讼；如果借者外出，或者因经济状况不佳，

[1] 俄罗斯收藏的吐蕃文献，按照探险时间分为科兹洛夫、奥登堡、彼得洛夫斯基、马洛夫等四个主要收藏。

[2] 转自〔日〕武内绍人著：《敦煌西域出土的古藏文契约文书》，杨铭、杨公卫译，赵晓意校，新疆人民出版社 2016 年版，第 217 页。

[3] 杨公卫：《西域丝路契约精神：武内绍人“中亚出土古藏文契约”的研究》，载《民族学刊》2016 年第 2 期，第 86 页。

则由他的保人负责偿还，这个保人是借者的妻子。契约中既有对违约后处罚的规定，又有保人与债务人的关系，说明这种家族式共同担责在吐蕃文契约、粟特文契约中是共有的特点，而违约后的双倍赔偿，又与汉文契约是相通的。在另一份吐蕃文博牛契约（编号为P.1094）中，如果一旦违约，则将按照法律对反悔方实行杖击（或鞭打）。[1] 吐蕃文契约在规定担保人的责任上，比较有特点。从文契来看，契约的制定并没有像汉文契约那样“官有政法，民有私契”，相反亦受到官方的干涉。吐蕃文契约的格式一般为：日期（十二生肖纪年）、契约主体（买方、卖方，借方、贷方，雇佣方、被雇方等）、交易内容（根据契约种类又有不同，如买卖契约附有交易价格、借贷契约、租赁契约规定偿还期限、雇佣契约要求支付方式等）、悔约规定（除了双倍赔偿、官方赔偿、没收物品，还要担保人负责）、签章（证人、担保人，契约主体一方——卖方、贷方、雇佣方等）、附录（私印、指印、签名等）。与佉卢文契约、粟特文契约相比较，吐蕃文契约因地缘的关系，尤其是吐蕃占领敦煌后的一段时期，受汉文化的影响，对汉文契约的借鉴与吸收比较明显一些，如保人的身份不论是在汉文契约，还是吐蕃文契约，都有着承担履行条款的责任。

4. 无独有偶，回鹘文契约中也有“保人”一词，而且还是借自汉语音译，写作“paošïn”，同样有履行契约的责任。不仅如此，这个词在回鹘文契约中出现的频率较高，有的像吐蕃契约文书中的保人一样为一个，有的像汉文契约中的保人一样为多个，都是当债务人无法履行条款时，由其代负偿还之责。一般而言，这种担保人多为可信度高、有足够财力的人才能担当，类似于今日贷款时的担保人。从回鹘文契约文书看，作保之人大多是债务人的亲属。[2] 下面我们以一份借贷文书为例，来看看回鹘文契约中的保人，同时探讨一下回鹘文契约文书的格式：

1 牛年二月初一日我 Budush Tutung

[1] 〔日〕武内绍人著：《敦煌西域出土的古藏文契约文书》，杨铭、杨公卫译，赵晓意校，新疆人民出版社2016年版，第142页。

[2] 霍存福、章燕：《吐鲁番回鹘文借贷契约研究》，载《吉林大学社会科学学报》2004年第6期，第100页。

2 因需要 Napchik 地的毡子

3 从 Arslan Singqur 处以六个棉布借了一个毡子。

4 当一块去的商队返回时

5 我将送回六个棉布。如未从商队送去，

6 就以每月一个棉布的利息一起如数

7 归还。借用多少月，就按此连同利息

8 一起归还。归还之前，如发生什么，

9 就让我的家人如数归还。证人 Yigan Tash Oghul.

10 这个印章是我 Budush Tutung 的。[1]

契文中虽没有保人字样，但提到“归还之前，如发生什么，就让我的家人如数归还”，实际上是家人履行了保人的责任。有趣的是，为何很多契约出现类似于“夫债妻还”“父债子还”的现象呢？这与高额的“羊羔利”有关，《元文类》记载，“其年则倍之，次年则并息又倍之，谓之羊羔利，积年不已。往往破家散族，至以妻子为质，然终不能偿”[2]，因此，为了避免出现偿还债务时债务人死去而无从追债，便有了担保之文，有的是找保人（多数为亲属）担保，有的是将自己的私有财产（如房屋、土地等）作为担保。保人的职责一定程度上保证了契约的后顾之忧，我们称它为保证制度。众所周知，保证制度在蒙元时期的回鹘文契约中是必不可缺的部分。当然，要求有人担保债务，并非回鹘文特有的现象，汉文契约中比较常见，如“如身东西不在，一仰保人等代还”[3]，但二者的区别在于，回鹘文契约“要求在债务人死去的情况下才由保人代还”，汉文契约“要求只要债务人逃避或无力偿还，保人就需代还”。[4] 谈完保人，我们需要对契约中的见人作一个说明。所谓见人，实际上就是在契约签订时的见证人，这在丝路沿线出土的很多契约文书中都有出现，在回鹘文契约中，这种见证人被称作“yügärüki tanuq”；在敦煌和吐鲁番出土的契约文书中，有“时人”或“时

[1] 耿世民：《回鹘文社会经济文书研究》，中央民族大学出版社 2006 年版，第 190—191 页。

[2] 苏天爵编：《元文类》（下）卷 57《中书令耶律公神道碑》，商务印书馆 1958 年版，第 835 页。

[3] 中国科学院历史研究所资料室编：《敦煌资料》第一辑，中华书局 1961 年版，第 354 页。

[4] 杨富学：《吐鲁番出土回鹘文借贷文书概述》，载《敦煌研究》1990 年第 1 期，第 83 页。

见”，[1] 也是证人的意思。在回鹘文契约文书中，官员及普通民众、亲戚均可作见人，甚至有的契约中神灵也可以作见人，这与宗教是分不开的，[2] 一直到今天，我们对天发誓也属于这个意思。

回鹘文契约的格式与唐宋时期中原地区的契约相似[3]，先是立契时间，接着是契约主体、交易原因、标的物、数额，然后是还债期限、利息数额和保证，最后是证人、签字、盖章。但也有自己的特点，契首跟吐蕃文契约一样，也是十二生肖纪年。叙述契约的主体时，提及交易的原因，而且直接使用“我”这样的称谓词，表明此契为债权人收执，缺少契约双方参与者的称谓，这与汉文契约丰富的称谓是不同的，而且多用动词如“al-”（买）和“sat-”（卖）、“bir-”（交付）来表达。[4] 在回鹘文契约中，有息借贷是一个很特别的现象，以至于到了蒙元后期，官府开始明令要求“民间私借钱债，验元借底契，止还一本一利。其间虽有续倒文契，当官毁抹，并不准使”。[5] 回鹘文契约与西夏文契约不同，只要契约主体达成某种协议，并有保人、见证人，就不需要像佉卢文契约、西夏文契约、唐宋时代的汉文契约那样必须有官府的同意才具有法律效力。关于债务人的手印、图章，它是蒙元时期畏兀儿人“签字画押”的主要形式，尤其是“这个手印是我……的”表达语，体现了回鹘文契约格式化程度之高。在契尾，通常写有书契人的姓名，但没有“书契人”称谓，而是用动词“biti-”（书写）来表示，他是按照契约主体要求记录双方意愿的书写人，同保人、见人都是重

---

[1] 蒋礼鸿：《敦煌文献语言词典》，杭州大学出版社 1994 年版，第 292 页。

[2] 张铁山、崔焱：《回鹘文契约文书参与者称谓考释——兼与敦煌吐鲁番汉文文书比较》，载《西域研究》2017 年第 2 期，第 81 页。

[3] 〔日〕仁井田陞著：《唐宋法律文書の研究》（上），东京大学出版会 1937 年版，第 408—409 页。

[4] 张铁山、崔焱：《回鹘文契约文书参与者称谓考释——兼与敦煌吐鲁番汉文文书比较》，载《西域研究》2017 年第 2 期，第 80 页。

[5] 洪金富校定本《元典章》第二册，《典章》二十七，《户部》卷十三《钱债》，中国台湾“中央研究院历史语言研究所”2016 年版，第 930 页。注：这是目前学界对《元典章》的最新研究成果，共四册，花费了洪先生十余年的心血。2016 年底笔者在杨富学老师的办公室阅览时，看到了这本书，并被老师多次建议好好研读，故借阅并复印。拜读后，本想写一篇读后感，但觉自己水平有限不够资格，故作罢。杨先生行文风格潇洒自如，思维缜密，论证充分，章节条理清晰，很有个性。在众人眼中《元典章》是“敬而远之的可畏天书”，而杨先生却不觉得，倒认为“是我们应当亲近、认识、爱护、挖掘的史料宝藏”，这种自信和忠告是值得我们敬佩和认可的。

要的参与者。一般情况下，“书契人”多为第三方，如佉卢文契约中的书写人便是由交易双方聘请、奉执政官之命记录交易内容的人，而回鹘文契约中，出现有债务人、债权人充当书契人。这也不难理解，如果交易双方中的一方会书写，亦可以直接代笔书写。这也反映了回鹘文契约的特点。按理来说，找专门的书契人显得正式，而交易方中的一方代笔书写似乎显得随意，但这并不说明回鹘文契约的无效性，而恰恰反映了当时的习惯法存在，以及体现出的一种契约精神。用土耳其学者麦莱克先生的话而言，“回鹘社会存在着可操作的法律体系，这种体系在维护个人的权利方面发挥着重要的作用”。[1]

5. 回鹘文契约格式的高度发达，也影响了蒙古文书。我们知道，大部分的回鹘文契约文书属于蒙元时代，“蒙古人在书写文化、文书文化和各种契约惯行上，受到了回鹘文化的很大影响”。[2] 我们来看一份从黑城出土的蒙古文契约（编号为 F61：W6）：

猪儿年三月二十九日。

我们申尕儿只，给这些乌密即兀束，温迪省忽里，鲁即赛斋，拽白失吉，李省吉们五人开具收据。

这五人处，搬运仓粮的番役已经到达。五石五斗白米，由我尕儿只运送至注入仓粮的地方。运送这些米产生的损耗，每石各给一斗。其工钱合计五十五锭钞，我当日直接确认领取了。其工钱，在运至彼处之前，若出现任何怠慢或过失，我尕儿只偿还。还有，此后运来（仓粮）时，若再讨要工钱，则将领取的锭，一个上加一个奉还，依圣旨治重罪。

为此，给了这份证文。

按五石五斗给五斗仓粮（计算？）

此花押是申尕儿只（的）。此花押是给予证文的同伴（就是同立文字人）……

[1] 〔土耳其〕A. 麦莱克 · 约兹特勤著：《契约文书对丝绸之路法律史的贡献——回鹘文契约文书中的土地产权和使用情况》，李刚、芦韬译，载《吐鲁番学研究》2016 年第 2 期，第 137 页。

[2] 〔日〕松井太著：《黑城出土蒙古语契约文书与吐鲁番出土回鹘语契约文书——黑城出土蒙古语文书 F61：W6 再读》，白玉冬译，载《北方文化研究》第 7 卷，檀国大学校附设北方文化研究所 2016 年版，第 210 页。

（的）。证人我沙加巴。证人［我……］。［证人，我］昔儿失。[1]

从这份文书看，时间为猪年，与回鹘文契约、吐蕃文契约的十二生肖纪年相似。称谓词和回鹘文相似，也是“我”申尕儿只，他负责开收据，且将粮食运送至粮仓，而且契尾有此人的花押。显然，“这是一件契约文书。其内容为申尕儿只承包了以前由（中略）五人转流前去搬运地租（五石五斗已经脱去皮壳的谷物）的差事，由申尕儿只负责把地租运到接受地租人那里。”[2] 译文中有一处需要注意，即“若再讨要工钱，则将领取的锭，一个上加一个奉还，依圣旨治重罪”，类似《元典章》中的“一本一利”之规定，而且从“依圣旨治重罪”以及蒙元时期的法典规章制度看，元代对民间惯例的管控是相当严格的，如在土地交易中，“质压田宅依例立契”[3]“田宅不得私下成交”[4]“典卖田地给据税契”[5]等，体现出蒙元时期对民间交易的严格管理，这是与回鹘文契约不同的地方。白玉冬先生认为，契文中的“yanud（~yanud）”是借自回鹘语“yanut”（~yanud），汉译为“收据，票据”，而非人名“vabtan”（“瓦不坛”）。另有一些词借自其他语，如“šakyaba”借自藏语“sākya dpal”的人名“šakyabal”（〉沙加班）的异体，“sirsi”来自汉语“禅师”的回鹘语“šenši”的借词。不仅如此，这份蒙古文契约中还表达有西夏语的一些词汇，如西夏姓氏“于弥，兀乜，乌密”“鲁即；

[1] 〔日〕吉田顺，齐木德道尔吉合编：《ハラホト出土モンゴル文书の研究（Study on the Mongolian Documents Found at Qaraqota）》，东京雄山阁 2008 年版。录文转自〔日〕松井太著：《黑城出土蒙古语契约文书与吐鲁番出土回鹘语契约文书——黑城出土蒙古语文书 F61：W6 再读》，白玉冬译，载《北方文化研究》第 7 卷，檀国大学校附设北方文化研究所 2016 年版，第 210 页。

[2] 〔日〕吉田顺，齐木德道尔吉合编：《ハラホト出土モンゴル文书の研究（Study on the Mongolian Documents Found at Qaraqota）》，东京雄山阁 2008 年版，第 40 页。转引自〔日〕松井太著：《黑城出土蒙古语契约文书与吐鲁番出土回鹘语契约文书——黑城出土蒙古语文书 F61：W6 再读》，白玉冬译，载《北方文化研究》第 7 卷，檀国大学校附设北方文化研究所 2016 年版，第 204 页。

[3] 洪金富校定本《元典章》第二册，《典章》十九，《户部》卷之五《田宅》，中国台湾“中央研究院历史语言研究所”2016 年版，第 715 页。

[4] 洪金富校定本《元典章》第二册，《典章》十九，《户部》卷之五《田宅》，中国台湾“中央研究院历史语言研究所”2016 年版，第 716 页。

[5] 洪金富校定本《元典章》第二册，《典章》十九，《户部》卷之五《田宅》，中国台湾“中央研究院历史语言研究所”2016 年版，第 719 页。

罗辑”“拽臼；拽厥”以及人名“即兀束”等，[1] 反映了蒙古契约文书中受到其他文化因素的影响，彰显了丝绸之路不同民族间的文化交流。

6. 如果说蒙古文契约受到了回鹘文契约影响的话，那么西夏文契约同样也对蒙古文契约有影响。而西夏文契约又与汉文契约、回鹘文契约之间有一些相似的地方，如土地的四至、对土地面积的计量等，在违约处罚上，西夏文契约要罚金给官府，回鹘文契约是悔约罚贡，给“皇帝陛下”（元统治者）缴纳锭金。西夏文契约与蒙古文契约的共同之处在于契约的内容受官方干涉，不像回鹘文契约那么自由。西夏文契约在文书格式上又有自己的特征，如契文中使用“本心服”，卖地契中均列有该地税额数及用水标准，而且往往连同房舍、树园一起出卖，这与唐宋的卖地契是不同的。我们来看一份俄藏西夏文《天盛二十二年（1170）寡妇耶和氏宝引等卖地契》（编号为 И н в .No.5010）：

天盛庚寅二十二年，立契者寡妇耶
和氏宝引等，今将自属撒二石熟生地一
块，连同院落三间草房、二株树等一并
自愿卖与耶和米千，议定全价二足齿骆驼、
一二齿、一老牛，共四头。此后其地上
诸人不得有争讼，若有争讼者时，宝引等管。
若有反悔时，不仅依《律令》承罪，
还依官罚交三十石麦，情状依文据实行。
界司堂下有二十二亩。
北与耶和回鹘盛为界，东、南与耶和写？为界，
西与梁嵬名山为界

立契者耶和氏宝引（画指）

---

[1] 〔日〕吉田顺，齐木德道尔吉合编：《ハラホト出土モンゴル文书の研究（Study on the Mongolian Documents Found at Qaraqota）》，东京雄山阁 2008 年版，第 40 页。转引自〔日〕松井太著：《黑城出土蒙古语契约文书与吐鲁番出土回鹘语契约文书——黑城出土蒙古语文书 F61：W6 再读》，白玉冬译，载《北方文化研究》第 7 卷，檀国大学校附设北方文化研究所 2016 年版，第 208 页。

同立契子没啰哥张（画指）

同立契没啰口鞭（画指）

知人说合者耶和铁（押）

梁全千（押）耶和舅盛（押）

没啰树铁（押）

税已交（押）

八?（押）[1]

由上文看出，文书格式很规范，以西夏皇帝年号加天干地支表达立契时间，写有契约主体，即立契者耶和氏宝引，买者耶和米千，价值为二足齿骆驼、一二齿、一老牛。与回鹘文契约不同，该契约没有写买卖的原因。为了保证契约有效，契约还规定若有悔约，依律令承罪，可见此时的习惯法已经有官方法律的渗透。且契约中写明土地的四至，连同院落、树一起出卖，文末还写有同立契者，这与蒙古文契约中的“给予证文的同伴”表达的意思相似。还有见证人“知人”。画押后，最后由官方确认交税、签押，这与汉文契约很相似，明显受到了汉文契约的影响。关于土地的四至，回鹘文契约中也有这样的描述；若有悔约，西夏文契约要求依律承罪，并罚交给官府，回鹘文亦实行罚贡。可以说，西夏文契约格式是在汉、羌之间长期经济交往中自然形成的，并不存在强制性的因素，这是多民族中国历史上常见的现象。[2]

三、结语

丝绸之路沿线出土的诸民族契约在文书格式上既有着相似之处，又有一些自身的特点。以上列举的佉卢文契约、粟特文契约、吐蕃文契约、回鹘文契约、

[1] 俄罗斯科学院东方研究所圣彼得堡分所、中国社会科学院民族研究所、上海古籍出版社编，史金波、魏同贤、克恰诺夫主编：《俄藏黑水城文献》第14册，上海古籍出版社2011年版，第2页。录文转自史金波先生：《西夏经济文书研究》，社会科学文献出版社2017年版，第251—252页。

[2] 乜小红：《中国古代契约发展简史》，中华书局2017年版，第369页。

蒙古文契约、西夏文契约中，开头都是立契的时间，佉卢文契约使用君王年号，契首带有赞美国王的祝福语，类似于今天我们写报告书时使用“尊敬的……”；在立契时间前面写有契约的主题语及封印的说明，这是与其他契约不同的地方。粟特文契约的立契时间比较特殊，有封号，有君王年号，还有汉文契约的干支纪年，凸显了不同文化的交流与互溶，可以说，粟特文契约的立契时间最能反映丝绸之路上中西文化交流的现象。吐蕃文契约、回鹘文契约、蒙古文契约的立契时间比较相似，都是使用十二生肖纪年。西夏文契约与汉文契约的立契时间相似，是使用皇帝在位年号加干支纪年。

立契时间之后便是契约主体，即双方当事人、标的物、交易方式、违约处罚、证人、画押等。这是契约的实质性内容，表现出极其丰富的内涵。虽然每种文字写成的契约在内容上各有不同，但在文书的格式上大体一致。先是点明交易双方，接着提及交易物，既有土地、房屋、牲畜，又有粮食、银钱，甚至是奴隶。在土地买卖契约中，回鹘文契约、西夏文契约往往标明土地的东、西、南、北。在吐蕃文契约、回鹘文契约中，如果债务人无力偿还，则由债务人的亲属，也就是回鹘文契约中提到的“保人”来偿还。有意思的是，关于债务人的亲属关系，在粟特文契约中也有提及，如买者为张姓“’wt’”的儿子“y’nsy’n”，卖者为“tws’kk”的儿子“wxwswβyrt”，都有这层亲属关系的文字性说明。这体现了契约的家族承担制度，或者说保证制度。在吐蕃契约中，利息或许不太明显，包括佉卢文契约、西夏文契约，但在回鹘文契约中，高利贷特别盛行，出现专门形容这一现象的术语“羊羔利”，如此就不难理解契约中为何有亲属关系的说明了。一直到今天，人们的思想观念中仍然有“夫债妻还”“父债子还”，这不是没有原因的，文化的传承都是相关联的。关于书契人，佉卢文契约、粟特文契约都反映了奉执政官之命而写，说明官府对民间交易的参与，而这一特点在蒙古文契约、西夏文契约中表现得更明显，官府的管控逐渐加强。唯独回鹘文契约显得自由，只要契约主体双方达成协议，再有保人、见人作证，便可形成交易。从契约格式、内容看，西夏文契约、回鹘文契约、吐蕃文契约受汉文契约的影响较大，而蒙古文契约又受回鹘文契约、西夏文契约的影响很深。但是，笔者认为，佉卢文契约、粟特文契约受西方契约文化的影响较大，如贵霜文化在塔里木盆地的渗透，粟特人在丝绸之路上的贸易活跃，都有可能将西方的契约文化带入丝路沿线一带，而汉文化的高度发达，又对这一杂糅性的契约文化起了总体上的规定与完善，以至于这些契约文书彰显出相似的一面，又显现出不同的特色。这是笔者的一点拙见，不足之处，还望方家批评。

为了保证契约的有效性，契约的一方又作出了违约处罚的不同规定，如“一罚二”，还有罚贡、上交官府，甚至要受体罚。在汉文契约中多为“一罚二”；在西夏文契约为罚交官府；回鹘契约为罚贡，也是向官府缴纳；吐蕃文契约中出现体罚的鞭刑。契约的最后是证人、见人、保人、书写人，文末还要签字画押。每种文字的契约又因契约的种类，而呈现出一些差异，大致含有买卖、借贷、租赁、雇佣、领养等内容。买卖契约标有交易价格，借贷契约、租赁契约标有偿还期限，若过期不还或者其他情况，便出现“一罚二”、罚交官府、罚贡、受体型等惩罚措施。虽然这些契约在使用时间上有着前后的差距，如佉卢文契约多为汉晋时期，粟特文契约为北朝至唐，吐蕃文契约为唐代，回鹘文契约、蒙古文契约为唐至蒙元时期，还有西夏至元的西夏文契约，但从文书格式以及内容看，却有着一脉相承的特性。

综上所述，通过比较契约文书的格式，我们发现西北出土的诸民族契约文书，既有本民族内习惯行用的契约模式，又有互相借鉴、互相吸收，体现出一脉相承的特点。虽然我们不能尽说所有的民族契约文书格式皆受自汉文契约，但可以肯定的是丝绸之路沿线出土的诸民族契约之间所体现出的契约精神值得今天的我们继承和发扬！

佉卢文买卖契约之格式研究

——兼与汉文、拉丁文契约比较

侯文昌 *

契约作为人们在历史时期社会交往与关系中所达成之有关权利与义务的文字协定，是由一整套完整的、规范化的、相互关联的格式所组成，体现着不同民族所特有的契约制度与文化。因此，开展不同民族文契约在格式方面之比较研究，以期了解各民族契约制度与文化的内容、特色及其所蕴含的契约思想等，这是敦煌、吐鲁番等地出土民族文契约文书应有的资料价值之一。值得庆幸的是，我国学界现已刊布的佉卢文契约文书中，买卖契约数量最多，有二十九件。[1] 在这批遗物中，契约程式完整，意思表达清晰者二十五件，约占总数之百分之八十六。这批资料的发现为探究三至五世纪佉卢文买卖契约之格式及相关问题提供了弥足珍贵的实物资料。[2] 在此方面，尤其是在佉卢文契约格式之渊源方面

---

* 侯文昌，甘肃政法学院法学院副教授。

[1] 此处数据依据〔英〕T. 巴罗著：《新疆出土佉卢文残卷译文集》，载韩翔主编：《尼雅考古资料》，王广智译，新疆社会科学院 1988 年版，第 185—267 页。另据此，刘文琐统计买卖契约有三十件。参见该氏：《佉卢文契约之特征》，载《西域研究》2003 年第 3 期，第 83 页。

[2] 关于佉卢文文书之断代时限，中外学界已作深入探讨。马雍认为是三世纪至五世纪。参见该氏：《古代鄯善、于阗地区佉卢文字综考》，载《中国民族古文字研究》，中国社会科学出版社 1984 年版，第 43—45 页。钱伯泉与刘文锁认为大致是三世纪中期到四世纪中期，正属魏晋时期。参见钱氏：《魏晋时期鄯善国的土地制度和阶级关系》，载《中国社会经济史研究》1988 年第 2 期，第 92 页；刘氏：《沙海古卷释稿》，中华书局 2007 年版，第 14 页。林梅村认为是二至四世纪的文书。参见该氏：《新疆营盘古墓出土的一份佉卢文书信》，载《西域研究》2001 年第 3 期，第 45 页。印度学者阿格华尔也持与林梅村相同的看法。参见〔印〕阿格华尔著：《新疆出土佉卢文简牍所见妇女的处境》，徐烨、文俊红译，载《中国边疆民族研究》第八辑，中央民族大学出版社 2015 年版，第 229 页。本文笔者采用马雍之说。

我国学界有不同看法[1]，但均不足以令笔者信服。基于此，笔者拟在学界现有成果基础上，分土地、人口、牲畜三种类型，在归纳出佉卢文买卖契约之基本格式后，分别与同期汉文、拉丁文古罗马买卖契约之格式做逐一比较，以期考察其格式之特色与渊源，以裨益于学界。

一、佉卢文买卖契约之基本格式

按买卖契约之标的物品，二十九件契约可以分为三类：土地买卖契约（包括葡萄园，共计二十件）、人口买卖契约（共八件）和牲畜买卖契约（仅一件）。若依据三类买卖契约之表述内容逐序分析其格式会发现，尽管有少数契约在具体格式方面有细微差异，但所有契约遵循着一套固定的模式，这就是佉卢文买卖契约之基本格式。

（一）土地买卖契约之格式

在分析佉卢文买卖契约之格式前首先有必要简单交代一下其形质问题，因为其与契约格式息息相关。按学界对佉卢文文书之研究，就形制而言，主要有楔形、矩形、长方形、棒形等，就质地而言，主要有木（数量最多）、皮革、纸、绢，而契约类文书多属于矩形、木牍类。[2] 这类文书在形制上完全照搬汉代“封检”文书形式，即由上、下两块大小不一的矩形木牍嵌合而成，契约内容被写

[1] 参见侯文昌：《近六十年来我国西北地区出土古民族文契约文书研究述评》，载《楚天法学》2016年第6期，第122—123页。

[2] 参见刘文锁：《佉卢文契约之特征》，第17—18、32页。马雍：《古代鄯善、于阗地区佉卢文字综考》，第16页。〔英〕斯坦因著：《尼雅河尽头以外的古代遗址》，王庭恺译，载《尼雅考古资料》，第71—82页。

于两块木牍之上后绳结泥封，完全与契约文书之保密性相吻合。[1] 有关其行文之书写范式，学界也已论述，不赘。[2]

在二十件佉卢文土地买卖契约中，第 582 号契约无论是内容还是格式最为完整，可作例证。请看该件契约之汉译文：

582

1 此一有关僧人夷毕耶之土地之收据，由 sothamgha 罗没索蹉妥加存。

2 此系 ogu 杰耶婆多罗，camkura［……］及 cozbo 索没阇迦之印。

3 兹于伟大国王、上天之子、侍中安归伽陛下在位 20 年 4 月 22 日，

4 有一僧人，名夷毕耶，住于凯度多。彼愿将内有 25kuthala 之 misi 地一块卖给 sothamgha 罗没索蹉。从前该地系 misi 地，但后来该地成为 akri 地。僧人夷毕耶从 sothamgha 罗没索蹉处得地价三匹价值 15 穆立之马（？）。

5 该地价已由夷毕耶收取。

6 双方在此公平之条件上达成协议。

7 自今以后，罗没索蹉对该地有权播种、耕种、作为礼物赠送他人、交换、为所欲为。

8 该事之证人为凯度多僧界，管理国土之诸执政官 kitsaitsa 伐钵，kala 伽罗没蹉，vasus 阿注尼耶及凯地，且末之 cozbo 苏耶迷多罗，鸠罗吉耶及布基没那。

9 今后，无论何人对此事进行告发、发生争执或有异议，皆无权在皇廷翻案。

---

[1] 关于“封检”，徐铉曰：“书函之盖三刻其上，绳缄之，然后填以泥，题书其上而印之也。”徐铉注：《说文解字》第六篇上：“检”，中华书局 1979 年版，第 124 页。王国维亦有同论：“检之为制，有穹窿，其背作正方形如覆斗，而刻深其中以通绳且容封泥者，汉时谓之斗检封。《周礼·司市》：‘凡通货贿，以玺节出入之。’《注》：‘玺节印章，如今斗检封矣。’贾《疏》：‘案汉法，斗检封，其形方，上有封检，其内有书；则周时印章，上书其物，识事而已’。”王国维著：《简牍检署考校注》，胡平生、马月华校注，上海古籍出版社 2004 年版，第 84—85 页。至于佉卢文契约采用汉式“封检”文书形式，参见马雍：《古代鄯善、于阗地区佉卢文字综考》，第 30 页；余太山主编：《西域通史》，中州古籍出版社 2003 年版，第 222 页；关迪：《古鄯善国佉卢文简牍的形制、功用与辨伪》，载《西域研究》2016 年第 3 期，第 88 页；乜小红、陈国灿：《对丝绸之路上佉卢文买卖契约的探讨》，载《西域研究》2017 年第 2 期，第 67 页。

[2] 参见钱伯泉：《魏晋时期鄯善国的土地制度和阶级关系》，第 94 页注①。林梅村：《新疆尼雅发现的佉卢文契约考释》，载《考古学报》1989 年第 1 期，第 122 页。刘文锁：《佉卢文契约之特征》，第 79 页。

10 该收据系由余，司书耽摩色钵之子、司书莫伽多奉诸执政官之命所写。

11 其权限长如生命。

12 该收据系根据僧人夷毕耶之请求所写。

13 Vasy 凯地断绳。[1]

（后略）

读该件契约之契文可知，其是在安归伽国王在位之第 20 年 4 月 22 日[2]，僧人夷毕耶将其一块 misi 地卖给 sothamgha 罗没索蹉时所签订的一份契约。结合契约语文表述与形制而论，其格式可分为三部分十三项条款。

第一部分为契约摘要，被书写于上牍正面之上、下部，包含两项内容。[3] 项 1 为契约主题，载明了契约之主要内容及保存者。据“此一有关僧人夷毕耶（即卖主——笔者加）之土地之收据”而言，是为卖主及标的物品的说明。又据第 571 号契约之“此一有关收到柯那耶之 misi 之收据”[4]，第 579 号契约之“此一有关莫伽多之土地之收据”[5]，第 581 号契约之“此一有关达摩阇之葡萄园一所之收据”[6]，凡此等等，表述模式与内容雷同：“此一有关（卖主）之（标的物品）之收据”。案“由 sothamgha 罗没索蹉（即买主——笔者加）妥加保存”，即载明了契约保存者。由此看来，佉卢文契约由买主保存，类似于汉文契约中“单契”[7] 形式之契约。

项 2 是对封印的说明：谁之印。在这里，“ogu”“camkura”为“奥古侯”“且

---

[1] 〔英〕T. 巴罗著：《新疆出土佉卢文残卷译文集》，王广智译，第 252 页。在本文中，契约编号笔者沿用出处编号，对契约汉译文据内容做了格式方面之调整，后文不赘。

[2] 安归迦王在位时间大约在魏甘露二年至晋元康四年（257—294 年）。参见林梅村：《佉卢文时代鄯善王国的世系研究》，收入《西域文明—考古、民族、语言和宗教新论》一书，东方出版社 1995 年版，287 页。乜小红、陈国灿：《对丝绸之路上佉卢文买卖契约的探讨》，第 71 页。

[3] 关迪在分析新疆和田博物馆新征集的一件佉卢文买卖纠纷判决文书时指出，据实物分析，此两项内容分别位于检面押印之上方与下方。参见该氏：《和田博物馆藏佉卢文判决书考释》，第 10 页。

[4] 〔英〕T. 巴罗著：《新疆出土佉卢文残卷译文集》，王广智译，第 248 页。

[5] 〔英〕T. 巴罗著：《新疆出土佉卢文残卷译文集》，王广智译，第 250—251 页。

[6] 〔英〕T. 巴罗著：《新疆出土佉卢文残卷译文集》，王广智译，第 251—252 页。

[7] 张传玺认为：“单契形式的契约不是一式两份的判书或合同契，而是由关系一方根据协议出具给另一方收执的契约；这类契约大约发生在南北朝中期，由质剂演变而来。”该氏：《契约史买地券研究》，中华书局 2008 年版，第 53 页。

渠”，皆属于鄯善国中央政府之职官，“cozbo”即州长，为鄯善国州级之最高职官，[1]“他们的职能之一便是主持达成契约，作证人，出任政府部门的管理者”[2]。此处使用政府官员之印作封印，既显示了此类文书之权威性，又表明其具有官契性质。[3]

第二部分为契约正文，包含十项内容。项 3 是立契时间。在纪年方面，古鄯善国采用典型的君王纪年法[4]，即以君王在位的年序来表述时间，恰与中原汉地之帝王纪年法相似。如《周孝王二年（前八八三年）曶买奴隶契约资料》载：“王二年”[5]，《周厉王二十五年鬲从易田契约资料》载：“王廿又五年”[6]，皆可作证。至于君王姓名之前罗列一系列荣誉头衔之方式源于大月人所建立的贵霜王朝。[7]

项 4 是契约主体：买卖双方当事人、标的物品、价格。在契约当事人表述方面，采用了籍贯 + 身份或职业 + 姓名之方式，如“有一僧人，名夷毕耶，住于凯度多”，又如“税监罗没索磋”，这里有籍贯（凯度多）、身份（税监、僧人），即可说明。在标的物表述方面，主要载明了数量（20kuthala）及特征（misi、akri）。又如第 422 号契约载：“该地能种 2 米里马 cothiye，2 米里马”[8]，第 495

[1] 参见孟凡人：《楼兰鄯善简牍年代研究》，新疆人民出版社 1995 年版，第 302—304 页。刘文锁：《沙海古卷释稿》，第 147 页。

[2] 刘文锁：《沙海古卷释稿》，第 145 页。

[3] 乜小红也认为：“佉卢文契约的这种由官府主宰的形式，与汉文契由民间双方自主自约的形式相比较，又表现出了一些相异之处。”乜小红、陈国灿：《对丝绸之路上佉卢文买卖契约的探讨》，第 70 页。

[4] 刘文琐认为：“时间的表达方式，以国王在位的年序表述，这个问题实际上涉及古代鄯善国的纪年方法，与以‘年号’纪年的方式显然不同，可能是塔里木盆地的传统。但是，在订立契约时首先说明时间这种方式却是共同的特征。”该氏：《佉卢文契约之特征》，第 80 页。

[5] 张传玺主编：《中国历代契约汇编考释》（上册），第 12 页。

[6] 张传玺主编：《中国历代契约汇编考释》（上册），第 14 页。

[7] 马雍：《古代鄯善、于阗地区佉卢文字综考》，第 24 页。林梅村：《新疆尼雅发现的佉卢文契约考释》，第 126 页。

[8] 〔英〕T. 巴罗著：《新疆出土佉卢文残卷译文集》，王广智译，第 232 页。

号契约载："该地能种 1 米里马 10 希籽种"[1]，也可说明。[2] 价格亦明确："地价三匹价值 15 穆立之马"，此种交易方式在其他买卖契约亦甚为多见，如第 495 号契约之"给价值 30 穆立之三岁马一匹"，第 549 号契约之"于阗 alena 粗地毯 1 条及谷物 5 米里马作为地价"[3]，第 581 号契约之"给价 6 手长之地毯（tavastaga）1 条，kavacival，绵羊 2 只，谷物 1 米里马"等，可见古鄯善国主要采用物物交易方式，但也使用银币穆立。[4]

项 5 是契约交割。按"该地价已由夷毕耶收取"理解，类似于汉文契约之"一手交钱，一手交货"，属于即时交付无疑。项 6 是合意声明："双方在此公平之条件上达成协议"。项 7 是买主权利。按"自今以后，罗没索蹉对该地有权播种、耕种、作为礼物赠送他人、交换、为所欲为"论，即为契约生效后卖主将标的物所有权完全让渡给买主之说明。项 8 是证人。从参与成员分析，可分两类：一是"凯度多僧界"，因卖主夷毕耶是凯度多之僧人，故应是当地僧界上层管理人员。二是官府官员，在这里"kitsaitsa、kala、vasus"分别为"元老、太侯、司土"，[5] 故总计有元老一人，太侯一人，司土二人，州长三人。结合项 2 封印说明论，佉卢文契约非民间私契，而是官契之又一佐证。项 9 是悔约惩罚，但契文未载对悔约者处以何种惩罚，仅声明"无权在皇廷翻案"。据此有学者以为："佉卢文契约中关于违约处罚的规定，以官方不予受理契约纠纷作为对违约者的处

---

[1] 〔英〕T. 巴罗著：《新疆出土佉卢文残卷译文集》，王广智译，第 238 页。

[2] 在这里，"米里马（milima）"与"希（khi）"皆为谷物之计量单位，20 希等于 1 米里马。参见〔英〕T. 巴罗著：《新疆出土佉卢文残卷译文集》，王广智译，第 207 页。又段晴在《元孟八年土地楔印契约》中将"米里马"与"希"分别汉译为"弥里码"与"硒"，并认为"1 硒相当于晋代的一斗，用粟计算相当于 1 公斤。"段晴、张志清编：《中国国家图书馆藏西域文书：梵文、佉卢文卷》，中西书局 2013 年版，第 198 页。

[3] 〔英〕T. 巴罗著：《新疆出土佉卢文残卷译文集》，王广智译，第 245 页。

[4] "穆立"是一个价值单位，其值等于 1 米里马谷物之价值，即 1 穆立等于 1 米里马等于 20 希。〔英〕T. 巴罗著：《新疆出土佉卢文残卷译文集》，王广智译，第 207 页。对于此种折算关系，另有学者也持此看法。参见钱伯泉：《魏晋时期鄯善国的土地制度和阶级关系》，第 97 页。杨富学：《佉卢文书所见鄯善国之货币》，载《敦煌学辑刊》1995 年第 2 期，第 87 页。乜小红、陈国灿：《对丝绸之路上佉卢文买卖契约的探讨》，第 67 页。

[5] 参见孟凡人：《楼兰鄯善简牍年代研究》，第 543—544 页。林梅村：《沙海古卷—中国所出佉卢文文书（初集）》，文物出版社 1988 年版，第 638—639 页。

罚，这种皆在息讼或止讼的独特文式，说明了契约的权威性来自于官方。”[1] 显然，此举也与项 2、项 7 之精神不谋而合。

项 10 是书契人。案“该收据系由余，司书耽摩色钵之子、司书莫伽多奉诸执政官之命所写”，可以了解到三点信息：一是佉卢文契约一般由政府官员司书书写 [2]，二是司书职业是世系的，三是特别声明奉执政官之命所写。项 11 是契约时效。案“其权限长如生命”，这是一种以文学性的比喻来表示此类文书之不可变更性。无独有偶，在一些回鹘文买卖契约中也有相似的内容，如《拔洽赫卖奴婢契》载：“对我所卖的这个人到千年万年日为止都归彼得律孜所有” [3]，《毛熙艾得古等人卖地契》载：“此四界之内的土地将千年万日（即永远）归道音楚克所有” [4]。究其缘由，应是民族惯例在契约中的显现。项 12 是卖主订立契约之请求：“该收据系根据僧人（即卖主——笔者）之请求所写”。此举暗示了鄯善王国物品买卖交易之法律程序，即买卖双方达成合意后由卖主提出立约申请，在地方官府之主导下订立契约，此桩交易才告完成。

第三部分为契约结语，只有一项内容即项 13 断绳。考察佉卢文契约出土实物发现，因契约正文内容长短不一，此项内容有时被写于上牍背面，有时被写于下牍背面。显然，此项条款与上文已述之佉卢文契约之形制相关联，是契约书写完毕后之密封程序：绳索捆扎，草泥密封，再盖以官印章。此处印章即与项 2 之内容相对应。在这里，由官府官员“vasy”即“司土” [5] 断绳，亦示契约之官契性。再结合项 2、项 7、项 8 分析，作为官契性质之佉卢文契约，无论是断绳、封泥，还是押印，概是签约中必须履行的特有仪式之一。

基于以上分析，我们可以初步勾勒出第 582 号买卖契约之格式：

[1] 刘文锁：《佉卢文契约之特征》，第 81 页。

[2] 司书亦称书吏，鄯善国中央和州级政府均设其职，负责记录判决书、契约等事务。参见孟凡人：《楼兰鄯善简牍年代研究》，第 308 页。刘文锁：《沙海古卷释稿》，第 147 页。

[3] 李经纬：《回鹘文社会经济文书研究》，新疆大学出版社 1996 年版，第 6 页。

[4] 李经纬：《回鹘文社会经济文书研究》，新疆大学出版社 1996 年版，第 40 页。

[5] 鄯善王国中央政府和地方政府均设司土一职，其执掌恰如其名，但地位有差异。参见孟凡人：《楼兰鄯善简牍年代研究》，第 307 页。

佉卢文土地买卖契约之格式 1

第一部分　契约摘要

项 1 契约主题

a 契约大意

b 契约保存者

项 2 封印说明

第二部分　契约正文

项 3 立契时间

项 4 契约主体

a 卖主

b 标的物品（附物品描述）

c 买主

d 价格

项 5 契约交割

项 6 合意声明

项 7 买主权利

项 8 证人

项 9 悔约惩罚

项 10 书契人

项 11 契约时效

项 12 卖主立契申请

第三部分　契约结语

项 13 断绳

表 1　佉卢文土地买卖契约格式缺项表

格式项	项 1	项 2	项 3	项 4	项 5	项 6	项 7	项 8	项 9	项 10	项 11	项 12	项 13
契约编号	715	571 579 580 581 586 587 654 715					419				586 715	581	419 587 715
数量（件）	1	8	0	0	0	0	1	0	0	0	2	1	3

若将佉卢文土地买卖契约之格式1与其余十件（在剩余十九件契约中，第186、327、422、495、549、648、654、655、678号共九件契约契文有残缺，不计）土地买卖契约之契文逐一相比照发现，大部分格式不仅是固定的，而且语文表达也相差无几，但也有一些格式存在变数。据表1，在契约第一部分契约摘要之格式项中，项1契约主题缺一件，项2封印说明缺八件，其中项2是所有格式项中缺件最多者。进一步比较二者所缺契约，发现项1所缺之契约（第715号）亦为项2所缺之契约，故可推断此举为文书出土时之缺失所致[1]，因此项1为契约之责任格式项，而项2作为契约封印之说明，只要有押印，可以不必在契文中作补充说明，故可认定为契约之非责任格式项。

在契约第二部分契约正文之格式项中，项3立契时间、项4契约主体、项5契约交割、项6合意声明、项8证人、项9悔约惩罚、项10书契人没有缺件，亦是为契约之责任格式项。其余格式项中，项7买主权利、项12卖主立契申请均缺一件，项11契约时效缺两件，且分布在不同契约中，是为契约之非责任格式项。究其缘由，考虑到佉卢文买卖契约尽是绝卖及官契的特点，发生悔约的可能性微乎其微，而卖主申请立契，只涉及契约签订之程序而已，可以在契文中不注明。

契约第三部分契约结语之项13断绳，缺三件。究其缘由，亦是因佉卢文契约属于官契，由官员断绳是必不可少的程序之一，亦可在契文中对断绳者不作说明，故其也是非责任格式项。

除此之外，有些格式在内容方面有异：一是在第581号契约之项4契约主体格式中首次出现卖之缘由："在此干旱和饥谨之时达成一项买卖"，但二十件土地买卖契约中仅此一例，九件人口、牲畜买卖契约中又仅有一例，即第589号契约，在该契中亦有相似表述："彼等于饥荒之时"[2]，说明其亦是非责任内容项。二是项8悔约惩罚既有物罚也有刑罚，因为第571号契约载："将罚阉割之牲畜一头并责打70大板"，第580号契约载："彼等将处罚该人马一匹，并责打七十

---

[1] 据出土情形可知，"原来组成一件完整文书后来又失散开来的函盖和函底；同一文书的残片分散在房间的不同地点；或是个别木片或皮革虽然其他方面保存良好，而有标记的地方已经损坏或撕毁等等。"参见〔英〕斯坦因著：《尼雅河尽头以外的古代遗址》，王庭恺译，第69页。

[2] 〔英〕T. 巴罗著：《新疆出土佉卢文残卷译文集》，王广智译，第254页。

大板”[1]，皆可说明。

综上，我们可以得出佉卢文土地买卖契约之基本格式（斜体为非责任格式项）：

第一部分　契约摘要

项 1 契约主题

a 契约大意

b 契约保存

项 2 封印说明

第二部分　契约正文

项 3 立契时间

项 4 契约主体

a 卖主

b 买卖缘由

c 标的物品（附物品描述）

d 买主

e 价格

项 5 契约交割

项 6 合意声明

项 7 买主权利

项 8 证人

项 9 悔约惩罚

a 物罚

b 刑罚

项 10 书契人

项 11 契约时效

项 12 卖主立契请求

[1] 〔英〕T. 巴罗著：《新疆出土佉卢文残卷译文集》，王广智译，第 251 页。

第三部分　契约结语

项 13 断绳

（二）人口买卖契约之格式

在佉卢文八件人口买卖契约中，第 589、590[1]、592 号[2]三件契约契文完整，可最为清晰反映此类契约格式之内容。先看第 592 号契约之汉译文：

1　此一有关妇人莱迷索阿之文件，由司书罗没索蹉保存。

2　此系 cozbo 剑支耶之印。

3　兹于伟大国王、上天之子夷都伽·阿没笈伐伽陛下在位之 32 年 12 月 20 日。

4　有一男人，名叫钵啰难托。彼愿将身高 4 distis 之女孩莱迷索阿一名卖给司书罗没索蹉。给价为价值 30 穆立之 amklatsa 骆驼一峰。

5　钵啰难托收到该骆驼，另外又收到于阗 kojav（粗地毯—中译注）1 条，作为 atga muli。

6　双方如此达成协议。

7　自今以后，罗没索蹉对该妇人莱迷索阿有所有权，可以打她，弄瞎她之眼睛，出卖，交换，抵押，为所欲为。

6a　此文件系当诸执政官之面所写。

8　证人为 cozbo 剑支耶，vasu 阿注尼耶，sothamgha 鸠伐耶，舍利伐罗，鸠僧多，莱莫，ageta 凯托，vasu 伐毕迦，僧人达米啰及舍啰钵罗伐，ageta 奥钵吉耶。

9　今后，无论何人若对此事进行告发，发生争执或有异议，彼之反案在皇廷皆属无效。

10　此文件系由余，司书莫伽多奉诸执政官之命所写。

11　其权限长如生命。

13　Apsu 布色达耶断绳。

---

[1]〔英〕T. 巴罗著：《新疆出土佉卢文残卷译文集》，王广智译，第 254—255 页。

[2]〔英〕T. 巴罗著：《新疆出土佉卢文残卷译文集》，王广智译，第 255 页。

现根据前述佉卢文土地买卖契约之基本格式来逐一对照本件契约。契约第一部分亦为项 1 契约主题、项 2 封印说明，在这里，“妇人莱迷索阿”为标的物品，“罗没索蹉”为买主，封印为“cozbo（州长—笔者加）剑支耶之印”，可见其内容与前述契约如出一辙。

其后是契约第二部分。首先是项 3 立契时间，其内容与表述模式也与前述契约无二异。其次是项 4 契约主体，值得一提的是，契约特注明标的物之“身高”，显然与标的物品之属性相关联。项 5 是契约交割，项 6 是合意声明。项 7 是买主权利，据“罗没索蹉对该妇人莱迷索阿有所有权，可以打她，弄瞎她之眼睛，出卖，交换，抵押，为所欲为”考察，也与前述契约雷同。在项 7 买主权利之后该契载：“此文件系当诸执政官之面所写”，此举在其他契约也有相似表述，如第 715 号契约载：“双方在此公平之条件上当诸执政官之面达成协议”[1]，第 648 号契约亦载：“双方在此公平之条件上当诸执政官 tasuca 凯特耶及 kitsaitsa 毕特耶之面达成协议”[2]，显然此项内容属于项 6 合意声明之一部分。之后据余下契文表述内容分析，除项 9 悔约惩罚只表述了禁止悔约，未提何种惩罚方式，项 12 卖主立契申请缺失外，其余格式项不但完备，且内容雷同，不赘。

最后是契约第三部分，即项 13 断绳。在这里，“Apsu”即“曹长”[3]，亦是鄯善国地方官府官员之一，由其断绳，显然亦与前述契约无二异。

再按同样之方式分析其余两件契约。第 589 号契约除缺项 2 封印说明、项 8 悔约惩罚外其余格式项俱全，第 590 号契约之格式无缺项。由此可见，人口、土地买卖契约在格式方面是雷同的。

（三）牲畜买卖契约之格式

佉卢文牲畜买卖契约仅一件，即第 661 号文书。先看该件契约之汉译文：

---

[1] 〔英〕T. 巴罗著：《新疆出土佉卢文残卷译文集》，王广智译，第 265 页。

[2] 〔英〕T. 巴罗著：《新疆出土佉卢文残卷译文集》，王广智译，第 260 页。

[3] 曹长是鄯善国州级地方政府主管行政之官员之一。参见孟凡人：《楼兰鄯善简牍年代研究》，第 307—308 页。

3 兹于于阗国王、王中之王希那扎·德伐·毘夷多尸没诃在位之3年10月18日，

4 有城市男人一名，名赫伐那犀。据彼称：有一峰骆驼系属余所有。该骆驼身上有一个清楚之烙印，如VASO。现余正将该骆驼以8,000masa之价格卖给suliga伐祇提·伐达伽。

5 为该骆驼，伐伐提·伐达伽已将全部价款（masa）付清，赫伐那犀亦已收到该款。

6 该事业已决定。

7 自今以后，该骆驼即成为伐祇提·伐达伽之财产，彼可为所欲为。

9 今后，无论任何人对此骆驼发生怨言、进行告发或者争执，彼将受国家法律规定之处罚。

10，11 此文件（？）系由余，拔赫地伐根据赫伐那犀之请求所写。

8 证人为纳奈·凡达伽……[1]

该件契约是唯一一件出土于于阗之佉卢文契约。据“于阗国王、王中之王希那扎·德伐·毘夷多尸没诃”考察，其之断代应在公元3世纪中叶。[2]尽管本件契约属于于阗契约，但在格式方面亦与前述两类契约如出一辙。

据契文表述逐层分析，契约第一部分契约摘要之项1契约主题、项2封印说明皆缺失。在契约第二部分契约正文中，契首是项3立契时间，在纪年方面也使用的是君王纪年法。接下来是项4契约主体，除卖主、标的物品、买主、价格一应俱全外有两点需作补充：一是“有一峰骆驼系属余（即卖主—笔者加）所有”，即卖主完全拥有标的物所有权之声明，此举与下文买主权利条款是相对应的。二是关于标的物外表症状之描述：“该骆驼身上有一个清楚的烙印，如

[1]〔英〕T. 巴罗著：《新疆出土佉卢文残卷译文集》，王广智译，第393页。

[2] 对于本件契约之断代，林梅村认为是公元3世纪中叶。参见该氏：《佉卢文书及汉佉二体钱所记于阗大王考》，载《西域文明—考古、民族、语言和宗教新论》，第287页。孟凡人认为约在公元308年左右。参见该氏：《661号于阗佉卢文简牍与佉卢文〈法句经〉的年代》，载《楼兰鄯善简牍年代研究》，第398—402页。张广达、荣新江的观点与孟凡人相同。参见张广达、荣新江：《关于和田出土于阗文献的年代及其相关问题》，张广达、荣新江：《于阗史丛考》，中国人民大学出版社2008年版，第56页。本文笔者采用林氏之说。

VASO”。这一现象在敦煌出土之吐蕃文、汉文牲畜买卖契约中极为常见，如吐蕃文 P.T.1095《购牛契》载：“毛色和角状为：黑牛长角，胸肚花亮”[1]，汉文契约 S.5820、5826《未年（803 年）尼明相卖牛契》载：“黑牸牛一头并三岁，并无印记”[2]。究其缘由，应是牲畜与土地、人口标的物品相比具有之自身特点所致，其契约效力类似于前文所述土地买卖契约之“misiya 地”“ akri 地”，人口买卖契约之“身高 4 distis”。

紧接着是项 5 契约交割。项 6 是合意声明，但本件契约仅载“该事业已决定”，细察应与前文所述之“双方在此公平之条件上达成协议”异曲同工。项 7 是买主权利。按前两类买卖契约之格式，接下来应是项 8 证人，但该契接下来却是项 9 悔约惩罚，而将项 8 证人置于契尾。在项 9 悔约惩罚方面与前述契约亦无异，因为直接明载“将受国家法律惩罚”。之后该契又载：“此文件（？）系由余，拔赫地伐根据赫伐那犀（即卖主—笔者加）之请求所写”，显然包含了项 10 书契人及项 12 卖主立契请求两项条款。至于项 11 契约时效，契约第三部分契约结语之项 13 断绳皆缺。故可认定，尽管此件契约在格式方面缺项较多，但从余项不难发现其亦与前述两类契约遵循着相同的模式。

综上所述，若结合出土地分析，新疆和田、楼兰、尼雅、龟兹等地佉卢文文书均被发现[3]，这说明在三至五世纪的鄯善王国境内佉卢文契约已有了统一之契约模式——基本格式被使用。其可归纳如下：

佉卢文买卖契约之基本格式（斜体为可选择格式）

第一部分 契约摘要

项 1 契约主题

a 契约大意

[1] 卓玛才让：《敦煌吐蕃文书 P.T.1095 号文书解读》，载《西藏研究》2007 年第 1 期，第 21 页。

[2] 沙知：《敦煌契约文书辑校》，江苏古籍出版社 1998 年版，第 55 页。

[3] 关于佉卢文文书之出土地，依据文书内容即可判断，因为在许多文书中出现了“尼雅”“楼兰”“于阗”等名称。有关于此，参见〔英〕T. 巴罗著：《新疆出土佉卢文残卷译文集》，王广智译，第 185—267 页。另林梅村根据出土地域将佉卢文文书分为古代于阗国文书、古代鄯善国文书、古代龟兹国文书和其他情况（洛阳、敦煌）四大类，也可参考。参见该氏：《中国所出佉卢文书研究综述》，载《尼雅考古资料》，第 182 页。

b 契约保存

项 2 封印说明

第二部分　契约正文

项 3 立契时间

项 4 契约主体

a 卖主

b 卖缘由

c 标的物品（附物品描述）

d 买主

e 价格

项 5 契约交割

项 6 合意声明

项 7 买主权利

项 8 证人

项 9 悔约惩罚

a 物罚

b 刑罚

项 10 书契人

项 11 契约时效

项 12 卖主请求

第三部分　契约结语

项 13 断绳

二、汉文、拉丁文古罗马契约之基本格式

据笔者考察，吐鲁番出土之汉文买卖契约中，与佉卢文契约同期即属于三至五世纪的有四件。[1] 其中最早一件为《西晋泰始九年（二七三年）高昌翟姜女

[1] 此处数据依据张传玺主编：《中国历代契约汇编考释》（上册），第 83—103 页。

买棺约》[1]，请看契文：

1 （半个同字—笔者加）泰始九年二月九日，

2 大女翟姜女从男子栾奴买棺一口，贾（价）练廿匹。

3 练即毕，棺即过。

4 若有人名棺者，约当召栾奴共了。

5 旁人马男，共知本约。

这是一件简牍文契。契首是以君王年号纪年方式表述的立契时间，其次是契约主体，包括买主（翟姜女）、卖主（栾奴）、标的物品（棺）、价格（练廿匹），再次是契约交割："练即毕，棺即过"，之后是由卖主担保的防治第三方追夺的说明："若有人名棺者，约当召栾奴共了"，最后是旁人即证人条款。由此，其之格式可归纳如下：

项 1 立契时间

项 2 契约主体

a 买主

b 卖主

c 标的物品

d 价格

项 3 契约交割

项 4 卖主责任

a 防止第三方追夺

项 5 证人

相形而言，第四件契约即《北凉承平八年（四五〇年）高昌石阿奴卖婢券》[2]是件纸质券契，故格式更为完整。请看契文：

[1] 张传玺主编：《中国历代契约汇编考释》（上册），第 83 页。

[2] 张传玺主编：《中国历代契约汇编考释》（上册），第 86 页。

1 承平八年，岁次己丑，九月廿二日，

2 翟绍远从石阿奴买婢壹人，字绍女，年廿五。交与丘慈锦三张半。

3 贾（价）则毕，人即付。

4 若后有何（呵）盗仞（认）名，仰本主了。不了部（倍）还本贾（价）。

5 二主先和后券。

6 券成之后，各不得返悔。悔者，罚丘慈锦七张，如不悔者。

7 民有私要，要行二主，各自署名为信。

8 券唯一支，在绍远边。

9 倩书道护

若在格式方面与上件契约相比较，其多出五项格式：一是契约合意："二主先和后券"。二是悔约惩罚，悔者将罚买卖价格之两倍入不悔者。三是契约效力，案"民有私要，要行二主，各自署名为信"，即契约一旦签署，对契主双方均有约束力。[1] 四是契约保存："券唯一支，在绍远（即买主—笔者加）边"，即由买主保存。五是书契人："倩书道护"。总合上两件汉文契约之格式，我们就可归纳出此时段之基本格式：

三至五世纪汉文买卖契约之基本格式

项 1 立契时间

项 2 契约主体

a 买主

b 卖主

c 标的物品（附物品说明）

e 价格

项 3 契约交割

项 4 卖主责任

---

[1] 乜小红认为这是契主双方对诚信相守新增的预防性条款。参见该氏：《中国古代契约发展简史》，中华书局 2017 年版，第 127 页。

a 防止第三方追夺

b 偿还本价

项 5 合意声明

项 6 悔约惩罚

a 罚买卖价格之两倍

项 7 契约效力

项 8 证人

项 9 契约保存

项 10 书契人

项 11 署名画押

a 契约双方

b 书契人

c 证人

又据笔者考察，我国学界现已刊布之古罗马契约共六件，其中买卖契约唯有两件，且大致属于公元一世纪至五世纪之遗物，基本上与佉卢文契约同期，二者可作比较。[1] 先看第一件契约之汉译文：

古罗马买奴契

1　巴托恩之子马克西姆通过契约从……维尔松之子达齐处以 205 迪那里为自己购买一个名叫帕西娅或者随便过去叫什么名字的六岁女孩。经证明，该女孩身体健康，无恶习与欺诈，也非逃亡或者流浪者。

2　倘有人从法律上对该女孩或其部分身价提出要求，使巴托恩之子马克西姆或此项财产的所有者不能合法占有之。则须按巴托恩之子马克西姆的要求交付以购买该女孩时的身价，维尔松之子达齐也负有同样的义务。

3　维尔松之子达齐表示，他已从巴托恩之子马克西姆那里收取了购买该女

[1] 参见巫宝三主编：《古代希腊、罗马经济思想资料选辑》，厉以平、郭小凌编译，商务印书馆 1990 年版，第 387—391 页。

孩的205迪那里。

4 本契约于高尚的提图斯·埃利乌斯·凯撒·安敦尼与布鲁图斯·普列森图斯执政第二年之3月16日。

5 订于卡尔塔。

6 参与签约者：（略）[1]

该件买奴契约是一件木牍文书，被写作于139年。[2] 据其契文表述，在格式方面第一项是契约主体，在这里买卖双方当事人（马克西姆、达齐）、标的物品（女孩）及价格（205迪那里）一应俱全。第二项尽管表述啰唆，实为由卖主负责的防治第三方追夺的说明。第三项是卖主已如数从买主收到卖价款，实为契约交割之意。第四项是以君王在位年序纪年的立契时间。第五项是签约地点。第六项是契约署名，据“参与签约者”推测，应包括卖主、书契人、证人（下件契约有完整之署名又可佐证）。综上，其之格式可归纳为：

项1契约主体

a 买主

b 卖主

c 标的物品

d 价格

项2卖主责任

a 防止第三方侵扰

b 卖主原价赔偿

项3契约交割

项4立契时间

项5签约地点

项6署名

[1] 原文无题名，笔者据契意所加，后文雷同，不赘。巫宝三主编：《古代希腊、罗马经济思想资料选辑》，厉以平、郭小凌编译，第387页。

[2] 参见巫宝三主编：《古代希腊、罗马经济思想资料选辑》，厉以平、郭小凌编译，第387页。

第二件契约是494年被签订之一份卖地契约，亦属于木牍文书。[1] 请看契约之汉译文：

《古罗马买地契》

1 贡塔蒙特国王在位第十年之1月12日。

2 尤里亚·马克西曼与其妻贝莉格在下列签约人参与下出售自己的一块份地，这块份地名为“旧房”，属终身祭司弗拉维·盖米尼·卡图林所有。这块地上有六棵橄榄树，西南面与多那特的土地接壤，西北面与通向马库拉的大道相邻，西面则是新划定的地界。当天，盖米尼·菲利克斯从上述卖主手中以90弗里斯买得该地。

3 此90弗里斯已由尤里亚·马克西曼与其妻收讫，在签约人到场的情况下没有对上述土地的价格提出任何其他要求，并确认买主对我们不再承担任何义务。

4 卖主在出售前以其合法权利所拥有、掌握和使用的土地，现已转让给买主，由买主及其继承者拥有、掌握和使用，以至永远。

5 倘有人要求取得上述土地，须交付买主以相当该土地两倍之价格。倘有人宣称该土地为其所有并证实其合法权利，且通过法律程序追回该土地，则马克西曼及其妻贝莉格须毫无欺诈地向买主偿付该土地被追回时的价格，卖主已宣誓承担此项义务，而盖米尼·菲利克斯已接受其保证。

6 此项契约于上述之年、月、日在图列提安诺斯签讫。

7 我，卢基安，应卖主马克西曼之请求（因其不识字），为其本人及其妻画押签字，地款已由卖主全数收讫。我，克瓦德拉提安，遵我父雅努阿里之名参与签约……我，维克托林应玛加尔之请求（因其不识字）参与签约并为玛加尔及我本人画押。

8 我，村长卢基安，起草并签署此约。

读契文可知，在格式方面与上件契约相比较，本件契约更为完善。首先，

[1] 巫宝三主编：《古代希腊、罗马经济思想资料选辑》，厉以平、郭小凌编译，第392页。

契首首列立契时间："贡塔蒙特国王在位第十年之1月12日"。再据六件古罗马契约而论，立契时间项缺者一件，在契首者二件，契尾者三件，由此看来，在古罗马契约中此项之位置不固定，被置于契首或契尾皆可。其次，该契载明了买主权利："买主及其继承者拥有、掌握和使用，以至永远"。再次，该契有详细的署名画押者（卖主、三位证人）之说明，由此可知，该契契尾还缺上述人员之署名画押，故此项格式实为契约证人。最后，该契还载明了书契人（村长）。综合两件古罗马契约之格式，我们亦可以归纳出其之基本格式：

古罗马买卖契约之基本格式

项1立契时间

项2契约主体

a卖主

b买主

c标的物品（附物品说明）

d价格

项3契约交割

项4买主权利

项5卖主责任

a防止第三方追夺

b第三方两倍价格赔偿

c卖主原价赔偿

项6签约地点

项7证人

项8书契人

项9署名画押

a卖主

b证人

c书契人

三、佉卢文契约与汉文、拉丁文契约格式之比较

表 2　佉卢文、汉文、古罗马买卖契约格式对比表

民族契约	项 1	项 2	项 3	项 4	项 5	项 6	项 7	项 8	项 9	项 10	项 11
佉卢文契约	立契时间	契约主体	契约交割	合意声明	买主权利	证人	悔约惩罚	书契人	契约时效	卖主立契请求	
汉文契约	立契时间	契约主体	契约交割	卖主责任	合意声明	悔约惩罚	契约效力	证人	契约保存	书契人	署名画押
古罗马契约	立契时间	契约主体	契约交割	买主权利	卖主责任	签约地点	证人	书契人	署名画押		

在格式方面将佉卢文、汉文、古罗马买卖契约比较前，需要说明的是，在形制方面汉文、古罗马契约非佉卢文契约矩形双简类型，故在契文中不见佉卢文契约之第一、三部分项 1、项 2 及项 13 三项格式，即汉文、古罗马契约之内容正好与佉卢文契约之第二部分正文相吻合。据表 2，若将此部分首先与汉文契约相比较，发现有明显的同、异。同的方面具体有二：一是二者均包含立契时间、契约主体、契约交割、合意声明、买主权利或卖主责任、证人、悔约惩罚、书契人，共计八项；二是在契约格式之排序上，大致按"立契时间→契约主体→契约交割→合意声明→买主权利或卖主责任→证人或悔约惩罚→书契人"之模式设计。异的方面是佉卢文契约不见契约效力、署名画押，汉文契约不见契约时效、卖主立契请求，共计四项。由此可见，在格式方面两种文契约间存在着大同小异是无疑的。

究其小异之原因，乜小红氏认为这是"佉卢文契约被引入鄯善社会时，结合鄯善国小人多、王权高度集中、将民间契约纳入官方管控的需要，对契式作了相应的调整"[1]。但李洪涛氏认为此举"体现出各族契约文化的个性特征，乃各

[1] 乜小红、陈国灿：《对丝绸之路上佉卢文买卖契约的探讨》，第 70 页。

族自身风俗习惯所致”[1]。笔者赞同后者之说，因为就契约格式而言，不光汉文、佉卢文契约间如此，就是与同一地域出土之于阗文、粟特文、吐蕃文、回鹘文等契约相比较，亦有明显的差异。究其大同之原因，学界认为是佉卢文契约之格式来源于汉文契式。如乜小红氏认为“这种契约基本面的一致性，表明佉卢文的‘契式’与中原早期的契式有着密切的关系，联系到鄯善王国在文书制度上对中原制度全盘吸收和运用的背景，佉卢文的早期‘契式’很可能也来源于中原的汉文契式”[2]。李洪涛氏亦认为“在契约的体例序列上，在契约的基本要素和内容上，却与中原汉地契约具有高度的一致性和承袭性”[3]。于此，笔者不敢苟同，因为上述佉卢文、汉文契约间存在大同小异之现象亦显见于佉卢文、古罗马契约间。

又据表2，佉卢文、古罗马契约相比较，不仅均含有立契时间、契约主体、契约交割、买主权利或卖主责任、证人、书契人（共计六项），而且也与上文提及之格式排序基本一致，若按乜氏、李氏之立论依据，我们是否也可得出前者来源于后者之论呢？更有甚者，胡留元氏尽管未从契约格式方面将汉文与古罗马契约作比较，而是从契约概念、种类、内容三个方面论证了我国古代契约法对罗马法的承袭和吸收。[4]契约内容反映着契约格式，因此胡氏实质上是主张汉文契式受到了古罗马契约格式之影响。[5]显而易见，上述学者的结论是自相矛盾的，换言之，基于不同民族文契约在格式上的一致性而得出相互间具有承袭关系似有倒因为果之嫌。究其缘由，理由有三：

其一，这是契约内在规定性的表现。

契约之内在规定性即本质的问题，西方法哲学先贤，尤其是黑格尔、马克

[1] 李洪涛：《多族同制的中华契约文化——以丝绸之路出土各族契约文献为中心》，载《贵州民族研究》2018年第2期，第187页。

[2] 乜小红、陈国灿：《对丝绸之路上佉卢文买卖契约的探讨》，第69页。

[3] 李洪涛：《多族同制的中华契约文化——以丝绸之路出土各族契约文献为中心》，第187页。

[4] 参见胡留元、冯卓慧：《罗马法与中国古代契约法》，载《法律科学》1995年第5期，第75—80页。

[5] 徐忠明对胡留元的观点提出质疑，认为“在中国与罗马帝国之间进行丝绸贸易的过程中，即使有可能接触到罗马法律文化，特别是契约法，也不一定就会吸收、融汇罗马契约法。退一步说，即使可能吸收、融汇罗马契约法，也只是一种可能的推测，而不一定就是胡冯文所讲的‘自然’‘必然’”。参见该氏：《与〈罗马法与中国古代契约法〉一文作者商榷》，载《法律科学》1996年第3期，第86页。

思已作了精辟的阐释，足可引征。于此，黑格尔说：

任何定在，只要是自由意志的定在，就叫做法。所以一般说来，法就是作为理念之自由。[1]

这是一种中介，有了它，我不仅可以通过实物和我的主观意志占有财产，而且同样可以通过他人的意志，也就是在共同意志的范围内占有财产。这种中介构成契约之领域。[2]

契约双方当事人互以直接独立的人相对待。[3]

按此，黑格尔所主张之契约，作为自由意志派生之抽象法之一部，是个体在自由、平等、合意基础上之所有权转让，实质是意志与意志间之相互关系。相形之下，马克思以“法的关系正像国家形式一样，既不能从它们本身来理解，也不能从所谓人类精神的一般发展来理解，相反，它们根源于物质的生活关系”[4]为由揭露了黑格尔在抽象法上之唯心主义实质外，亦主张契约是“一种意志关系，在其中，有经济关系反映出来，这种权利关系或意志关系的内容，也就是由这种经济关系规定的”[5]。正是契约之这种内在规定性，决定了契约之内容及其所体现之格式。具体而言，黑格尔认为在契约中包含着两个“特殊意志”和一个“共同意志”：

（所有权转让—笔者加）所以这种情况在其中这种概念上的必然性是实在的——就是不同意志的统一，在这种统一中双方都放弃了它们的差别和独特性。[6]

由于契约是意志与意志间的相互关系，所以契约的本性就在于共同意志和特殊意志都获得表达。[7]

可见，所谓“特殊意志”就是契主双方各自自相矛盾之主观意志，“共同意志”就是契主双方之合意。之所以如此，因为“契约是一个过程，在这个过程

---

[1] 〔德〕黑格尔著：《法哲学原理》，范扬、张企泰译，商务印书馆 1982 年版，第 36 页。

[2] 〔德〕黑格尔著：《法哲学原理》，范扬、张企泰译，第 80 页。

[3] 〔德〕黑格尔著：《法哲学原理》，范扬、张企泰译，第 82 页。

[4] 《马克思恩格斯选集》第 2 卷，人民出版社 1956 年版，第 82 页。

[5] 《资本论》第 1 卷，人民出版社 1963 年版，第 61 页。

[6] 〔德〕黑格尔著：《法哲学原理》，范扬、张企泰译，第 81 页。

[7] 〔德〕黑格尔著：《法哲学原理》，范扬、张企泰译，第 85 页。

中表现出并解决了一个矛盾，即直到我在于他人合意的条件下终止为所有人时，我是而且始终是排除他人意志的独立的所有人。”[1] 受此决定，书面契约中之契主双方当事人、标的物、价格、支付等格式项，就是对这两个“特殊意志”与一个“共同意志”的如实表达。

在此基础上，黑格尔又指出，在各种契约中都会有所有权分离的情形，所以“设定担保其本身不是契约，而只是一种约定，即在占有财产方面补充契约的一个环节”[2]。此举又决定了契约必须具有人保、物保、质押等“设定担保”格式项作为补充。由是可知，无论哪种性质或哪种文字之契约，受制于此种内在规定性，都有其如上述之不可或缺的格式项。

举例而说，在罗马法中，买卖契约属于合意契约之一种，其之成立必须具备三个要件：合意、标的物、价金。[3] 但罗马法又规定：“用书面缔结的买卖契约，本皇帝宪令规定非制作买卖文件，其契约不被认为完成。文件或由当事人亲笔书写，或由他人书写而经当事人签署；如由公证人制作，形式必须完备，并全部完成。因为如果必需的条件有欠缺，就会留有反悔余地，买受人或出卖人都可以撤回而不负担任何损失。”[4] 这是说书面买卖契约除须满足罗马法规定之三个要件外，还需其他要件作补充，才算是“形式必须完备，并全部完成”。又若依我国《合同法》之规定，合同之条款可分为主要条款和普通条款，而所谓主要条款，就是合同必须具备的条款，缺之，合同就不成立。[5] 在买卖合同中，当事人条款和标的条款是主要条款。[6] 再据表 2，若将三种文契约之格式同时作比较，相同项有六项：立契时间、契约主体、契约交割、买主权利或卖主责任、证人及书契人，格式排序也基本雷同。按黑格尔之契约理论衡量，此六项共有格式完全可以反证是无疑的。可见，三种文契约在格式上有大同，不应理解为相互借鉴之行为，而是契约之内在规定性使然。

---

[1] 〔德〕黑格尔著：《法哲学原理》，范扬、张企泰译，第 81 页。

[2] 〔德〕黑格尔著：《法哲学原理》，范扬、张企泰译，第 89 页。

[3] 周枏、吴文翰、谢邦宇编：《罗马法》，群众出版社 1983 年版，第 231 页。

[4] 〔古罗马〕查士丁尼著：《法学总论》，张企泰译，商务印书馆 1995 年版，第 174 页。

[5] 崔建远主编：《合同法》，法律出版社 2010 年版，第 81—82 页。

[6] 崔建远主编：《合同法》，法律出版社 2010 年版，第 81 页。

其二，这是交易主体对买卖契约信用依赖的表现。

具体而言，人们对交易契约的信用依赖，首先建立在对交易契约（买卖合同）内在规定性的共同认识基础上，是一种对事物“客观规律”的依赖；在买卖契约中，这种信用依赖不单表现为卖主如数得到价金，买主如实得到标的物，更重要地表现为卖主必须保证在标的物所有权方面无瑕疵、买主对所买标的物之所有权不受侵扰。由此言之，买卖契约实质上是买主对标的物拥有了所有权之凭证。正因为如此，作为单契形式之买卖契约概由买主保存实属必然。试想，契约交易行为结束后，若买主之所有权一旦受到意想不到的侵扰而发生契约纠纷时，无论是习惯法调节还是国家法审判，无不以契约文书为依据。于此，汉文、古罗马契约已被众人皆知外，佉卢文契约无不是，下件文书就可作证：

124

cozbo 舍摩犀那及 vesu 莱比耶对在阿色多沙之土地业已提出控诉。因汝处没有证人，故此处未曾接到判决。当汝接此泥封楔形文书，应将彼等送至皇廷。cozbo 舍摩犀那及莱比耶又对 ma（n…）土地提出控诉。此事应审查所起之誓言。关于比多村之土地，无论今后可能还有任何争执，对彼等应加审讯，等等。[1]

此时，契约果真要履行凭证功能之职，完整、规范的格式显得尤为关键。

其次，建立在交易实践中必须有表达合同规定性的法律基础上。由此再就六项共有格式项而言，因三种文契约皆属于即时买卖，故立契时间在契约法上实指契约双方由“特殊意志”达成“共同意志”之时间，亦即契约交易行为发生之时间，在法理上具有时效性，故一般将其置于契首。紧接着是契约主体，是对两个“特殊意志”与一个“共同意志”的具体表达。之后是契约交割，也就是“使意志一方面放弃一个而是单一的所有权，他方面接受另一个即属于他人的所有权”[2]，反映到契约法便是契约交易行为已被无瑕疵履行的说明。再后是买主权利或卖主责任、人证（证人与书契人），二者实质上是对买主拥有标的物

[1] 〔英〕T. 巴罗著：《新疆出土佉卢文残卷译文集》，王广智译，第 197 页

[2] 〔德〕黑格尔著：《法哲学原理》，范扬、张企泰译，第 81 页。

所有权的保证。因为如上所述，三种文契约皆属于即时买卖，不存在买主违约的可能，故契文无一例外地约定了卖主责任，尽管佉卢文契约表面看是买主权利，如第582之“自今以后，罗没索蹉(即买主—笔者加)对该地有权播种、耕种、作为礼物赠送他人、交换、为所欲为”，但买主权利即为卖主责任，实质无异。可见，这六项格式既各有所职又层层关联，有机结为一体，完全与契约之内在规定性相契合。

其三，这是各民族遵循诚信契约思想之表现。陈述如上管见，为了保证契约交易行为之安全与可靠，三种文契约都奉行着严格的形式主义。在罗马法中，契约来源于万民法：“几乎全部契约，如买卖、租赁、合伙、寄存，可以实物偿还的借贷以及其他等等，都起源于万民法”，而万民法是“全人类所共同的。它包含着各民族根据实际需要和生活必须而制定的一些法则”[1]。据此，意大利法学家格罗索分析万民法之精髓时说：“‘万民法’概念有着双重的含义：一个是理论上的含义，它的根据是存在一种所有民族共有的法并且认为自然理由是这种普遍性的基础；……在诚信原则保护下而形成的那些关系符合各民族的共同需要，这种情况可以解释上述理论含义与具体的历史体系之间的相互影响。”[2]也就是说，基于诚信原则基础上“各民族根据实际需要和生活必须而制定的一些法则”为各民族所遵循。反观汉文契约，“其格式不是来自于立法者的主观臆断，而是源自于一般民众长期进行的合同行为及其经验的总结”[3]，诚信原则始终是被遵循之契约原则之一[4]。佉卢文契约亦如是，因为其所包含之合意声明、买主权利、卖主责任、证人、悔约惩罚、书契人无不直接或间接地体现着诚信原则。由此可见，各民族无论是对契约内在规定性的认同，还是对其之信用依赖，无不从实质上体现了对诚信契约思想之认可与遵循，反映到契约格式上，便是各族文契约之格式大同小异。

职是之故，要论佉卢文契约格式之渊源，理应不是源自汉文或古罗马契约，

---

[1] 〔古罗马〕查士丁尼著:《法学总论》，张企泰译，第7页。

[2] 〔意〕朱塞佩格罗索著:《罗马法史》，黄风译，中国政法大学出版社2009年版，第180页。

[3] 王旭:《契纸千年:中国传统契约的形式与演变》，北京大学出版社2013年版，第38页。

[4] 关于汉文契约所奉行之诚信原则，我国学界多有论述，兹举两例:刘云生:《中国古代契约思想史》，法律出版社2012年版，第202—207页;乜小红:《中国中古契券关系研究》，中华书局2013年版，第343—344页。

而是与二者相仿，是鄯善民族在长期之契约实践中独立发展、逐步完善起来的。

四、小结

要之，在新疆丝绸之路南道尼雅、楼兰等遗址中出土之佉卢文契约文书，为研究鄯善王国之契约制度提供了弥足珍贵的实物资料。此方面基于对土地、人口、牲畜三类买卖契约格式之分析发现，佉卢文契约已有一套约定俗成之基本格式被传用，不光买卖契约，其他类契约亦遵循着这套契式。[1]

在格式方面基于与同期汉文、拉丁文古罗马契约相比较而言大同小异，小异的方面无疑折射出各民族契约文化间之差异，大同的方面却明显地体现了契约格式从内容到排序上之一致性。究其缘由，并不是个别学者所认为之相关民族间在格式上相互承袭的结果，而是由契约之内在规定性决定的，反映了交易主体对买卖契约之诚信依赖，实质上是诚信之立约、履约、守约思想被包括佉卢文在内的汉文、拉丁文契约所认同的结果。由此若言佉卢文契约格式之渊源，应与汉文、拉丁文契约如出一辙，是鄯善民族在自身契约实践中逐步形成、完善起来的。

[1] 关于佉卢文其他类契约遵循着与买卖契约一致之格式，此处未涉及，将另作专文分析。

玉门花海《晋律注》补述

曹旅宁*

初次见到玉门花海晋律注的照片还是2002年8月间在西安召开的中国秦汉史研究会年会上。距6月间墓葬发掘及晋律注释文完成才两个月，这不能不感谢发掘释文者甘肃省文物考古研究所张俊民先生。2006年12月，由于中国博士后基金的资助，我有幸来到甘肃兰州，来到了甘肃省文物考古研究所，开始了一次终身难忘的学徒生涯，得以亲自寓目居延新简、金关简、悬泉简以及玉门花海晋律注棺板实物。当时玉门花海毕家滩墓葬发掘领队周广济先生还健在，也得以当面聆听教言。此后，我与张俊民先生合作撰写《玉门花海晋律注初步研究》《毕家滩〈晋律注〉相关问题研究》在《法学研究》2010年第4期及《考古与文物》2010年第6期发表，引起了国内学术界的关注。这里就上面两文所叙略作补述。

一、棺板上为什么要糊上纸文书

棺板文字出土在M24，根据现场发掘的回忆，M24的棺板是用4块木板拼成的。棺板的拼接，这种现象在毕家滩墓地表现得比较明显。2013年8月我在甘肃金塔县召开“居延汉简与丝绸之路国际学术研讨会”，期间参观了嘉峪关市魏晋墓文物陈列所，发现当地出土的棺木也多是由小块木料拼接而成的。这应是古代河西绿洲制作棺木的通例。但拼接而成的棺材上为弥补缝隙而使用废弃的纸文书却应是个案。

---

*　曹旅宁，华南师范大学法学院教授。

二、晋律注卷子本外观复原问题

这里首先要谈谈中古时期卷子本的概观。日本学者藤枝晃、法籍华裔学者左景权、我国学者张俊民先生都有过探讨。制作卷子须先画乌丝栏，上下预留 3 厘米多的空白，然后上下各画一条横线，其后以 1.5—1.8 厘米为间隔画出竖线，每行书写 17 个字，公元五世纪下半叶得以确定，而此前字数或为 16 个，或为 18—19 个字。我在 2017 年 9 月至 10 月间在日本访学一个月，期间在国立京都博物馆国宝展、国立奈良博物馆第 69 回正仓院宝物展、法隆寺宝物馆见到若干古代卷子本实物，增加了一些直观感受。“盗律六百一十八字”，“文五万二千卌言”。以乌丝栏宽 2 厘米，16 字高 14.4 厘米计算，以张俊民先生实测为依据，但无上下栏并存的乌丝栏，姑且以六百十一八字除 16 为 39 行，39 行乘 2 厘米为 78 厘米；五万二千卌言除 16 为 3275 行，3275 行乘 2 厘米为 6550 厘米，纸长为 65.5 米，考虑双行小注的因素适当减少，棺材板目测为 1.8 米长。当时一纸或一尺五寸至二尺长不等，一尺约为 25—26 厘米，一个卷子或二十纸至三十纸不等，玉门花海《晋律注》卷子数绝不在少数。由此，我推测，即使棺板保存完整，纸文书剥离顺利，所见《晋律注》为完璧的可能性也较小。在同一墓群的其他拼凑的棺板也未见使用同卷纸文书。

三、杜预子孙与河西律学

陈寅恪先生以为河西律学为汉律系统，玉门花海《晋律注》的出土打破了此种成说。《宋书杜骥传》记载：杜预之后杜耽永嘉之乱后流寓凉州，为凉州军司。杜耽之后，散骑常侍杜坦曾对刘宋太祖说：他本是“中华高族”，西晋丧乱，其先世杜耽“播迁凉土，世业相承，不殒其旧，直以南度不早，便以荒伧赐隔”，“圣朝虽复拔才，臣恐未必能也”。刘宋太祖默然不语，北人晚渡，婚宦失类，被视为荒伧，便不得践清涂。这是一个社会问题，连皇帝也不能改变。张家山 247 号汉墓历谱上也有墓主郑重书写何时降汉字眼，归汉时间早晚显然与墓主后来的政治地位密切相关。由此，如果史书关于杜耽事迹属实的话，我认为《晋律注》为杜耽家学，其在河西传布必有可能。杜坦为杜耽曾孙、杜预玄孙，《宋书》

有传，刘裕北伐，杜坦自长安南渡归晋。

四、墓葬秦汉法律简牍非明器说

在谈论墓葬中出土秦汉法律简牍性质时，有学者认为其为明器，有避鬼、避邪气等宗教功能。实际上从一系列秦汉墓葬所出法律简牍来看当为小吏生前实用之物，因为简牍上多有校勘遗痕。我之所以将《晋律注》出现在棺材板上的性质特别加以探讨，是为了避免其成为墓葬秦汉法律简牍明器说的例证。我在2018年6月至7月间在德国海德堡大学东亚研究中心访学期间曾与德国学者纪安诺先生交流讨论这一看法。

论唐代《营缮令》的形成

彭丽华 *

一、引言

《天圣令》系宋仁宗天圣七年（1029）修成，原有三十卷，现存后十卷，其中卷第二十八为《营缮令》。《天圣令》的编修原则为“取唐令为本，先举见行者，因其旧文，参以新制定之。其令不行者亦随存焉”[1]。因此，今日所见到的《天圣令》分为在唐令基础上参考新制所修订而成的“在行宋令”及“不行唐令”两部分。不行唐令附于宋令之后，并标明“右令不行”。现存《营缮令》中有宋令27条，唐令5条，另附令文3条。经牛来颖先生复原，共有宋令28条，唐令4条[2]。其实，《营缮令》作为单独的令文篇目，首次出现于唐令而非宋令之中[3]，然而唐《营缮令》之令文，仅有几条散存于唐代典籍中。仁井田陞氏参照日本《养老令》共复原唐代《营缮令》“计功程”“别敕有所营造”“宫殿皆四阿”“王公以下舍屋”“修理宫庙先择日”“营军器皆镌题年月”“可造料字”“刺史县令检

* 彭丽华，湖南师范大学历史与人类学研究所副教授。本文为2016年国家社科基金青年项目“唐宋时期的桥梁、法制与社会研究”（16CZS041）的阶段性成果。

[1] 《宋会要辑稿》刑法一之四，中华书局1957年版。

[2] 中国社会科学院历史研究所《天圣令》整理组：《天一阁藏明钞本〈天圣令〉校证（附唐令复原研究）》，中华书局2006年版，第421—423页。

[3] 牛来颖《天圣〈营缮令〉复原唐令研究》载：“在篇目俱全的《晋令》、《梁令》、《北齐令》、隋《开皇令》中，都还没有《营缮令》，唐令中首次出现了《营缮令》，成为规范城市体系公共工程建设的第一个独立成篇的令文。根据《唐六典》卷六‘刑部郎中员外郎’条的记载，至迟到《开元前令》（开元七年）时已经有《营缮令》，在二十七篇令文中，《营缮令》为第二十五篇，在《狱官令》之后，《丧葬令》、《杂令》之前。”《天一阁藏明钞本〈天圣令〉校证（附唐令复原研究）》，第650页。

校堤防”等八条令文[1]。因此，天圣《营缮令》是第一部包括了大部分令文内容与营缮事务相关的法令。

为何《营缮令》在唐代的法令中单独成篇？这是中国中古时期律令体系中值得注意的重大变化。然而，对于《营缮令》出现的背景，学界似乎未予注意。牛来颖先生也只是简单提到了唐令中首次出现了《营缮令》，成为规范城市体系公共工程建设的第一个独立成篇的令文[2]。池田温先生提出，自《营缮令》出现之后，在之后的宋令、金令、元通制条格等法律体系中均被继承。他在编集《唐令拾遗补》时，出于探讨日本令、唐令相互关系的需要，注意到《营缮令》在唐令及以后的金令、元令中的位置接近尾部，而在日本令中的位置则相对提前，并指出，这意味着《大宝令》编者开始将都城营造这项国家的建筑土木事业置于国制中比其他诸项优先的地位。这个顺序也基本被《养老令》继承。[3]前贤的关注都在唐代以后，而未涉及隋唐以前与营缮令条文相关的法律规定，或是《营缮令》出现在唐令之中的问题。笔者认为《营缮令》的出现，一方面是因为律令体系在发展完善的过程中被纳入法令体系的营缮事务法规逐渐独立成篇，另一方面也是营缮事务转型、凸显并成为国家事务重要组成部分的结果。

二、“营缮事务”释

“营缮”所指谓何？考诸史籍，在用作动词时，“营”往往单独使用，如“营陵”“成王在丰，使召公复营洛邑，如武王之意”[4]等，偶与“筑”“造”等连用，如“于是古公乃贬戎狄之俗，而营筑城郭室屋，而邑别居之”[5]，表营建之意；“缮”则或单独使用，或与“治”“修”连用，如“秦并兼诸侯山东三十余郡，缮津关，

---

[1] 仁井田陞：《唐令拾遗》卷31《营缮令》，长春出版社1989年版，第735—740页。

[2] 牛来颖：《天圣〈营缮令〉复原唐令研究》，载《天一阁藏明钞本〈天圣令〉校证（附唐令复原研究）》，第650页。

[3] 池田温：《唐令与日本令——唐令拾遗补编纂集议》，载《比较法研究》1994年第1期。

[4] 《史记》卷4《周本纪》，中华书局1975年版，第133页。

[5] 《史记》卷4《周本纪》，第114页。

据险塞，修甲兵而守之”[1]，“元狩四年，平坐为太常不缮治园陵，不敬，国除”[2]，表缮修之意。“营缮”二字连用，如《晋书》“营缮武牢城，城北临黄河”[3]，指城之营建修缮。考“营缮”二字在其他情境下的含义，亦多与“营缮武牢城”之中的“营缮”相吻合。那么，唐人概念之中的“营缮”是仅指城池等土木工程的兴建修治，还是有更为丰富的含义?

这有必要考察唐人是如何理解营缮二字的。其实，在早期典籍中，营、缮是分开使用的，而出现频次最高、最为集中的是《周礼》，留存至今的《周礼注疏》正是精通三礼的唐代儒士贾公彦所作。贞观时，贾公彦曾奉诏参撰《五经正义》，并自为《周礼》《仪礼》撰疏，核证精细、释义取诸儒之长。根据其贾公彦所疏《周礼》，可知“营”至少有四种意思：

第一，指营业，即生计之业。如营种稻田，营农事。[4]

第二，指维修沟渠等事。如“匠人营沟洫于田”，“营造沟洫”。[5]

第三，指营作、营建，如“惟王建国，营邑于土中。”《尚书·康诰》云：“周公初基，作新大邑于东国洛。”又案《书传》云：“一年救乱，二年伐殷，三年践奄，四年建侯卫，五年营成周”郑用此文，则四年封康叔于卫为建侯卫。案《康诰》云“周公初基，作新大邑洛”，谓初为基址之处。至五年，内营之，是以《书传》云“五年营成周”。[6]又，郑玄注“体国经野”曰“营国方九里，国中九经九纬，左祖右社，面朝后市；野则九夫为井，四井为邑之属是也。”[7]

第四，指营造诸器物，如“工匠主营作”。《周礼》载外府“掌邦布之入出，以共百物，而待邦之用”，郑玄注曰“共（供）百物者，或作之，或买之”者，

---

[1] 《史记》卷6《秦始皇本纪》，第276页。

[2] 《史记》卷18《高祖功臣侯者年表》第六，第597页。

[3] 《晋书》卷62《祖逖传》，中华书局1974年版，第1697页。

[4] 《周礼注疏》卷9《稻人》载贾公彦疏：“稻人，……胥徒多者，以其并遣营种稻田。”《十三经注疏》，北京大学出版社1999年版，第235页。《周礼注疏》卷11《小司伯》载贾公彦疏：“案《管子》书云‘因内政寄军令’。谓在乡五家为比，以营农事，比长领之。”第276页。

[5] 《周礼注疏》卷11《小司徒》，第279页。

[6] 《周礼注疏》卷1《天官冢宰》，第2—3页。

[7] 《周礼注疏》卷1《天官冢宰》，第5页。

贾公彦疏曰“或作之谓出物使百工所营作，或买之以充国用也”。又，《周礼》载“凡官府都鄙之吏及执事者，受财用焉”。贾公彦疏郑玄注“及执事”，“谓为官执掌之事，须有营造合用官物者，皆来于大府处受财用焉。”[1]

综合以上四类意思可知，唐人所理解的“营”指的是通过人力而成，犹如“地生”，与“天生”相对。正如贾公彦所言“天生，谓阴阳配合而生，不由人之营造，当是六牲。地生，谓由人营种，即植物九穀之类”[2]。

而“缮”的对象，根据郑玄、贾公彦等人的注疏，亦有：

第一，津关、城池、园陵。例多不赘举。

第二，车。《周礼》卷二七载“凡车之出入，岁终则会之。毁折入赍于职币”。西汉末年杜子春注为“赍读为资。资谓财也。乘官车毁折者，入财以偿缮治之直”。郑玄注、贾公彦疏亦如此。[3]

第三，王所用之弓弩箭矢。周官有缮人，“缮人，上士二人，下士四人，府一人，史二人，胥二人，徒二十人”。其职事为“掌王之用弓、弩、矢、箙”等，弓弩箭矢选大善者入，缮人以供王用[4]，这表明缮人所修缮的弓弩箭矢等武器，是“善”即质量更好的，司弓矢将武器中质量精良者选送于王，而缮人则负责掌管这些“善”弓弩箭矢及盛放弓弩之袋。换言之，缮人是服务于王之士官。掌管军队所用武器的，是槁人，“槁人，中士四人，府二人，史四人，胥二人，徒二十人”。郑玄注曰：“槁读为刍槁之槁，箭干谓之槁。此官主弓弩箭矢，故谓之槁人。”贾公彦疏曰，“掌六弓、八矢、四弩。则此槁人非直掌矢槁，兼主弓弩矢箙等，而云槁人者，以槁为主耳”[5]。此外，还有矢人、弓人等制造武器者。

这表明，不管是唐人概念中的“营”“缮”，还是之前如汉人理解中的“营”“缮”，其对象都不仅限于城池、园陵、沟洫等土木、水利工程，而是包括服饰、车、弓弩箭矢及其袋等百工器物在内。

与爬梳唐人所疏《周礼》关于营缮的含义相比，天圣《营缮令》为我们理

---

[1] 《周礼注疏》卷 6《外府》，第 154、162 页。

[2] 《周礼注疏》卷 18《大宗伯》，第 480 页。

[3] 《周礼注疏》卷 27《巾车》，第 726 页。

[4] 《周礼注疏》卷 28《夏官司马》，第 751 页。

[5] 《周礼注疏》卷 28《夏官司马》，第 752 页。

解唐宋时代“营缮”一词的概念及其范畴提供了更加直观而集中的注解。牛来颖先生在其《天圣〈营缮令〉复原唐令研究》一文中将天圣《营缮令》分为了计功、营造、修缮三类。在营造类下，又分为土木工程、器物营造两小类；在修缮类下，又有器仗、津桥道路、舟船管理、公廨修理、河堤管理五小类[1]。除了这种宏观分类法，还可以根据天圣《营缮令》从微观的角度来考察“营缮”所指，从令文所涉及的具体事务来看，“营缮”指向的对象非常广泛，具体而言，包括：

州镇城郭之兴造；公私第宅之营建；太庙、宫殿、京城及州县各官府、观、寺、神祠等之营造；军器、车等之营造；锦、罗、纱、绸、绢、绝、布、服饰冠冕、帷幕等女功之制作；三京府及诸州县门外之土牛耕人之营造；鍪甲具装之修缮；瓦器之烧制；京城及州县“当城门街者”的桥、道之修营；三京及州镇等贮库器仗、官船之修缮；州县公廨舍之营缮；河、陂塘等处堤堰、津桥道路的修理以及堤内外榆柳杂树等之栽种等。[2]

《营缮令》所保留的五条“不行唐令”及其后的三条附令，经牛来颖先生复原为“不行唐令”四条[3]，涉及军器（甲仗、金银装刀等），女功制品，堤堰兴建修造，植树，旗幡染色，礼器、车辂、鼓吹、仪仗之制作。根据牛来颖先生的判断，不行唐令第4、5条原为宋令，所以堤堰兴建修造、植树等事务应暂时排除。

尽管天圣《营缮令》所附唐《营缮令》令文条目残缺，无法如宋《营缮令》一般提供唐代“营缮”指向的所有事务，但从牛来颖先生所复原的唐《营缮令》来看，“营缮”囊括的事务实际上与宋《营缮令》并无差异。而且，通过考察唐史典籍中的“营缮”“营造”一词，可知两者在大部分情况下可以互训，唐代语

---

[1] 牛来颖：《天圣〈营缮令〉复原唐令研究》，载《天一阁藏明钞本〈天圣令〉校证（附唐令复原研究）》，第650—674页。

[2]《天一阁藏明钞本〈天圣令〉校证（附唐令复原研究）》，第343—349页。

[3]《天一阁藏明钞本〈天圣令〉校证（附唐令复原研究）》，第423页。

境里的“营造”与“营缮”实为同义词，两者可通用。[1] 其所指向的具体事务，也与天圣《营缮令》所囊括的事务相同。

值得注意的是，以下这条史料所透露的信息，与上述判断相违。《旧唐书》卷一四七《杜佑传》载，“先是，度支以制用惜费，渐权百司之职，广署吏员，繁而难理；佑始奏营缮归之将作，木炭归之司农，染练归之少府，纲条颇整，公议多之，朝廷允其议。”似乎在《营缮令》中囊括的“染练”事务，在唐朝后期不属于“营缮”。

面对这种冲突，有一种合理的解释是：营缮，至少在唐人语境里，有广义和狭义之分。这种区分与牛来颖先生按“造”与“修”将营缮事务分为营造、修缮两类不同，而是按照营缮事务的种类来划分的，即土木工程（包括水利工程在内）的营造修缮视为一类，而器物的造作缮修视为另一类。[2] 前者包括土木工程营造及津桥道路、河堤管理等水利工程几类；后者则包括牛来颖先生所划分的营造类下的“器物营造”及修缮类下的“器仗、舟船管理修缮”。这种划分更吻合唐人对营缮事务的区分，与掌相关营缮事务机构的分类也颇为契合。比如少府监则主要负责器物之营缮，而将作监及其在唐前期所统辖的都水监则与土木工程之营缮更为相关。唐人狭义的“营缮”事务仅指土木工程的营造修缮。广义的“营缮”事务则包括器物与土木工程两大类，也就是天圣《营缮令》所囊括的所有“营造杂作”，不但包括上列众多土木工程的营造修缮，还包括各色手工业制作，如船舶的制造、衣物及乐器的制作、金银玉石等各色器物的打造等等。

---

[1] 除“营缮”与“营造”外，唐史典籍中还有“造作”一词，其义与二者所指相差不大。如“敬宗童年戏慢，诏淮南王播造上已竞渡船三十只。播将船材于京师造作，计用半年转运之费方得成。”（《旧唐书》卷171《张仲方传》，第4445页。）（太平）公主由是滋骄，田园遍于近甸膏腴，而市易造作器物，吴、蜀、岭南供送，相属于路。（《旧唐书》卷187《外戚传武攸暨太平公主传》，第4739页。）“宫中供贵妃院织锦刺绣之工，凡七百人，其雕刻镕造，又数百人。扬、益、岭表刺史，必求良工造作奇器异服，以奉贵妃献贺，因致擢居显位。”（《旧唐书》卷51《后妃传附杨贵妃传》，第2179页。）船舶、器物、衣物的制作，也可称之为“造作”。“又金仙、玉真等观造作，咸非急务，臣先奏请停”，寺观的营建可称之为“造作”。然而，笔者认为，此处所谓“金仙、玉真等观造作”，除了官观工程建造本身之外，可能还包括其他器物的制作，如官观中用于宗教活动的器物等。由此可见，“营缮”“营造”“造作”三者之间区别不大，范围亦很庞杂，大到宗庙之营建，小到器物之制作，都可使用。

[2] 拙文：《也论营缮令之分类》，载《魏晋南北朝隋唐史资料》第二十七辑，武汉大学出版社2011年版，第481—491页。

它对应的中央官府机构不但包括工部、将作监、都水监，还有少府监、军器监、诸铸钱监、诸冶监，甚至还涉及那些专为宫廷御用服务的宫官机构，如掖庭局等，以及散置在门下省、中书省、秘书省、殿中省、光禄寺、太常寺、内官宫官内侍省的尚功局、尚服局、太子内官等修补制敕匠、笔匠、熟纸装潢匠、熟纸匠、合口脂匠、锡匠、酒匠、菹醢匠、酱匠、酢匠、豉匠、缝人等杂匠。其对应的地方机构及营缮事务主要是分散各处的专业作坊，以及民间诸匠如缝匠、泥匠、韦匠、皮匠、木匠、石匠、画匠、竿（算）匠、铁匠、铜匠、连甲匠、杀猪匠、弓匠、景匠、装潢匠、剑匠、油匠等匠[1]所从事的诸营缮事务。

本文的“营缮事务”，包括官私手工业的所有门类，即鞠清远先生所撰唐代手工业研究的开山之作《唐宋官私工业》一书中所列的探冶、铸钱、金属、染织、武器、造船、造纸、陶器和瓷器、糖及酒等十大种类，也包括20世纪唐代手工业研究的力作即张泽咸先生在《唐代工商业》所划分的采掘与冶炼、铸铜、铁骑、兵器、金银、建筑、造船、纺织与印染、陶瓷、制茶、制盐、粮食加工、制纸与印刷、漆器等十四大类。或是20世纪唐代手工业研究的收官之作魏明孔先生所撰《隋唐手工业研究》所划分的纺织业、食品加工业、酿酒业、造纸业、建筑业、粮食加工业、陶瓷业、金银业等类别。之所以不沿用传统术语“手工业”，而采用“营缮事务”，有以下几点考虑：

第一，手工业为近代舶来词汇，是从英文词汇 Handicraft Industry 或 Manual Industry 翻译过来的，意指人类用手工或依靠简单工具从事生产的工业。Industry 在16世纪30年代，还依然是勤勉、努力之意，到16世纪50年代渐有了贸易或生产制造之意，直到17世纪上半叶才具备了近代所谓“工业”即“系统生产、工作”“系统化生产、工作”的含义。其词源，可能来自于拉丁语“Indostruus”“Industria”，意为勤奋、勤勉，或是古法语“Industrie”，意为才能、活动、活跃。[2]不管是 Handicraft Industry，还是 Manual Industry，都是在西方近代工业产生之后，用来区分那些依靠复杂机器从事生产、流水操作系统化生产的工业。而“营缮”一词则是唐代乃至中国古代的固有语词，不但具有源远流

[1] 冻国栋：《吐鲁番出土文书所见唐代前期的弓匠》，载《敦煌吐鲁番出土文书初探二编》，武汉大学出版社1990年版，第309—312页。

[2] 关于“Industry”的词源，可见 http：//www.etymonline.com。

长的历史内涵，而且作为本土化语词，其所指对象及内涵，较之舶来的“手工业”一词，更加贴合中国传统文献“营缮”一词的含义及《营缮令》所指对象。

第二，《营缮令》之中的“营缮”实际上是一个类名词，其所指向的是纷繁复杂的各色事务。唐代是一个善于归纳、总结的时代。南北朝数百年的分裂，各个民族你方唱罢我登场地建立政权，导致官职、称谓、词汇远多于秦汉，大动荡时期所留下的历史遗产，在大一统的隋唐时代得到了重新整理。隋代因为国祚短暂，虽然对官职、机构、法律进行了整顿，但更深层面的思想、观念问题，则是留到唐代才加以解决。唐初，尤其是贞观时期，太宗诏令大儒为《五经》正义，便是显著例证。所谓“循名责实”，“名不正言不顺”，唐代在法律体系里对于之前名色繁多的词汇、称呼各异的称谓，或者指向不明的事务、人员群体进行了明确的法律界定。能够佐证这一判断的一个突出例子是，唐令对无流外品诸在官供事者的命名。《天圣令》卷三十《杂令》不行唐令第 15 条云：

诸司流外非长上者，总名“番官”，其习驭、掌闲、翼驭、执驭、驭士、驾士、幕士、称长、门仆、主膳、供膳、典食、主酪、兽医、典钟、典鼓、价人、大理问事，总明（名）“庶士”。内侍省、内坊合（阁）人无官品者，皆名“内给使”。亲王府阉人，皆名“散使”。诸州持（执）刀、州县典狱、问事、白直，总名“杂职”。州县录事、市令、仓督、市丞、府事、史、佐、计史、仓史、里正、市史，折冲府录事、府、史，两京坊正等，非省补者，总名“杂任”。其称“典吏”者，“杂任”亦是。[1]

将中央、州县名色繁多的诸色人分别归类为番官、庶士、内给使、散使、杂职、杂任，不但在法律上提出了新的身份名词，更通过归类法明确了这些群体在法律上的相同地位，也给现实生活带来了便捷。同样，面对着形形色色种类繁杂的手工业事务，唐人最终选择了“营缮”一词来总括这些事务。唐代不仅设立了《营缮令》对营缮事务进行规定，也把各色与手工制作相关的事务称为“营缮”或“营造”，甚至也把这一概念引进了唐人所修的史书当中。这也是

---

[1] 《天一阁藏明钞本〈天圣令〉校证（附唐令复原研究）》，第 377 页。

为什么在《晋书》之前，典籍中甚少看到“营缮”连用，而在《晋书》之后的唐人所修典籍之中，“营缮”这一词汇常见的原因。

营缮与番官、庶士、内给使、散使、杂职、杂任等类名词在唐代的出现，及其在唐令中的运用，实际上是唐人总结前人称谓、名实、制度等在法律、思想上的体现。

三、秦代营缮事务法规与唐《营缮令》之比较

在秦汉时，就已经有了有关营缮事务的规制，即章程。《史记·太史公自序》载“于是汉兴，萧何次律令，韩信申军法，张苍为章程，叔孙通定礼仪”，南朝宋裴骃纂《史记集解》引曹魏如淳《汉书》注释曰：“章，历数之章术也。程者，权衡丈尺斛斗之平法也”，又引西晋某瓒《汉书音义》释曰：“（章程）言百工用材多少之量及制度之程品者是也”，唐颜师古为《汉书》作注时，将“程”释为“法式”。由此可知古代学者是将“章程”视为营缮工程建筑则例，如丈尺之大小、用才之多少等等，正如北宋将作监所修《营造法式》之规程。

二十世纪出土的秦律中，不仅已经有了关于营造事务的法规《工律》《均工律》[1]，还有以“程”为名的法律文本，即“工人（员）程”，是关于官府手工业生产定额的法律规定[2]。睡虎地所出《秦律十八种》有《工律》6条[3]，内容如下：

第1条：为器同物者，其小大、短长、广夹（狭）必等。

第2条：为计，不同程者，毋同其出。

第3条：县及工室听官为正衡石赢（累）、斗用（桶）、升，毋过岁壶〈壹〉。有工者勿为正。叚（假）试即正。

第4条：邦中之繇（徭）及公事官（馆）舍，其叚（假）公，叚（假）而有死亡者，亦令其徒、舍人任其叚（假），如从兴戍然。

[1] 睡虎地秦墓竹简整理小组：《睡虎地秦墓竹简》，文物出版社1978年版，第71页。

[2] 睡虎地秦墓竹简整理小组：《睡虎地秦墓竹简》，文物出版社1978年版，第73—75页。

[3] 云梦秦简整理小组：《云梦秦简释文（二）》记为“为器同物者，其小大、短长、广亦必等。”是将“夹”误释为“亦”。后来改为“夹”，释为“狭”。载《文物》1976年第7期。

第5条：公甲兵各以其官名刻久之，其不可刻久者，以丹若髹书之。其叚（假）百姓甲兵，必书其久，受之以久。入叚（假）而毋（无）久及非其官之久也，皆没入公，以赍律责之。

第6条：公器官□久，久之。不可久者，以髹久之。其或叚（假）公器，归之，久必乃受之。敝而粪者，靡（磨）蚩其久。官辄告叚（假）器者曰：器敝，久恐靡（磨）者，沓（逮）其未靡（磨），谒更其久。其久靡（磨）不可智（知）者，令赍赏（偿）。叚（假）器者，其事已及免，官辄收其叚（假），弗亟收者有辠（罪）。其叚（假）者死、亡，有辠（罪）毋责也，吏代赏（偿）。毋擅叚（假）公器，者（诸）擅叚（假）公器者有辠（罪），毁伤公器及令……赏（偿）。

以上六条分别对器物的营造规格、记账、县及工室所用衡器的校正、居官舍借官有器物之偿还、武器的标记方法、官有器物的标记、归还、损毁与赔偿等进行了规定。其中，第1、5条所涉及的内容，都能在《唐六典》《通典》及天圣《营缮令》中找到类似规定。第1条关于器物规格的规定，《唐六典》卷二二《少府监》“织染署”职掌下载开元二十五年令曰：

锦、罗、纱、縠、绫、䌷、絁、绢、布，皆广尺有八寸，四丈为匹。布五丈为端，绵六两为屯，丝五两为絇，麻三斤为綟。

天圣《营缮令》宋令第10条云：

诸造锦、罗、纱、縠、䌷、绢、絁、布之类，皆阔二尺，长四丈为匹，布五丈为端。其土俗有异，官司别定长阔者，不用此令。

又，天圣《营缮令》宋令第9条是关于造车须同轨的规定，“诸造车皆同轨，若山泽阻险，不可同者，听随乡志”。也与秦《工律》第1条的内容相关。[1]

第5条“公甲兵各以其官名刻久（标记）之，其不可刻久者，以丹若髹（漆）

[1] 牛来颖：《天圣〈营缮令〉复原唐令研究》，载《天一阁藏明钞本〈天圣令〉校证（附唐令复原研究）》，第664页。

书之。”秦《工律》中的这条律文，唐宋《营缮令》亦有与之对应的令文。天圣《营缮令》宋令第 8 条云：

诸营造军器，皆须依样，镌题年月及工匠、官典姓名及所造州监。角弓则题角面，甲则题身、裙、覆膊，并注行鏁数。其题并用朱漆。不可镌题者，不用此令。

牛来颖据此及《唐六典》所载相关条文、日本养老令复原为唐《营缮令》第 8 条，“诸营造军器，皆须依样，镌题年月及工匠姓名。若有不可镌题者，不用此令。”[1]

除《工律》外，秦律还有《工人程》3 条，兹录其文如下：

第 1 条：隶臣、下吏、城旦与工从事者，冬作为□程，赋之三日而当夏之二日。

第 2 条：冗隶妾二人当工一人，更隶妾四人当工一人，小隶臣妾可使者五人当工一人。

第 3 条：隶妾及女子用箴（针）为缗绣它物，女子一人当男子一人。

第 1 条是关于冬夏季节由于日作时间不同所以“赋”即收取产品的数量也存在差异的规定，实际上是关于冬季之功与夏季之功的换算方法。这与唐宋《营缮令》第 1 条即计功程条“诸计功程者，四月、五月、六月、七月为长功，二月、三月、八月、九月为中功，十月、十一月、十二月、正月为短功”。两者的立法精神如出一辙。

第 2 条是冗、更、小隶妾（因犯罪而配没官府者）功程的计算方法。关于“冗隶妾”“更隶妾”“小隶妾”的具体含义，睡虎地秦简整理小组解释“更隶妾”为，“更，输番更代。更隶妾，当为以部分时间为官府服役的隶妾。”[2] 小隶妾应为年

[1] 牛来颖：《天圣〈营缮令〉复原唐令研究》，载《天一阁藏明钞本〈天圣令〉校证（附唐令复原研究）》，第 663 页。

[2] 睡虎地秦墓竹简整理小组：《睡虎地秦墓竹简》，第 33 页。杨振红：《秦汉简中的“冗”、“更”与供役方式——从〈二年律令·史律〉谈起》，载《简帛研究二〇〇六》，广西师范大学出版社 2008 年版，第 87 页。

纪小的服役者。日本学者广濑熏雄氏认为“‘冗’是与‘更’相对的用语，‘冗’意味着没有固定的服役义务”[1]。李力也持同样意见，“则更隶妾是与冗隶妾相对者，应是有固定服役义务者”[2]。

与冗、更、小隶妾为官府服役一样，刑徒、官奴婢也是唐代营缮事务的承担者，《唐六典》卷六《尚书刑部》载“其应徒则皆配居作。在京送将作监，妇人送少府监缝作；外州者，供当处官役及修理城隍、仓库、公廨杂使。犯流应住居作者亦准此，妇人亦留当州缝作及配舂”[3]。与秦律强调冗、更、小隶妾做工功程的差别不同[4]，唐代律、令并无区分刑徒、官奴婢功程的具体规定。这一定程度上体现了秦律之严密，唐代律令之宽缓。

第 3 条是从事缝作的女子，其功程之计算与男子一样。这是因为缝作乃是女子擅长的作业，故而在计算功程时，不因为性别因素而作折损。自秦至唐，因犯罪或连坐而配没官府之女子，皆是官府女功作业的主要承担者。《唐六典》载：“凡初配没有伎艺者，从其能而配诸司；妇人工巧者，入于掖庭；其余无能，咸隶司农。”[5] 天圣《杂令》不行唐令第 18 条亦云：

诸犯罪配役（没），有技能者，各随其所能配诸司，其妇人，与内侍省相知，简能缝作巧者，配掖庭局；自外无技能者，并配司农事（寺）。[6]

结合养老令，牛来颖将天圣《营缮令》不行唐令 2、不行唐令 3 及“附 1”复原为唐《营缮令》第 18 条，其文云：

---

[1] 广濑熏雄：《〈二年律令·史律〉札记》，载《楚地简帛思想研究（二）》，湖北教育出版社 2005 年版，第 426 页。

[2] 李力：《隶臣妾身份再研究》，中国法制出版社 2007 年版，第 363 页。

[3] 《唐六典》卷 6《尚书刑部》，中华书局 1992 年版，第 190 页。

[4] 杨振红指出，“冗”“更”“小”表现为一定的等差，“更隶妾”是指“分番短期服役者”。《秦汉简中的“冗”、“更”与供役方式——从〈二年律令·史律〉谈起》，载《简帛研究二〇〇六》，第 85—87 页。

[5] 《唐六典》卷 6《尚书刑部》，第 192 页；《新唐书》卷 47《百官志》云：“妇人以罪配没，工缝巧者隶之（掖庭局），无技能者隶司农。”中华书局 1975 年版，第 1222 页。

[6] 《天一阁藏明钞本天圣令校证（附唐令复原研究）》，第 378 页。

诸营造杂作，应须女功者，皆令诸司户婢等造。其应供奉之物，即送掖庭局供。若作多，及军国所用，量请不济者，奏听处分。其太常祭服、羽葆、伎衣及杂女功作，并令音声家营作，彩帛调度，令太常受领，付作家。

唐代军国所用之女功作业，都是由户婢（即官婢）承担，只有在“若作多”而户婢人数有限、无法承担的情况下，才申省、奏闻，另外调遣他人承担。[1] 这充分表明犯罪女子在官府缝作事务上所起的长期而重要的作用。

《均工》第 1 条是关于新工、故工与正式工功程的换算问题。其文曰：

新工初工事，一岁半红（功），其后岁赋红（功）与故等。工师善教之，故工一岁而成，新工二岁而成。能先期成学者谒上，上且有以赏之。盈期不成学者，籍书而上内史。

对比《工人程》第 2 条“更隶妾”与“小隶臣妾”与正式工之间的换算比例“更隶妾四人当工一人，小隶臣妾可使者五人当工一人”，可知两者之间相差并不算大，一为四分之一,一为五分之一。唐代中男所承担的夫役，或称为小徭役、轻徭、杂徭，“其小徭役，谓充夫及杂使”[2]，通常折算为正丁所服正役的二分之一[3]，或是正役二十日相当于杂徭四十日、三十九日、五十日等多种换算法[4]。不管哪一种，唐代中男所服徭役的折算也远大于“更隶妾”与正式工之间的换算比率，当然，这之间有必要考虑性别差异导致换算比率的不同，但更重要的原因可能与“更隶妾”技艺不娴熟且没有“工师”对其进行专业培训有关。按《均工》第 1 条的换算法，新工的培训期是两年，故工为一年。第一年上工，

---

[1] 拙文：《唐、日〈营缮令〉“应须女功”条研究——兼论此条不行于宋代的原因》，载《唐研究》第 14 卷，北京大学出版社 2008 年版。

[2] 长孙无忌等：《唐律疏议 · 户婚律》“诸应受复除而不给”条，第 273 页。

[3] 宫崎市定：《唐代赋役制度新考》，《日本学者研究中国史论着选译》第四卷“六朝隋唐”，中华书局 1992 年版。此外，又有正役二十日的义务服役天数，杂徭的义务日数有四十日、三十九日、五十日等多种意见。

[4] 曾我部静雄：《均田法及其税役制度》，讲谈社 1953 年版；滨口重国：《唐に于ける杂徭の义务年限》，载《历史学研究》8 卷 5 号；唐耕耦：《唐代前期的杂徭》，载《文史哲》1981 年第 4 期。

计为半功。第二年则与故工同。而"更隶妾"与工之间的换算固定为四分之一，因此不难推测秦代并未设置"工师"或类似教作者对"更隶妾"进行专业技能培训。

从秦律可知，秦代设置了工师来培训新工，并通过奖励提前学成的工匠来鼓励新工积极认真学习技艺。相对于秦代，唐代实行了更为完备的工匠培训制度。主要体现在：

第一，根据工种的难易程度来决定培训时间的长短。《唐六典》载"凡教诸杂作，计其功之众寡与其难易而均平之，功多而难者限四年、三年成，其次二年，最少四十日，作为等差，而均其劳逸焉。（凡教诸杂作工，业金、银、铜、铁、铸、钅写、凿、镂、错、镞所谓工夫者，限四年成；以外限三年成；平慢者，限二年成。诸杂作有一年半者，有一年者，有九月者，有三月者，有五十日者，有四十日者。）"《新唐书》载"钿镂之工，教以四年；车路乐器之工，三年；平漫刀稍之工，二年；矢旋竹漆屈柳之工，半焉；冠冕弁帻之工，九月。"[1] 如工艺精密的金、银、铜、铁、铸、钿、凿、镂、错等工，培训时间长达四年，而简单者有培训四十日即可肄业成为正式工者。而且，唐代也为女性设置了教作者，《新唐书》载"冠冕弁帻之工，九月。"[2] 参与"冠冕弁帻"等缝作培训的，就包含了诸司户婢在内。[3]

第二，通过考核及责任连带等措施来保证教作者毫无保留地传授技艺。《新唐书》载"教作者传家技，四季以令丞试之，岁终以监试之，皆物勒工名"[4]，少府监职令、丞每个季节，少府监每年年终都要对受训者进行考核，并要求新工匠在生产产品时必须注明教作者之名，通过责任连带的办法来督促教作者尽心尽力。

《均工》第 2 条：隶臣有巧可以为工者，勿以为人仆、养。[5] 这是对隶臣"有巧可以为工者"的役使规定。隶妾为犯罪之女性，隶臣为犯罪之男性。所谓"仆、

[1] 《新唐书》卷 48《百官志》，第 1269 页。

[2] 《新唐书》卷 48《百官志》，第 1269 页。

[3] 拙文：《唐、日〈营缮令〉"应须女功"条研究——兼论此条不行于宋代的原因》，载《唐研究》第 14 卷。

[4] 《新唐书》卷 48《百官志》，第 1269 页。

[5] 云梦秦简整理小组：《云梦秦简释文（二）》，载《文物》1976 年第 7 期。

养”，云梦秦简整理小组释为“赶车、烹炊的劳役”[1]。这也可以在唐代找到相似的制度规定。《唐六典》载“凡初配没有伎艺者，从其能而配诸司；……其余无能，咸隶司农。”[2]司农寺总“上林、太仓、钩盾、导官四署”及司竹监、京都苑总监、四面监、诸屯监及九成宫总监，其中上林监掌苑囿、园池、植树、种菜、运冰等事，其他诸监如司竹、诸屯等监，及钩盾署掌柴炭薪刍，需要大量非技术型劳动力，又，钩盾署所饲养之“鹅、鸭、鸡、彘”等动物，明确规定由“官奴婢”课养之[3]。这表明籍没司农寺之犯罪者，是在剔除工巧者之后，再配入进来的。

通过对比秦律残存的《工律》《工人程》《均工》《营缮令》及《唐六典》等典籍所保存的唐令、格、式，可知秦代出土文献残存的营缮事务规定，基本上都可以在唐代找到相关规定。如器物规格的规定、兵器镌刻或漆画标记、不同季节之功程换算、女功作者之功程换算等方面，秦律与唐代律令格式差异甚小。而在新工培训制度、教作者激励措施等方面，唐代营缮制度比秦律更为完备。在不同身份者的功程换算上，唐代不似秦代一般严格区分差别。这也充分说明，唐《营缮令》的相关条文，早在律令体系萌芽之初的秦代，就已经出现。当时名之为《工律》《工人程》《均工》（或《均工律》），有学者认为《工人程》《均工》《关市》《司空》《内史杂》《尉杂》《行书》《属邦》等篇名，也许并非律名，而很可能是秦令[4]。考虑到秦汉时期律、令之间的密切关系，即令转化为律，律篇内容也可以归入令篇，我们推测在睡虎地出土的秦代法律体系中，营缮事务法规已经出现在秦代律、令之中。

[1] 睡虎地秦墓竹简整理小组：《睡虎地秦墓竹简》，第 47 页。

[2] 《唐六典》卷 6《尚书刑部》，第 192 页；《新唐书》卷 47《百官志》云：“妇人以罪配没，工缝巧者隶之（掖庭局），无技能者隶司农。”第 1222 页。

[3] 《唐六典》卷 19《司农寺》，第 523—531 页。

[4] 张建国：《秦令与睡虎地秦墓竹简相关问题略析》，载《帝制时代的中国法》，法律出版社 1999 年版，第 32 页。

四、汉——隋《律》《令》与营缮事务法规

（一）营缮事务法规所属《律》之篇目蠡测

虽然秦汉之时，有关营缮事务的法规，已经散见于律令、章程之中，但在随后的律令逐步发展完善的过程中，《工律》《工人程》《均工》却被调整出律令体系，而且与《工律》《工人程》相关的规定也未能发现。魏晋以降，律令体系逐渐确立起来。尽管律令的篇目历代均有所析分和整合，却一直未见《营缮令》篇目的出现。

当然，这并不能说当时国家对营缮事务放之任之，一无规定。实际上，在出土文献张家山汉简中，包含《秩律》《田律》《金布律》《钱律》等二十七种律及《津关令》在内的《二年律令》，虽然没有任何一篇律的命名与《工律》、《工人程》或《均工》相关，但却不难发现与营缮事务相关的法律规定。通过考察这些律、令之中关于营缮事务的法律规定，可以帮助我们探究在《营缮令》出现之前营缮事务法规的归属问题。

在《二年律令·田律》当中，有三条令文与营缮事务法规相关。张家山汉简《二年律令·田律》第248号简云：

田广一步，袤二百卌步，为为畛，亩二畛，一佰（陌）道；百亩为顷，十顷一千（阡）道，道广二丈。恒以秋七月除千（阡）佰（陌）之大草；九月大除道□阪险；十月为桥，修波（陂）堤，利津梁。虽非除道之时而有陷败不可行，辄为之。乡部主邑中道，田主田道。道有陷败不可行者，罚其啬夫、吏主者黄金各二两。□□□□□□及□土，罚金二两。[1]

第248号简的下划线部分，关涉到道、桥、陂堤、津梁的修建。这与天圣《营缮令》宋令第19条及复原唐《营缮令》第23条的内容颇为相似，其文曰：

[1] 《张家山汉墓竹简［二四七号墓］（释文修订本）》，第42页。

诸津桥道路，每年起九月半，当界修理，十月使讫。若有坑、渠、井、穴，并立标记。其要路陷坏、停水，交废行旅者，不拘时月，量差人夫修理。非当司能办者，申请。[1]

《二年律令》及《营缮令》都对桥道津梁的修缮时间作了规定，而且两者都规定，对于那些毁坏而影响通行的道路，应该即刻维修，不必等到九、十月份。尽管《二年律令》的这条律文置于《田律》之中，但并不意味着令文当中的津梁桥道陂堤仅指位于田间的津梁桥道陂堤，其范围应与后者一样，还包括供行人通行的所有津梁桥道及水利陂堤。《二年律令·田律》的这条律文，与唐宋《营缮令》的这条令文，从表面来看，似乎维修桥道津梁的主持者存在差异。前者为“啬夫、吏主者”，后者即唐宋《营缮令》此条令文所涉及的维护工作的主持者，据牛来颖研究，涉及将作监、州府县司等长官。将作监主要负责所在城门街的道路桥梁的维修，其余桥梁皆由所属州县修理[2]。关于“啬夫、吏主者”，朱红林解释为“乡里官吏”，认为及时主持修治田间水利及交通设施的是乡里官吏，这一重要职责也表明他们有日常巡视之责[3]。就本条律文而言，将啬夫理解为“乡里官吏”并无大碍，他们负责田野之间桥道津梁的维修，这一笼统的解释似乎并无不妥。然而，由于汉代负有桥道津梁营缮之责的还有县令、郡国长吏，因此，笔者推测《二年律令·田律》所谓“吏主者”所指代的对象恐怕超越了“乡里官吏”的范围。按《汉书》卷八三《薛宣传》云：

宣子惠亦至二千石。始惠为彭城令，宣从临淮迁至陈留，过其县，桥梁邮亭不修。宣心知惠不能，留彭城数日，案行舍中，处置什器，观视园菜，终不问惠以吏事。

---

[1] 牛来颖将天圣《营缮令》宋令第19条复原为唐《营缮令》第23条，文字并无变化。见《天圣营缮令复原唐令研究》，载《天一阁藏明钞本〈天圣令〉校证（附唐令复原研究）》，第668页。

[2] 牛来颖：《〈营缮令〉桥道营修令文与诸司职掌》，载《天圣令与唐宋制度研究》，中国社会科学出版社2006年版，第344—359页。

[3] 朱红林：《岳麓简〈为吏治官及黔首〉分类研究（一）》，载《出土文献与法律史研究》第一辑，上海人民出版社2012年版。

可知桥梁邮亭之维护，在汉为县令之职。又，“公卿议封禅事，而天下郡国皆豫治道桥，缮故宫，及当驰道县，县治官储，设供具，而望以待幸。”[1]《史记》卷一二六《滑稽列传》记载汉初邺县长吏对于战国西门豹所修十二渠进行整理，其文曰：

西门豹即发民凿十二渠，引河水灌民田，田皆溉。当其时，民治渠少烦苦，不欲也。……十二渠经绝驰道，到汉之立，而长吏以为十二渠桥绝驰道，相比近，不可。欲合渠水，且至驰道合三渠为一桥。邺民人父老不肯听长吏，以为西门君所为也，贤君之法式不可更也。长吏终听置之。

该文也透露出类似的信息，表明长吏在桥道、水利工程营建中的重要角色。因此，所谓“吏主者”，也应包括县令、天下郡国长吏在内。又，《史记·高祖功臣侯者年表》载“侯臧坐为太常，南陵桥坏，衣冠车不得度，国除”。《汉书·高惠高后文功臣表》载靳石于太始四年，“坐为太常行幸离宫道桥苦恶，大仆敬声系以谒闻”，表明太常在汉初对祭祀、皇帝行幸时所经过的桥、道具有维护连带责任。

此外，张家山汉简《二年律令·田律》第249号简的内容也与营缮事务法规相关，其文云：

禁诸民吏徒隶，春夏毋敢伐材木山林，及进〈壅〉堤水泉，燔草为灰，取产麛（麛）卵鷇（鷇）；毋杀其绳重者，毋毒鱼。[2]

悬泉置平帝元始五年《诏书四时月令五十条》亦载：

孟春月令：禁止伐木。……中（仲）春月令：毋□水泽，□陂池、□□。毋焚山林。季春月令：修利堤防，道达沟渎。开通道路，毋有障塞。

[1] 《史记》卷30《平准书》，第1439页。

[2] 《张家山汉墓竹简［二四七号墓］（释文修订本）》，第42页。

禁止春夏时期砍伐山林材木。其实，早在睡虎地秦简《秦律·田律》之中，就已出现了相关规定，其文曰：

春二月，毋敢伐材木山林及雍（壅）堤水。不夏月，毋敢夜草为灰，取生荔、麛卵彀，毋□□□□□□□毒鱼鳖，置穽罔（网），到七月而纵之。唯不幸死而伐绾（棺）享（椁）者，是不用时。邑之紤（近）皂及它禁苑者，麛时毋敢将犬以之田。百姓犬入禁苑中而不追兽及捕兽者，勿敢杀；其追兽及捕兽者，杀之。河（呵）禁所杀犬，皆完入公；其他禁苑杀者，食其肉而入皮。[1]

该条秦律不但涉及春夏不伐木、不焚山林、不伤害虫鱼的规定，还指出季春是“修利堤防，道达沟渎，开通道路”的时节。张忠炜先生指出，汉律第249号简的规定与月令相关，其制度源于秦律，月令时忌入律的时间似可追溯至秦。这一做法被后世沿用，汉宣帝时曾颁布诏书重复这条规定，敦煌悬泉置所发现的东汉诏条对这一月令律文进行细化，并提出律文简练浓缩，而令作为律的细化，则相当详尽、细密之秦汉时律主令辅的观点。[2] 唐《营缮令》第2条曰：“诸四时之禁，每岁十月之后，尽于二月，不得起治作。冬至以后，尽九月，不得兴土工。春夏不伐木。”对比秦律、汉律的相关内容，可知，尽管唐令给出了“若临事要行，理不可废者，以从别式”的弹性规定，以满足便宜兴建工程、治

[1] 云梦秦简整理小组：《云梦秦简释文（二）》，载《文物》1976年第7期。

[2] 张忠炜：《秦汉律令法系研究初编》，社会科学文献出版社2012年版，第131—132页。孟彦宏在讨论秦汉律与令的关系时，提出“从内容及实施效力上看，诏令大致可分为两类，一类是针对或处理具体事务者，另一类则具有通则性质，长期起作用。从法律的角度来看，当成文法公布以后，对成文法条进行修订、补充的主要形式，就是帝王的诏令（这相当于上举诏令中的第二类）。这些具有通则意义的诏令或对成文律条进行修订、补充的诏令，被称作‘诏书令’（如王杖诏书令）、‘诏条’（如敦煌悬泉置诏书月令五十条）、‘令’。因此，律令关系的实质，就是令对律起补充、说明和修正的作用。从文本上看，律、令都有一个由原始的诏书到改写成精密的法律条文的过程，这种改写实际就是律、令的来源之一。于是，我们发现了由诏书变成令文，又由令文变成律条的过程，甚至诏书直接变成为律条。无论是内容还是法律效力，秦汉时期的律、令似乎并无不同。但既然是律、令并称，说明其间一定有所区分。作为法典的律、令，既有区别而区别又不明确，反映了当时法典的不成熟性和法典演变的过渡性。经过两汉的发展，直到曹魏制定《魏律》时，律、令才具有了较为严格的法律意义上的区分，即律是‘正刑定罪’，令是‘设范立制’”。《秦汉法典体系的演变》，载《历史研究》2005年第3期。

作的现实需要，但其四时之禁的原则毫无疑问是绍承前者，由此可以看出两者之间的继承关系。杨振红先生从月令的角度对这些资料进行了研究，认为西汉王朝施行的月令一方面源自秦以来的法令制度和习俗，一方面则是根据传世月令和儒家经书结合现实而制定。[1] 而对比该条在唐《营缮令》与《二年律令·田律》及悬泉置平帝元始五年《诏书四时月令五十条》中的记载，可知唐《营缮令》一方面继承了秦汉以来的制度规定，另一方面又根据现实需要而作出了灵活的变通，使法令既吻合制度本身的传统原则，也能够适应不同情况下的需要，事实上这种具有弹性的法令规定，因适用范围扩大、灵活变通而大大减少了违令的可能。

除《田律》外,《二年律令》之中,《徭律》也有与营缮事务法规相关的律文，第413、413号简云：

补缮邑□，除道桥，穿波（陂）池，治沟渠，堑奴苑；自公大夫以下，勿以为繇（徭）。市垣道桥，命市人不敬者为之。[2]

这是对“补缮邑□，除道桥，穿波（陂）池，治沟渠”等营缮事务役使人力的规定。而人功的调配、征发是唐宋《营缮令》最重要的内容之一。如天圣《营缮令》宋令第2、13、15、20、23、25、27条，复原唐《营缮令》第3、15、18、20、21、27、30条等令文均与人功役使相关，[3] 文多不录。

此外,《二年律令·金布律》第434号简云：

亡、毁、伤县官器财物，令以平贾（价）偿。入毁伤县官，贾（价）以减偿。

又,《二年律令·金布律》第435号简略云：

[1] 杨振红：《月令与秦汉政治再探讨——兼论月令源流》，载《历史研究》2004年第3期。

[2] 《张家山汉墓竹简［二四七号墓］（释文修订本）》，第64页。

[3] 见《天一阁藏明钞本〈天圣令〉校证（附唐令复原研究）》，第421—423，672—674页。

县官器敝不可缮者，卖之。[1]

这是对丢失、损毁皇室器物、财物及皇室不可修缮之器物的处理办法的规定。也可以从唐宋《营缮令》中找到对应。复原唐《营缮令》第17条云：

诸军器供宿卫者，每年二时，卫尉卿巡检。其甲番别与少府监相知，令匠共金吾就仗铺同检，指授缝连讫，仍令御史台重复。余有不调及损破，随即料理。若非理损坏，及所巡匠知坏而不言者，并令主司推罪。其有不任者，各从本卫申所司，送所在府监修理，于武库给替。若诸处所送器仗等须修理者，亦准此。其金银装刀，若有非理损失者，追服用人；研耗者，官为修理。

此条法令关系到供宿卫所用之军器的管理、修缮、替换。“其金银装刀，若有非理损失者，追服用人”一句，其处理办法与《二年律令·金布律》中的“亡、毁、伤县官器财物，令以平贾（价）偿”相比，考虑了正常损失及“非理损失”的差异，“非理损失”者的处理办法应该也与汉律相同，即要求赔偿，甚至也可能追究其他责任。而对于正常损失者，其使用者应该是免于责任的追求或赔偿，直接送相关府监修缮即可。不可修理者，废弃，再造新的。除此之外，唐令还对诸司（主要是中央诸司，地方上所用军器及其他器仗有其他令文予以专门规定）所用器仗的修理情况进行了规定。

对比上引《二年律令·金布律》的两条律文与复原唐《营缮令》第17条的结果，充分表明了唐令的类别性与包容性。虽然本条令文主要指的是宿卫军器、金银装刀的管理与营缮，但是也对皇室之外的“诸处”即中央官府所用的同类器仗的营缮一并进行了规定，并考虑了正常损坏与“非理损失”的区别。体现了唐令相对于汉律的完善。

综上所论，出土文献《二年律令》中的营缮事务法规分散在《田律》《徭律》《金布律》等律篇中，体现出营缮事务的相关法律规定的分布，呈现出分散、驳杂之特点。

[1] 《张家山汉墓竹简［二四七号墓］（释文修订本）》，第68页。

这一方面是因为营缮事务本身非常庞杂、多样，牵涉到各个方面，另一方面则与汉律驳杂不纯、支离散漫的特点相关。《晋书》卷三十《刑法志》曰："《盗律》有贼伤之例，《贼律》有盗章之文，《兴律》有上狱之法，《厩律》有逮捕之事，若此之比，错糅无常。"这一状况，在曹魏陈群、刘劭、韩逊、庾嶷、黄休、荀诜等人制定《新律》时得以改变，《新律》一改汉律驳杂之风貌，代之以追求逻辑严谨、讲求法律原则、崇尚简约。[1]《新律》将汉律三十三篇[2]简化为十八篇，分别为《刑名》《盗》《贼》《捕》《杂》《户》《劫略》《诈伪》《毁亡》《告劾》《系讯》《断狱》《请赇》《兴擅》《乏留》《惊事》《偿赃》《免坐》等。[3]曹魏《新律》制定之后，对于擅兴徭役、征发工匠等行为的处罚规定，按《晋书》卷三十《刑法志》云"《兴律》有擅兴徭役，《具律》有出卖呈，科有擅作修舍事，故分为《兴擅律》"推测，可能收在《兴擅律》之中。从魏律十八篇篇目来看，即便在两汉法律演变之集大成的魏律之中[4]，营缮事务的相关法律规定依然散布于多篇律文之中。

作为继承魏律并进一步完善的晋律，虽然律之篇目与《新律》十八篇有异，为二十篇，但法典体系并无根本改变，因此与营缮事务相关的法规应该继续保留在《兴擅律》《毁亡律》等律篇之中。

《兴擅律》之篇名多有改变，汉时为《兴律》，曹魏为《兴擅律》[5]，晋复为《兴律》，北齐改为《兴擅律》，隋开皇改为《擅兴律》，唐亦称《擅兴律》，主要内容是对违规役使人力的"正刑定罪"。从唐《擅兴律》的内容来看，人力的役使，主要可分为：兵（如卫士、征人、防人）的征发与役使，及丁匠、夫役等征发与

[1] 韩树峰：《汉魏法律与社会》，社会科学文献出版社 2011 年版，第 84—85 页。

[2] 张忠炜总括张家山汉简、西北汉简、睡虎地汉墓及传世文献所涉西汉律之篇目，共计三十三种，分别是贼、盗、具、告、捕、亡、收、杂、钱、置吏、均输、传食、田、□市、行书、复、赐、户、效、傅、置后、爵、兴、徭、金布、秩、史、朝、祠、葬、赍、囚、厩律。另外条例出越官律、尉律、酎金律、左官律，或疑为律编名，或因无法佐证而存疑。《秦汉律令法系研究初编》，第 107 页。

[3] 《晋书》卷 30《刑法志》；滋贺秀三：《西汉文帝的刑法改革和曹魏新律十八篇篇目考》，载刘俊文主编：《日本学者研究中国史论著选译》（第八卷），中华书局 1992 年版，第 88 页。

[4] 孟彦弘：《秦汉法典体系的演变》，载《历史研究》2005 年第 3 期。

[5] 长孙无忌等人修《唐律疏议》卷 16《擅兴律》记"魏以擅事附之，名为《擅兴律》"。法律出版社 1998 年版，第 324 页。

管理。后者共有八条，分别为“兴造不言上待报”“非法兴造”“工作不如法”“私有禁兵器”“功力采取不任用”“丁夫差遣不平”“丁夫杂匠稽留”“私使丁夫杂匠”[1]。按长孙无忌等人所撰《唐律疏议》卷一六《擅兴律》篇目疏议所云，《擅兴律》在魏晋南北朝、隋唐各朝虽然篇名有异，“题目增损，随时沿革”，但是“原其旨趣，意义不殊”[2]。而且，唐制袭隋，因此笔者谨推测，唐代以前，《擅兴律》或《兴擅律》《兴律》包含了营缮事务人力的征发、管理等“正刑定罪”之规定在内。唐代《擅兴律》关于营缮事务人力的征调、管理规定，应是沿袭前代而来。这既是因为营缮事务所役使之人功与行军役使兵士，在人力损耗上具有共通性，也是因为自曹魏以来，关于营缮事务中人功役使的“正刑定罪”规定便已囊括在《兴擅律》之中。

而关于毁坏官物的处理办法，应该置于新设的《毁亡律》中，按《晋书·刑法志》所载《新律·序》“《金布律》有毁伤亡失县官财物，故分为《毁亡律》”可知。西晋贾充等人修撰《晋律》，不仅保存了曹魏新设的《毁亡律》，而且对《毁亡律》《兴擅律》的位置进行了调整，一方面将《兴擅律》置于相对靠前的位置，在二十篇律中为第十三篇，另一方面又将《毁亡律》置于《擅兴律》之后，序为第十四篇。这一篇目排序为《梁律》所继承。《北齐律》亦保留了这两篇律文，但是改《毁亡律》为《毁损律》，并改变了其与《擅兴律》在齐律中的位置，《擅兴律》被置于第四篇，而《毁损律》为第十篇。

至开皇、大业年间，隋文帝、炀帝父子和君臣整顿律法时，延续了三百余年的《毁亡律》或《毁损律》被剔除，其相关律法或被整合到其他律篇之中。按《唐律疏议·厩库律》有假借官物不还、损败官物等处理规定，对照《新律》之所以新设《毁亡律》，乃是因为“《金布律》有毁伤亡失县官财物，故分为《毁亡律》”，那么，在隋《毁亡律》篇目删除之后，其有关官物的借用、毁坏等律法规定，会不会被并入《厩库律》之中？暂且存疑。

[1] 《唐律疏议》卷16《擅兴律》，第339—346页。

[2] 《唐律疏议》卷16《擅兴律》，第324页。

（二）曹魏——隋《令》与营缮事务法规

曹魏对秦汉律令体系的重大修正，不仅改变了秦汉律驳杂混乱、缺少逻辑的情况，更改变了此前律令混杂的局面，将律与令明确区分开来。[1] 晋杜预所谓“律以定罪名，令以存事制”，及“律以正刑定罪，令以设范立制”，正是对明确区分之后的律、令的定位。

因此，曹魏之后，律、令有别，令作为一个体系单独发展起来。在曹魏令中，有《尚书官令》《军中令》一百八十余篇。其中的《尚书官令》，不知其令之篇名是以尚书曹司命名还是以事类命名。按曹魏有左民尚书，其职事与汉“主缮修功作盐池园苑事”的民曹有关，如果曹魏《尚书官令》是以尚书曹司命名的话，那么在一百八十余篇令中，当由与民曹及其职掌相关之令文。惜无资料，无从探究。

《晋令》四十篇、《梁令》三十篇，隋《开皇令》三十篇，从令之篇名均无法探析其与营缮事务法规的关系。那么，当时到底有无营缮事务的规定呢？如果有，这些令文规定会被收在哪些或哪篇令篇下呢？

引人注意的是，不管是《晋令》还是《梁令》，都有篇幅相当庞大的《杂令》，多达三篇，其数量在整部令中首屈一指，称为《杂上》《杂中》《杂下》[2]，这些《杂令》的内容是什么呢？张鹏一先生关于晋令辑逸所做的大量工作，为我们了解《晋令》的内容提供了相当便捷的条件。其在《晋令辑存》卷四《杂令》所收录的法令，至少有六条令文与营缮事务法规相关，并把其中一条直接命名为《营缮令》，兹录其文如下：

第一，“擅兴造者，吏免官”。（《擅兴令》）

第二，“诸私家不得有艨冲等船”。（《营缮令》）

第三，欲作漆器物卖者，各先移主吏者名，乃得作。皆当淳漆着布器，器成，以朱题年月姓名。（《工作令》）

---

[1] 孟彦弘：《秦汉法典体系的演变》，载《历史研究》2005 年第 3 期。

[2] 《唐六典》卷 6《尚书刑部》，第 184 页。

第四，诸作纸，大纸一尺三分，长一尺八分，听参作广一尺四寸，小纸广一寸五分，长一尺四寸。(《工作令》)

第五，造异服者，依律治罪。(《工作令》)

第六，不得缮修墙壁，动正屋瓦。(《禁土令》)[1]

宋、齐延续《晋令》，并无太大差异。《梁令》也是在《晋令》的基础上编修而成，也有篇幅甚巨之《杂令》。隋《开皇令》三十卷中，也有《杂令》一卷，位列末尾。结合晋《杂令》的内容，笔者推测，在曹魏律、令分途之后，唐《营缮令》出现之前，有关营缮事务的法令可能长期以来收在《杂令》之中。这也可以从宋代天圣《杂令》及唐《杂令》中找到强有力的支持。黄正建先生所复原的唐《杂令》，有相当一部分内容与营缮事务相关，兹举数例如下：

第11条略云：其主膳、典食、供膳、主酪，兼取解营造者。(若因事故停家，及同色子弟内有闲解者，亦取。)

第12条略云：诸州界有出铜、铁处，官为采者，听百姓私采。若铸得铜及白镴，官为市取。……其西边北边无问公私，不得置铁冶及采矿。自余山川薮泽之利非禁者，公私共之。

第13条云：诸知山泽有异宝、异木及金玉铜铁、彩色杂物处，堪供国用者，皆奏闻。[2]

这表明，尽管经历了隋唐时期的整理与完善，但是，由于营缮事务的相关法规长期以来并入《杂令》中的历史惯性，即便在新设专篇《营缮令》之后，《杂令》还依然保留了部分与营缮事务相关的法令。

与《梁令》继承《晋令》之做法，将营缮事务法令纳于《杂令》不同，北朝律令体系发展的过程中，出现了与营缮事务相关的专篇《律》《令》，体现在：

第一，出现于北齐的《起部令》。北齐武成帝时下诏修定律令，至河清三年

[1] 张鹏一：《晋令辑存》卷4《杂令》，第204、205、208、209、210页。

[2] 以上令文见黄正建：《天圣杂令复原唐令研究》，载《天一阁藏明钞本〈天圣令〉校证（附唐令复原研究）》，第749—750页。

（564），尚书令、赵郡王高叡等奏上《新令》五十卷（一作四十卷）[1]，取尚书省二十八曹为其篇名。如此，则北齐《令》中当有《起部令》一篇。这种以尚书省机构为篇名的北齐《令》，在中古时期的律令体系中可谓独树一帜，绝然不同于之前或之后的令文篇名。既然是以机构来划分令文篇目，则可推测是以机构职掌为依据，将令文分门别类地加以条理。又据《隋书》卷二七《百官志》记载，北齐尚书省中，置祠部尚书，统祠部、主客、虞曹、屯田、起部五曹，曹置郎中。其中，起部郎中"掌诸兴造、工匠等事"[2]。那么，认为北齐的《起部令》关于营缮事务的法规，应该是合理的推测。

第二，出现于北周的《兴缮律》。据《隋书》和《唐六典》的记载，北周保定三年（563），司宪大夫拓拔迪修新律成，谓之《大律》，凡二十五篇：《刑名》、《法例》、《祀享》（《唐六典》载为"《祠享》"）、《朝会》、《婚姻》、《户禁》、《水火》、《兴缮》、《卫宫》、《市廛》、《斗竞》、《劫盗》、《贼叛》、《毁亡》、《违制》、《关津》（《唐六典》载为"《关市》"）、《诸侯》、《厩牧》、《杂犯》、《诈伪》、《请求》、《告言》（《唐六典》载为"《告劾》"）、《逃亡》、《系讯》、《断狱》。根据叶炜先生的分析，北周《律》的《刑名》《法例》《户》《兴缮》《卫宫》《贼》《盗》《违制》《厩牧》《杂》《诈伪》《逃亡》《断狱》等十三篇，是《晋律》以后的各朝法律都有的，到了隋律和唐律不过是略有分合而已[3]。这种看法，实际上是将"《兴缮》"视为"《兴擅》"之误，从而与自《魏律·兴擅律》以来的篇名对应起来。考虑到北齐《起部令》的出现，笔者倾向于认为北周的《兴缮律》是继承两晋、宋、齐《兴律》，并增设有关营缮事务的律文而来，与北齐的《兴擅律》并不相同[4]。

---

[1] 《隋书》卷30《经籍志》二"史部刑法类"著录《北齐令》五十卷，中华书局1973年版，第972页；《唐六典》卷6《尚书刑部》"刑部郎中员外郎"条，亦作五十卷，第184页。《隋书》卷25《刑法志》作四十卷。第705页。

[2] 《隋书》卷27《百官志》中，第753页。

[3] 叶炜：《北周〈大律〉新探》，载《文史》2001年第一辑。

[4] 《唐律疏议》卷16《擅兴》篇名疏议曰："汉相萧何创为《兴律》。魏以擅事附之，名为《擅兴律》。晋复去擅为《兴》。又至高齐，改为《兴擅律》。隋开皇改为《擅兴律》。"然而根据刘俊文先生笺解，魏律名《兴擅律》，而非《擅兴律》。刘俊文：《唐律疏议笺解》卷16《擅兴》，中华书局1996年版，第1159—1160页。又据《唐六典》卷6"刑部郎中员外郎"条，南朝宋齐律篇目略同晋律，至梁朝修律，亦有《擅兴》之名，第181页。由此可知北齐《兴擅律》，应是远承曹魏，近取萧梁，区别于晋与南朝前期之律。

如此看来，在北朝末年，东西对峙的北齐、北周不约而同地出现了将营缮事务法律法规单独设篇命名的做法。这一做法，在北齐表现为令文整合，在北周则表现为律文整合。手段虽有不同，但都是国家将有关营缮事务的诸种制度规定纳入到专篇《律》《令》之中的尝试。

然而，隋朝在对律令体系的调整过程中，既舍弃了北齐《新令》篇目体系，也否定了北周《大律》的篇目体系。在修律时依据北齐律的篇目体系，开皇律为十二篇[1]，而大业律有所不同，即《名例》《卫宫》《违制》《请求》《户》《婚》《擅兴》《告劾》《贼》《盗》《鬪》《捕亡》《仓库》《厩库》《关市》《杂》《诈伪》《断狱》等十八篇。[2] 而令的修订，则恢复了北齐以前以事务为类别的篇目体系。因此，在北齐、北周整合到专篇律、令之中的营缮事务法规，在隋朝又出现了反复，营缮事务法规的专篇律、令均未设置。

隋朝律令废除《兴缮律》《起部令》等营缮事务专篇律令，其原因应与隋立国之后务求刑法宽简大有关系。《隋书》卷二五《刑法志》载开皇元年颁行新《律》《令》诏，其文云：

> 帝王作法，沿革不同。取适于时，故有损益。夫绞以致毙，斩则殊刑，除恶之体，于斯已极。枭首轘身，义无所取，不益惩肃之理，徒表安忍之怀。鞭之为用，残剥肤体，彻骨侵肌，酷均脔切。虽云远古之式，事乖仁者之刑，枭轘及鞭，并令去也。贵砺带之书，不当徒罚，广轩冕之荫，旁及诸亲。流役六年，改为五载，刑徒五岁，变从三祀。其余以轻代重，化死为生，条目甚多，备于简策。宜颁诸海内，为时轨范，杂格严科，并宜除削。先施法令，欲人无犯之心，国有常刑，诛而不怒之义。措而不用，庶或非远，万方百辟，知吾此怀。[3]

这里明确提出“杂格严科，并宜除削”，即除新颁行的《律》十二篇、《令》

[1] 依据《隋书》卷 25《刑法志》与《唐六典》的记载，开皇律篇目与北齐律基本相似，均为十二篇。隋唐刑律因袭北齐，舍弃北周的观点，可见于陈寅恪：《隋唐制度渊源略论稿》之《刑律》，中华书局 1963 年版，第 100—115 页。

[2] 《隋书》卷 25《刑法志》，第 716—717 页。

[3] 《隋书》卷 25《刑法志》，第 711—712 页。

三十卷外，其余南北朝时期所积累起来的律、令、敕、诏等全部废除。在追求刑法宽简之原则、塑造新政府之面貌时，在北齐、北周新设的《起部令》《兴缮律》的法律规定或被废除，或被整合到其他律令篇目之中。然而，隋律追求宽简而事实上却刑法苛严，这成为隋代刑法最为突出的矛盾。这就导致宽简舒缓的律令无法满足现实施政的需要，所以自开皇年间，一直到隋炀帝大业时期，各种敕例、条制、式作为律、令的补充不断颁行开来。[1] 可以说，正是隋代过于追求刑法宽简之失，而导致了《律》《令》过于简略，大量本应进入《律》《令》体系之中的重要内容也被剔除。而营缮事务的专篇法规，在这一背景下非但未能继续发展，反而被删除了。至于其内容，不知是一并删除，还是遵循旧例，关于“正刑定罪”者应入《擅兴律》、《毁损律》（北齐前为《毁亡律》，北齐之后被废除），而“设范立制”者则入《杂令》。考虑到隋代大量而频繁的营缮事务，营缮事务法规不该阙而不存。

尽管在秦汉至隋代的历史时代里，《营缮令》一直未能出现，然而关于营缮事务的法律法规却一直都存在于律令之中。从秦代律令中的《工律》《工人程》《均工》，到汉代《田律》《徭律》《金布律》等律篇中，均有踪迹可寻。在律令分离的背景下，营缮事务的法律法规也分为“正刑定罪”及“设范立制”两个部分，其中“正刑定罪”之律文散见于《毁亡律》《兴擅律》等律篇，而“设范立制”则应置于《杂令》当中。相继在北周、北齐出现的《兴缮律》与《起部令》，体现出北朝试图为营缮事务设置专篇法典的努力。然而，这一尝试，在追求“刑法宽简”的隋代，被终止。北朝出现《起部令》《兴缮律》表明，设置营缮事务法规专篇法典已经呼之欲出，隋代人为地阻挡这一趋势，在营缮事务纷繁众多且重要性上升的现实需求下，只会适得其反。

五、营缮事务之转型、凸显与唐《营缮令》之出现

虽然隋代出于刑法宽简的目的删除了大量的法律篇目，导致《律》《令》失

[1] 楼劲：《隋无〈格〉、〈式〉考——关于隋代立法和法律体系的若干问题》，载《历史研究》2013年第3期。

之过简，但是隋代营缮事务的转型与凸显却迫使朝廷必须对加强营缮事务的立法管理。营缮事务在隋代的转型与凸显主要体现在以下几个方面：

第一，少府监性质的转变导致其所掌管的营缮事务也一并变为国家事务。西汉少府本为天子之私府，职能极为琐碎庞杂，而至大业五年，隋炀帝分太府寺置少府监时已转变为国家性质的百工作坊，统左、中、右三尚，织、染二司及铠甲、弓弩、诸冶等署。[1] 隋代少府监性质的转变，与钱谷分离、帝室财政与国家财政的分合有关。西晋时，原本专管帝室财政的少府也兼掌了从大司农分出来的国家钱货之职能。在此情况下，少府所营缮的器物从而一转而具备了国家财政的性质。尽管在相当长一段时期内，少府所掌职能被新建的太府寺所代替，且经历了时废时立的尴尬局面，但少府所掌帝室财物纳入了国家财政机构太府寺，直接促使了少府所掌帝室财物逐渐向国家财政的转变。由于大业五年（609）少府监是分作为国家财政机构太府寺之官署重建而成，因而在建立伊始，就具备了国家性质。在此基础上，少府监所掌管的营缮事务也从服务于帝室之性质顺利转变成国家事务。[2]

第二，营建大兴城、东都，开凿大运河等重大工程的密集出现。隋高祖即位后，首要之务便是营建宗庙，担纲此事的为宇文恺。此后，营建大兴城、决渭水达黄河以通漕运、建仁寿宫、营文献皇后山陵等事，其工程均非细小。隋炀帝时，又新建东都、筑长城、开凿运河，《隋书》卷二四《食货志》载“始建东都，以尚书令杨素为营作大监，每月役丁二百万人。”“又于皂涧营显仁宫，苑囿连接，北至新安，南及飞山，西至渑池，周围数百里。课天下诸州，各贡草木花果、奇禽异兽于其中，开渠，引谷、洛水，自苑西入，而东注于洛。又自板渚引河，达于淮海，谓之御河。河畔筑御道，树以柳。又命黄门侍郎王弘，上仪同于士澄，往江南诸州采大木，引至东都。所经州县，递送往返，首尾相属，不绝者千里。”不管是营建大兴城，还是东都，对于隋王朝而言，都有巨大的政治意义。诚如开皇二年六月丙申诏曰：

---

[1] 司织、司染二署后被合并为织染署，铠甲、弓弩署被废。《隋书》卷28《百官志》，第799页。

[2] 关于少府监在汉唐间性质及其所掌职事的演变，可参见拙文《财政职能与晋唐少府之演变》（待刊稿）。此外，拙文《唐代营缮事务管理体制研究》（中国人民大学2010年博士论文）第一章也论述了这个问题。

朕祗奉上玄，君临万国，属生人之敝，处前代之宫。常以为作之者劳，居之者逸，改创之事，心未遑也。而王公大臣陈谋献策，咸云羲、农以降，至于姬、刘，有当代而屡迁，无革命而不徙。曹、马之后，时见因循，乃末代之晏安，非往圣之宏义。此城从汉，凋残日久，屡为战场，旧经丧乱。今之宫室，事近权宜，又非谋筮从龟，瞻星揆日，不足建皇王之邑，合大众所聚，论变通之数，具幽显之情，同心固请，词情深切。然则京师百官之府，四海归向，非朕一人之所独有。苟利于物，其可违乎！且殷之五迁，恐人尽死，是则以吉凶之土，制长短之命。谋新去故，如农望秋，虽暂劬劳，其究安宅。今区宇宁一，阴阳顺序，安安以迁，勿怀胥怨。龙首山川原秀丽，卉物滋阜，卜食相土，宜建都邑，定鼎之基永固，无穷之业在斯。公私府宅，规模远近，营构资费，随事条奏。[1]

隋文帝在诏书中将隋室兴建新都一事比附姬、刘创建丰镐、长安，试图以新都作为定鼎之基，祈求“定鼎之基永固，无穷之业在斯”。而且，隋文帝充分地认识到都邑“非朕一人之所独有”，营建都城是关系到京师百官之府的大事，是隋朝廷之国家要务。因此，参与新都营建事务的，除将作大匠刘龙、太府少卿高龙叉等与营缮事务紧密相关的要员之外，连政府首脑左仆射高颎、军事统帅上大将军贺娄子干也在其中，高颎为营新都大监，贺娄子干为营新都副监。《隋书·高颎传》曰：“领新都大监，制度多出于颎。颎每坐朝堂北槐树下以听事，其树不依行列，有司将伐之。上特命勿去，以示后人。其见重如此。”高颎既于“槐树下以听事”，表明在新都创造的过程中，高颎并非徒挂其名而已，而是总揽了都城设计、各式制度等实际事务。高颎以宰相之尊“领新都大监”，贺娄子干以上大将军之贵任“营新都副监”，正表明了营建新都在当时国家事务中的突出重要性。大兴城建成之后，在迁都新都之前，隋文帝“大赦天下”，而且梁太子萧琮也率众“来贺迁都”，也表明了大兴城在隋代国家事务中的重要意义。

仁寿四年十一月，新即位的隋炀帝作出了营建东都之决定。其诏略云：

姬邑两周，如武王之意，殷人五徙，成汤后之业。若不因人顺天，功业见

[1] 《隋书》卷1《文帝纪》，第17—18页。

乎变，爱人治国者可不谓欤！然洛邑自古之都，王畿之内，天地之所合，阴阳之所和。控以三河，固以四塞，水陆通，贡赋等。故汉祖曰："吾行天下多矣，唯见洛阳。"自古皇王，何尝不留意，所不都者盖有由焉。或以九州岛未一，或以困其府库，作洛之制所以未暇也。我有隋之始，便欲创兹怀、洛，……朕肃膺宝历，纂临万邦，遵而不失，心奉先志。今者汉王谅悖逆，毒被山东，遂使州县或沦非所。此由关河悬远，兵不赴急，加以并州移户，复在河南。周迁殷人，意在于此。况复南服遐远，东夏殷大，因机顺动，今也其时。群司百辟，佥谐厥议。但成周墟塉，弗堪葺宇。今可于伊、洛营建东京，便即设官分职，以为民极也。……今所营构，务从节俭，无令雕墙峻宇复起于当今，欲使卑宫菲食将贻于后世。有司明为条格，称朕意焉。[1]

该诏宣称，早在隋文帝创建政权之始，已经有了于怀、洛立都之想法，隋炀帝建都洛阳只是"遵而不失，心奉先志"。考虑到隋文帝建大兴城时曾比附姬周，隋炀帝此言恐怕并非虚言。而之所以选择怀洛建都，乃是因为怀洛之地具有"控以三河，固以四塞，水陆通，贡赋等"的显著优势。当时，主持东京营建事务的，是尚书令杨素、纳言杨达、将作大匠宇文恺等人。从隋文帝、炀帝营建两都之诏令可知，大兴城、东京既是隋帝国的政治象征，而且也有居天下之中控御天下之政治目的。

第三，都城的重大政治意义及其作为国家形象与象征，促使了营缮事务的重要性的上升，其直接结果便是工程营缮的最高管理部门一跃而为尚书六部之一，成为中央中枢体制中的重要组成部分。这是自秦以来，营缮事务管理机构的重大变化。尚书工部作为尚书六部之一的机构性质，不仅反映了营缮事务管理层级的提高，更体现了营缮事务的重大转型。长期以来，以陵庙、宫殿为首的工程营缮被视为皇室事务，所以主管该类事务的将作少府在相当长的时期内隶属于天子之私府的少府，即便在改称将作大匠之后，其所掌事务也不时还归于少府。隋代设置尚书工部统领营缮事务，正是少府及其所掌事务性质的转型、营缮事务中政令与事务的区分、营缮事务重要性上升并从皇室事务转型为国家

[1] 《隋书》卷3《炀帝纪》，第60—62页。

事务的结果。

第四，中央集权的强大导致地方营缮事务被纳入国家统筹之中。开皇三年（583）罢郡，改州郡县三级制为州县两级制，以及废除地方长官辟署佐官的制度，改由吏部除授[1]，加强了中央对地方人事任免权的控制。此外，地方的财政、军事、司法等工作最后都需集中到中央。为了规范官吏对政事的管理，隋朝还规定各级官员都要习律。与之相适应的是，行政、军事、财政等有关政务，都有律令作了细致的规定[2]。在这样制度设计的背景下，与财政密切相关的营缮事务的各种规定，不纳入到律令体系之中，显然是不合逻辑的。

在营缮事务如此频繁、营缮事务转型为国家事务的隋王朝，若无营缮事务法规的指示与约束，这些事务该如何顺利进行？因此，隋代为了刑法宽简、律令简略的制度追求与设计而剔除了营缮事务法律专篇，甚至有可能剔除了营缮事务的法规，根本无法符合当时的现实需要。基于此，开皇、大业年间才不断颁布新的敕令诏条，以解决制度设计与现实需求之间的突出矛盾。在这些不断颁行的敕令诏条之中，肯定有与营缮事务法规相关的内容，如隋文帝关于营建新都之诏令曰“公私府宅，规模远近，营构资费，随事条奏。”又如隋炀帝建东京诏令曰“有司明为条格，称朕意焉。”表明与营缮事务相关的格、敕等法律文献的存在。可惜受史料的限制，无法详探究竟。

一方面是经过北齐、北周的努力而形成的营缮事务专篇《律》《令》，另一方面是隋代为了追求法简刑宽而剔除了律令体系之中的专篇营缮法规，导致制度设计与现实需求的突出矛盾。隋代营缮事务的转型与凸显，迫使朝廷必须加强营缮事务的立法管理。因此，隋代在《律》《令》颁布之后，不断地在制度规定上进行更改，《隋书》卷二八《百官志下》载：“帝自三年定《令》之后，骤有制置，制置未久，随复改易。其余不可备知者，盖史之阙文云。”说明炀帝时官制屡有更改。楼劲先生指出，“史之阙文”的原因，正是因为《律》《令》颁行以后，不少制度仍改易无常，各种改易其制的敕例或条制层出不穷，却未续加删定编纂为统一施行的法书或法典，而是一直散存于有司，遂致史官无法殚

[1] 《隋书》卷28《百官志》下，第792页。

[2] 吴宗国：《隋唐五代简史》，福建人民出版社1998年版，第31—36页。

载而只能付阙。[1] 官制既如此，其他方面的法律规定也可以想见。在工程营缮活动频繁甚至被归咎为因此而亡失国祚的隋代，关于营缮事务的法律规定也必然存在，或许也如官制一般，经历了多次改易。

隋亡之后，继承隋制并吸取教训的唐代在完善律令体系时，最终确立了营缮事务的专篇法令，与北齐以尚书机构起部命名令篇名不同，而是以事类命名，选取了含义甚广包容量甚大能够总括所有作业的“营缮”一词，来命名营缮事务法规，即《营缮令》。根据《唐六典》的记载，唐令凡二十七篇共三十卷，内第二十五篇即为《营缮令》[2]。虽然一般认为《唐六典》正文所载制度为开元七年之律令格式，但《营缮令》的出现要早于开元七年。因为在永徽四年（653）修成的《律疏》之中，即有关《营缮令》的摘录，如《擅兴律》“兴造不严上待报”条律疏即引《营缮令》:“计人功多少，申尚书省听报，始合役功。”[3] 因此，至迟在《永徽令》中就已经有了《营缮令》。

《营缮令》以事务别类列篇于唐令之中，舍弃北齐《起部令》以机构名称为令文篇目，而延续长期以来，以事任为中心的令文篇目体系，并继承北周令文篇目之传统，反映了唐代律令体系对北周制度的继承。究其原因，一是由于北周以事为篇目乃前代律令之传统做法。另一原因更为关键，即北齐与隋唐的国家行政机构设置差异甚大，唐令若沿袭北齐令的做法，则必难以吻合唐代之现状。秦汉时期，国家事务由丞相与九卿掌管。东汉时期，三公九卿制正式确立。就在同时，尚书系统也不断发展，并逐渐在职权与事务上与三公九卿发生冲突。伴随尚书系统参与决策与国家行政权力的扩大，是三公职权与机构的不断萎缩，但是九卿系统却一直沿置不废，其结果是国家行政机构中出现了两套职权多有重复的行政系统，造成了行政体制的混乱。从北齐令所置令以尚书二十八曹立名来看，可见当时的尚书系统在处理国家政务中已属中坚力量。然而当时国家行政机构的设置，更多地沿袭前代，九卿与尚书两套系统依然黏胶。北周依托周官而设立的六官体制最终改变了这种局面。北周官制将两套行政系统按其职

[1] 楼劲:《隋无〈格〉、〈式〉考——关于隋代立法和法律体系的若干问题》，载《历史研究》2013年第3期。

[2] 《唐六典》卷6《尚书刑部》，第183—184页。

[3] 《唐律疏议笺解》卷16《擅兴》，中华书局1996年版，第1208页。

能而非机构归属悉数分入高于两套系统的六官，力图将两套系统融合为一体。这对中古中国官制的转型有着重要的作用。这种将行政机构按职能及事务类别分入六官的做法，为隋唐尚书六部行政体制的形成奠定了基础。从三公九卿到三省六部，其官职设置目的从安排人为中心向处理事为中心转变。[1] 唐《营缮令》取代北齐《起部令》，也反映了规划营缮事务的法令篇目从以机构命名转向以事类命名，《营缮令》的制名，也更多地沿袭了北周令以事任为名的特点，这与唐代国家行政机构设置以处理事为中心的政治制度理念其实是吻合的。上述分析，正是《营缮令》形成的重要背景与过程。这也表明，《营缮令》在唐令中的出现，既是律令体系发展过程中水到渠成的结果，也是制度设计需吻合现实需求的真实反映。

六、结语

《营缮令》虽然首次出现于唐代律令体系之中，但是关于营缮事务的法律规定在律令法系萌芽之初就已存在。秦律中的《工律》《均工律》《工人程》是关于营缮事务法规的专篇律令，而汉代《二年律令》中的《田律》《徭律》《金布律》等篇目中，也有一些律文与营缮事务法规相关。营缮事务法规分散于汉代多篇《律》中，一方面是因为汉代律令体系的驳杂不纯，另一方面则应归因于营缮事务纷繁多样，牵涉到各种事务。正因为此，经过曹魏、晋代法典建设之后，关于营缮事务"正刑定罪"的规定还依然分布在《兴擅》(或《擅兴》《兴》)、《毁损》(或《亡损》《损毁》)等多篇《律》之中。但是，关于营缮事务中违规使用人功之处罚规定收录于《擅兴律》中的这一做法，也被后来的隋唐所继承。这实际上表明了曹魏分篇定律的正确性。曹魏之后，律令分途，从辑录的《晋令》来看，关于营缮事务"设范立制"的法令可能收在《杂令》之中，这从现存的唐、宋《杂令》也可以窥其痕迹。在营缮事务法规发展演变的漫长过程中，出现于北齐的《起部令》、北周的《兴缮律》特别引人注目，表明北周时期，东西对峙的两个政权在法制建设过程中，均作出了将营缮事务法规列入专篇《令》或《律》

[1] 阎步克：《品位与职位》，中华书局 2002 年版，第 1—71 页。

的努力。然而，这一局面在隋代被中止，究其原因乃是杨坚篡位之后，力图塑造新政权修仁慎罚、抱德炀和之面貌，一味地追求“刑法宽简”，在此背景下，与大兴土木、劳民伤财等事务联系在一起，素来被民众所忌讳的营缮事务法规不但未能沿着北朝的律令演变趋势加以完善，而且被剔除了专篇令文。然而，隋代频繁而意义重大的营缮事务，迫切要求法律规定的约束与指示，这就导致了现实需求与法律缺失之间的矛盾。唐代建立之后，既吸收杨隋法制、政治建设的成就与教训，又继承了魏晋南北朝分裂时代所遗留下来的丰富遗产，对思想观念、文化制度等进行全面的整理，面对不可胜数的众多与营造相关的事务，最终选择了含义广泛、包容性甚强的“营缮”一词来指代包括各种土木工程、各色器物在内的诸多事务，并远祖秦汉、近绍北周，在律令体系中设置专篇《营缮令》来管理这一类的事务。《营缮令》的出现，一方面受益于营缮事务相关法律规定的漫长发展演变及唐代律令体系的发展完善，另一方面则与营缮事务的转型、凸显密切相关。法制本身的发展与现实需求的双重动力，最终导致了《营缮令》的出现。

唐代"勋官充杂任"考

顾成瑞*

官僚等级结构，一般有两种类型：一种是以事任为中心的职位管理，而另一种则是以人员为中心的身份管理。学人将前者称为"职位"，后者称为"品位"。[1] 唐代官僚等级的制度安排，亦是如此。唐前期官制架构中，职事官是"职位"，散官、勋官、爵则属于"品位"序列。散官、勋官、爵、职事官统合在流内九品的"一元化多序列的复式结构"之中[2]。流内九品之下，各级官署中还有流外官和杂任群体。流外官具有品位和职位的双重属性，[3] 而杂任则是"在官供事，无流外品"的庶人。[4] 换言之，二者均与散官、勋官、爵位无涉。唐代官制的这一设计体现了区别官人、庶民的用意。然而，唐代前期的官僚机构职位安排上已出现了官、庶身份相混的情况，这就是有流内品的散官、勋官出任流外官和杂任。《唐律疏议》卷三〇"断罪应决配而收赎"条载"即品官任流外及杂任，于本司及监临犯杖罪以下，依决罚例"。疏议对此解释为"'品官任流外及杂任'，谓身带勋官、散官而任流外及杂任者。"[5]《唐律疏议》的规定与唐前期官制实际运作有密切关系。对于散官身份出任杂任职位的情况，沈琛有专文探研。[6]

---

* 顾成瑞，西北大学历史学院讲师。本文为教育部人文社会科学研究西部和边疆地区青年基金项目"官阶优免与唐代赋役体系演进研究"（项目号：19XJC770001）、陕西省教育厅专项科研计划项目（项目号：18JK0753）阶段成果，受中国博士后科学基金第 65 批面上资助。

[1] 参见阎步克：《中国古代官阶制度引论》，北京大学出版社 2015 年版，第 9—15 页。

[2] 参见阎步克：《中国古代官阶制度引论》，北京大学出版社 2015 年版，第 252—254 页。

[3] 参见叶炜：《南北朝隋唐官吏分途研究》，北京大学出版社 2009 年版，第 152—162 页。

[4] 长孙无忌等撰：《唐律疏议》卷 11《职制律》，刘俊文点校，中华书局 1983 年版，第 225 页。

[5]《唐律疏议》卷 30《断狱律》，"断罪应决配而收赎"条，第 572 页。

[6] 参见沈琛：《令典与文书所见的唐代"散官充杂任"》，载荣新江主编：《唐研究》第二十三卷，北京大学出版社 2017 年版。

与散官相比，勋官群体的规模更大，故而“勋官充杂任”的现象更为普遍。对其形成历程进行梳理，继而探析其对于唐前期官制架构、赋役制度和军事体制的维系作用，有重要学术价值。本文拟从吐鲁番出土唐前期有关户口赋役的籍帐文书对于该项制度的历时性反映入手，兼用唐令复原的方法，稽考律令有关这一制度规定的出现时限。

在进入专题探讨前，先对本文所涉及的勋官身份和杂任职位的相关制度做一扼要陈述。勋官制度起于周隋之际，曾在一段时间内作为官员群体的本品。随着军事国家色彩的淡出，勋官的本品功能被文、武散官取代，成为纯粹的戎秩。[1] 与主要作为职事官本品的散官相比，唐代勋官独立性更为明显。学界有关唐代勋官制度的研究成果十分丰富，主要表现在以下方面：其一，考论勋官制度来源，梳理勋官的勋田颁授、免课役、入仕、门荫、当赎罪等权益。[2] 其二，将勋官制度放在唐前期政治过程中进行分析，揭示勋官颁授扩大和权利、义务消长情况。[3] 其三，某一特定文献所反映的或特定区域内的勋官制度实况，如王永兴、西村元佑对于敦煌天宝差科簿所反映敦煌郡勋官与色役关系分析，李方对西州勋官入仕情形梳理。[4] 由于传世唐官制文献编纂多依据开元天宝时期的实施情况，加之以学界对于敦煌差科簿的热议，既有研究中强调勋官人数众多、地

[1] 有关这一变化过程可参见陈苏镇：《北周隋唐的散官与勋官》，载《北京大学学报（哲学社会科学版）》1991 年第 2 期；王德权：《述论唐代散官制度的形成过程》，载《唐代文化研讨会论文集》，文史哲出版社 1991 年版，第 843—906 页。熊伟：《唐代本阶官位的形成与勋官地位的演革》，载《郑州大学学报（哲学社会科学版）》2014 年第 3 期；《府兵制与北朝隋唐国家政治生态研究》，人民出版社 2014 年版，第 274—293 页。

[2] 松永雅生：《唐代的勋官》，载《西日本史学》1952 年第 12 期；张国刚：《唐代官制》，三秦出版社 1987 年版，第 168 页；傅枚：《唐代的勋官》，载南开大学编：《中国史论文集》，天津古籍出版社 1994 年版，第 93—107 页；余新忠：《唐代勋官的实际意义》，载《铁道师院学报》1996 年第 2 期；马志立：《唐代勋官制度若干问题研究》，武汉大学 2005 年硕士学位论文。

[3] 金锡佑：《唐代百姓勋官考论》，载《东方论坛》2004 年第 6 期；速水大：《唐代勋官制度の研究》，汲古书院 2015 年版。

[4] 王永兴：《敦煌唐代差科簿考释》，初刊《历史研究》1957 年第 12 期；《唐天宝敦煌差科簿研究——兼论唐代的色役制和其它问题》，载《敦煌吐鲁番文献研究论集》1982 年第一辑，二文后被收入《陈门问学丛稿》，本处征引于此，第 21—44 页、45—133 页；西村元佑：《通过唐代敦煌差科簿看唐代均田制时代的徭役制度》，其著《中国经济史研究》，1968，兹引中译本周藤吉之等著：《敦煌学译文集》，姜镇庆等译，甘肃人民出版社 1985 年版，第 978—1119 页。李方：《唐西州官僚政治制度研究》，黑龙江教育出版社 2013 年版，第 208—238 页。

位低下的现象，以此来作为唐代前期一百多年里勋官制度运行的一般情况而忽略其间的变化过程。例如，论者以《旧唐书·职官志》等记载，认为勋官不能直接铨注职事官，需要经过番上计考转为散官，再由散官当番，而后才能铨选职事官。但是，刘琴丽已从唐人墓志中梳理了数十例勋官在较短时间内起家为官的现象，并指出典志记载的勋官入仕制度可能是唐高宗后期才确立的。[1] 这一发现极具启示意义。以军功获取勋官，由勋官入仕、升迁，这在唐初数十年内是平民阶层向上流动的一条重要途径。李义府在主持《姓氏录》编纂时以“皇朝得五品官者，皆升士流”的标准行事时，收录了大量出身兵卒而以军功致身五品的人。《姓氏录》也因此被视为“勋格”。[2] 据此可知编定《姓氏录》的显庆年间，勋官出身在所有中高级官员中应占有不小的比例。这部分实现了唐初建构军功特权社会的立法初衷。[3]

杂任本是指州县官府和折冲府中所设置无官阶品级的职位。唐代制度规定为官府职位有固定员额，超额设置会被处罚，其中就包括杂任。《唐律疏议》卷九《职制律》“置官过限及不应置而置”条，“诸官有员数，而署置过限及不应置而置（谓非奏授者），一人杖一百,三人加一等，十人徒二年”。“奏授”是指六品至九品由御画奏抄授任的官员。疏议解释“非奏授者”是指“视六品以下及流外、杂任”等由所司判补的职员。[4] 杂任和职事官在品阶安排上的差异，属于官、吏分途的安排。学界有关杂任研究主要关注点如下：其一，杂任和流外官区别，即二者在中央和地方官署设置情况；其二，杂任和色役的区别。[5]《天圣令》公布后，学者利用《杂令》篇所附唐令 15 条有关“杂任”规定，进一步

---

[1] 参见刘琴丽：《唐代武官选任制度初探》，社会科学文献出版社 2006 年版，第 50—58 页。

[2] 参见《旧唐书》卷 82《李义府传》，第 2769 页。

[3] 吴宗国：《进士科与唐代后期高级官僚的世袭》，载《中国史研究》1982 年第 1 期；张国刚：《唐代兵制的演变与中古社会变迁》，载《中国社会科学》2006 年第 4 期。

[4] 《唐律疏议》卷 9《职制律》，“置官过限及不应置而置”条，第 182 页。

[5] 参见王永兴：《关于唐代流外官研究的两点意见——唐流外官制研究之二》，载《北京大学学报》1990 年第 2 期，第 5—14 页；张广达：《论唐代的吏》，载《北京大学学报》1989 年第 2 期，第 1—10 页；唐长孺：《唐代色役管见》，《山居存稿》，中华书局 2013 年版，第 171—200 页；张泽咸：《唐五代赋役史草》，中华书局 1986 年版，第 366—372 页；郭锋：《唐代流外官试探——兼析敦煌吐鲁番有关流外文书》，载《敦煌学辑刊》1986 年第 2 期，第 45—55 页；任士英：《唐代流外官名例试析》，载《烟台师范学院学报（哲学社会科学版）》，1989 年第 4 期，第 17—23 页。

辨析杂任所涵盖的地方官府各种职位和选补、考课程序等方面情况，并就杂任在官僚行政体制中的性质和作用作了论述。[1] 以上研究成果注意到了杂任与品官的区别，而对于《唐律疏议》《唐六典》等文献中所出现的“勋官充任杂任”现象未予深究。

一、唐初无“勋官充杂任”之制考

“勋官充杂任”相关规定在典志文献中的出现，以《唐律疏议》为先。有关《唐律疏议》的制作年代，学界从20世纪初以来就有不同的看法。其中，日本学者仁井田陞、牧野巽等考证今本《唐律疏议》是开元二十五年撰修而颁行的，成为日本学界的“定论”。中国学者的意见并不统一，杨廷福等批判仁井田陞等的观点，认为《唐律疏议》的撰定仅有永徽年间的一次。冈野诚在充分比较二方论述后，指出今本《唐律疏议》的基础是永徽年间撰修的律疏，至开元二十五年间，又经历“刊定”，有若干内容的增删改动的情况。[2] 此后，中日学界接受了这一折中观点。[3] 因此，本文认为今本《唐律疏议》有关“勋官充杂任”的规定在永徽时尚未形成，是开元年间加入的。以下笔者从出土文献的印证进行说明。

其一，吐鲁番出土唐初籍帐文书中无“勋官充杂任”现象。贞观十四年侯君集灭高昌，唐廷置西州，推行王朝制度。贞观十六年派遣使者“往西州抚慰”，授予当地有声望的人物以官位，给予贫困有疾病者以救济。[4] 诏书指出“高昌旧官人并首望等，有景行淳直，及为乡闾所服者，使人宜共守，安西都护乔师望

[1] 参见黄正建：《〈天圣令（附唐杂令）〉所涉唐前期诸色人杂考》，载《唐研究》第十二卷，北京大学出版社2006年版，第203—220页；赵璐璐：《唐代“杂任”考》，载《唐研究》第十四卷，北京大学出版社2008年版，第495—508页。

[2] 仁井田陞、牧野巽：《〈故唐律疏议〉制作年代考》，载《东方学报》1931年第1、2期，今参杨一凡主编：《中国法制史考证》丙编第2卷，中国社会科学出版社2003年版，第1—251页；冈野诚著：《日本在唐律文献学上的研究》，司马勒译，杨廷福校，中国历史文献研究会编：《中国历史文献研究集刊》第四辑，湖南人民出版社1984年版，第38—49页。

[3] 八重津洋平著：《〈故唐律疏议〉研究》，郑显文译，载杨一凡主编：《中国法制史考证》丙编第2卷，第306页注释1。

[4] 参见《宋本册府元龟》卷164《帝王部·招怀第二》，第368页。

景拟骑都尉以下官奏闻，庶其安堵本乡，咸知为善”[1]，允诺对于在高昌国时期担任过官职且有人望的人士，唐廷授予骑都尉以下的勋官。唐贞观十一年调整勋官制度之后，形成上柱国到武骑尉的十二转，分别对应二品至七品，骑都尉比从五品。李方从吐鲁番出土砖志中找到若干案例对诏令落实情况予以印证。例如，张延衡以高昌旧官仓部郎中一职被唐廷授予骑都尉。[2] 武悦以前兵部参军被授予云骑尉，杜相以武牙将军被授予武骑尉，赵松柏以都官参军事被授予武骑尉，宋怀憙以东宫厅上干将被授予飞骑尉。[3] 勋官身份之外，这些人在唐代没有担任正式职事官。以上诸人去世时间在贞观廿年至永徽六年间，可知西州设立时，他们年齿已高。从人生经历和墓葬情况看，他们无疑属于西州本地的头面人物。这批人中，永徽三年以七十四岁高龄去世的王欢悦在永徽二年曾在麴智湛委派下“摄天山县丞”。而麟德元年（664 年）去世的武骑尉梁延怀在生前担任“西州麴都督左右”的临时职务。因此，我们推论这一时期西州在籍人口中很少有人拥有勋官身份，更不用说是五品以上骑都尉的中高级勋官。而这些低级勋官中，还有在西州官府被临时委派任职事官的，可知当时勋官是为人所重的。从吐鲁番出土文书还可得到进一步的印证。贞观二十年十二月十日赵义深自洛州写给身在西州的阿婆家书中提到，得知在西州的大兄获得勋官云骑尉而“喜悦不可言”。[4] 可知贞观后期作为比正七品的云骑尉实际得到的官僚特权待遇仍较可观，否则亲属不至于如此欣喜。同一时期，《唐令狐鼠鼻等差科簿》也能反映此时勋官颁授情况：

［（一）65TAM42：90（a），91（a）］[5]

1 ］十八年请送妹入京未还

2 ］丑廿六父相怀年五十二白丁中下户

3 ］见在应过

[1] 许敬宗编，罗国威整理：《日藏弘仁本文馆词林校证》卷 664《贞观年中巡抚高昌诏》，第 249 页。

[2] 李方：《唐西州官僚政治制度研究》，黑龙江教育出版社 2013 年版，第 223 页。

[3] 李方：《唐西州官僚政治制度研究》，黑龙江教育出版社 2013 年版，第 224—225 页。

[4] 唐长孺主编：《吐鲁番出土文书［贰］》，文物出版社 1994 年版，第 172—173 页，文书编号为 64TAM24：27（b）。

[5] 唐长孺主编：《吐鲁番出土文书［叁］》，文物出版社 1996 年版，第 111—112 页。

4 ］卌五人杂色
5 八　人　勋　官
6 　二人昆丘道征给复
7 　　　武骑尉令狐鼠鼻廿七兄智达年卌二外侍　下上户
8 　　　武骑尉张智觉年廿八兄智相年卅六白丁　下上户
9 六　人　不　行
10 入后　武骑尉石服乇年卌五男贺婆年十九中男下中户
11 　　　云骑尉魏隆护年廿八第（弟）隆柱年廿四白丁下上户
12 　　　云骑尉田海进年卌第海德年卅四前庭府卫士中下户
13 　　　武骑［　　　］终制
14 五［
15 　　　王文才［　　　］年廿一白［
16 　　　史□□年廿九第（弟）智匠年廿五烽师下上户
17 　　　张柱海年廿九单身中下户
18 　　　张士行年廿七单身中中户
19 　　　张士亮年卅父欢伯年七十一下上□
20 七　人　里　正
21 　　　王善会年廿八单身下上户
22 　　　氾文信年廿八父绍憙年六十八老下上户
　　　巳　　　兑　　讫
23 　　　氾欢伯年卌九单身中中户

（二）65TAM42：95（a）[1]

1 一人终制［
2 　张欢德年廿九下上□
3 一人白直从考使入京未□
4 　□何元年卅二第□□年廿白丁　第户［

（三）65TAM42：101/3（a）

[1]《吐鲁番出土文书［叁］》，第 113 页。

1 ］户

2 ］还

3 ］年十七中男下上户

此件差科簿中对杂色的统计中包含了勋官（给复、不行）、单身、里正等。勋官八人中，四人为武骑尉，两人为云骑尉，另外二人情况不明。这说明此时勋官授予面较窄，且多为低品勋官。本件文书在贞观二十二年后某年。[1] 为了更为精确地说明问题，此处还要引用定名为《唐贞观十八年（644）西州某乡户口帐》的文书[2]：

1 合当乡新旧［

2 一千二百［

3 六 口 新 附

4 三百卌四杂任、卫士、老、小、三疾等；

5 二百九（八）十七白丁见输

6 二百八十六旧

7 □ 人 新 附

8 ］丁妻、黄、小女

9 ］贱

10 ］奴

11 □ 十 二 婢三新 六十九旧

12 ］户口、新、旧、老、小、良、贱、见输、白丁，并皆依实，后若漏妄，连署之人依法罪。（一）谨牒。

13 贞观十八年三月日里正阴曹3牒

14 里正李［

15 里［

[1] 参见陈国灿：《吐鲁番出土唐代文献编年》，台北新文丰出版公司2003年版，第34页。

[2] 《吐鲁番出土文书［贰］》，第121页，文书编号68TAM103：20/4。

注释

（一）依法罪：“法”下当脱一“受”字。

本件文书体式较为完整，是某乡诸位里正按照县司要求对当乡人丁课役情况的统计。其中，1 至 3 行是对总人口情况登录，包括旧管、新附两部分，第 4 行是不纳课役的男性人口，第 5 至 7 行是见输课丁情况；8 行是不纳课役的女性人口，9 至 11 行是贱口情况；第 12 行是向县司的总结责保用语，13 至 15 行是里正签署。三百卌四不纳课役的男性人口既包括了由于生理属性造成的老、小、三疾人群，又包括了围绕行政和军事运作而出现的杂任、卫士群体。在这其中我们并没有见到勋官的登录。即便不排除卫士身兼勋官身份情况的存在，我们仍可以推知该乡卫士之外的丁男中没有一人勋官。唐长孺先生在吐鲁番文书中的乡户口帐研究时，指出当时存在“繁式”和“简式”两种乡户口帐，上引文书属于简式。与此对应，我们征引一件繁式户口帐，题名为《唐西州某乡户口帐》[1]：

1　　　　　　人□

2　合当乡归朝总□

3　　　六人并□

4　　　四人　男□

5　　　二人　妇女

6　合当乡良贱总四百廿七

7　　四　百廿七　　　良

8　　　一百六十九　男夫

9　　　二百五十八　妇女

10　□　　□　　人　　贱

11　□当乡白丁、卫士三百卌五人

12　　　□　十　七　人　卫　士、队□

[1]《吐鲁番出土文书［贰］》，第 7—8 页，编号 64TKM1：28（a），31（a），37/2（a）。

13　　□　人　校尉、旅帅、队副已上
14　　四　人　侍　　　　　丁
15　　六十人　见　　　　　在
16　二　百　六　十　八　人　　白丁
17　○　○　　杂　　　　　任
18　　二　　人　　医　学　　　生
19　　七　　□　　州　学　　　生
20　　□　　人　　县　□　　　生
21　　□　　人　　　　□　　　士
22　　□□□□□　　　白　　　直
23　　□□□　　人　　□　　　衣
　　　　　　五十
24　　□　　　四　　人　　见　在

在这件文书中白丁、卫士涵盖了当乡所有丁男，其中又分为卫士（包括校尉、旅帅、队副以上的卫官和侍丁卫士、普通卫士）、白丁（充杂任的白丁和普通白丁）。这件文书有若干疑点，需要加以说明。文书整理者对6—10行有关当乡良贱男女人口统计与11行有关卫士、白丁人数统计之间的矛盾之处，加以注释，指出男夫总一百六十九与白丁、卫士共三百卌五人，两者之中必有一误。本件乡帐6—10行是否为当乡所有人口的登录，尚有疑问。这可以从3—5行已有单项登录的情况看出。且从图版上看，第6行和第11行书写的格式一致，高度相当，可能表示二者并不是总项和分项的关系。图版显示，12行和16行则要比11行低，它们属于分项与合计关系。因此，12行所缺的应是数字“七”，卫士有七十七人，包括见在的六十人，充当侍丁的四人和担任队副等卫官的十三人。相应地，白丁包括在官方有职位的白丁和见在输课的白丁，这就是17行至24行的内容。疑点之二就是17行与其他几行的关系。文书录文注释指出17行是用淡墨补写于夹行之中的，“杂任”两字前还有用浓墨删去作废的人数。这一点揭示出“杂任”可能与其下的几行并不是并列关系，而是对其下几行人数的合计，这一点近来被相关研究所确认。[1] 这就是说白丁的统计中包含了充杂任的白丁和普通白丁。

以此本件文书反映了“杂任”是医学生、州县学生、白直、执衣等类属名称。唐长孺、朱雷先生就是如此理解的。[2] 而《天圣令》所附唐令中“杂任”的规定中，则不见这些职位：

诸州执刀、州县典狱、问事、白直，总名“杂职”。州县录事、市令、仓督、市丞、府、史、佐、计（帐？）史、仓史、里正、市史，折冲府录事、府、史，两京坊正等，非省补者，总名“杂任”。其称“典吏”者，“杂任”亦是。[3]

对“杂任”所包括的职名，学人考证州县录事和州市令在某些情况下是流内职事官，故而当其“非省补”时方为杂任。[4] 对于令文末尾有关“典吏”的规范，笔者曾撰文考证认为这是对开元年间在使职系统大量出现的处理文书的“典”在官僚体制中进行定位，将它们也归入“杂任”范围。[5] 从这一角度说，唐令本身就是根据时代变化、制度演变进行内容的调整。唐初的“杂任”内涵更丰富，不限于开元《杂令》所规定的这些职名就不难理解了。前揭沈琛的研究也就此推论唐代令典中的“杂任”概念有一个变化的过程，开元年间从“杂任”中又分化出“杂职”“庶士”等群体。[6] 赵璐璐在对唐代“杂职”群体进行研究时指出，杂职群体的出现要晚于杂任，大致在显庆元年之后至开元年间。[7] 这一推论与乡帐文书所反映的情形是一致的。

总之，从以上对唐初西州的乡户口帐的分析，我们得知，唐初的“杂任”

---

[1] 按，沈琛在《令典与文书所见的唐代“散官充杂任”》一文中，利用 Tun-Huang and Turfan Documents Concerning Social and Economic History 一书的文书照片，确认了这一点，第 295—296 页。

[2] 唐长孺：《唐代色役管见》，第 148—149 页；朱雷：《唐代“乡帐”与“计帐”制度初探》，载《敦煌吐鲁番文书论丛》，甘肃人民出版社 2000 年版，第 171—172 页。

[3] 中国社会科学院历史研究所、天一阁博物馆天圣令整理课题组校正：《天圣令校证》，中华书局 2006 年版，第 433 页。

[4] 戴建国：《唐〈开元二十五年令·杂令〉复原研究》，载《文史》2006 年第三辑，第 126—132 页。赵璐璐：《唐代“杂任”考》，第 498—500 页。

[5] 顾成瑞：《唐代典吏考》，载《齐鲁学刊》2016 年第 1 期。

[6] 沈琛：《令典与文书所见的唐代“散官充杂任”》，第 296—297 页。

[7] 赵璐璐：《唐代“杂职”考》，载《文史》2010 年第三辑，第 130 页。

是个涵盖地方各种无品职任的类属，由白丁充任，与勋官无涉。那么，勋官在乡帐上的类属是什么呢？本文认为应归入“职资”内。和《唐贞观十八年某乡申报户口帐》书式、笔迹一致的《唐西州某乡户口帐（草）》中，与杂任、卫士并列的就有职资一类[1]：

1	□□　百　五　　旧
2	户一　十　七　　新
3	合当乡新旧口二千六十四
4	一千九百八十二旧
5	八十二新
6	六百五十六（七百廿三）杂任、卫士及职资、侍丁□□□
7	三　卌
	二百七十三人白　丁　□□□
8	二（三）百□四（□十七）　人旧
9	六　　人　　新
10	□百五十二老寡、丁妻、黄、小女
11	一百一十六人　　贱
12	□　十　九人　奴丁新（一）五十八旧
13	□　□　□人　婢三新五十四旧
14	□□□□□□白丁并依实，后若

对于“职资”内涵，朱雷先生曾着文探讨。他认为职资按《唐律疏议》“停家职资及勋官”使用场合，应是指文武品官，不包括勋官，而开元以来敦煌籍帐反映勋官也归入“职资”。[2] 朱先生用以说明唐初职资不包括勋官的吐鲁番文书的例证，实际上是证明卫官属于职资，不能证明“勋官”一定不属于职资。其时，律疏本身并未对“职资”给出定义。“停家职资”与“勋官”不同，并不

[1]《吐鲁番出土文书［贰］》，文书编号，68TAM103：20/1（a），第123页。

[2] 朱雷：《唐“职资”考》，载《敦煌吐鲁番文书论丛》，第202—210页。

能说明“职资”一定不包括勋官。勋官群体在唐初西州户口帐统计中应归入哪一类呢？《唐永徽元年后某乡户口帐（草）》给出了解决这一问题的线索：

（一）65TAM42：94（b）[1]

1　　]　　　　[

　　　　　　口一百五，年十一已上

2　　□一百六十五小男

3　　□卅黄男

（二）65TAM42：102（a），104（a）[2]

1　　口五[

2　　口七十七老男口四，年八十已上。口七十三，年六十已上

3　　口二废疾男

4　　]　　　　男

5　　口卌九职资

6　　口二十二见□

7　　口一十一前庭□

8　　口一校尉

9　　□三旅帅

10　　口四队正

11　　口三队副

12　　口[

（三）65TAM42：111/5[3]

1　　　　]一飞□□

2　　口一十二云□□

3　　口一十二武□□

[1]《吐鲁番出土文书［叁］》，第118页。

[2]《吐鲁番出土文书［叁］》，第118—119页。

[3]《吐鲁番出土文书［叁］》，第119页。

从文书体式看，职资包括折冲府的二十二名卫官（其中十一名是前庭府的，而外十一名则是其他折冲府的）。不过，对于卌九名职资减去二十二名卫官之外的二十七名人丁身份，由于文书缺失，我们需要进行一定的推论。朱雷先生认为后二十七名职资属于“破除”，而未做过多解释。[1] 我们认为这种解释尚有抵牾。首先，虽然唐代计帐类文书中往往有“破除”统计，但是在现存的西州“乡户口帐”中，我们并没有见到破除职资。其次，“职资”本属于免课役身份，那么若有职资的破除，我们可有两种理解：一是，这些身份不再是“职资”，而变为白丁身份。这种理解有悖于唐代官制，“职资”身份除了因犯罪而免当之外，是终身相伴的。二是，这些职资人逃离本乡或是身死。这种现象在唐代西州刚设立，环境稳定的情况下不可能发生。我们只能说在卫官之外，还有其他职资身份。那么，他们会是什么身份呢？是否可能是文武散官或流内九品州县官呢？从贞观后期颁授勋官的情况看，不可能有这么的多散官。由于唐代“避籍”制度的存在，也不可能出现如此多的州县官在此乡著籍。至于是否是卸任的折冲府卫官，可以从此时府兵制在西州开始推行和府兵六十岁才退出的制度推测其不可能。以此推断本件文书的另外二十七人只能是“勋官”。第三片文书正好是有关飞骑尉、云骑尉、武骑尉统计。这与前文分析西州当时勋官多为低品勋官的现实是吻合的。

在以上推论唐初作为身份的勋官没有占充杂任职位的基础上，本小节最后以《永徽元年后某乡户口帐（草）》现存所有部分来呈现这一样态。兹将该件文书（四）、（五）、（六）、（七）、（八）、（九）部分节录如下：

（四）65TAM42：95（b）[2]

1　　　　］［

一（？）百六，年六十已上。

2　　　　］丁　寡

3　　　口　二　笃　疾　妻

（五）65TAM42：90（b），91（b）[3]

---

[1] 朱雷：《唐“职资”考》，载《敦煌吐鲁番文书论丛》，第 208 页。

[2] 《吐鲁番出土文书［叁］》，第 119 页。

[3] 《吐鲁番出土文书［叁］》，第 120—121 页。

1　口一十三[

2　口一百一十七[

3　口一中女笃☐

4　口一百六十二小女

5　口一卅七黄女

6　口三百卅七贱

7　口二老部曲

8　口一丁部曲

9　口一百五十二奴

10　口廿五老奴

……………………………………………………

11　口卅☐☐奴

12　口[　　　]奴

13　口[　　　]奴

14　口一百八十二婢

15　口一客女

16　口卅三老婢

17　口七十七丁婢

18　口卌中婢

19　口卅小婢

20　口一黄婢

21　口二百九十二[

22　口三县佐

（六）65TAM42：93[1]

1　口九里正

2　口一州仓督

3　☐☐州仓使

---

[1]《吐鲁番出土文书［叁］》，第122页。

（七）65TAM42：97（b），99（b），100（b）[1]

1　　口　二　渠　长

2　　］烽　帅

3　　］道［

4　　］终　制［

5　　］廿三年［

6　　口一廿三年

（八）65TAM42：98[2]

1　　口　五　元　年　母　亡

（九）65TAM42：108（b）[3]

1　　　口　七　［

2　　　口　五　［

3　　　口　五　［

4　　口　卅　三　［

5　去年计帐已来，课、不课，输［

6　　口　［

文书（九）第5行“去年计帐以来课、不课、输”，表明此前是上一年各种人口及其输纳课役情况：（一）、（二）、（三）是不课男口；（四）、（五）1—5行是女口；（五）6—20行是贱口；（五）21—22行，（六）、（七）、（八）是各种杂色丁男。男口中的小男、黄男、老男、疾废、职资等和后文的女口、贱口等，属于不课范围；杂色丁男应是课丁不输部分，课见输的部分应是前面缺失部分。不课职资中包括见任职事官22人和27位勋官；课而不输，指白丁充杂任而折免课役，包括三名县佐、九名里正、一名州仓督、两名渠长，仓使、烽帅若干名。以上反映了唐代贞观永徽时期地方官府杂任等职掌都是由白丁担任的，与勋官无涉。

---

[1]《吐鲁番出土文书［叁］》，第122页。

[2]《吐鲁番出土文书［叁］》，第122页。

[3]《吐鲁番出土文书［叁］》，第123页。原注，（一）“七”字系淡墨书写。

里正属于杂任的一种。唐西州乡户口帐分类和《天圣令》所附杂令都说明了这一点。不过，不同于唐初西州里正由白丁充任的情形，《通典》收录的唐开元二十五年户令规定里正可以从勋官中选充，"诸里正，县司选勋官六品以下白丁清平强干者充，其次为坊正。若当里无人，听于比邻里简用。"[1]。本文认为两者的差异，是基于唐令自身变化产生的。我们可以从以唐代永徽令为蓝本而撰定的日令条文进行推定。

收录于《日本书纪》的日本大化二年（646 年）的改新诏书中有基层里长、坊长的设置和选补规定。"凡京每坊置长一人。四坊置令一人。掌按检户口、督察奸非。其坊令、取坊内明廉强直、堪时务者充。里坊长，并取里坊百姓清正强干者充。若当里坊无人。听于比里坊简用。""初造户籍、计帐、班田收授之法。凡五十户为里，每里置长一人，掌按检户口，课殖农桑、禁察非违，催驱赋役。若山谷阻险，地远人稀之处，随便量置。"[2]

此后，《养老令·户令》中亦有相应的记载。"凡户，以五十户为里，每里置长一人，掌检校户口，课殖农桑，禁察非违，催驱赋役。若山谷阻险，地远人稀之处，随便量置。""凡京，每坊置长一人，四坊置令一人。掌检校户口，督察奸非，催驱赋徭。""凡坊令，取正八位以下，明廉强直，堪时务者充。里长、坊长，并取白丁清正强干者充，若当里当坊无人，听于比里比坊简用。（若八位以下情愿者听。）"[3]

对于二者之间内容的相似性，井上光贞等在给日本养老律令作注释时指出二者应是沿用和修订大宝令的相关规定。[4] 这一观点的得出是建立在日本学界对《日本书纪》所载大化改新诏书的性质判断之上的。日本学界一般认为是《日本书纪》的编纂者根据自己所处年代的律令条文，对孝德大王的诏令原文作过某些修改润色。[5] 而该书编纂时所能依据的令文就是大宝令。据此，《日本书纪》所载的里坊制度就是大宝令的规定，而养老令对里长、坊长的选用的补充规定

[1] 《通典》卷 3《食货三 · 乡党》，第 64 页。

[2] 《日本书纪》卷 25，吉川弘文馆昭和五十八年版，第 431—433 页。

[3] 《令集解》，"新增订补国史大系"，吉川弘文馆 1983 年版，第 259—262 页。

[4] 井上光贞等：《律令》，"日本思想大系新装版"，岩波书店 1994 年版，第 550 页。

[5] 王海燕：《日本古代史》，昆仑出版社 2012 年版，第 125—126 页。

即“若八位以下情愿者听”，是新增内容。

日令有关里坊制度的规定，较多参考了唐令。虽然目前没有永徽户令的存世来作为比勘，但是我们从开元二十五年户令仍能看到这一点。“诸户以百户为里，五里为乡，四家为邻，五家为保。每里置正一人，若山谷阻险，地远人稀之处，听随便量置。掌按比户口，课植农桑，检察非违，催驱赋役。在邑居者为坊，别置正一人，掌坊门管钥，督察奸非，并免其课役。”[1] 二者在内容和表述上的一致，表明同是基于唐永徽户令的规定。所不同之处是唐代每里百户，日本则是五十户。两国里正、里长的职能定位则完全一致。人选方面强调“清平强干”和“清正强干”行事风格和当里无人从邻里、比里选补的原则也是一致。这些都应该是永徽户令中已确定的内容。所不同者，日令中没有出现拥有勋官（勋位）的官人可以入选。结合唐初西州籍帐所反映的里正由白丁充任，作为杂任的一类与勋官并列统计的现象，本文认为日大宝令有关里长由白丁身份选补就是沿用了永徽户令的规定，而未作更改。而恰是唐开元年间，面对勋官群体人数增长，设置了可由六、七品勋官出任里正的制度。在基于大宝令而纂修养老令时，日本也可能面临低位记群体人数增多而无出仕机会的背景，故而有允许其出任里正的补充规定。

以上是对唐初律令无“勋官充杂任”规定的考证。

二、“勋官充杂任”的出现及变化

高宗统治中后期，西州勋官出任杂任现象开始出现。乾封二年（667年）的《唐赵恶奴等户内丁口课役文书》中就出现了杜文远父为“勋官烽帅”记注。[2] 李方梳理了担任西州勋官担任西州官府杂职事情况。其中，最早的一例是神功年间（697年）以七十四岁高龄故去的范羔，其在永淳二年（683年）前担任城主。《唐开元十九年（731）唐荣买婢市券》、《唐开元二十年薛十五娘买婢市券》文书等所见的市丞玄亮带有上柱国勋位。大谷4893号《天宝二年交河郡市估案》

[1] 《通典》卷3，第64页。

[2] 《吐鲁番出土文书［叁］》，［64TAM5：64（b），70/1（b）］，第171页。

上有市丞上柱国泛惟表的署名。[1]这一情形的出现，与勋官人数增多，入仕机会减少有关。

西州勋官制度实施的情形是唐代国家官制变化的一个缩影。唐初数十年内，勋官人数不多且品级不高，有较大的入仕机会，前引刘琴丽的研究证明了这一点。西州同样如此。在李方对西州勋官入仕情况梳理中，永隆元年（680年）之前去世（或见载）的勋官中，有上柱国2人（1人是岸头府果毅都尉，1人为岸头府旅帅），其他十数人都是武骑尉至骑都尉，且有以低级勋官入仕的现象。永徽四年去世的张团儿，在高昌国时期担任东宫府门子弟将，入唐后被任命为洛州怀音府队正，在贞观后期征辽战役中获勋骁骑尉，放还西州后，又被授予正八品的散官征事郎，任命为交河县尉。[2]《唐龙朔二年（662年）正月十六日康延愿铭》提到志主前后得到勋官云骑尉、武骑尉，并出任岸头府的队正。[3]

唐高宗时期，勋官授予人数增多，逐渐激化了吏部等铨选部门所面临"官多阙少"的矛盾。显庆年间，黄门侍郎刘祥道对选举流弊上陈时就指出，当时每年等待铨注流内职事官的人数太多，有一千四百人，其中大部分是"杂色入流"，而根据《通典》的自注，所谓"杂色"，包括"三卫、内外行署、内外番官、亲事、帐内、品子任杂掌、伎术、直司、书手、兵部品子、兵部散官、勋官、记室及功曹、参军、检校官、屯副、驿长、校尉、牧长"[4]。这些群体在任职和服役满一定年限后都有向吏部申请铨选的资格。[5]为缓解员阙矛盾，刘祥道建议对杂色入流的人试判之后，分成四等，"第一等付吏部，第二等付兵部，第三等付主爵，第四等付司勋"，只有第一等的可以参加吏部铨选。这一意见在当时未被朝廷立即采纳。而有司所用的方法是减少勋官颁授，以减小杂色入流的压力。这一时期，刘仁轨、魏元忠等对于朝廷有司在军功授勋上的保守做法进行批评，就能反映这种倾向。麟德元年（664年），刘仁轨奏疏提及他此时已经见不到以往"人人投募，争欲征行"和"不用官物，请自办衣粮"的从军热潮，而处处

[1] 李方：《唐西州官僚政治制度研究》，第226—229页。

[2] 侯灿、吴美琳：《吐鲁番出土砖志集注（下）》，巴蜀书社2003年版，第471—472页。

[3] 参见张铭心：《吐鲁番交河沟西墓地新出土高昌墓砖及其相关问题》，载《西域研究》2007年第2期。李方：《唐西州官僚政治制度研究》，第219—221页。

[4] 《通典》卷17《选举·杂议论中》，第403页。

[5] 参见刘后滨：《唐代选官政务研究》，社会科学文献出版社2016年版，第34页。

是军心散漫的情形。他从百姓那里得知缘由，是从军者无法获得勋官，“往前渡辽海者，即得一转勋官。从显庆五年以后，频经渡海，不被记录”[1]。高宗即位之后至显庆五年（660 年）先后用兵平灭高句丽、百济，这期间出于军事动员目的，给予从军者普遍赐勋。此后，朝廷有意收拢勋官授予面，以维持勋官身份的价值。甚至出现追夺已颁授勋官的情况，“顷者破百济及平壤苦战，当是时将帅号令，许以勋赏，无所不至，及达西岸，唯闻枷锁推禁，夺赐破勋，州县追呼，无以自存”。[2] 从军方将帅激烈士气、笼络军心的角度看，扩大勋官颁授面，无疑具有重要意义。而从官员管理的吏部角度，新增人数众多的勋官无疑是搅乱铨选秩序的主要因素。因此，后者与州县会以勋官授予法规对新授勋官进行核实，将不少由阵前普赐而得者的资格剥夺。从百姓的角度看，这无疑是朝廷失信。上元元年（674 年）武则天称天后，为笼络天下人心，上建言十二事时，其中有一项“上元前勋官已给告身者无追核”。对于“建言十二事”，唐高宗“下诏略施行之”[3]。

不过仍有迹象表明，此后数年间勋官颁授还是相当保守的。仪凤三年（678 年）九月，针对李敬玄西征吐蕃失败，当时还是太学生的魏元忠上封事，指出赏罚不明是当时一系列兵败的原因。其中包括授勋过于保守的问题：

> 议者皆云：“近日征伐，虚有赏格而无事实。”盖由小才之吏，不知大体，徒惜勋庸，恐虚仓库。不知士不用命，所损几何！黔首虽微，不可欺罔。岂得悬不信之令，设虚赏之科，而望其立功乎！自苏定方征辽东，李勣破平壤，赏绝不行，勋仍淹滞。不闻斩一台郎，戮一令史，以谢勋人。[4]

面对军事战争带来的授勋群体扩大局面，吏部司勋的官吏有意保留，不予除授。“徒惜勋庸，恐虚仓库”意谓大量颁授勋官，损耗计司输课民丁，减少正赋收入。司勋所为已经超出本部门利益考虑，实际上可能秉行中枢对维持勋官

---

[1] 《旧唐书》卷 84《刘仁轨传》，第 2793 页。

[2] 《资治通鉴》卷 201，麟德元年十月庚辰条，第 6341 页。

[3] 《新唐书》卷 76《则天武后传》，第 3477 页。

[4] 《资治通鉴》卷 202，仪凤四年九月条，第 6387 页。

颁授与正赋收入关系的旨意。这虽意在保持勋官数量，却又挫伤了从军者的积极性，造成了屡战屡败局面。

魏元忠的封事文书，得到唐高宗的高度赞同，“帝甚叹异之，授秘书省正字，令直中书省，仗内供奉。”[1] 其主张和刘仁轨十多年的建议是一致的，与武后的主张在实质上也是吻合的。从种种迹象看，这一时期，唐廷开始放开颁授勋官的条件，获得勋官身份的人越来越多，而低级勋官累积为高品勋官也变得容易。以下略举数例以说明之。

2006 年河北省南宫后底阁遗址出土了两座唐代佛教造像，其题记对参与造像的民众身份记载就能说明勋官授予方面的变化。兹将两份造像记转录如下：

□唐龙朔□年岁次癸亥六月壬癸朔廿九日辛亥，大像主云骑尉韩善行队下五十人等，虽生在阎浮依希舍卫之国，奉敕东罚，见亲之日不期，共发鸿心，造白玉像□铺，誓愿之俊圣泽之所有，征採崐山之无价，镌成此像，诸行人等沐浴洗心，终身皈敬，镌名于后。维那赵孝强、勋官王弘善、维那张文遇、维那王才卿、维那张达、维那张士雅、维那韩客仁、维那赵孝晟、维那张道仁、维那张大信、维那赵孝恪、维那张君胄、维那韩行褭、维那王晟□、维那赵善贵、刘玄琰、张□仁、张玄远、□玄儁、张感仁、张弘楷、赵元方、张善晏、张□主、张□言、□□主、赵大慈、苟玄贵、张高进、张黑仁、张善藏、林留客、林玄亮、张弘道、王广□、姚通德、□□德、维那李毛仁、维那王信正。

唯大唐调露元年十月八日大像主宣勇师上柱国韩善行队下五十人等奉敕东征，敬造弥陀像一躯并二菩萨，上为天皇天后，下为七世先亡。都维那上骑都尉韩容仁、维那上军王信政、上柱国张文遇、轻车张弘道……[2]

发掘简报指出前者是龙朔三年（663 年）的造像记。[3] 参与造像者是当地即

[1] 《旧唐书》卷 92《魏元忠传》，第 2951 页。

[2] 按，发表于《文物》2012 年第 1 期的《河北南宫后底阁遗址发掘简报》对造像记仅作节录，朱建路《河北南宫后底阁村唐代佛教造像题记考释》（《中国国家博物馆馆刊》2017 年第 4 期）则将其中龙朔年间的造像记作完整录文，本文的转录是参考了以上两种录文。

[3] 河北省文物研究所等：《河北南宫后底阁遗址发掘简报》，载《文物》2012 年第 1 期，第 30 页。

将开赴辽东战场的普通士兵。记文提到云骑尉韩善行队下有五十人，而记文中列出的是四十人（包括韩善行）。其中，有勋官身份的仅两人，韩善行是云骑尉，王弘善的勋转不明。而到了调露元年（679 年）的造像记中，为首者仍是带领五十人队的韩善行，“王信政”“张文遇”“张弘道”在前一造像题记中出现。“韩容仁”虽在前者中没有，但与“韩客仁”字形相近，很可能原本是一人而被简报整理者误录。以上数人，韩善行勋转已经从云骑尉升为上柱国，其他数人原本都无勋官，此时由上柱国、上护军、轻车都尉等勋转。有研究者认为从龙朔三年造像记为 252 字，而调露元年造像记为 400 余字的差异来看，后者所多字数应是对参与者勋转的记载。[1] 可知，从龙朔三年到调露元年，河北基层的后底阁民众中拥有勋官身份者已经从少变多，且勋转从低变高。

从出土文书看，《唐上元二年（675）府曹孝通牒为文峻赐勋事》提及边兵镇守满十年，不需要军功就可以得到赐勋两转的规定；《张君义景云二年骁骑尉勋告》中有久视元年（700 年）六月廿八日敕对驻守军人年别酬勋一转的规定。[2] 开元时期延续了这一做法。《册府元龟》载开元十六年诏文“健儿长镇……每五年共酬勋五转”[3]。马志立指出赐勋力度提高致使勋官贬值。[4] 同此前征辽赐勋相比，征辽之役仅有数次，对于每个兵士来说，一生可能仅参与一次，这不大容易导致高品勋官的“泛滥”；军人镇守边州可能持续十数年，一年一转，以累勋之法，十二年便可从武骑尉升到上柱国。此外，还有对普通事功的酬勋。[5] 西州兵士氾德达在永淳元年（682 年）因参与战役获得加勋的赏赐，得到飞骑尉的告身，延载元年（694 年）氾德达则因为参与垂拱二年（686 年）的唐廷“拔四镇”的军事行动，获得酬勋四转，加上此前的三转，为七转轻车都尉。[6] 氾氏在久视

---

[1] 朱建路：《河北南宫后底阁村唐代佛教造像题记考释》，载《中国国家博物馆馆刊》2017 年第 4 期。

[2] 《吐鲁番出土文书［叁］》，65TAM346：2，第 262 页；录文参朱雷：《敦煌研究院藏〈唐景云二年张君义勋告〉真伪辨》，载《朱雷敦煌吐鲁番文书论丛》，上海古籍出版社 2012 年版，第 451 页。

[3] 《宋本册府元龟》卷 135《帝王部 · 悯征役》，第 150—151 页。

[4] 马志力：《唐代勋官制度若干问题研究》，第 19 页。

[5] 开元《水部式》中有对勋官充任的胜州转运水手一年赐勋一转的规定。参见刘俊文：《敦煌吐鲁番唐代法制文书考释》，第 62—64 行录文，第 330 页。

[6] 《吐鲁番出土文书［叁］》，“唐永淳元年氾德达飞骑尉告身”（68TAM100：4）、“武周延载元年（694）氾德达轻车都尉告身”（68TAM100：1），第 404—407 页。有关文书的解读，可参见刘子凡：《瀚海天山：唐代伊、西、庭三州军政体制研究》，第 198—204 页。

元年故去时，官衔为上轻车都尉。可知其在生命的最后几年里又得到一转勋官。他一生未出仕为职事官或军府卫官，卒时两男三女之中，“长子行同，夙承余庆，少仕天曹，局务驱驰，曾无亏失；次子法郎，出家入道，志在清虚；女适右玉钤卫、前庭府旅帅曹氏之门。”[1] 可知长子由勋官的门荫出身，且已在当地官府承担奔走驱驰事务，一子修道，而三女之中有一女嫁入前庭府旅帅之家。由父辈的从军授勋，汜家摆脱了平民身份，成为当地精英阶层。

在勋官大量颁授，勋级累积加快的背景下，唐廷对于勋官入仕予以限制。例如，神功元年规定“勋官、品子、流外国官出身，不得任清资要官”[2]。而刘祥道对勋官等“杂色入流”群体以分流的建议也在这一时期得到落实，逐步形成《新唐书·百官志》所载的由勋官到散官，由散官到职事官的漫长入仕途径。[3] 事实上，单靠勋官入仕的可能性极小。刘琴丽所梳理的勋官入仕的案例，很少有开元年间及之后的。在此情况下，国家制度就需要为勋官的出路作出新的安排。“勋官充杂任”就是令典对此的变通安排。《唐六典》卷三〇载：

州、镇仓督，州、县市令，取勋官五品已上及职资九品者；若无，通取勋官六品已下，仓督取家口重大者为之。州市令不得用本市内人，县市令不得用当县人。博士、助教部内无者，得于旁州通取。县录事通取部内勋官五品已上；若无堪任者，并佐、史通取六品已下子及白丁充之。[4]

据此，州县杂任可分为以下层级：（1）州、镇仓督，州、县市令；（2）博士，助教；（3）县录事；（4）州县佐、史。参与州县杂任选补群体可分为三个层次：其一，勋官五品以上及职资九品者；其二，勋官六品以下；其三，六品以下子及白丁。“六品以下子”与前二者并不能衔接。日野开三郎指出这里的“六品已下子”应为勋官六品已下，“子”为衍字，前后行文逻辑才得以一致。[5] 这一推论

[1] 侯灿、吴美琳：《吐鲁番出土砖志集注（下）》，第 608—609 页。
[2] 《旧唐书》卷 42《职官一》，第 1807 页。
[3] 参见《新唐书》卷 46《百官一》，第 1190 页。李方：《唐西州官僚政治制度研究》，第 208 页。
[4] 《唐六典》卷 30《三府都护州县官吏》，“功曹、司功参军”条，第 748 页。
[5] 日野开三郎：《唐代租调庸の研究（课输篇下）》，第 79、269 页。

是合理的，州县佐史与里正地位相当，属于州县杂任的下层，故而选补条件应是一致。这里补充一点，通行本《唐六典》“官”下衍“子”字并非仅有这一处。关于牧尉取散官八品已下充的规定，在《唐六典》中亦被误作“散官八品已下子”，幸得《天圣令·厩牧令》文本校勘。[1] 这或可作为以上校勘的一个佐证。《唐六典》对于州县杂任选任条件的记载，应来自当时在行的令式。这与唐初西州籍帐所反映的杂任选补情形已有较大变化。

没有品级的屯官系统中，唐初屯官是由白丁充任，经过考课之后与勋官等身份一道入流的，前揭刘祥道上陈“杂色入流”的文字就能说明这一点。至开元时期规定“屯官取前资官、常选人、文武散官等强干善农事有书判堪理务者充。屯副取品子及勋官充”[2]。

以上有关“勋官充杂任”的令典规定在开元时期得以落实，相关文献有这方面的反映。刊立于开元七年的镇州获鹿县本愿寺《金刚经碑》有当地诸多头面人物的题名。其中就有既是勋官，又充州县杂任的现象。例如，“乡望前县仓督云骑尉韩起贤”“乡望录事骑都尉王君□”“乡望县仓督云骑尉□君征”。[3] 乡望是由唐代官方授予乡里头面人物的一种称号，拥有这一称号者可以参加诸如州县长官上任仪式等官方礼仪活动。[4] 两位县仓督都是乡望，他们同时又是勋官。只不过，他们云骑尉的勋转尚未达到开元令式所规定的勋官五品以上。且该题名还出现不带勋官的县录事、市令，“乡望前县录事刘怀古”“经主州市令毕行瑜”。这反映开元前期某些地区勋官人数增多，但仍未能满足《唐六典》所规定州县杂任的选补。

若将时段前移武周朝，同样是出现“乡望”、杂任等题名的长安四年（704 年）卫州共城县《百门陂碑》就没有刻“勋官”身份。[5] 或可印证此时“勋官充杂任”制度尚未正式出台。

至天宝年间，令典有关充杂任的勋官品级则被突破。敦煌天宝差科簿对这

---

[1] 《唐六典》卷 17《太仆寺》，“诸牧”条，第 486 页；《天圣令校证》，唐 2 条，第 294 页。

[2] 《唐六典》卷 7《尚书工部》，“屯田郎中、员外郎”条，第 223 页。

[3] 《常山贞石志》卷 8，《石刻史料新编》第一辑第 18 册，台北新文丰出版公司 1982 年版，第 13292 页。

[4] 参见刘欣：《“乡望”与唐代乡里秩序》，中国人民大学 2016 年硕士学位论文，第 17—43 页。

[5] 《金石萃编》卷 65，《石刻史料新编》第一辑第 2 册，第 1113 页。

方面有所反映。差科簿包含勋官总人数102人。其中，上柱国51人，担任郡录事、郡史、县史、市壁师各1人，军典2人，堡主、斗门、子弟各1人，渠头2人，前官、遮收各3人，纳资7人，终服5人，老男3人，没有职任标注者19人；（无柱国、上护军身份）护军1人，纳资；上轻车都尉3人，县史1人，侍丁1人，没有标注1人；轻车都尉11人，郡史1人，郡上5人，纳资1人，无身份标注3人，没落1人；上骑都尉4人，郡上2人，平水1人，终服1人；骑都尉20人，郡上10人，侍丁1人，终服3人，无标注6人。以上属于五品以上勋官，共90人。（无骁骑尉）飞骑尉4人，平水1人，城主1人，终服1人，无标注1人；云骑尉1人，终服；武骑尉7人，郡上1人，纳资2人，堡主1人，卫士、土镇各1人，无标注1人。以上是六品以下勋官共12人。[1]

担任郡史、县史、市壁师5人，都是五品以上勋官。可见《唐六典》所载的佐史从六品以下勋官范围内选补的原则没有得到执行。这是因为高品勋官的增多，冲破了此前的选补原则，使得能够提供给勋官的杂任职位向下沉落。甚至有不少勋官从事比杂任地位低的杂役。差科簿中的渠头、斗门、平水等是否属于杂任，难以确定。而由勋官充任的州县门夫则无疑属于徭役。按照令典规定，州县门夫由防人选补，无防人之处，就由中男或残疾选补。[2]《乾元元年南郊赦书》的申禁反映这一制度后来又有变化，“其州府县门夫勋官，并于旧额数减一半，其庸丁、残疾人等不须更差”[3]。这表明乾元前州县门夫由勋官和残疾人等共同充任已是普遍存在的事实。

三、“勋官充杂任”在律令官制运作中的意义

官品建立了唐前期官制中职事官、散官、勋官和爵的比对关系，即学人所谓的“一元化多序列复式结构”。四者虽然功能不同，但是在唐前期的律令体制下都是“官人”。按照相应的官品，他们享受一系列政治、经济特权，如入仕、

[1] 参见西村元佑：《通过唐代敦煌差科簿看唐代均田制时代的徭役制度》，第21表《勋官一览表》，《敦煌学译文集》，第1158—1159页。

[2] 参见《通典》卷35《职官十七·俸禄》，第967页。

[3] 《唐大诏令集》卷69，第384页。

荫亲、授田、免课役、以官当赎罪等。散官、勋官可以通过番上积资进考，拥有参加铨选，成为职事官的机会。这些权利分别由唐令中的《官品令》《职员令》《选举令》《田令》《赋役令》《狱官令》等加以规定。本文姑且将这样一套由职、散、勋、爵关联建构起来的制度称为“律令官制”。那么，与律令官制基本原则有违的“勋官充任杂任”现象在唐代官制运行中到底扮演了什么角色？

学界对于勋官充任杂任和其他职掌现象的出现在官僚制度和赋役制度层面的影响已有若干论述。概括来说，主要有两种意见：其一，它是在勋官泛授、入仕无望的情况下，对勋官出路的一种安排。杂任之职虽没有正式官员的职权和显赫地位，却享有比一般百姓高的社会地位。[1] 有学人对开元时期勋官折番和白丁完纳课役进行比较，指出勋官折番所要承担的工作量即便已与白丁课役相当，其充任的杂任，要比白丁负担的役种优越。[2] 其二，它是唐代朝廷面临勋官增多、课役流失情况，为节省课丁而巧妙设计的制度。[3] 这种观点认为原由白丁充任的杂任，改由勋官充任任后，就不会产生由杂任身份带来的课役蠲免。第一种观点是从勋官入仕的制度实践角度分析的，第二种观点是从国家赋课收入稳定角度谈的，都是对这一制度安排的深刻认识。在前辈学人论述的基础上，本小节将从维持职散勋爵律令官制结构的稳定来考察“勋官充任杂任”的意义。

唐代律令官制的主体渊源在北朝。据阎步克先生的研究，北朝皇权强大，官僚所享有的特权与其事功相关。北朝散官虽然没有固定的职事，但仍有出使、检校和当番的任务，这与享受特权而鲜有职责的南朝贵族官僚有很大的不同。[4] 唐代的散官和勋官制度继承了这一点。他们在享受前述政治、经济等方面特权的同时，也要履行作为“官”的义务，这就是“番上”。这种“番上”可以是去官府担任摄职当差，也可以纳资代替，又可能是从事与白丁相当的某类役使。学者们多注意到“番上”履行和参选入仕的承接关系，而忽略了这与其特权，尤其是经济上的免课役权的对应关系。有学者提出若是放弃入仕，则没有番上

[1] 参见西村元佑：《通过唐代敦煌差科簿看唐代均田制时代的徭役制度》，载《敦煌学译文集》，第1141—1148页；王永兴：《唐天宝敦煌差科簿研究——兼论唐代色役制和其他问题》，第119页；傅枚：《唐代的勋官》，第104页。

[2] 金锡佑：《唐代百姓勋官考论》，第94页。

[3] 参见日野开三郎：《唐代租调庸の研究（课输篇下）》，第十章，第275—592页。

[4] 参见《魏书》卷21上《高阳王雍传》，第553页；阎步克：《中国古代官阶制度引论》，第114页。

义务，也无须纳资。[1] 对这一观点，最有力的反驳是《新唐书》“吏部郎中、员外郎”条的记载。该条对散官输资钱代替“番上”义务时说“六十不乐简选者，罢输”，并说“勋官亦如之”[2]。这就是说散官、勋官番上义务会持续至六十岁入老时，而当其“一登职事”后从此则不必番上。六十入老恰是白丁免课役的年限。因此说，纯粹勋官的“番上”义务必须得到履行。充任杂任，是勋官履行“番上”义务的形式之一。

开元年间是唐代勋官授予层面迅速扩大，高品勋官数量剧增的时期。[3] 若按照令式规定的勋官权益，对之一一兑现，国家的官府编制和财政收支难以承受。若是宣布勋官权益都实效，数量庞大的勋官，即便不走上唐廷政权的对立面，也很难使得他们再去为国家效力，更不用说再使用勋官制度进行军事动员了。因此，如何将勋官在官僚体制中予以安排，使得律令所规定的勋官制度不用进行根本性的调整成为当时顶层设计面临的一个重大问题。“勋官充杂任”恰是一种维持现有律令官制的有效变通方式。

在唐代国家的官制架构中，杂任自然不算“官”，然而在乡里社会中，他们却因有“在官供事”身份而被视为“官”。对于原本出自乡里，通过参与军事活动得到勋官的人户来说，一个官方颁授身份和在州县官府奔走的差事，辅之以比一般民户数额多的土地和优免赋役的待遇，足以显赫一世，泽被后人了。这是从勋官乐于接受“勋官充杂任”角度来说的。从国家角度来看，它可以减少由白丁充杂任而造成的课役扣除，同时并未触动勋官与职事官、散官比对架构的根本。更进一步说，杂任是长期职事，勋官既可由突出课绩被铨选入流内官，又可以在迁升无望情况下，长期任职。[4] 且开元年间，财政已开始为州县杂任发放料钱。[5] 这使得相比于白丁承担的大部分无偿杂役，杂任有相当于职事官俸料的收入。因此，“勋官充杂任”是一种对勋官作为“官”的权利、义务配置的巧妙制度安排。

---

[1] 参见马志立：《唐代勋官制度若干问题研究》，第 36 页。

[2] 《新唐书》卷 46《百官志一》，第 1187 页。

[3] 参见前揭速水大、金锡佑等人的著述。

[4] 赵璐璐：《唐代“杂任”考》，第 500—504 页。

[5] 参见李锦绣：《唐代财政史稿（上卷）》，北京大学出版社 1995 年版，第 909—912 页。

对于"充杂任"的勋官，在犯罪后面临惩罚时，是否适用律文对于"官"的当赎权，被叶炜用以界定官、吏身份的标志之一。他据《唐律疏议·断狱律》"断狱应决配而收赎"条有关"品官任流外及杂任，于本司及监临犯杖罪以下，依决罚例"[1] 和《唐律疏议·名例律》"诸本条别有制"条的有关名例律所定的官员犯杖罪可收赎遇到"品官任流外及杂任"情况时"依本条科断"规定，指出他们不能使用官品当赎，而只能挨打，体现了胥吏管理上的职位因素特点。但是，我们也需要留意这条律疏的后半部分，"品官任流外及杂任"在犯徒罪以上时，可以适用官当和收赎的规定。[2] 这样的区分，是力图保证杂任照章履职的同时，照顾其勋官、散官身份所带有的特权。

基于这样的制度调和，律令官制架构在贞观年间形成后，经过高宗、武周至玄宗开元年间渐进式的背景变化，至安史之乱前基本稳定。敦煌天宝差科簿虽然已经将勋官、五品官以上子孙、品子与普通白丁一并注录，作为县级官府日常差科的依据，勋官身份享受的免课役特权实质上在消解，但是官方不厌其详其标注勋官身份，力图维系官制架构。此时，唐前期由律令官制、均田租调制和征兵制相互维系的制度样式仍在形式上存在。吴宗国先生认为唐代政治制度一直随着社会形势的变化而不断调整，体现较强的自我完善的机制。[3] 以上有关"勋官充杂任"的制度安排就是律令官制的自我完善的表现。

安史之乱后，律令官制迅速瓦解。这其中，最主要的推动力来自于酬赏军功的授官方式变化。以职事官酬赏军功的制度已经出现并逐渐常态化。天宝年间，以府兵解散后空出的诸卫府果毅、折冲、别将赏功；安史之乱后以散试官、检校官、兼宪衔的方式给各级将士赏官的制度形成。有关这一过程，笔者另撰文论述。此处仅举《资治通鉴》至德二载的一条常被用来印证授官混乱的记载：

诸将出征，皆给空名告身，自开府、特进、列卿、大将军，下至中郎将，听临事注名。其后又听以信牒授人官爵。有至异姓王者。诸军但以职任相统摄，

[1] 《唐律疏议》卷30《断狱律》，"断罪应决配而收赎"条，第573页。
[2] 《唐律疏议》卷30《断狱律》，"断罪应决配而收赎"条，第573页。
[3] 吴宗国：《盛唐政治制度研究·绪论》，上海辞书出版社2003年版，第6—7页。

不复计官爵高下。及清渠之败，复以官爵收散卒，由是官爵轻而货重。大将军告身一通，才易一醉。凡应募入军者，一切衣金紫，至有朝士僮仆衣金紫，称大官而执贱役者。名器之滥，至是而极焉。[1]

赏功职事官包括诸卫中郎将以上的所有武职事官，文职事官的寺监长官。这一泛授浪潮随着安史之乱平复而被遏制。随后如陆贽在兴元贞元之际所说的以“散试官、检校官”等酬赏军功的方式成熟了。[2] 笔者就此想强调的是单纯勋官颁授不再被作为军事动员的措施。随后法律上将勋官的当赎特权予以取消。[3] 加之早已式微的入仕铨叙和门荫权益，原有职散勋爵搭建的律令官制走向瓦解就显而易见了。在此情形下，“勋官充杂任”也就无从实施了。新的散试官、检校官身份颁授，与地方官府各种职事的摄署很快就结合起来了，大量近似官员的新身份出现。他们在州县差派色役时，往往得以狡脱；且利用身份大肆兼并土地，包庇富民，最终使得一般民户负担加重。由此唐后期朝廷屡次就“衣冠户”免役问题申禁。[4] 对比唐代前后两期官制运作情形，我们更有理由对唐前期的勋官颁授和“勋官充任杂任”在有效社会动员和稳定律令官制上的意义予以肯定。

---

[1] 《资治通鉴》卷219，中华书局1956年版，第7023—7024页。

[2] 参见陆贽撰：《陆贽集》卷14《又论进瓜果人拟官状》，王素点校，中华书局2004年版，第448—449页。

[3] 按，《唐会要》卷41《杂记》载“大和三年十月敕：应勋官及六品以下阶，宜准散试官例，不准当罪”，原作“元和三年”，误，上海古籍出版社2006年版，第874页。

[4] 参见拙文：《唐代衣冠户再议》，载《史学月刊》2018年第4期。

唐代盗赃法律文书中行为主义的探讨

何　君*

中国古代盗罪很早已出现[1]，即对他人财物的非法占有一类的罪名总括。对盗罪的解释较精准当属《晋书·刑法志》引张斐《注律表》载："……不和谓之强，攻恶谓之略，三人谓之群，取非其物谓之盗，货财之利谓之赃"，即盗罪主要指对非己之物的占有行为。其中，"取"这个动词表现了这一罪名的主要行为。《唐律疏议》卷二十"公取窃取皆为盗"条曰："诸盗，公取、窃取皆为盗"[2]，即强调对物的非法占有行为。

《唐律疏议》卷四"正赃"条疏议曰："在律，'正赃'唯有六色：强盗、窃盗、枉法、不枉法、受所监临及坐赃。自外诸条，皆约此六赃为罪。"唐律将凡是需要累计非法收入数额来定罪量刑的一类罪名统称为"六赃"。而六赃之中的盗罪（强盗和窃盗），就是侵犯他人财产以为其非法收入的基本罪名。赃，泛指一切非法的收入，也是定罪和量刑的主要依据。唐律严格区分盗的各种罪名。唐律中称盗罪为"盗""凡盗""真盗"等，都是指正罪，即条文详细规定出的罪名，在唐律各条文中有多条这类的盗罪条款。又有如"以盗论"或"准盗论"等许多行为和"真盗"罪不同，但也归入盗罪处罚的准"盗罪"条款，准"盗罪"条款所准之罪一般准的是窃盗，也并非绝对，即盗罪有时统一作为"赃"罪下的一个分罪名使用。有唐一代，唐律虽经多次修订，但史书中对唐律的盗罪适

* 何君，甘肃政法学院讲师，吉林大学法律史专业博士研究生。本文为甘肃政法学院2013年校级科研资助青年项目阶段性成果，项目编号：GZF2013XQNLW002。

[1] 有关盗罪的沿革和考证，参看闫晓君：《秦汉盗罪及其立法沿革》，载《法学研究》2004年第6期。

[2] 本文以下所引之唐律疏议内容均引自〔唐〕长孙无忌等撰：《唐律疏议》，刘俊文点校，中华书局1983年版。

用记载却不多见，因此，笔者在此对敦煌吐鲁番出土的唐代文献中的几个运用盗罪条文的判文、牒文等法律文书作一分析，并进而探讨唐代关于盗罪的规定和司法适用上的特点。

一、唐律盗赃罪之定罪——行为入罪

为便于说明和研究问题，兹转录法国所藏敦煌文书《文明判集残卷》中一判文[1]如下：

奉判：豆其谷遂本自风牛同宿，主人遂邀其饮，加药令其闷乱，困后遂盗其资。所得之财，计当十疋。事发推勘，初拒不承。官司苦加拷谇，遂乃挛其双脚，后便吐实，乃欵盗药不虚。未知盗药之人，若为科断？

九刑是设，为四海之堤防；五礼爰陈，信兆庶之纲纪。莫不上防君子，下禁小人。欲使六合同风，万方攸则。谷遂幸霑唐化，须存廉耻之风；轻犯汤罗，自挂吞舟之网。行李与其相遇，因此暂欵生平，良宵同宿。主人遂乃密怀奸匿，外结金兰之好，内包溪壑之心，托风月以邀期，指林泉而命赏，啖兹芳酎，诱以甘言，意欲经求，便行酖毒。买药令其闷乱，困后遂窃其资。语窃虽似非强，加药自当强法。事发犹生拒讳，肆情侮弄官司。断狱须尽根源，据状便加拷谇，因拷遂挛双脚，挛后方始承赃。计理虽合死刑，挛脚还成笃疾，法当收赎，虽死只和输铜。正赃与倍赃并合征还财主。案律云：犯时幼小，即从幼小之法；事发老疾，听依老疾之条。但狱赖平凡，刑宜折衷，赏功宁重，罚罪须轻。虽云十疋之赃，断罪宜依上估。估即高下未定，赃亦多少难知。赃估即未可明，与

[1] 关于此判文内容的真实性，学界多有考证，大多数学者都认为此判文为拟判，但刘俊文先生认为“判文皆采唐代事例，引律令条文为断。盖系取材于现实，而又加以虚构润色者。判文之法律意识极强，文笔朴素，剖析具体，显然有别于文人之判，疑出自法吏之手。引自《敦煌吐鲁番唐代法制文书考释》，刘俊文著，中华书局 1989 年版，第 450 页。笔者阅读后亦觉书写者深具律学功底，对唐律的了解和熟练使用程度颇高，虽为拟判亦有较高的法律研究价值。另有学者考证此判文并非文明年间著述，而是有可能跨越整个初唐，成书年代可能在开元初期，即八世纪初期，比文明之时要晚。（参看《文明判集残卷》新探，李世进撰，载《中北大学学报（社会科学版）》2009 年第 25 卷第 6 期。）然此说法仅一家之言，有待学界进一步探讨。

夺凭何取定？宜牒市定估，待至量科。[1]

《文明判集残卷》这一判文中，豆其、谷遂两人本不相识，豆其约因过路，投宿于谷遂家。谷遂便邀豆其饮酒，因为他事先在酒里下了迷药，迷昏了豆其，偷走了豆其的钱财。后来官府审问谷遂，谷遂拒不承认。司法官员动用了刑罚，谷遂才终于承认了犯罪事实。判文中分析了谷遂的行为是“买药令其闷乱，困后遂窃其资”，认为谷遂给豆其放药入酒，致使其不能反抗，是与使用暴力的后果相同的，所以认定谷遂所犯不是盗窃罪，而是强盗罪。

《晋书·刑法志》云：“若加威势下手取财为强盗”。《唐律疏议》卷二十“强盗”条疏议曰：“强盗取人财，注云‘谓以威若力’，假有以威胁人，不加凶力，或有直用凶力，不作威胁，而劫掠取财者；‘先强后盗’，谓先加迫胁，然后取财；‘先盗后强’，谓先窃其财，事觉之后，始加威力：如此之例，俱为‘强盗’。”即一般强盗罪指的是对受害人进行威胁或武力胁迫，非法取得其财物的犯罪行为。唐律此条疏议后又有：“若饮人药酒，或食中加药，令其迷谬而取其财者，亦从强盗之法。”这一案件的案情正符合了疏议中提及的使受害人饮加迷药的酒而取得其财物的情形。这一犯罪行为的定罪是强盗罪正条未规定而疏议解读条文时加入的，虽不是正文规定，亦归属强盗罪无疑。

用迷药迷倒人而窃取他人钱财，受害方不是主动失去财物，而是被迫，谷遂在不知情的情况下饮下迷药而无法看顾财物。正如判文中解释说：“语窃虽似非强，加药自当强法”，说明无论在法律条文规定还是审判实践中，都应认定这种用药窃物的行为为强盗罪。唐律对强盗罪的这一适用符合了“若加威势下手取财为强盗”的状态。本判文中的威势即受害人因饮药酒而不能反抗、无法看顾财物，而犯罪人得能强行取用财物的局面。此判文中的定罪是合乎《唐律疏议》的立法法意的，用胁迫或类似手段强行取得他人财物的行为作为此罪的定罪标准，说明这类行为本身具有的社会危害性。

在赃罪这类非法侵占他人财产的犯罪中，名为“赃罪”，即以“赃”来定罪

[1] P. 3813《文明判集残卷》第71—86行。引自杨一凡、徐立志主编：《历代判例判牍》第一册，中国社会科学出版社2005年版，亦参照了刘俊文著：《敦煌吐鲁番唐代法制文献考释》，中华书局1989年版。

量刑的罪名。实际从律文规定看，盗罪的入罪标准是以行为来定罪，不是以赃物定罪的。唐律规定："诸强盗，不得财徒二年；……其持仗者，虽不得财，流三千里……"，即唐律强盗罪的入罪标准是：虽没有取得财产但有行为上的强制或威胁即构成犯罪。窃盗罪的定罪也体现了这一原则。《唐律疏议》卷二十"窃盗"条疏议曰："窃盗人财，谓潜形隐面而取。盗而未得者，笞五十。"即盗窃罪的犯罪行为是秘密取得他人财物，不得财亦笞五十，即入罪标准也是盗窃行为而不是赃物。

因此，可以说"凡盗"罪这一类罪名的入罪标准不是以取得非法财产为必要条件，而是以强迫、威胁或秘密非法取得他人财物的行为作为必要条件，行为本身即构成犯罪。除强盗、窃盗罪外，唐律还规定有其他盗罪，更有对"盗不计赃而立"的罪名专门加重的规定。这些罪名是不计赃额而依性质设立的特殊的盗罪，如唐律第二七〇至二七九条，"盗大祀神御之物"等条，都是这类盗罪。唐律在第二八〇条规定了对这些盗罪的处罚，如果因规定减等而处罚比"凡盗"轻的，或者计赃数额发现重于基础刑的，以"凡盗"加一等处罚[1]。

从唐律的立法法意来看，在唐律的五刑之中，强盗而不得财"徒二年"的刑罚是唐律五个刑种二十个刑等中从重到轻的第七等刑罚，没有取得财物即予以定罪并处徒刑；如持杖，即握有凶器，是加重情形，"虽不得财流三千里"，除死刑、加役流等刑罚外这是最重的刑罚。以此来看，强盗罪确实是唐律六赃中危害性最大、性质最严重的犯罪。而盗罪类罪名正是社会治理的主要罪名，以其行为入罪，更能强调对这类行为的严厉处罚。赃罪的"赃"，对这类犯罪的严重程度加以区分，非法财产的数额决定加重的程度，即"赃"的取得本身不是入罪标准，而是量刑标准。[2] 综上所述，唐律中盗罪的犯罪行为是对犯罪者的主

[1] 《唐律疏议·贼盗律》。

[2] 这在其后各个朝代的法典中都有所体现，如《宋刑统·贼盗律》"强盗窃盗"条中记载如下："【准】唐元和十年八月九日敕节文：京兆府奏，应擒获强盗，不论有赃、无赃，并集众决杀。"表明唐代后期强盗罪完全不以赃论罪，而是以行为本身定罪了。如《大明律》中规定："凡强盗已行，而不得财者，皆杖一百，流三千里。"雷梦麟在《读律琐言》中对此条解释道："强盗已至主家，是为已行。若为事主所拒，邻保所援，不得主家财物，虽其家之无损，而其强已行矣，皆杖一百，流三千里。"即虽无实际强迫行为，只要到达犯罪地点，就构成强盗罪，清代亦是如此规定。

要定罪依据。[1]

盗罪的认定除了有强迫、威胁或秘密取得的行为外，也依据赃物多少来量刑轻重，即“计赃”。在本案判词中，提到了“所得之财，计当十疋”。唐代计赃为尽量求得统一，把赃物都统一折合成绢之疋、尺来计量。如强盗罪规定“一尺徒三年，二疋加一等；十疋及伤人者，绞；杀人者，斩”。窃盗罪的量刑标准则略轻：“诸窃盗，不得财笞五十；一尺杖六十，一疋加一等；五疋徒一年，五疋加一等，五十疋加役流。”吐鲁番出土的唐开元盗物计赃科罪牒断片[2]就记载了王庆犯窃盗罪进行计赃科罪的案情。由于王庆所盗赃物不满一疋，刑罚定为杖六十，完全合于唐律关于窃盗罪的规定。又盗罪有一特殊的惩罚规定称为倍赃，即强令盗者加倍偿还所盗之赃。《唐律疏议》卷四“征赃”条注曰：“盗者，倍备。”即各种盗罪都要加倍征赃。对此条注文的疏文说：“盗者以其贪财既重，故令倍备，谓盗一尺，征二尺之类。”即双倍征收或偿还赃物，所以文中有“陪（倍）赃牒徵送谘”即是此意。

入罪仅依行为定罪，计赃量刑和盗赃倍偿又加重惩罚，可以看出唐律对盗

[1] 这与现代刑法理论中的行为犯有些类似又不尽相同。行为犯一词是大陆法系刑法理论对犯罪形态的重要分类，行为犯是针对结果犯而言的，指只要实施了某种类型的行为，即可认定已实现了构成要件，这就是纯粹的行为犯，它不要求发生行为造成外部结果。（引自冈特·施特拉腾韦特、洛塔尔·库伦著：《刑法总论——犯罪论》，杨萌译，法律出版社2006年版。）即符合犯罪构成的行为即称为犯罪，而不论其后果。而唐律刑法的规定并未严格区分各种犯罪构成，主要区分的是犯罪的不同行为，所以以现代行为犯的观点来定位唐律盗罪并不甚中肯，只是笔者思考这一问题的其中一个角度，有待与刑法学专家探讨后作出古今比较的可靠结论。

[2] 开元盗物计赃科罪牒断片一九七二年出于吐鲁番阿斯塔那，现藏新疆维吾尔自治区博物馆，编号72TAM194：27（1）、（2）、（3）。全件计存二断片、十行（二行不完），每整行字数在八至十一之间。与此件同墓出有唐开元七年张行伦墓志二方。转引自刘俊文著：《敦煌吐鲁番唐代法制文献考释》，中华书局1989年版，第499—501页。

〈前缺〉

1 □ 财 □

——————

2 一疋杖六十，一疋加一等。王庆

3 计□不满壹疋，合杖六

4 十。□案谘，决讫放。其

5 钱徵到，分付来宾取

6 领。□陪赃牒徵送谘。仁

7 赞白。

类罪名的惩罚格外严格。除凡盗罪，还有类盗罪，即以“准盗论”“以盗论”等盗罪入罪方式，下面以“准盗论”来说明类盗罪的认定特点。

二、“准盗论”的认定——行为比附

“准盗论”是区别于“真盗”的一类犯罪行为的定罪方式。[1]《唐律疏议》卷六“反坐罪之准论条”规定：“称‘准枉法论’‘准盗论’之类，罪止流三千里，但准其罪，并不在除、免、倍赃、监主加罪、加役流之例。”疏议曰：“称准盗论之类者，诈伪律云：‘诈欺官私以取财物，准盗论。’杂律云：‘弃毁符、节、印及门钥者，准盗论。’如此等罪名，是‘准枉法’‘准盗论’之类，并罪止流三千里。但准其罪者，皆止准其罪，亦不同真犯。”这说明“准盗论”是按照条文中的刑罚幅度进行量刑，不做除名、免官、倍赃、监守加重及超限处加役流等处置，以流三千里为最高刑罚，刑罚上和真犯盗罪的惩罚等同，但仅只于刑罚，和真的盗罪还是不一样的。

下面转录法国所藏敦煌出土《文明判集残卷》中一判文的答判来说明这一定罪方式的运用：

奉判：得葬专道。河南丞便官钱事。吴巩

古训攸制，威仪不忒，合于中庸，是谓达礼。哀彼之子，执亲之丧，怨飘风而莫追，痛昊天而疚在，封树遄迫，兆兹先启，日月其滔，将临甫窆。厥柩而窆，虽徧于庶人；专道而行，许同于王者。且往实如慕，瞻遣奠而绝号；还则如疑，将返虞而不忍。知是道也，能用礼焉。若邻未达，其何妄告。筮事王朝，贰宰京邑，自可贞固守道，岂宜贪以败官。方今善政必录。徇财斯纠，敌声盗贿，须从丕弊。不疑平反，当置阅实。准律，以官物自贷用，无文记，以盗论；若有文记，减准盗论。诰以真盗，则铁冠失刑；绳以枉法，则墨绶伤重。载详决事之

[1] 唐律中使用准盗论共 75 处，用了“准盗论”进行定罪和量刑，其中大多数罪名都是以行为定为“准盗论”。

典，请依准盗之罚。[1]

这一案件中的官员收受钱财，使丧礼队伍官道，判为“准盗”。依照案情而言，犯案官员让私人丧礼占用官道，唐律中没有对应的罪名规定，于是判文作者思考拟定两种罪名，一种是盗罪，一种是枉法。从盗罪来讲，说是盗，并未真盗，因官道是不可盗走的，只是丧礼之时擅自私用；从枉法来讲，虽有受财之实，但占用官道并不能称为枉法，而用官道行私家丧礼队伍又确实有损官府威仪。因此，判文作者在两种罪权衡之下选用了“准盗”，依据条文是《唐律疏议》卷十五“监临主司私自贷公廨物”的条款：“诸监临主守，以官物私自贷，若贷人及贷之者，无文记，以盗论；有文记，准盗论；立判案，减二等。即充公廨及用公廨物，若出付市易而私用者，各减一等坐之。”这条规定监临主司私自用公廨物，在一定程度上符合了“私用官道”这一犯罪行为，官道和公廨物有共通之处，即都不能随意私用，因此是一种行为上的比附，最后判“准盗论”，是比较合理的。从判文中对“准盗论”的定罪不难发现，准盗论也是以行为作为定罪条件的，准是以行为来比附和对照其他已有之罪，“准”的依据是行为。可以说，唐律的盗罪和准盗论罪都有以犯罪行为为入罪的必要条件、赃为量刑条件的特点。

三、呵盗的契约使用——准盗行为的私法使用

《晋书·刑法志》引张斐《注律表》载：“律有事状相似而罪名相涉者，若加威势下手取财为强盗，不自知亡为缚守，将中有恶言为恐猲，不以罪名呵为呵人，以罪名呵为受赇，劫召其财为持质。此六者，以威势得财而名殊者也。即不求自与为受求，所监求而后取为盗赃，输入呵受为留难，敛人财物积藏于官为擅赋，加欧击之为戮辱。诸如此类，皆为以威势得财而罪相似者也。”其中的“不以罪名呵为呵人，以罪名呵为受赇”，“输入呵受为留难”，几句中都有“呵”

[1] P.3813《文明判集残卷》第5—13行，引自杨一凡、徐立志主编：《历代判例判牍》第一册，中国社会科学出版社2005年版；亦参照了刘俊文著：《敦煌吐鲁番唐代法制文献考释》，中华书局1989年版。

字的使用。“呵”在这里是用言语口头威胁的意思，与恐喝之“喝”字，似有相同用法。关于恐喝的盗罪，汉《盗律》就有“恐喝取财”，张家山汉简中亦有“恐喝取财”之条。[1]《唐律疏议》卷十九“恐喝取人财物”条规定：“诸恐喝取人财物者，口恐喝亦是。准盗论加一等；虽不足畏忌，财主惧而自与，亦同。疏议曰：恐喝者，谓知人有犯，欲相告诉，恐喝以取财物者。注云‘口恐喝亦是’，虽口恐喝，亦与文牒同。计赃，‘准盗论加一等’，谓一尺杖七十，一疋加一等，五疋徒一年半，五疋加一等，三十五疋流三千里。虽不足畏忌，但财主惧而自与财者，亦同恐喝之罪。”即在唐代恐喝取人财物犯罪是“准盗论”罪。比一般准盗罪的惩罚加一等处罚，因为恐喝虽是口头或书面文牒威胁，但仍是强迫取得他人财物行为。说明恐喝取财的犯罪一般只考虑是否有恐喝行为，而不考虑恐喝是否得财。“恐喝取财”归属于“盗律”，是因为“恐喝”的目的是“取财”，而罪名的成立取决于其“恐喝”行为。[2]

在吐鲁番出土文书中有多个类似用法，如唐咸亨四年（673 年）西州前庭府杜某买驼券：

咸亨四年十二月十二日，西州前庭队正杜，交用练十四匹，于康国兴生胡康乌破延边买取黄敦驼壹头，年十岁。其驼与练，即交想（相）付了。若驼有人寒盗㤼佲（呵盗认名）者，一仰本主及保人酬当，杜悉不知。三日不食水草，得还本主。待保未集，且立私契，保人集，别［立］市契。两和立契，获指为［验］。

驼主康乌破延（画指）

买驼人杜

保人都护人敦（签名）

保人同乡人康莫匡（画指）

知见人张轨端[3]

---

[1] 有关恐喝取财的沿革和考证，参看闫晓君：《秦汉盗罪及其立法沿革》，载《法学研究》2004 年第 6 期。

[2] 引自闫晓君：《秦汉盗罪及其立法沿革》，载《法学研究》2004 年第 6 期。

[3] 唐长孺主编：《吐鲁番出土文书（图文对照本）》，文物出版社 1992 年版。

这一买驼券中，写明买驼人是当时西州前庭一个姓杜的队正[1]从当地的一个名为康乌破延的胡人手中以十四匹的丝织物买了一头黄敦驼。券书中关于黄敦驼的归属责任叙述有一句提到“寒盗仞佲”[2]，这一词汇编著者注为“呵盗认名”，即某人口头恐喝威胁指认相应的财物为自己所有，有强行霸占财物之意。“若驼有人寒盗仞佲呵盗认名者，一仰本主及保人酬当，杜悉不知”全句意思是如果有人用言语威胁要把骆驼据为己有，由驼原主人和保人跟其进行交涉或给予钱财，杜某不知亦不负责此问题。其实“寒盗”正是类似恐喝取人钱财的一种犯罪行为。

这个用法在吐鲁番文书中多次出现。60TAM317：30/6（a），30/10（a）《唐赵荫子博牛契》（3192）载：“后有人寒盗识内不食水草，任还本。”[3]73TAM509：8/10《唐开元二十一年（733）石染典买骡契》（41279）：“如后有人寒盗识认者，一仰主保知当。”64TAM10：37《高昌延寿八年（631）孙阿父师买舍券》（21206）中有：“若后有人河盗仞佲者，仰本主了。”69TAM135：2《高昌延寿五年（628）赵善众买舍地券》（11410）中有：“车行人盗，依旧通。若后右人河盗仞佲者，仰本主了。”69TAM117：57/1《某人用练买物契》（21297）：“后有人何盗仞罚白练廿匹入悔。”这里的寒盗、河盗、何盗等用法，应该都是“呵盗”的意思，即与《晋书》中的“呵人”意思一致，是恐喝、口头威胁别人，将物据为己有的行为，即类似强盗的准盗罪罪名规定的恐喝取人财物的行为。

这一罪名与强盗类似，又与强盗有所区别，专指用言语等口头形式强迫别人给予财物的行为，因此唐律规定为“准盗”罪。这些吐鲁番出土的契约、券书中多次出现这类词汇，说明当时高昌等边镇地区的恐喝抢人财物行为可能较多。恐喝取人财物的犯罪行为时常发生，在边镇较为荒凉的地区，却并不能马上被绳之以法，赃物有可能转卖，因此恐喝或口头指认说财物为己所有的情况才非常普遍。而在契券上写明呵盗认名条款，第一，说明买主在此表明自己的财物并非赃物，是明确的买卖关系得来；第二，如果买的财物确为赃物，买主不

---

[1] 队正是行军府兵的编制，府兵每十人为一火，设火长一人，五火为一队，设队正、副队正一人。见孙继民著：《敦煌吐鲁番所出唐代军事文书初探》，中国社会科学出版社2000年版，第145页。

[2] 唐长孺先生认为这个“寒”应为“呵”。参看《吐鲁番出土文书（图文对照本）》，文物出版社1992年版。

[3] 本条及余下四条文书条文均摘自唐长孺主编：《吐鲁番出土文书（图文对照本）》，文物出版社1992年版。

承担相应的责任，而是由出卖人和保人出面承担责任的。因此，呵盗认名的条款可能就成为当时当地买卖贵重物品的必书条款了。

余论、赃罪的告发与执行

（一）

〈前缺〉

1 知是辨：问陌墙入盗张逸之物，今见安

2 仰答所由者。谨审：但知是长患，比邻具□

3 陌墙盗物，所注知是盗，此是虚注。被问依

4 □式。麟德二年五月日。

5 更　　问。式示。

〈后缺〉

（二）

〈前缺〉

1 春香等辨：被问所盗张逸之物，夜□更

2 共何人同盗，其物今见答□

及今因

3 审：但春香等身是突厥

4 更老患，当夜并在家宿，实

5 依实谨辨。

6 麟德二年月日

7 译语人翟浮知

———

〈后缺〉

（三）

1 张玄逸年卅二。＿＿＿

2 玄逸辨：被问在家所失之物，

3 □告鞠运贞家奴婢盗将

4 推穷元盗不得，仰答答所

5 谨审：但玄逸当失物，已见踪迹

6 运贞家出，即言运贞家奴婢盗，

7 当时亦不知盗人。望请给公□，

8 更自访觅。被问依实谨辩。

9 式。麟德二年

10 玄逸失

〈后缺〉[1]

这三个案卷文书中连续集中记述了一个案情，即张玄逸家中失窃，张玄逸控告盗物人为麴运贞家奴婢，经讯问麴家奴婢知是、春香后，俱不得实，便再问张玄逸，张玄逸承认前告乃是推测，“亦不知盗人”，请求“更自访觅”。这里说明盗罪相关罪名的告发不反坐的规定（《唐律疏议》卷二十四：“诸告人罪，皆须明注年月，指陈实事，不得称疑。违者，笞五十。官司受而为理者，减所告罪一等。即被杀、被盗及水火损败者，亦不得称疑，虽虚，皆不反坐。其军府之官，不得辄受告事辞牒，若告谋叛以上及盗者，依上条。疏议曰：告人罪，皆注前人犯罪年月，指陈所犯实状，不得称疑。‘违者，笞五十’，但违一事，即笞五十，谓牒未入司，即得此罪。官司若受疑辞为推，并准所告之状，减罪一等，即以受辞者为首，若告死罪，流三千里；告流，处徒三年之类。即被杀、被盗，为害特甚，或被人决水、纵火漂焚财物，盗即不限强、窃，漂焚不问多少，告者皆须明注日月，不合称疑。推问虽虚，皆不反坐。）在当时司法实践中确实适用，张玄逸多次告发，官府数次讯问，有“更问”“式示”等字样，但并未判处任何罪名和刑罚，符合斗讼律的规定。

[1] 麟德二年五月高昌县勘问张玄逸失盗事案卷残卷。此件一九六六年出于吐鲁番阿斯塔那六一号墓，现藏新疆维吾尔自治区博物馆，共三断片，分别编号为66TAM61：24（a）、23（a）、27、1（a）、2（a）、22（a）。其中断片（一）首尾皆缺，残存五行；断片（二）亦首尾皆缺，残存八行；断片（三）首完尾缺，残存十行。总计全件共存二十三行，每整行字数在十二至十九个之间。兹据国家文物局古文献研究室、新疆维吾尔自治区博物馆、武汉大学历史系合编之吐鲁番出土文书第六册刊布录文转录［断片（一）原拟标题为：四、唐麟德二年知是辩辞为张玄逸失盗事；断片（二）原拟标题为：五、唐麟德二年婢春香辩辞为张玄逸失盗事；断片（三）原拟标题为：三、唐麟德二年张玄逸辩辞为失盗事］。引自《敦煌吐鲁番唐代法制文书考释》，中华书局1989年版，第496—497页。

另有唐初西州处分支女赃罪牒断片[1]对一个名叫支女的人进行征赃没官的牒文，其中有唐律关于非盗罪的赃物的规定。彼此俱罪之赃，指必要共犯而计赃定刑者之赃。一般盗赃须征还主，彼此俱罪之赃因与财人亦有罪，不可还主，故将赃没官。[2]《唐律疏议》卷四“彼此俱罪之赃”条规定：“诸彼此俱罪之赃及犯禁之物，则没官。”注云：“谓计赃为罪者。”疏议曰：“受财枉法、不枉法及受所监临财物，并坐赃，依法：与财者亦各得罪。此名‘彼此俱罪之赃’，谓计赃为罪者。”牒文除写明支女的赃物上缴之外，还有官府对告发她之人的处置，“既是实，准斗讼律：若告二罪以上，重事实及数事等，但一事实，除其罪。请从免者。准状故牒。”此处运用了唐律告发多罪的相关规定（《唐律疏议》卷二十三“诬告反坐”条），说明当时在西州及高昌等边镇地区，唐律已非常普及，边镇虽有突厥人，亦有译语人在司法过程中翻译，对盗罪的告发和赃罪的告发和征赃都是极其符合唐律条文规定的。

综上，唐代关于盗罪的规定不可谓不详尽具体，从总括的盗罪，一般的强盗、窃盗罪，到具体特定赃物又不计赃之盗罪，再到准盗论之盗罪，在司法实践，亦能遵从相关条文的规定进行处断。诉讼中，独对盗罪的告发不加反坐，也说明对盗罪的严格防范。从行为主义的角度来看，唐律的立法对盗罪是比较容易判定和入罪的，唐律对赃罪之严格细致可见一斑。与其他赃罪相比，是既强调“赃”也强调犯罪行为的罪名，盗罪是以行为入罪的范例，说明唐代刑法立法上尤其是对盗罪的犯罪行为本身的研究和立法技术已非常高超。

---

[1] 此件一九七二年出于吐鲁番阿斯塔那，现藏新疆维吾尔自治区博物馆，编号 72TAM230：47（a）。首尾皆缺，共存六行，均不完。兹照录国家文物局古文献研究室录文。

〈前缺〉

1 丈肆尺五寸，据赃不满□

2 讫，放。其粟既是彼此俱罪□，准例合没官。别牒

3 交河县，即征支女粟参□送州，请供修甲

4 仗，仍牒兵曹检纳处分。其□所告支女剩去粟

5 既是实，准斗讼律：若告二罪□，重事实□数事等，但一

6 事实，除其罪。请从免者。□准状故牒。

以上全文转引自刘俊文著：《敦煌吐鲁番唐代法制文书考释》，中华书局 1989 年版。

[2] 刘俊文著：《敦煌吐鲁番唐代法制文书考释》，中华书局 1989 年版，第 496—497 页。

墓志所见唐代荐举中的清白科

彭炳金*

荐举与科举、门荫、杂色入流是唐代选官的主要途径，学术界关于唐代荐举制度的研究主要关注点是唐代荐举制度的发展演变和荐举的主要形式及特点，对唐代荐举制度的具体科目的研究比较欠缺，只有张辉的《略论唐代荐举——以举人自代、冬荐和县令举为中心》（首都师范大学硕士学位论文，2009年）对举人自代、冬荐和县令举三种重要的荐举形式进行了重点研究。清白著闻或清白明著是唐代荐举中的一个科目，目前还未见学术界有专文论及。由于唐代文献中关于清白举的记载比较少，本文利用出土的唐代墓志，结合文献史料，对唐代荐举的清白科作初步探讨。

一、唐代墓志简介

墓志是随墓主一同埋入墓穴的刻石，墓志的文体包括志和铭两种。墓志一般用散文撰写，主要记载墓主的姓名、籍贯、家世门第、生平事迹及生卒年月及埋葬地等；铭则用韵文来写，是对墓志内容的概括与总结。墓志早在秦汉时期就已经开始出现，南北朝时期墓志的形制已经基本定型，到了唐代，撰刻、埋葬墓志之风盛行。王公贵族自不必说，就是平民百姓，只要财有余力，都要请人撰刻墓志。唐代许多文人都曾为人代写过墓志，许多唐人文集中都有其为人撰写的墓志。自宋代以后，陆续有唐代墓志出土，其中以长安和洛阳居多。清

---

* 彭炳金，天津师范大学法学院教授。本文是天津市社会规划课题《唐代廉政法制研究》的成果，项目编号：TJFX17-007。

代以来，洛阳邙山出土了大量历代墓志，一些金石学家开始搜藏。中华人民共和国成立以后，全国各地都有唐代墓志出土。今天存世的隋唐五代墓志原石和拓本，据粗略估计，有七千种以上。目前，已经影印出版的唐代墓志主要有：

（一）图版类

1. 李希泌编：《曲石精庐藏唐墓志》，山东齐鲁书社 1986 年出版。李根源将自己在洛阳购买的墓志编为《曲石唐志目》，后其子李希泌又编为《曲石精庐藏唐墓志》。

2.《北京图书馆藏历代石刻拓本汇编》（101 册），北京图书馆金石组编，中州古籍出版社 1990 年影印出版。其中第 11—35 册收录唐代墓志。

3.《隋唐五代墓志汇编》，天津古籍出版社 1991 年影印出版。它是第一部汇集隋唐五代墓志新旧拓本的宏篇巨帙。共收隋唐五代墓志拓本五千余种，按收藏地域和单位分为以下 9 卷：《洛阳卷》，《河南卷》，《陕西卷》，《北京卷》（附《辽宁卷》），《北京大学卷》，《河北卷》，《山西卷》，《江苏山东卷》和《新疆卷》。本书以图版为主，志文清晰，附有说明文字，对墓志的出土时间、地点、撰人、书丹人、收藏等情况详为介绍。

4. 赵君平、赵文成：《邙洛碑志三百种》，中华书局 2004 年出版。主要收录了六朝及唐代的墓志书法 220 方。

5. 赵君平、赵文成：《河洛墓刻拾零（上下册）》，北京图书馆出版社 2007 年出版。所收为洛阳地区出土的墓刻拓片（包括砖刻和石刻），共计五百余幅。其中多为新出土和世所未刊者。

6. 齐运通编：《洛阳新获七朝墓志》，中华书局 2012 年出版。所收录的拓片均为齐运通先生的个人收藏。

（二）图文对照类

1.《千唐志斋藏志》：文物出版社 1984 年影印出版。本书以图文对照形式收录千唐志斋所藏西晋至民国的墓志拓片共 1360 余件，其中以唐代为主（1209

件），按照年代先后顺序编排。

2.《新中国出土墓志》：20 世纪 80 年代开始中国文物研究所与全国省、市文博考古及古籍整理单位合作编辑的大型丛书，收录 1949 年以来出土和发现的历代墓志，分省加以著录，唐代墓志是其中的重要组成部分，已经出版的有《河南卷（壹）（贰）（叁）》，《陕西卷（壹）（贰）（叁）》，《重庆卷》、《北京卷（壹）》、《河北卷（壹）》、《江苏卷（壹）· 常熟（贰）· 南京》、《上海天津卷》。

3. 赵力光主编：《西安碑林博物馆新藏墓志汇编》（线装书局 2007 年出版）和《西安碑林博物馆新藏墓志续编》（陕西师范大学出版总社有限公司 2014 年出版）刊布了西安碑林博物馆 1980 年以后入藏的历代墓志，以唐代墓志为主。

4. 西安市长安博物馆编：《长安新出墓志》（文物出版社 2011 年出版），收录了西安市长安区经考古发掘等途径所藏新出土北魏至清墓志。

5.《大唐西市博物馆藏墓志》，北京大学出版社 2012 年出版。

6. 毛阳光、余扶危编：《洛阳流散唐代墓志汇编》，（国家图书馆出版社 2013 年出版）收录 2000 年以来在洛阳及其周边地区出土的唐代墓志 300 余方。

7. 西安市文物稽查队编：《西安新获墓志集萃》（文物出版社 2016 年出版），是全国一部由文物稽查队追缴墓志汇编而成的石刻文献图书。

（三）释文类

20 世纪 80 年代以后，许多学者和研究机构开始对出土的唐代墓志进行整理、录文、考订，汇编后出版，为充分利用唐代墓志进行研究提供了极大的方便。目前已经出版的唐代墓志汇编主要有：

1. 周绍良主编：《唐代墓志汇编》，（上下两册，上海古籍出版社 1992 年出版）和周绍良、赵超主编：《唐代墓志汇编续集》（上海古籍出版社 2001 年出版），抄录以周绍良个人收藏的唐代墓志拓片为主，并进行了标点，目录以编年为序，后有附录人名索引，便于读者自由翻寻检索，目前使用较广。

2. 吴钢主编：《全唐文补遗》（1—9 辑和《千唐志斋新藏专辑》，以陕西出土的唐代墓志为主，收录的唐代墓志数量较多，缺点是未注明墓志出土地与现藏处，没有按照年代进行编目，不便于读者查核。

3. 毛汉光主编:《唐代墓志铭汇编附考》(1—18 册),以中国台湾“中央研究院历史所”收藏的唐代墓志拓片为主抄录、整理、编辑而成,自 1984 年 1994 年共编辑出版 18 册。按墓志埋葬的年代先后顺序编排,考订精详,印制精致,使用方便。

4. 毛阳光、余扶危主编:《洛阳流散唐代墓志汇编》,国家图书馆出版社 2013 年出版。收录 2000 年来在洛阳及其周边地区出土的唐代墓志三百余方,每方墓志编者都加以释文和标点,著录其尺寸、书体、行款等相关信息,并配以拓片图版。书后附有人名索引,便于学者查询。[1]

二、从汉代的廉吏科到唐代荐举中的清白科

根据《汉语大辞典》,清白一词用于形容个人品德时一是指品行纯洁,没有污点。二是特指廉洁;不贪污。[2]《后汉书·杨震传》记载,杨震“性公廉,不受私谒。子孙常蔬食步行,故旧长者或欲令为开产业,震不肯,曰:‘使后世称为清白吏子孙,以此遗之,不亦厚乎。’”[3] 清白吏即清廉官吏。在古代文献中清白一词往往与贪腐相对应,如《乐府诗集》:“《伎录》曰:‘求禄求禄,清白不浊。清白尚可,贪污杀我。’”[4] 东汉王充《论衡》:“且不仕之民,性廉寡欲;好仕之民,性贪多利。利欲不存于心,则视爵禄犹粪土矣。廉则约省无极,贪则奢泰不止;奢泰不止,则其所欲不避其主。案古篡畔之臣,希清白廉洁之人。”[5] 例多,不尽举。

荐举作为一种选官方式早在商周时期就已经出现了,汉代察举制度就是荐举制度的新发展。唐代选官以门荫、科举和杂色入流为主,荐举为辅。荐举制度是唐代为选拔特殊人才和中高级官员而设立的选官方式,荐举的形式多种多样,有举人自代、常参官及地方长官荐举、宰臣及部门长官举荐、差遣使职荐举、

[1] 以上内容参见吴炯炯:《新世纪以来唐代墓志的收藏与刊布》,载《图书与情报》2017 年第 2 期。

[2] 罗竹风主编:《汉语大词典》(第五卷),汉语大词典出版社 1990 年版,第 1297 页。

[3] (宋)范晔:《后汉书》,中华书局 1965 年版,第 1760 页。

[4] (宋)郭茂倩:《乐府诗集》,中华书局 1979 年版,第 790 页。

[5] 黄晖:《论衡校释》,中华书局 2006 年版,第 439—440 页。

冬荐等；荐举对象广泛，现任官员与白身都可以被荐举；荐举的科目众多。

清白著闻或清白明著科是唐代荐举中的一个特殊科目，在唐代文献中一般简称清白，清白是指官吏清正廉洁。

唐代荐举中的清白科是由汉代的察廉吏科发展而来，与汉代的察廉吏科一样，清白著闻或清白明著要求应举对象是为官清廉的现任地方官吏。

在中国古代，为政清廉是官吏的最重要的品德，湖北云梦县睡虎地出土的秦简《为吏之道》就提出："凡为吏之道，必精絜（洁）正直，慎谨坚固，审悉毋（无）私，微密韱（纤）察，安静毋苛，审当赏罚。"整理小组认为精絜就是西汉镜铭"絜清白而事君"的絜清白，即清白之意。[1] 从汉代开始就重视奖励和提拔清廉官吏，汉代察举以孝廉和贤良方正科为主要科目，孝廉科即举孝子和廉吏为官。处理孝廉科外，汉代还有单独的廉吏科，汉武帝时规定"岁举秀才一人，廉吏六人"[2]。东汉也有廉吏科，"建武十二年八月乙未诏书，三公举茂才各一人，廉吏各二人。光禄岁举茂才四行各一人，察廉吏三人。中二千石岁察廉吏各一人，廷尉、大司农各二人。将兵将军岁察廉吏各二人。监察御史、司隶、州牧岁举茂才各一人。"[3]

唐代荐举中的清白著闻科何时设立史无明文记载，从出土的唐代墓志中可知在至迟在高宗咸亨（670—674 年）时期就已经有了清白举，《亳州录事参军事上骑都尉冯府君纪孝碑》记载，冯本（610—673 年）"解褐利州参军，徙绵州参军。频丁父忧去职，……服阙，迁淄州录事。……寻擢亳州录事参军。……功无所蔽，过无所容，巡察使以清白闻。秩未进于（阙二字）名已登于岱箓。以咸亨四年（阙六字）春秋六十有四。"[4]

唐代皇帝经常在诏令中要求刺史、台省官员及按察使、观察使等向中央荐举清白著闻的官吏。如唐玄宗开元十一年（723 年）正月丁卯敕中规定，"百姓有贤良，官人有清白，并令中书门下采访名闻。其贪浊之吏，委御史觉察弹奏。"[5]

---

[1] 睡虎地秦墓竹简整理小组：《睡虎地秦墓竹简》，文物出版社 1990 年版，第 176—177 页。

[2] （清）孙星衍等辑：《汉官六种》，周天游点校，中华书局 1990 年版，第 69 页。

[3] （宋）范晔：《后汉书》，中华书局 1965 年版，第 3559 页。

[4] （清）董诰等编：《全唐文》，孙映逵等校注，山西教育出版社 2002 年版，第 1251 页。

[5] （宋）王钦若等编纂：《册府元龟校订本》，周勋初等校订，凤凰出版社 2006 年版，第 936 页。

开元八年（720年）八月在《遣御史大夫王晙等巡按诸道制》中规定："其有政理殊尤、清直独立者，咸以名荐；余官有清白著称及诸色不善，各别为科目，同状奏闻。其寻常平状，并不须通。"[1]肃宗至德二年（757年）十二月戊午御丹凤楼大赦天下，赦书中规定："其郡县官有灼然清白、理行尤异，百姓中孝悌力田、不求闻达者，委采访使闻奏。"[2]

代宗宝应元年（762年）九月诏："其所举人授官后，如政能尤异，清白著闻，三两考后，仰本道观察使具状奏闻，其举主及所举官人，并量加进改。如懦弱、暴政，处置乖宜，并冒犯赃私等，议罪论刑，当亦连坐。"[3]代宗《大历五年大赦天下制》中规定："观察节度使及刺史各宜训励所部，使奉科条，变贪官之节，激循吏之行，其清白明著，政理殊尤者，具以名闻。"[4]唐德宗贞元四年（788年）正月大赦赦书中规定："诸色官有清白政术，堪任刺史、县令者，常参官各举所知，朕当亲自策试之。"[5]

三、唐代对被举荐为清白地方官吏的奖励与优待

按照唐代铨选制度的规定，地方官员被举荐为清白著闻或清白著称可以在铨选中获得优待。《唐六典》规定，清白著称分为三等。"凡内外官清白著称、强干有闻，若上第，则中书门下改授；注：清白著称，皆须每任有使状一'清'、考词二'清'，经三任为第一等，两任为第二等，一任为第三等。其都督、刺史既无考词，每使状有一'清'字，亦准任数为等第。……五品已上，量加进改；六品已下，至冬选量第加官。若第二、第三等人，五品已上，改日稍优之；六品已下，不待秩满，听选，加优授焉。"[6]《旧唐书·职官志》："凡内外官有清白著闻，应以名荐，则中书门下改授，五品已上，量加升进；六品已下，有付吏部即量第

[1]（清）董诰等编：《全唐文》，孙映逵等校注，山西教育出版社2002年版，第2523页。
[2]（宋）王钦若等编纂：《册府元龟校订本》，周勋初等校订，凤凰出版社2006年版，第961页。
[3]（清）董诰等编：《全唐文》，孙映逵等校注，山西教育出版社2002年版，第308页。
[4]（清）董诰等编：《全唐文》，孙映逵等校注，山西教育出版社2002年版，第1519页。
[5]（宋）王钦若等编纂：《册府元龟校订本》，周勋初等校订，凤凰出版社2006年版，第984页。
[6]（唐）李林甫等撰：《唐六典》，陈仲夫点校，中华书局1992年版，第34页。

迁转。”[1]

从正史和墓志中可以发现，在唐代获得清白举荐的官员有以下几种奖励和优待。

（一）加阶与升职

唐代文武官员的种类主要有职事官、散官，职事官分文武两种，各有九品三十等。散官也分文武两种，各有二十九等。职事官所带散官称为本品，“凡九品以上职事，皆带散位，谓之本品。职事则随才录用，或从闲入剧，或去高就卑，迁徙出入，参差不定。散位则一切以门荫结品，然后劳考进叙。”[2] 在唐代职事官可以根据官员才干及政绩越级晋升，而散官则需依据劳考按部就班晋升。因此唐代官员职事官的品级与其所带本品的等级往往不一致，“《武德令》，职事高者解散官，欠一阶不到为‘兼’。职事卑者，不解散官。《贞观令》，以职事高者为‘守’，职事卑者为‘行’，仍各带散位。其欠一阶，依旧为‘兼’，与当阶者，皆解散官。”[3]

从唐代墓志中发现，有些地方官员被举荐为清白著闻后同时获得了升职与加阶的奖励。例如，《大唐故朝议大夫行洋州长史上柱国王府君墓志铭并序》记载，王震（649—707 年），“弱冠，入太学，以明经擢第，除许州鄢陵县尉，授陕州硖石、湖州安吉两县丞（从八品下）。君虽徇义力仁，而薄名远耻；不以官位卑而懈其职，不以事无害而忽其机；阴非畏神天之知，清白奉堂闱之训。廉察使君录君三任清白，状闻（原书断句廉察使君录君三任，清白状闻），恩制褒升，加朝散大夫（从五品下）、行江都县令（从六品上）。”[4]《唐故慕容府君墓志铭》记载，慕容相（677—731 年）“弱冠以容貌补天后神岳斋郎，授彭原郡参军，次信都郡下博丞，转临淄郡司法，河东郡录事参军（从七品上）。……以清白名闻，

[1]（后晋）刘昫：《旧唐书》，中华书局 1975 年版，第 1820 页。
[2]（后晋）刘昫：《旧唐书》，中华书局 1975 年版，第 1785 页。
[3]（后晋）刘昫：《旧唐书》，中华书局 1975 年版，第 1785 页。
[4] 周绍良主编：《唐代墓志汇编》，上海古籍出版社 1992 年版，第 1104 页。

加朝散大夫（从五品下）、河内郡武德令。（从六品上）。”[1]

（二）加阶

唐代官吏入仕之初的散官品级依据出身（封爵、亲戚、勋庸、资荫、秀孝）而定，而任职以后本品的晋升则依据劳考按部就班晋升，根据唐代考课令，“四考皆中中者，进一阶；一中上考，复进一阶；一上下考，进二阶。”[2]

从墓志中发现，在唐代有些地方官吏任职期间被举荐为清白著闻后获得了加阶的奖励。例如，《大周故朝议大夫南君墓志铭并序》记载，南郭生（638—694 年）“至载初元年，蒙恩制授尚方监强山冶正监。公见推清白，不昧玄黄，去光宅之元，聿酬五品；长寿之岁，俄晋两阶。”[3]《赞善大夫李君墓志铭》记载，李某（？—755 年）“公守以廉介，谨均节用，用或有差，终不奉教。……开元中，御史大夫李商隐按察东都，大明黜陟，表公清白尤异。特拜朝散大夫（从五品下），寻除右卫率府左郎将，迁太子右赞善。”[4]

（三）升职

从唐代墓志中可以发现，绝大多数因许多地方官被举荐为清白著闻后获得了职务升迁。例如，《大唐故于府君墓志铭》记载，于思□（649—712 年）“解褐营州都督府参军、衢州司户参军、常州司户参军（从七品下）。参卿碣石，赞职金陵。宽猛相资，恪勤匪懈。讴歌远播，清白升闻。俯降丝纶，除邢州平乡县令（从六品上）。秩终，加朝散大夫，迁泽州晋城县令。”[5]《唐故梓州长史刘府君墓志》记载，刘彦之（656—715 年）“君讳彦之，字彦之。……妙年郡贡秀才擢第，拜海州朐山主簿，历鸾台典仪、羽林卫、太原卫、明堂主簿、并州司兵，

[1] 周绍良、赵超：《唐代墓志汇编续集》，上海古籍出版社 2001 年版，第 583 页。
[2]（宋）欧阳修、宋祁：《新唐书》，中华书局 1974 年版，第 1192 页。
[3] 周绍良主编：《唐代墓志汇编》，上海古籍出版社 1992 年版，第 870 页。
[4]（清）董诰等编：《全唐文》，孙映逵等校注，山西教育出版社 2002 年版，第 2543 页。
[5] 周绍良、赵超：《唐代墓志汇编续集》，上海古籍出版社 2001 年版，第 448 页。

再迁死户。……授将作丞，改绵州司马（从五品下）。无何，清白升闻，帝曰：‘俞！我大夫之良也’，制梓州长史（从五品上）。”[1]《大唐故肥乡县丞田府君（灵芝）墓志铭并序》记载，田灵芝（662—722年），“自勋卫授兖州瑕丘县尉（从九品上），……有使者以清白闻，寻授洺州肥乡县丞（从八品下）。”[2]《大唐故监察御史天水赵府君墓志铭并序》记载，赵陵阳（688—737年）“……无何，缘亲累贬秦州参军。会恩昭洗，量授赵州平棘主簿（正九品下）。……于是以清白著闻，为皇华振拔，则按察使萧嵩，差摄冀州武邑县令（从六品上）。”[3]《唐故正议大夫行太子右赞善大夫判太子率更令上柱国清河崔府君（孝昌）墓志铭并序》记载，崔孝昌（669—711年）“年十三，以门子补修文生，明经上第，解褐洛州参军，转率更寺丞、太子通事舍人、城门郎、太子舍人，出拜郑州司马（从五品下）。……俄以清白尤异闻，迁华州长史（从五品上）。”[4]《唐故通议大夫、和州刺史吴郡张公神道碑铭并序》记载，张无择（？—754年）“……寻改太原府功曹参军（正七品下）。给事中张昶为江淮安抚使，表公正直，奏置部从事。吏部尚书陆象先为河东按察使，状公清白，奏授怀州获嘉令（从六品上）。”[5]例多不尽举。

（四）由外官迁为京官

在唐代，京城长安是政治文化中心，经济发达，在中央任职不仅生活条件远比偏远地区任地方官要优越，而且京官升迁也较地方官要快，所以在唐代绝大多数地方官都羡慕担任京官。官吏由外官迁为京官，虽然职位的品级比原来职位低，也是一种优待。从唐代墓志中可以发现，有些地方官被举荐为清白著闻后迁为京官。例如，《大唐故中大夫行定州鼓城县令王君墓志铭并序》记载，王玄起（649—696年）初为宣州司户参军，“以功授朝散大夫行和州历阳县令。……御史韦安石廉君清白，状闻，除太子左司御率府长史（正七品上）。”[6]

---

[1] 周绍良主编：《唐代墓志汇编》，上海古籍出版社1992年版，第1119页。

[2] 吴钢主编：《全唐文补遗》第五辑，三秦出版社1998年版，第339页。

[3] 周绍良、赵超：《唐代墓志汇编续集》，上海古籍出版社2001年版，第560页。

[4] 吴钢主编：《全唐文补遗》第六辑，三秦出版社1999年版，第380—381页。

[5]（唐）白居易撰：《白居易集》，顾学颉校点，中华书局1999年版，第907页。

[6] 周绍良主编：《唐代墓志汇编》，上海古籍出版社1992年版，第1278页。

《大唐故正议大夫上柱国行昭陵令裴府君裴（思乂）墓志铭并序》记载，裴思乂（652—711 年）由东宫千牛出身，授雒州司仓，后累迁至贝州历亭县令（从六品上）。"拜朝散大夫。清白升进，改授光禄寺主簿（从七品下）。"[1]《大唐故郑君墓志铭》记载，郑戎（655—725 年）"弱冠以门荫调补房州永清尉，秩满授随州枣阳县主簿。明以制断，官无留事，转徐州符离县尉。……以丁内忧去职。逮服毕登选，坐主岑公以清白见称，尤加奖拔，擢以京职。"[2]

（五）减考

唐代地方官任期一般为四年，每年进行一次考课，考满之后可以赴吏部（文官）或兵部（武官）参加铨选，授予新的职务。"凡入仕之后，迁代则以四考为限。"[3]铨选就是量材授官，唐代五品以上先由宰相提名，由皇帝册授或敕授，或直接由皇帝任命；六品以下文官则由吏部选授，武官由兵部选授。应选之人每年十一月到京师参加铨选，称为冬集。唐初，选人少，一般考满后当年就可参加铨选。《唐六典》规定被评定为清白著称第二、第三等的六品以下官员可以获得减考的优待，即不待任期届满可以提前参加铨选，"（清白著称）若第二、第三等人，五品已上，改日稍优之；六品已下，不待秩满，听选，加优授焉。"[4]减考意味着官吏可以缩短待选时间，升迁更快。唐代墓志中有地方官任职期限内获得清白状后获得减考的案例，如《唐故相州成安县主簿张君墓志并序》记载，张倜（710—751 年）"年十四，以明经擢第，自孝廉郎解褐相州成安主簿。……未二三年，以清状减考，见许赴集，于前年冬铨授笔砚书判，高出万人，拭目于时。"[5]

[1] 吴钢主编：《全唐文补遗》第六辑，三秦出版社 2006 年版，第 380 页。
[2] 周绍良主编：《唐代墓志汇编》，上海古籍出版社 1992 年版，第 1315 页。
[3] （宋）王溥：《唐会要》，中华书局 1955 年版，第 1501 页。
[4] （唐）李林甫等撰：《唐六典》，陈仲夫点校，中华书局 1992 年版，第 34 页。
[5] 周绍良主编：《唐代墓志汇编》，上海古籍出版社 1992 年版，第 1777 页。

四、结语

廉政制度建设是一个系统工程，仅仅依靠严厉的法律制裁贪污腐败是不够的，不仅需要合理的俸禄制度、考课制度以及监察制度来保障官吏廉洁从政、预防腐败，也需要建立奖励机制，对清廉官吏在职务晋升等方面给予优待，倡导清廉风气。唐代荐举中的清白举就是唐代廉政奖励机制之一，许多地方官因清白著闻得到加阶、晋升等奖励，对于唐代吏治清明起到了较好作用。

《神龙散颁刑部格》所见“宿宵行道”考

赵　贞*

P.3078+S.4673《神龙散颁刑部格残卷》曰：“一宿霄（宵）行道，男女交杂，因此聚会，并宜禁断。其邻保徒一年，里正决杖一百。”[1]此条格文的核心是对民间聚会的规范，尤其是针对“宿宵行道”，责令邻保和里正仔细访察，严加禁断。其中“宿宵”，唐长孺先生推测“是佛教晚上斋会的名词”，并指出是一种“宗教性的集会”[2]。如此，“宿宵行道”应是佛教徒晚上举行的某种斋会仪式或法事活动。通常而言，释门法会传达出祈福禳灾和弃恶从善的主旨，这与唐王朝的统治政策并不矛盾。既然如此，中宗为何要禁断“宿宵行道”呢，“宿宵行道”究竟包含着哪些有违李唐律令的信息？基于这些问题，本文拟对“宿宵行道”的内涵进行讨论，并通过帝王诏敕的分析，尝试对上述问题给予回答。同时，结合文献中“夜聚晓散”的记载，试对唐代的佛教集会略加说明。

一、“六时礼忏”：“宿宵行道”的内涵

谈起“宿宵行道”，传世史部文献并无记载。所幸的是，唐代沙门善导撰述的《安乐行道转经愿生净土法事赞》卷下曾有描述，其文曰：

---

*　赵贞，北京师范大学历史学院教授。本文为国家社科基金一般项目“纪日序事：中古历日社会文化意义探研”（16BZS058）的阶段性成果。

[1]　刘俊文：《敦煌吐鲁番唐代法制文书考释》，中华书局1989年版，第253页；唐耕耦、陆宏基编：《敦煌社会经济文献真迹释录》第二辑，全国图书馆文献缩微复制中心1990年版，第568页。

[2]　唐长孺：《敦煌所出唐代法律文书两种跋》，载《中华文史论丛》1964年第五辑；此据《山居存稿三编》，中华书局2011年版，第21—38页。

仰惟今时同生知识等尔许多人，恐畏命同石火久照难期。识性无常逝逾风烛。故人人同愿共结往生之业。各诵弥陀经尔许万遍，念弥陀名尔许万遍。又造某功德等，普皆周备。故于某月日，庄严院宇，莹饰道场。奉请僧尼，宿宵行道。[1]

我们知道，善导（613—681 年）是唐初弘扬净土宗的著名高僧，宋代沙门志磐在《佛祖统纪》中就将善导归入“莲社七祖”之列，尊为净土宗“二祖长安光明法师”[2]，可见其地位之高。善导撰述的《净土法师赞》分上、下两卷，上卷标题的关键词是“转经行道”，下卷则为“安乐行道转经”，故综合起来，“转经”和“行道”构成了《法事赞》的主要内容[3]。根据赞文的描述，“转经”是诵读《阿弥陀经》数万遍，口念弥陀佛名号万余遍；至于“行道”，从赞文强调的“庄严院宇，莹饰道场”氛围来看，乃是释门徒众在道场法会中参与的一种散花礼佛活动。具体仪式是：有一人持花立于西南角，“待行道人至”，即将花递给行道者，众人行至佛像前即散花供养。随后绕佛礼拜，当行至西南角时，“更受华亦如前法”，即再次持花，至佛像前散花供养。如此循环往复，共有七次[4]。这种“散华行道”的仪式，实为古代印度的一种礼佛威仪。释门徒众通常排列成行，右绕佛像或佛塔一周、三周、七周，乃至百千周[5]。绕行礼拜时，往往伴随着散花、诵经或吟唱梵呗，以此来体现礼佛法事的庄严与威仪。

善导《法事赞》虽以“转经”“行道”为核心，但其中亦有大量忏悔“身口意业十恶之罪”的内容。如赞文提到：“忏悔已，至心归命阿弥陀佛。此十恶即摄一切恶，尽今忏悔十恶罪者，即忏一切罪尽。”[6] 这里“十恶之罪”，既包括对人天、三宝、师僧、父母、眷属等的冒犯与亵渎，也包括对地狱畜生、水

---

[1] No.1979《安乐行道转经愿生净土法事赞卷下》，《大正新脩大藏经》第 47 册，新文丰出版公司 1983 年版，第 437 页。

[2] （宋）志磐撰：《佛祖统纪》卷 27《净土立教志第十二之一》，释道法校注，上海古籍出版社 2012 年版，第 533 页。

[3] 杨明芬：《唐代西方净土礼忏法研究》，民族出版社 2007 年版，第 56—57 页。

[4] No.1979《转经行道愿往生净土法事赞卷上》，《大正新脩大藏经》第 47 册，第 427 页；杨明芬：《唐代西方净土礼忏法研究》，第 60—61 页。

[5] 慈怡主编：《佛光大辞典》，佛光出版社 1988 年版，第 2563 页。

[6] No.1979《安乐行道转经愿生净土法事赞卷下》，《大正新脩大藏经》第 47 册，第 436 页。

陆虚空蠕动及修罗鬼神众生的诬蔑与欺凌。释门徒众礼佛行道，还要至心忏悔，口念阿弥陀佛，广结善缘，荡除一切罪恶。因此，从《法事赞》体现的礼忏性质来看，“宿宵行道”应是僧尼在夜间举行的以礼佛、忏悔为核心的佛教法事活动。

不唯如此，道经中亦有“宿宵行道”之说。《正统道藏》洞玄部本文类所收《太上洞玄灵宝净供妙经》曰：

大真人即告言曰：唯三元吉日，五腊节者，总名八日。能於玄坛精舍，奉请道士，宿宵行道，及供香油，作诸甘果，积聚为山，随其大小，或复柈合，种种庄严，上献天尊。因此慈悲，惠及十方，无量无边，地狱囚徒饿鬼，皆得解脱。若犯重罪，谤於大道，及毁诸经净戒道士，是名重罪。若杀父害母，攻伐师主，谋逆国君，亦名重罪。若犯此罪，由得暂时应其供献，而得解脱。若罪轻者，因此供献，宿宵行道，永得解脱，俱时饱满。善男子，善弘建之福，使来生慈悲道士及孝子，皆得饷於先人，或亡父母、姊妹弟兄，皆得解脱，饱满无饥。[1]

经文所说“八日”，指三元吉日和五腊节。具体来说，正月十五日、七月十五日、十月十五日，是为三元吉日。五腊节，即正月一日天腊，五月初五日地腊，七月七日道德腊，十月一日民岁腊，十二月八日王侯腊[2]。按照经文的描述，道教在此八日于“玄坛精舍”，奉请道士，举行“宿宵行道”的法会活动。其核心内容是设坛供献，或供香油，或献甘果，祈福赎罪，永得解脱。又《灵宝领教济度金书》卷 216 云：

臣谨重诚上启北斗九皇玉晨道君。以今奉为斋主某，崇建三五璇玑妙斋。夙宵行道，礼念玄真。仰荷恩光，俯垂监映。法筵告罢，斋事圆成，重启真文，再扬妙化。伏愿中天玄灵童子，明承中天消灾内音玉字，告下诸天诸地，无极

[1] 《道藏》第 6 册，上海书店 1988 年影印本，第 286 页；张继禹主编：《中华道藏》第 4 册，华夏出版社 2004 年标点本，第 182 页。

[2] 《道藏》第 6 册，上海书店 1988 年影印本，第 286 页；张继禹主编：《中华道藏》第 4 册，华夏出版社 2004 年标点本，第 182 页。

无穷，真曹官属。为弟子消灾解厄，保命延生，削罪除殃，迎祥衍庆。遵依典令，火急奉行。[1]

这里“夙（宿）宵行道”，显然是为敬礼北斗九皇玉晨道君而举办的道教斋会，举办斋会的目的是为某弟子消灾解厄，保命延生。说明道教夜间举行的这种消灾避难和祈福纳祥的斋醮法会，同样可以称为“宿宵行道”。或可参照的是，佛道法会中还有“六时行道”的说法。《云笈七笺》卷 37《六种斋》曰：

已上诸斋，自古及今，登坛告盟，启誓玄圣。或三日七日九日十五日，皆昼夜六时行道，转经礼忏，仪格甚重。除上清绝群独宴静气遗形、心斋之外，自余皆是为国王民人，学真道士，拔度先祖，己躬谢过，禳灾致福之斋。[2]

所谓“已上诸斋”指上清斋、灵宝斋、洞神斋、太一斋、指教斋和涂炭斋，其中灵宝斋有六法：即金箓斋、黄箓斋、明真斋、三元斋、八节斋和自然斋。《唐六典》卷四《尚书礼部》载：“而斋有七名：其一曰金録大斋，调和阴阳，消灾伏害，为帝王国土延祚降福。其二曰黄録斋，并为一切拔度先祖。其三曰明真斋，学者自斋齐先缘。其四曰三元斋，正月十五日天官为上元，七月十五日地官为中元，十月十五日水官为下元，皆法身自忏愆罪焉。其五曰八节斋，修生求仙之法。其六曰涂炭斋，通济一切急难。其七曰自然斋，普为一切祈福。”[3] 举办这些斋会，都要预先建立“玄坛精舍”，并在特定某日“六时行道，转经礼忏”，才能达到为帝王国土延祚降福，拔度先祖、酬谢罪过和禳灾致福的功用。又《上清灵宝大法古序》云：

三洞布化，遍满人间，行道修斋，因宜立教，人间天上，久矣流行。若帝王国主，人民土地，一切众生，有诸灾厄应当消却，召诸道士以及女官，或多或寡，广立瑶坛，悬诸旛盖，散花烧香，然灯照夜，行道礼忏，昼夜六时，勤勤不息，

[1] 《道藏》第 8 册，第 80 页；《中华道藏》第 40 册，第 288—289 页。
[2] （宋）张君房编：《云笈七笺》卷 37《六种斋》，李永晟点校，中华书局 2003 年版，第 809 页。
[3] （唐）李林甫撰：《唐六典》卷 4《尚书礼部》，陈仲夫点校，中华书局 1992 年版，第 125 页。

克获灵应，福德普臻。经曰：黄箓者，开度亿曾万祖，先亡后化，处在三涂，沉沦万劫，超凌地狱，离苦升天，救拔幽魂，最为第一。此经随世所求，即可修设。或三日，或七日，一时九时，奏简驰诚上天，无不御达灵宝者。是大道之根宗，元始之妙化。[1]

可见，道教常用“行道修斋”的方式来消除灾障，祈福纳祥。具体做法是，筵请若干道士女官，广建坛场，四周幡盖悬浮，宝带飘溢，燃灯结彩，散花烧香，全然一幅吉庆祥和的图景。在这样的氛围中，道士女官“行道礼忏，昼夜六时”，无有停息，直至灾厄消却，福德并集。

实际上，“六时行道”的说法，最早应源自佛教。据《高僧传》卷5记载，东晋名僧道安“学兼三藏”，主持制定《僧尼规范》《佛法宪章》，“条为三例：一曰行香定座上经上讲之法；二曰常日六时行道饮食唱时法；三曰布萨差使悔过等法。”[2] 此后，天下寺舍，“遂则而从之”。道安制定的佛法条例，《历代法宝记》记载说：

（道安）作僧尼规范，佛法宪章，受戒法则，条为三例：一曰行香定坐；二曰常［日］六时礼忏；三曰每月布萨悔过。事相威仪法事咒愿赞叹等，出此道安法师。[3]

两相对照，可知“六时行道”即为“六时礼忏”，正如《云笈七笺》所说，“六时行道，转经礼忏”。《上清灵宝大法古序》也说，“行道礼忏，昼夜六时”，表明礼拜诸神和忏悔恶业是“六时行道”的核心内容。而对于佛教而言，礼忏实

[1] （清）董诰等编：《全唐文》卷986《上清灵宝大法古序》，中华书局1983年影印本，第10204页。

[2] （梁）释慧皎撰，汤用彤校注：《高僧传》卷5《义解二・晋长安五级寺释道安》，中华书局1992年版，第183页。

[3] No.2075《历代法宝记》，《大正新脩大藏经》第51册，第182页。

为通过礼拜诸佛、菩萨，诵读经文，以为所造恶业进行忏悔赎罪[1]。至于“六时”，即昼夜六时，系为佛教对于全天昼夜时长的划分。具体来说，佛教将一昼夜分为昼三时（晨朝、日中、日没）和夜三时（初夜、中夜、后夜），六时合为一昼夜[2]。每日昼夜勤行佛事，是佛法自印度传入中国以来一直奉行的准则。东晋道安制定六时行道之法，隋代信行创制昼夜六时发愿文，唐善导作往生礼赞（六时礼赞），主张昼夜六时礼佛忏悔，消除罪障。故释门经论中常有“六时”的说法[3]。如东汉安息国三藏安世高译《舍利弗悔过经》云：“佛言，若有善男子善女人欲求阿罗汉道者，欲求辟支佛道者，欲求佛道者，欲知去来之事者，常以平旦、日中、日入、人定、夜半、鸡鸣时，澡漱整衣服。叉手礼拜十方。自在所向当悔过言。”[4] 尽管此处“六时”的说法显然来源于传统的十二辰纪时，但由于平旦、日中、日入被定为昼三时，而人定、夜半、鸡鸣被定为夜三时，因而实质上与佛教“昼夜六时”的含义相通。西秦龟兹国三藏法师鸠摩罗什奉诏译解的《大智度论》卷七曰：“复次菩萨法，昼三时，夜三时，常行三事。一者清旦偏袒右肩，合掌礼十方佛言，我某甲，若今世、若过去世无量劫身口意恶业罪，于十方现在佛前忏悔，愿令灭除不复更作。中暮夜三亦如是。”[5] 南朝刘宋元嘉时，昙无蜜多在扬州翻译的《观普贤菩萨行法经》也说：“昼夜六时，礼十方佛，行忏悔法。”[6] 早期译解的这些佛经表明，佛教徒在昼夜六时中的修行活动，至少包括礼敬诸佛（如十方佛）和忏悔发愿两方面的内容。S.2574《礼佛忏悔文》、敦煌本《七阶佛名经》（BD05922、羽39R）还有“六时礼忏佛法大纲”的描述，其文曰：

昼三夜三，各严香花，入塔观像、供养、行道、礼佛。平旦及午时，并别

[1] 礼忏，《佛光大辞典》解释说：“礼拜与忏悔之略称。又作拜忏。即礼拜诸佛、菩萨，忏悔所造恶业。大抵藉由礼佛、诵读经文，以为忏悔之意。唐代智昇撰有《集诸经礼忏仪》二卷，为各种忏法仪式最初之综合刊本。”第6586页。

[2] 慈怡主编：《佛光大辞典》，第1283—1284页。

[3] 汪娟：《敦煌礼忏文研究》，法鼓文化事业股份有限公司1998年版，第14页。

[4] No.1492《佛说舍利弗悔过经》，《大正新脩大藏经》第24册，第1090页。

[5] No.1509《大智度论》卷七，《大正新脩大藏经》第25册，第110页。

[6] No.277《佛说观普贤菩萨行法经》，《大正新脩大藏经》第9册，第390页。

唱五十三佛，余阶总唱；日暮初夜，并别唱三十五佛，余阶总唱；半夜后夜，并别唱廿五佛，余阶总唱；观此七阶佛如在目前，思惟如来所有功德，应作如是清净忏悔。[1]

以上内容既然冠名“佛法大纲”，可知为六时礼忏的精义和要点所在。诸如散花供养、瞻仰佛像、绕塔礼拜、唱诵佛名和忏悔恶业等构成了六时礼忏的核心内容。这些礼忏仪式中，除了表达虔敬的心意（至心）之外，还有来自身体的肢体动作（礼拜）以及口头唱诵（包括作梵、和声、普诵、说偈等）[2]，最终通过身、口、意的结合，达到具体实践礼忏的目的。值得注意的是，“别唱”和“总唱”，当是礼拜五十三佛、三十五佛、二十五佛及诸佛名号的吟唱。《高僧传》卷13《唱导》载：“唱导者，盖以宣唱法理，开导众心也。昔佛法初传，于时齐集，止宣唱佛名，依文致礼。至中宵疲极，事资启悟，乃别请宿德，昇座说法。或杂序因缘，或傍引譬喻。其后庐山释慧远，道业贞华，风才秀发。每至斋集，辄自昇高座，躬为导首。先明三世因果，却辩一斋大意。后代传受，遂成永则。”[3]由此可见，宣唱佛名是佛法初传时礼敬诸佛的惯用手法。但法事活动行至夜半，往往僧众疲惫，精神不佳，于是别请高僧大德，援引譬喻和因缘故事，“宣唱法理，开导众心”。汤用彤先生认为，“是则中宵行道，请宿德说法警众，为唱导之原始，而亦后世忏文之先声也。道安六时行道，或已有唱导之事，而后慧远乃行其法也。”[4]

具上所论，“六时行道”是指佛道法事中的礼忏活动。与此相应，“宿宵行道”则是佛教徒众在夜晚举行的以礼拜诸佛，忏悔恶业为宗旨的法事仪式；对道教徒而言，为敬礼天尊或道君而举行的旨在为某弟子消灾解厄和祈福纳祥的斋会活动，同样可称为“宿宵行道”。这种敬礼佛道和忏悔赎罪的宗教活动，不可否认

[1] S.2574《礼佛忏悔文》，黄永武主编：《敦煌宝藏》第21册，新文丰出版公司1982年版，第202页；BD05922《七阶佛名经》，《国家图书馆藏敦煌遗书》第79册，北京图书馆出版社2007年版，第355页；羽39R《七阶佛名经》，《敦煌秘籍》影片册一，武田科学振兴财团2009年印行，第258—262页。

[2] 汪娟：《敦煌礼忏文研究》，第360页。

[3] （梁）释慧皎撰：《高僧传》卷13《唱导》，汤用彤校注，第521页。

[4] 汤用彤：《汉魏两晋南北朝佛教史》，上海人民出版社2015年版，第151页。

具有弃恶从善的味道，对于维系社会秩序的稳定无疑有积极意义，因而实际上与官方的统治政策并不矛盾。既然如此，唐王朝为何要禁止"宿宵行道"活动呢？

二、"妖讹宿宵"："宿宵行道"的衍化

前举《散颁格》表明，"宿宵行道"原本作为夜晚礼佛、忏悔的一种法事活动，在实际的礼忏仪式中却衍生出"男女交杂，因此聚会"的现象，自然会被官方视为有碍风化的不齿举动予以禁止。更为重要的是，在朝廷眼中，佛教徒的"宿宵"活动往往与"妖讹"一词相纠合，在很大程度上打上了"妖言惑众"的标签。较为典型的是，武周时汾州司马李思顺就因"多尚宿宵"而被有司推为"妄说图谶"的罪名。《通典·刑法七》载：

汾州司马李思顺，临川公德懋之子也。被韦秀告称，"思顺共秀窃语云，汾州五万户，管十一府，多尚宿宵，好设斋戒。《大云经》上道，'理复思顺好，李三五年少。'思顺恰第三，兄弟五箇者。"监察御史李恒等奏称："据思顺潜谋逆节，苞藏祸心，研覈始引《唐兴辩占》，复承应谶，请从极法。"奉敕依奏者。司直裴谈断："处斩刑，家口籍没者。"主簿程仁正批："合从妖处绞。只向韦秀一人道状，当不满众，合断三千里者。"裴谈又判："请依前断录奏者。"焦元亶判："退司寺官却议者。"有功议曰："谋危社稷，罪合反条。自述休徵，坐当妖例。反依斩法，妖从绞论。律著成文，犯标定状。状在事难越状，文存理无弃文。若违状以结刑，舍文而断狱，则乘马何俟衔勒，遏流岂用隄防？今判官处以反谋，勾司批从妖说，不耻下问，窃欲当仁。李思顺解《大云经》，韦秀称其窃语私解，明非众说，窃语不合人知，虚实唯出秀辞，是非更无他证。纵解'三五年少'，只是自述休徵。既异结谋之踪，元非背叛之事。即从叛逆，籍没其家，便是状外弃文，岂曰文中据状。请依程仁正批，妖不满众，处流三千里者正。"焦元亶判："具申秋官请议者。"右台中丞李嗣等二十人议称："请依王行感例，流二千里，庶存画一者。"守司府卿于思言等六十三人议称："依徐有功议者。"录奏，敕："思顺志怀奸慝，妄说图谶，唯其犯状，合寘严刑，为其已死，特免籍没者。"缘有

功议，遂免破家。[1]

此案的缘起是李思顺“多尚宿宵，好设斋戒”，适与唐长孺先生所说“佛教晚上的斋会活动”正相契合，因而与《唐律》并不抵牾。但朝廷深为忌讳者，恰为李思顺私自解读《大云经》，并摘引经文和天文图谶——《唐兴辩占》来“自述休徵”，进而为韦秀告发。此案引起了御史台、大理寺和刑部的激烈讨论，监察御史李恒、大理司直裴谈主张以谋反罪论处，乃至“家口籍没”。司刑徐有功认为李思顺“妄说吉凶”固然违法，其自述身有休徵仅有韦秀一人窃知，因并未向众人传播，加之又无谋反的证据，故据《唐律》“造妖书妖言”之条，可断为“妖不满众”，判流三千里，家口不缘坐。仔细考量，此案由“宿宵”、斋戒活动引起，最终以“妖言罪”“妄说图谶”来结案，正说明佛教徒众夜晚举办的礼忏、斋戒活动中，往往会流露出妄说灾祥、预言休咎和妖言惑众的异端邪说。在此种情境下，“宿宵”显然已非官方认可的佛教斋会，而是衍化为“妄说图谶”的左道妖讹了。开元三年（715 年）三月，玄宗《巡察按察巡抚等使》曰：

巡察使出，宜察官人善恶。其有户口流散、籍帐隐没、赋役不均者，不务农桑、仓库减耗者，妖讹宿宵、奸猾盗贼、不事生业、为公私蠹害者，德行孝弟、茂才异等、藏器晦迹、堪应时用者，并访察闻奏。[2]

这里“宿宵”与“妖讹”并称，其性质或与“奸猾盗贼”类似，被官方视为“公私蠹害”。至于“妖讹”，玄宗《禁断妖讹等敕》云：

敕，释氏汲引，本归正法。仁王护持，先去邪道，失其宗旨，乃般若之罪人，成其诡怪，岂涅盘之信士，不存惩革，遂废津梁，眷彼愚蒙，将陷阬穽。比有白衣长发，假托弥勒下生，因为妖讹，广集徒侣，称解禅观，妄说灾祥；或别作小经，诈云佛说；或辄蓄弟子，号为和尚。多不婚娶，眩惑闾阎，触类实繁，蠹政为甚！刺史县令，职在亲人，拙于抚驭，是生奸宄。自今已后，宜严加捉搦，

[1]（唐）杜佑：《通典》卷 269《刑法七・守正》，中华书局 1988 年标点本，第 4378 页。
[2]（宋）王溥：《唐会要》卷 77，中华书局 1955 年版，第 1415 页。

仍令按察使采访。如州县不能觉察，所由长官并量状贬降。[1]

敕文中，玄宗将那些着白衣，蓄长发而假托“弥勒下生”者视为“妖讹”，其表现形式多种多样，比如谈天说地，预言福祸，妄说灾祥和诳惑百姓等，俱为扰乱社会秩序之“蠹政”。日本《令集解·僧尼令》云：“凡僧尼，上观玄象假说灾祥，语及国家，妖惑百姓，并习读兵书、杀人奸盗及诈称得圣道，并依法律付官司科罪。”[2] 据此，凡僧尼牵涉妄说灾祥和妖言惑众者，均依法科罪。至于“白衣长发”，则是弥勒教徒的服色和装扮。北朝隋唐的沙门起事和农民起义，也经常利用弥勒教的组织形式来鼓噪声势，争取民众，故而遭到统治者的嫉视和禁断[3]。就性质而言，“妖讹”是指带有神秘、妖妄和怪诞色彩的非官方言论。《唐律》248 条“谋反大逆”曰：“谓结谋真实，而不能为害者。若自述休徵，言身有善应；或假讬灵异，妄称兵马；或虚论反状，妄说反由，如此传惑众人，而无真状可验者，自从袄（妖）法。”[4] 又《唐律》第 268 条：“诸造袄书及袄言者，绞。造，谓自造休咎及鬼神之言，妄说吉凶，涉于不顺者。”疏议曰：“‘造袄书及袄言者’，谓构成怪力之书，诈为鬼神之语。‘休’，谓妄说他人及己身有休徵。‘咎’，谓妄言国家有咎恶。观天画地，诡说灾祥，妄陈吉凶，并涉于不顺者，绞。”又曰：“传用以惑众者，亦如之。”疏议曰：“‘传用以惑众者’，谓非自造，传用袄言、袄书，以惑三人以上，亦得绞罪。”按照刘俊文先生的理解，假藉怪力鬼神，妄说吉凶，诡议祸福，即是妖（袄）书妖言。凡造用妖书妖言直接危及封建统治，或传播惑众达三人以上者，均判处绞刑[5]。尽管如此，唐代因妖言获罪或涉嫌谋反、起事者此起彼伏，层出不穷。陈登武先生曾对“妖言型”谋反做过详细统计与分类[6]，此处不赘。或可补充的是，《白孔六帖》卷 93《妖讹》收

[1] （宋）宋敏求：《唐大诏令集》卷 113《禁断妖讹等敕》，商务印书馆 1959 年影印本，第 588 页。

[2] 〔日〕黑板胜美主编：《令集解》卷 7《僧尼令·观玄象条》，新订增补国史大系，吉川弘文馆 1994 年版，第 207—211 页。

[3] 唐长孺：《白衣天子试释》，载《燕京学报》1948 年第 35 期，此据《山居存稿三编》，中华书局 2011 年版，第 9—20 页。

[4] 刘俊文：《唐律疏议笺解》，中华书局 1996 年版，第 1238 页。

[5] 刘俊文：《唐律疏议笺解》，中华书局 1996 年版，第 1329—1332 页。

[6] 陈登武：《从人间世到幽冥界：唐代的法制、社会与国家》，北京大学出版社 2007 年版，第 93—122 页。

有“孔化为男子”“治丹剔小儿肝心”“蛇虎导军”“以左道惑众”“金头王”“冯诡惑说妖祥”“讬神诡众”“讹言”“非衣小儿”“狭母鬼”“去君著黄”“右厢天子”等条目[1]，说明妖言的危害及引发的社会恐慌，已经引起了时人的重视。尽管这些妖言、讹语的类型及流布方式多种多样，但总括论之，不外乎出于制造恐慌、蛊惑民众和误导时政的目的。毕竟在科学落后、迷信盛行的中古社会，妖书妖言最易煽动人心，制造混乱，常为谋反叛逆者及农民起义利用作为舆论工具，故封建统治者深忌而厉禁之[2]。

应当看到，玄宗《禁断妖讹等敕》的颁布，表明官方已经意识到“妖讹”的产生与流布，或许与僧尼的宗教活动有关，尤其是北朝以来弥勒教徒借助宗教活动的起事与反叛[3]，可谓历历在目，令统治者心有余悸，因而对于僧尼行为的规范显得尤为迫切，刻不容缓。开元十九年（731 年）四月，玄宗颁布《诫励僧尼敕》，其中谈到了整肃“宿宵”的举措：

近日僧尼，此风尤甚。因依讲说，眩惑闾阎，谿壑无厌，唯财是敛。津梁自坏，其教安施，无益于人，有蠹于俗。或出入州县，假托威权；或巡历村乡，恣行教化。因其聚会，便有宿宵。左道不常，异端斯起。自今已后，僧尼除讲律之外，一切禁断。六时礼忏，须依律仪。午夜不行，宜守俗制。如有犯者，先断还俗，仍依法科罪。所在州县不能捉搦，并官吏辄与往还，各量事科贬。[4]

敕文中“因其聚会，便有宿宵”，似表明“宿宵”源于佛教的聚会传法活动。随着佛教的深入人心，僧尼也巡历州县，教化民众，因缘讲说之词弥漫乡村：他们打着讲经说法的幌子“眩惑闾阎”，聚敛财富；或借夜间礼忏之名，适时聚会，

[1]（唐）白居易原本，（宋）孔传续撰：《白孔六贴》，《景印文渊阁四库全书》第 892 册，台湾商务印书馆 1986 年影印本，第 515—516 页。

[2] 刘俊文：《唐律疏议笺解》，第 1331 页。

[3] 唐长孺：《白衣天子试释》，《山居存稿三编》，第 9—20 页；《北朝的弥勒信仰及其衰落》，《魏晋南北朝史论拾遗》，中华书局 1983 年版，第 196—207 页；罗汉：《剥开蚕茧：在白铁余 682—683 年的佛教运动中的民族、财富和末法意识》，载胡素馨主编：《佛教物质文化：寺院财富与世俗供养国际学术研讨会论文集》，上海书画出版社 2003 年版，第 322—332 页；陈登武：《从人间世到幽冥界：唐代的法制、社会与国家》，第 93—122 页。

[4] 宋敏求：《唐大诏令集》卷 113《诫励僧尼敕》，第 588 页。

传授旁门左道之法。所谓“左道”，即邪道也。《汉书》云：“右贤左愚，右贵左贱，故正道为右；不正道为左，若巫蛊及俗禁者。”[1] 这些违背经术意旨的歪门邪道，常假托神怪而预言祸福，往往能起到蛊惑人心，扰乱时政的作用。《礼记·王制》曰：“执左道以乱政，杀。”故历代对于左道之士严刑重罚，厉行禁止。玄宗《禁左道诏》说：“如闻道俗之间，妄有占筮，诳惑士庶，假说灾祥，兼托符咒，遂行左道。先令禁断，不合更然。”[2] 有鉴于此，玄宗对僧尼的行为规范作了明确批示。即僧尼的讲经说法及礼佛、忏悔活动，必须符合佛教内律的仪式和规定；僧尼礼忏限定于白天和初夜，而午夜以后（即中夜、后夜）不得有任何染指。这样，就从时间上否定了“宿宵行道”的合理性。

或可参照的是，宝应元年（762 年）八月，代宗颁布了《条贯僧尼敕》，进一步对僧尼道士的礼忏、斋会行为提出了要求：

道释二教，用存善诱。至于像设，必在尊崇。如闻州县公私，多借寺观居止，因兹亵渎，切宜禁断，务令清肃。其寺观除三纲并老病不能支持者，余并仰每日二时行道礼拜。如有弛慢，并量加科罚；又崇敬清净，礼避嫌疑。其僧尼道士，非本师教主，及斋会礼谒，不得妄托事故，辄有往来，非时聚会。并委所由官长勾当，所有犯者，准法处分。亦不得因兹搅扰，分明告示，咸使知悉。[3]

代宗特别重视对佛道斋会的整肃工作：在时间上规定“每日二时行道礼拜”；斋会的地点，限制在寺院内举行，否则强令还俗。《令集解》卷七“非寺院”条：“凡僧尼，非在寺院，别立道场，聚众教化，并妄说罪福，及殴击长宿者，皆还俗。”[4] 实际上与代宗颁布的《条贯僧尼敕》若相契合。佛道斋会一旦超出官方规范的时空要素，即被视为异端、左道、妖讹、图谶，或非法集会，厉行禁止之余，还受到严刑重罚的惩处。

在加强对僧道礼忏和斋会活动管理的同时，唐王朝还重视对“妖讹宿宵”

[1] （宋）司马光：《资治通鉴》卷 22 武帝征和二年（前 91 年），中华书局 1956 年标点本，第 728 页。
[2] 《全唐文》卷 29《禁左道诏》，第 332 页。
[3] 《唐大诏令集》卷 113《条贯僧尼敕》，第 590 页。
[4] 〔日〕黑板胜美主编：《令集解》卷 7《僧尼令·非寺院条》，第 219 页。

的防范和控制。尤其是在帝王诏敕中通常将“宿宵”与“妖讹”相提并称，究其原因，最根本者乃是两者在性质上都属于非正统的“左道”妖邪。“宿宵”原是佛道徒众在夜间举行的礼忏活动，此后衍化为一种非法的宗教集会，其中难免滋生出一些谈天说地、占候灾祥的言论。在这种情况下，作为宗教集会的“宿宵”实际上与妄陈吉凶、诡说灾祥和“语怪力乱神”的妖讹交织在一起。开元十九年（731 年），玄宗在《禁僧俗往还诏》中说：“如闻远就山林，别为兰若，兼亦聚众，公然往来。或妄说生缘，辄在俗家居止。”[1] 可知山林深处的兰若已成为僧众聚集和僧俗公然来往的舞台，自然也是开展“宿宵”活动的最佳场所。开元二十一年，朝廷讨论河南道仙州的存废问题，中书侍郎崔沔说：“仙州四面去余州界虽近，若据州城而言则亦悬远，土地饶沃，户口稀疏，逃亡所归，颇成泉薮。旧多劫盗，兼有宿宵，所以往年患之，置州镇压。……又南接白羊川口，村聚幽僻，妖讹宿宵，此为根柢，自置县来，十减八九，今若移州镇之，便可杜绝，其仙州望且未废。”[2] 崔沔指出，仙州境内的偏远山区和幽僻乡村已成为“劫盗”“宿宵”“妖讹”和逃户的聚合之地，朝廷应当通过设置州县予以“镇压”这些潜在的隐患人员。究其原因，乃是因为“宿宵这种宗教性的集会也可以利用为人民集结反抗力量的一种组织，所以统治者要加以禁止”[3]。开元二十九年（741 年）五月，玄宗梦见玄元皇帝，告以休期，画真容，布告天下。乃降诏曰：

道有三宝，慈居一焉，钦若至言，爰兹宥过。天下见禁囚徒，其十恶罪及造伪、头首并谋杀、妖讹宿宵人等，特宜免死，配流岭南。官人犯赃，据情状轻重，量事贬降。余一切放免。[4]

这里“妖讹宿宵”与十恶、造伪、头首并谋杀相提并称，可谓罪不容诛。只是玄宗宽大为怀，广布仁德，上述囚徒才免除死罪，“配流岭南”。天宝七年（748 年）五月，玄宗大赦天下，规定茅山紫阳观、太平观、崇玄观侧近百姓免

[1] 《唐会要》卷 49《杂录》，第 861 页。
[2] （宋）乐史：《宋本太平寰宇记》卷 8《河南道八 · 汝州》，中华书局 1999 年影印本，第 43 页。
[3] 唐长孺：《敦煌所出唐代法律文书两种跋》，第 35 页。
[4] （宋）王钦若等编：《册府元龟》卷 86《帝王部 · 赦宥五》，中华书局 1960 年影印本，第 1016 页。

除租税差科。敕文中说，“如闻山林学道之士，每被搜寻，且法之防邪，本有所以。至于宿宵妖讹，亡命聚众，诱陷愚人，故令禁断。郡县遂一槩迫逐，至道之者不得安居。”[1] 表明道教用于修行、习业的山林幽谷也成为宿宵、妖讹和逃亡人口的聚居之地。

贞元十年（794 年）四月，德宗在敕文中责令殿中侍御史巡察那些“不法之事”，诸如停匿不去，及妖讹宿宵、蒲博盗窃、狱讼冤滥、诸州纲典贸易、赋敛违法等，“即具状奏闻”[2]。这些诏敕表明，“妖讹宿宵”作为扰乱时政和社会秩序的一种痼疾，虽经官方屡屡禁止和打压，但在民间社会中始终若隐若现，难以根除，甚至有时会凝结为一支对抗官方的异己力量。

三、“夜聚晓散”：“宿宵行道”的延展

值得注意的是，五代后梁时陈州百姓毋乙、董乙组织了“宵聚昼散”的宗教活动，性质上属于另一种形式的“宿宵行道”。《旧五代史·末帝纪》载：

（贞明六年）冬十月，陈州妖贼毋乙、董乙伏诛。陈州里俗之人，喜习左道，依浮图氏之教，自立一宗，号曰“上乘”。不食荤茹，诱化庸民，揉杂淫秽，宵聚昼散。州县因循，遂致滋蔓。时刺史惠王友能恃戚藩之宠，动多不法，故奸慝之徒，望风影附。毋乙数辈，渐及千人，攻掠乡社，长吏不能诘。是岁秋，其众益盛，南通淮夷。朝廷累发州兵讨捕，反为贼所败。陈、颍、蔡三州大被其毒。群贼乃立毋乙为天子，其余豪首，各有树置。至是发禁军及数郡兵合势追击，贼溃，生擒毋乙等首领八十余人，械送阙下，并斩于都市。[3]

这里毋乙、董乙被定为“妖贼”，《新五代史》作“妖人”，《大宋僧史略》《佛祖统纪》称“末尼”，显然将毋、董二人依托佛教而创立的“上乘教”视为摩尼

[1] 《唐大诏令集》卷 9《天宝七载册尊号赦》，第 53 页。
[2] 《唐会要》卷 60《殿中侍御史》，第 1054 页。
[3] （宋）薛居正：《旧五代史》卷 10《末帝纪》，中华书局 1976 年标点本，第 144 页。

教[1]。据《旧五代史》记载，上乘教“不食荤茹，诱化庸民，揉杂淫秽，宵聚昼散”，《新五代史》作“昼伏夜聚，男女杂乱”[2]，《大宋僧史略》描述为“不食荤茹，诱化庸民，糅杂淫秽，宵集昼散”[3]，《佛祖统纪》谓“不茹荤饮酒，夜聚婬秽”[4]。显然，不论上乘教是否属于摩尼教[5]，但其“不食荤茹”，夜晚聚集、白昼散去以及男女交杂的特征是确定无疑的。由于该教活动的时间是通宵达旦，且是“揉杂淫秽”，因而与《散颁格》规定的“宿宵行道，男女交杂，因此聚会”若相契合。因此可以说，五代出现的“宵聚昼散”是唐代“宿宵行道”的进一步延伸和扩展。

后唐天成二年（927 年）六月，明宗颁布《条流寺院僧尼敕》，规定官府举办斋会行香，僧尼可依时赴会，但不得在斋前、斋后“相过”逗留；僧尼如不主持道场及斋会，不得公然于俗舍居住。同时，针对僧尼的不法行为，敕文还特别提到了“夜聚明散”的邪教活动：

一州城之内、村落之中，或有多慕邪宗，妄称圣教，或僧尼不辨，或男女混居，合党连群，夜聚明散，托宣传于法会，潜纵恣于淫风。若不祛除，实为弊恶。此后委所在州府县镇及地界所由、巡司节级严加惩刺。有此色人，便仰收捉勘寻，关连徒党，并决重杖处死。[6]

从敕文来看，这种“僧尼不辨，男女混居”的邪教，也就是所谓的“圣教”在州县、乡村甚为活跃。每次“圣教”活动中由于有僧尼参与，所以往往“托宣传于法会”，借助佛教法会的名义招徕民众。不唯如此，“圣教”活动的时间

---

[1] 〔法〕伯希和、沙畹：《摩尼教流行中国考》，冯承钧译，载《西域南海史地考证译丛八编》，中华书局 1958 年版，第 87—88 页。

[2] （宋）欧阳修：《新五代史》卷 13《梁家人传》，中华书局 1974 年标点本，第 133 页。

[3] （宋）赞宁撰：《大宋僧史略校注》卷下《大秦末尼》，富世平校注，中华书局 2015 年版，第 217 页。

[4] （宋）志磐撰：《佛祖统纪》卷 55《事魔邪党》，释道法校注，第 1304 页。

[5] 学界普遍认为，后梁贞明六年（920 年）的陈州毋乙之乱是五代摩尼教徒活动的证据，也是农民起义利用摩尼教的重要佐证。近年来，林悟殊、王媛媛撰文指出，毋乙之乱与摩尼教无关，一向视为摩尼教活动证据的材料，实为宋代佛书所误导。参见林悟殊、王媛媛：《五代陈州毋乙之徒非“末尼党类”辩》，载《中国史研究》2012 年第 2 期。

[6] （宋）王溥：《五代会要》卷 12《杂录》，中华书局 1998 年版，第 152 页。

定为“夜聚明散”，即邪教徒众在夜晚聚集一起，男女交杂，“潜纵恣于淫风”，天明后各自散去。此种流俗伤风败德，有违圣王教化，“实为弊恶”，故而明宗诏令有司及州县官员仔细访察，严加惩处。

入宋以后，这种“夜聚晓散”的宗教活动在民间社会仍然十分盛行。《宋史·刑法志》载：“左道乱法，妖言惑众，先王之所不赦，至宋尤重其禁。凡传习妖教，夜聚晓散，与夫杀人祭祀之类，皆着于法，诃察甚严。”[1] 明确将夜间聚会、天明散去的秘密传习活动定为“妖教”，并与妖言惑众的左道之术联系起来。天禧四年（1020 年）五月，宋仁宗降诏曰：

自今天下犯十恶劫杀、谋杀、故杀、斗杀、放火、强盗劫贼、官典正枉法赃、伪造符印、厌魅呪诅、造妖书言、夜聚明散、传授妖术、合造毒药、禁军逃亡、诸为盗罪至死者，每遇十二月，权住区断。过正月天庆节，依旧行刑。[2]

诏书将“夜聚明散”、传授妖术、造妖书言与十恶劫杀、谋杀、强盗劫贼等罪等同起来，判处死罪，可见此种妖教对于民间社会的危害极大。天圣五年（1027 年），右司谏刘随上书仁宗，指出京东地区有“夜聚晓散之徒，为其亏损风教，已有条制，头首及强梁者处死”[3]。又上书说，开封府有犯罪无目人张惠真，“妄称数百岁”，在京师诳吓聋俗，“必是夜聚晓散妖妄之人”，请求仁宗将其“逐于远恶去处”[4]，以免惑乱京师子民。景祐二年（1035 年），仁宗降诏：“禁益、梓、夔、利路民夜聚晓散，传习妖教，徒中能自纠摘，及他人告者，皆赏钱三万。”[5] 益、梓、夔、利四路总称四川，可见西南的四川地区也广为流行、传习“夜聚晓散”的妖教。元祐七年（1092 年），刑部奏言：“夜聚晓散，传习妖教者，欲

[1] （元）脱脱：《宋史》卷 199《刑法志一》，中华书局 1977 年标点本，第 4981 页。

[2] （宋）宋敏求：《宋大诏令集》卷 202《令劫杀等死罪十二月权住区断诏》，中华书局 1962 年影印本，第 750 页。

[3] 刘随：《上仁宗乞禁夜聚晓散及造仪仗祀神》，载赵汝愚编：《宋朝诸臣奏议》卷 98《刑赏门》，上海古籍出版社 1999 年版，第 1057 页。

[4] 刘随：《上仁宗乞逐去妖人张惠真》，《宋朝诸臣奏议》卷 98《刑赏门》，第 1058 页。

[5] （宋）李焘：《续资治通鉴长编》卷 117“仁宗景祐二年”，中华书局 2004 年标点本，第 2767 页。

令州县以断罪告赏全条于要会处晓示。监司每季举行。"[1] 尽管官方屡屡禁止这种妖教的传习，但事实上难以阻止"夜聚晓散"向地方各州县渗透的趋势。

相比之下，江南的温州地区，邪教的传布更为浓郁和狂热。宣和二年（1120年）十一月，臣僚奏言："一温州等处狂悖之人自称明教，号为行者。今来明教行者，各于所居乡村建立屋宇，号为斋堂。如温州共有四十余处，并是私建无名额佛堂。每年正月内取历中密日，聚集侍者、听者、姑婆、斋姊等人，建设道场，鼓扇愚民男女，夜聚晓散。"[2] 这些明教（摩尼教）徒众选择在"历中密日"秘密聚会，布法传道，应是借用了摩尼教密（蜜）日"持斋"礼拜的吉祥意义[3]。《宿曜经》卷下第八品："其（七曜）所用各各于事有宜者不宜者，请细详用之。忽不记得，但当问胡及波斯并五天竺人总知，尼乾子末摩尼常以蜜日持斋，亦事此日为大日。"[4] 摩尼教徒由于通常在蜜日"持斋"祈福，故将蜜日视为大吉祥日。但即使在吉祥的蜜日传法，也仍然是"夜聚晓散"，正说明摩尼教的布法传道与妖教"诳愚惑众"的秘密聚会纠合、交织在一起。

南宋以后，在官方细密法网的禁锢下，温州村民结集社会，改易名称，或名"白衣礼佛会"，或曰"迎神会"，千百成群，"夜聚晓散，传习妖教"[5]。这些依托佛教的各种社团组织，其传法活动仍是在夜间秘密进行，在官方眼中显然可与蛊惑百姓的妖教等同。尽管如此，"夜聚晓散"作为左道妖讹、民间宗教在夜晚非法聚会的代名词，在官方屡屡打压和严加禁断的基调中绵延继绝，呈现出极为顽强的生命力。至元十一年（1274年）省掾元仲明传奉都堂钧旨："大都街上多有泼皮厮打底、跳神师婆，并夜聚晓散底，仰本部行文字禁断。"[6] 又《大明会典·刑部》曰："凡师巫假降邪神，书符呪水、扶鸾祷圣，自号端公、太保、师婆，及妄称弥勒佛、白莲社、明尊教、白云宗等会，一应左道乱正之术，或

---

[1] 《续资治通鉴长编》卷477"哲宗元祐七年"，第11375页。

[2] （清）徐松：《宋会要辑稿》刑法2之78，中华书局1957年影印本，第6534页。

[3] 赵贞：《〈宿曜经〉所见"七曜占"考论》，载《人类学研究》第8卷，浙江大学出版社2016年版，第282—308页。

[4] No.1299《文殊师利菩萨及诸仙所说吉凶时日善恶宿曜经》，《大正新脩大藏经》21册，第398页。

[5] 《宋会要辑稿》刑法2之111，第6551页。

[6] 《元典章》刑部卷之19《诸禁·禁聚众》，陈高华等点校，中华书局、天津古籍出版社2011年版，第1928页。

隐藏图像，烧香集众，夜聚晓散，佯修善事，扇惑人民为首者绞，为从者各杖一百，流三千里。”[1]在大力打击诸多师巫邪神、秘密宗教团体的同时，“夜聚晓散”也被明政府打上了“左道乱正”的标签，自然难逃禁断的厄运。

四、“午夜不行”：“宿宵行道”的整肃

综上所述，从佛教文献和佛经文本来看，“宿宵行道”实属佛教“六时礼忏”或“六时行道”的范畴。确切地说，应是“夜三时”旨在以礼佛、忏悔为核心的佛教修行活动。不唯如此，道教的斋会中，也能看到“行道礼忏，昼夜六时”的活动。这种斋会据说能给上自帝王、下至庶民大众“拔度先祖”，“禳灾致福”，因而得到官方的普遍认同与支持。但是，佛道斋会似乎并不能安分守己，他们往往借着官方认可的宗教活动“男女交杂”，妄说灾祥，谈天说地，预言祸福，眩惑闾阎，唯财是敛，因而一定程度上又与左道妖讹相纠合。不可否认，这些异端邪说具有很大的煽动性和蛊惑性，极易被各种叛乱势力所利用，进而影响民间社会秩序的稳定。

自北朝以来，官方十分重视对佛道法事活动中“聚会”（集会）的防范与控制。北魏熙平二年（517年），“大乘余贼复相聚结”，攻掠瀛洲，魏孝明帝讨平叛乱后，降诏曰：“州镇城隍，各令严固。斋会聚集，纠执妖諠。”[2]即严格盘查佛教斋会中僧侣的言行和举动。《通典·刑法八》载，隋炀帝东征高丽时，恒山郡守王文同巡察河北，“见有沙门斋戒菜食者”，以为妖妄，悉数收入大狱。至河间后，“有沙门相聚讲论，及长老共为佛会者数百人”，文同悉以“结聚惑众”为由处死[3]。武德元年（618年），刚刚建国的唐王朝就出现了弥勒教徒的反叛。怀戎沙门高昙晟借县令设斋，士民大集之际，聚合僧徒五千人“拥斋众而反”，

---

[1]（明）申时行等：《大明会典》卷165《禁止师巫邪术》，《续修四库全书》第792册，上海古籍出版社2003年影印本，第29页。

[2]（北齐）魏收：《魏书》卷9《肃宗纪》，中华书局1974年标点本，第225页。

[3]《通典》卷170《刑法八·峻酷》，第4426—4427页。

自称大乘皇帝[1]。这次叛乱很快被平息下去，但唐王朝由此加强了对佛教集会的管理。天授元年（690年），衡水人王弘义游历至河北赵州、贝州之地，见闾里耆老作“邑斋”（佛教斋会），便诬告他们谋反，结果杀死二百余人[2]。开成四年（839年），蓝田县百姓贺兰进兴聚集乡村百姓组织“念佛会”，同村百姓赵伦状告他们“妄说祸福，附会谶书，欲谋大逆”，军司追捕推勘，横及无辜，贺兰进兴等五十九人并于东市狗脊岭集众斩决[3]。又据孙光宪《北梦琐言》记载，僖宗时青城县有弥勒会妖人，伪装成节度使陈敬瑄赴西川上任，结果事发被诛[4]。这些事例表明，唐代佛教团体或相关宗教性集会中，常掺杂着一些“妄说灾祥”、蛊惑百姓的妖人、妖僧，无形中进一步引发了朝廷对于佛教集会的猜忌和打压。

一般来说，僧尼的讲经说法、礼佛、忏悔及佛教的法事活动（如斋会）是促成佛教集会的直接原因。随着佛教的深入人心，沙门僧尼也走出寺院，出入州县，巡历乡村，通宵达旦，聚众教化，随之也出现了妄说灾祥，妖言惑众的不法行为。按照《令集解》卷七《僧尼令》的规定，这些僧尼“并依法律付官司科罪”[5]。此外，唐王朝通过对僧尼日常行为的规范来加强对佛教聚会的控制：

其一，佛事活动定于寺院内举行。唐《道僧格》规定：凡道士、僧尼，非在寺观，聚众教化，并妄说罪福，及殴击长宿者，并还俗。州县官司，知而不禁者，依律科罪[6]。

其二，佛事活动及相关聚会应名正言顺，僧尼不得依托各种理由参加释门聚会。代宗《条贯僧尼敕》云：“其僧尼道士，非本师教主及斋会礼谒，不得妄托事故，辄有往来，非时聚会”[7]。

---

[1] 此次沙门起事的人数，《旧唐书》记作“僧徒五十人”，《资治通鉴》则为“僧五千人”，从高昙晟称帝、立后、改元以及其后部属高开道率众五千人归降来看，当以《通鉴》为是。参见《旧唐书》卷55《高开道传》，中华书局1975年标点本，第2256页；《资治通鉴》卷186武德元年（618年）十二月条，第5833页。

[2]《资治通鉴》卷204则天天授元年（690年）四月条，第6464页。

[3]《册府元龟》卷547《谏诤部·直谏十四》，第6565—6566页。

[4]（五代）孙光宪撰：《北梦琐言》卷4《妖人伪称陈仆射》，贾二强点校，中华书局2002年版，第75页。

[5]〔日〕黑板胜美主编：《令集解》卷7《僧尼令·观玄象条》，第207—211页。

[6] 郑显文：《唐代律令制研究》，北京大学出版社2004年版，第300页。

[7]《唐大诏令集》卷113《条贯僧尼敕》，第590页。

其三，僧尼依照佛教内律的规定行道礼忏。如玄宗所言：“六时礼忏，须依科仪。午夜不行，宜守俗制”[1]。代宗规定“每日二时行道礼拜”。P.6005《释门帖诸寺纲管》称，“从师进业修习，三时礼忏”“诸寺僧尼，夏中各须进业，三时礼忏，不得间断”[2]，似表明僧尼的日常功课是“三时礼忏”，这就剔除了“宿宵”或“夜三时”礼忏行道的合理性。

不过，“午夜不行”的规定并没有很好地实行。史籍中频频出现的“宿宵”一词，表明僧道夜间的传法活动比较常见，而且往往与“妖讹”相提并称，并成为影响当地社会稳定的一大隐患。五代以后，“夜聚晓散，传习妖教”的秘密宗教活动在州县、乡村甚为流行，其夜晚聚集、天明散去以及男女交杂的特征与唐代的“宿宵行道”若相契合。因此可以说，“夜聚晓散”的出现是唐代“宿宵行道”进一步延伸和扩展的产物。

---

[1] 《唐大诏令集》卷 113《诫励僧尼敕》，第 588 页。

[2] 唐耕耦、陆宏基编：《敦煌社会经济文献真迹释录》第四辑，全国图书馆文献缩微复制中心 1990 年版，第 120—121 页。

吐鲁番文书所见唐前期赃赎钱物管理中的地方政务运行

——以府州法曹与功曹、仓曹为中心

张　雨*

赃赎是唐代国家财政中特种收入中的两项[1]，是官府运用法律手段获得的预算外收入。尽管这些收入只占国家财政收入的很小一部分，但还是起到了一定的补充作用。李锦绣已经从财政史角度对赃赎的收支作过研究，并涉及赃赎收入管理体制。但她所关注的是中央机构——尚书比部司[2]与御史台[3]在赃赎钱物

* 张雨，中国政法大学法律古籍整理研究所副教授。

[1] 唐前期国家通过实施法律而获得的收入大约有赃、赎、罚、没四类。其中，"赃谓罪人所取之赃"，是指在财物的夺取或授受而构成犯罪时，成为夺取或授受对象的财物。〔日〕滋贺秀三：《唐律疏议译注篇一》名三二解说，东京堂1979年版，第187页。有关滋贺对唐律"赃"的解释，参见周东平：《〈晋书·刑法志〉校注举隅》，载《中国古代法律文献研究》第九辑，社会科学文献出版社2015年版，第209页。其用途大体可分为"没官""还官、主"及"赏人"三类。本文所涉及的是没官之赃，主要包括"彼此俱罪之赃"（见《律疏》："没谓彼此俱罪之赃及犯禁之物，没官"）。"赎谓犯法之人，应征铜赎"，是犯法之人根据法律规定可以向官府纳铜（也可折纳钱物）而被免予刑罚。引文分见《唐律疏议》卷四《名例律》，"平赃及平功庸"条、"彼此俱罪之赃"条，卷三十《断狱律》，"输备赎没入之物违限"条，中华书局1983年版，第91、86—88页。

[2] 《唐六典》卷6《尚书刑部》："比部郎中、员外郎掌勾诸司百寮俸料、公廨、赃赎、调敛、徒役课程、逋悬数物，以周知内外之经费而总纳勾之。……凡京司有别借食本，每季一申省，诸州岁终而申省，比部总勾覆之。凡仓库出纳，营造佣市，丁匠功程，赃赎赋敛，勋赏赐与，军资器仗，和籴屯收。亦勾覆之。"中华书局1992年版，第194—195页。《通典》卷23《职官五·尚书下》：比部郎中"掌内外诸司公廨及公私债负、徒役公程、赃赎物账及勾用度物"，中华书局1988年版，第645页。因此尚书比部司主要负责根据赃赎钱物账目进行勾检审计。

[3] 《唐六典》卷13《御史台》："侍御史四人，从六品下。侍御史掌纠举百僚，推鞫狱讼。其职有六：一曰奏弹；二曰三司，三曰西推，四曰东推，五曰赃赎，六曰理匦。（侍御史年深者一人判台事，知公廨杂事等；次知西推、赃赎、三司受事监奏；次知东推、理匦之事。**（下转）**

管理中的职能[1]。而本文主要探讨的是唐前期地方官府对赃赎钱物的管理与使用，

（上接）台中有黄卷，不纠举所职则罚之……三院各有院长，议罚则询于杂端也。）”第380页。《通典》则未提及侍御史之职包括赃赎，其载：“侍御史凡四员，内供奉二员。掌纠察内外，受制出使，分判台事。又分直朝堂，与给事中、中书舍人同受表理冤讼，迭知一日，谓之‘三司受事’。……侍御史之职有四，谓推、（推者，掌推鞫也。）弹、（掌弹举。）公廨、（知公廨事。）杂事。（台事悉总判之。）定殿中、监察以下职事及进名、改转，台内之事悉主之，号为‘台端’，他人称之曰‘端公’。其知杂事者，谓之‘杂端’，最为雄剧。”《通典》卷24《职官六·侍御史》，第672页（《宋本册府元龟》卷512《宪官部·总序》：“侍御史年深者一人判台事，知公廨杂事等；次知西推、赃赎、三司受事监奏，定纠察□□推、理匦。……而侍御史六职，其三司、理匦，则与给事中、中书舍人更直朝堂受表，台中唯四职，推、弹、廨、杂而已。”中华书局1989年版，第1301页）。据《唐六典》所载，李锦绣指出唐前期侍御史知赃赎究竟是行政管理，还是督察监举，尚难确定。因为当时并没有对赃赎进行统一的支用管理机构，其中一部分赃赎钱物由地方自行支用（参见后引《唐为处分支女赃罪牒》），另有部分则解送入京（参见《宋刑统》卷29《断狱律》，“囚应请给医药衣食”条引开元式：“〔准〕刑部式：诸狱囚应给荐席、医药及汤沐，并须枷、锁、钳、扭、钉、镶者，皆以赃赎物充，不足者，用官物。”中华书局1984年版，第472页。但笔者认为《刑部式》的这条规定，针对的并不是解送入京的赃赎物，而是有关狱囚管理的一般规定，适用于所有设有监狱的官府），或供少府监铸钱或造军国器物之用，或大理寺直接掌握，以补充其公廨本钱之不足。赃赎钱物是根据其罪刑轻重来决定是纳州县或纳京。到了唐后期，御史台对赃赎的管理更多的是行政性的，各地的赃赎钱物都被申送至御史台，由其统一支用。如元和三年（808年）正月敕：“自今已后，应坐赃及他罪当赎者，诸道委观察判官一人，专勾当，及时申报。如蔽匿不申者，节级科贬。如罪不系奏，官长量情处置者。其赃但准前申送御史台，充本色给用。仍差御史一人，专知赃赎，不得以赃罚为名。如罪名未正，妄罚求财，亦委观察判官勾当。差定后先，具名闻奏。”（《宋本册府元龟》卷612《刑法部·定律令四》，第1901页）。“所充本色给用”中，包括御史台的公廨杂费用（《唐会要》卷60《御史台上·御史台》，贞元七年（791年）六月二十七日敕：“御史台每月别给赃钱二百贯文，充公廨杂费用。”上海古籍出版社2006年版，第1227页）。李锦绣还指出，唐后期御史台掌管赃赎钱物支用，体现了后期财政紧张、中央尽可能集中一切收入的财政政策。需要注意的是，唐前期侍御史知赃赎，是台内事务（《唐会要》卷60《御史台上·侍御史》：“其职有六：奏弹、三司、西推、东推、赃赎、理匦。凡三司、理匦，则与给事中、中书舍人，更直朝堂受表。台中唯有四职，谓知杂公廨。弹事谓之推弹。廨杂。今知杂侍御史，多兼省官以为之。”第1239页。按《唐会要》“台中唯有四职”以下文字有脱误，当参照《通典》《宋本册府元龟》），因此应该是对台内御史所纳赃赎及罚钱的管理。这与唐前期府州法曹“掌赃赎”与亲王府法曹“掌罪罚”（引文详后），皆是本司之事是一致的。进一步地，我们或可以推测，唐后期由御史台管理地方赃赎钱物，这是随着使职系统的发展，御史台知赃赎职能扩展至外台的结果（《通典》卷24《职官六·侍御史》：“自至德以来，诸道使府参佐，多以省郎及御史为之，谓之外台，则皆检校、里行及内供奉，或兼或摄。诸使官亦然。”第673页），而非单纯由于中央财政紧张。

[1] 以上参见李锦绣《唐代财政史稿》上卷，第664—682页。随着《天圣令》所附唐令的发现，可以加深我们对唐代赃赎钱物中央管理机构的认知。据该令《仓库令》所附唐令第19条：（下转）

其中也涉及府州法曹与功曹、仓曹[1]在地方政务运行中的分工与协作关系。

一、从地方官员考课看府州法曹“掌赃赎”职能

关于唐前期府州法曹是否“掌赃赎”，诸书记载不一。《唐六典》载：“法曹、司法参军掌律、令、格、式，鞫狱定刑，督捕盗贼，纠逖奸非之事，以究其情伪，而制其文法。”[2]其中并无赃赎一节[3]。但《通典》所载“司法参军，……大唐掌律令、定罪、盗贼、赃赎之事”[4]，当是引《职员令》之文。《新唐书》则作“法曹、司法参军事，掌鞠狱丽法、督盗贼、知赃贿没入”[5]，与《通典》大致相符。

（上接）“诸赃赎及杂附物等，年别附庸调车送输。若多给官物，须雇脚者，还以此物回充雇运。其金银、鍮石等，附朝集使送。物有故破、不任用者，长官对检有实，除毁。在京者，每季终一送。皆申尚书省，随至下（即？）纳。”（天一阁博物馆、中国社会科学院历史研究所天圣令整理课题组：《天一阁藏明钞本天圣令校证》，载《校录本·仓库令》，中华书局2006年版，第286页。参见中国社会科学院历史研究所《天圣令》读书班：《〈天圣令·仓库令〉译注稿》，载《中国古代法律文献研究》第七辑，社会科学文献出版社2013年版，第280—281页）由此可知，唐前期赃赎钱物的支用破除，应该都是纳入赃物账或赎物账管理。地方支用不尽者，则随庸调车于每年九月上旬出发（《天圣令·赋役令》所附唐令第2条：“诸庸调物，每年八月上旬起输，三十日内毕。九月上自〔旬〕各发本州。”《天一阁藏明钞本天圣令校证》，《校录本·赋役令》，第268页），解送入京。若是赃赎物中有金银、鍮石（黄铜），则每年附朝集使送入京（《唐六典》卷3《尚书户部》，“户部郎中员外郎”条：“凡天下朝集使……皆以十月二十五日至于京都，十一月一日户部引见讫，于尚书省与群官礼见，……元日，陈其贡篚于殿庭。”第79页）。在京官司赃赎钱物，则每季一送。解送入京的赃赎钱物（包括金银、鍮石），皆随至而申尚书省，然后分纳于太府寺左、右藏署仓库。《唐六典》卷20《太府寺》，“太府卿少卿”条：“诸州庸、调及折租等物应送京者，并贮左藏；其杂送物并贮右藏。庸、调初至京日，录状奏闻。每旬一奏纳数。”“太府寺丞”条：“凡元正、冬至所贡方物应陈于殿庭者，受而进之。”第540、542页。由此可以认为，太府寺应该是唐前期赃赎钱物的统一管理机构，既负责收纳支用，也负责除毁故破（《唐六典》卷20《太府寺》，“平准署”条：“平准令掌供官市易之事，……凡百司不任用之物，则以时出货；其没官物者，亦如之。”第544页）。

[1] 唐代地方官府中，府、州所设职官名称稍异：“在府为曹，在州为司（府曰功曹、仓曹，州曰司功、司仓）。”《通典》卷33《职官十五·总论郡佐》，第910页。为简便起见，本文行文统称“府州某曹”。

[2] 《唐六典》卷30《三府督护州县官吏》，第749页。

[3] 《旧唐书》卷44《职官志三》，“州县官员”部分载“法曹、司法掌刑法”，中华书局1975年版，第1920页。较诸它曹“掌……之事”的文例，《旧唐书》所载法曹职掌，当有脱文。

[4] 《通典》卷33《职官十五·总论郡佐》，第914页。

[5] 《新唐书》卷49下《百官志四下》，中华书局1975年版，第1313页。

由此可知，赃赎为唐前期府州法曹基本职掌之一[1]。但仅凭“掌赃赎”或“知赃贿没入”等文字，我们还是难以知晓其具体含义或运行实态。如果无法从地方政务运行的视角对法曹“掌赃赎”职能作出解释，也无从了解地方赃赎钱物的管理机制。新获吐鲁番文书的整理出版，为我们提供了一些解决问题的新材料和新思路。首先来看一组与地方官员考课有关的文书。

一、《唐上元三年（676）西州法曹牒功曹为仓曹参军张元利去年负犯事》[2]：

（一）

--（□）

1　法曹　　　牒功曹

2　仓曹参军张元利

3　牒：得牒称，请检上件人上元二年考后已来，□

4　何勾留负犯者。依检上件人案，是前府史孟□

5　□□检觅不获，贞礼知去上元二年十月内，为［

6　□□州司录奏禁身，至三年□［

7　□□依问，山海称郎将何宝［

8　　　　］当判元利厘［

---

[1] 按，唐前期亲王府官亦置有法曹参军，其职掌类于府州法曹。据《永徽东宫诸府职员令残卷》，亲王府法曹参军事“掌律令格式及罪罚、工匠、营造及公廨舍宇之事”，载刘俊文《敦煌吐鲁番唐代法制文书考释》，中华书局 1989 年版，第 188 页。因永徽时亲王府未置士曹参军事一职，故法曹兼士曹之事。至开元时并置法曹、士曹，则改为“法曹掌推按欺隐，决罚刑狱等事”（《唐六典》卷 29《诸王府公主邑司》，第 732 页）。参见黄正建：《唐代司法参军的若干问题——以墓志资料为主》，初刊柳立言主编：《第四届国际汉学会议论文集：近世中国之变与不变》，联经出版公司 2013 年版，收入黄正建：《唐代法典、司法与〈天圣令〉诸问题研究》，中国社会科学出版社 2018 年版，第 158—160 页。但该文从《唐六典》《新唐书》对州府司法参军职掌记载的不同入手，认为《新唐书》所多出的“知赃贿没入”，是唐后期制度的反映。可见，他认为“掌赃赎”并非唐前期府州法曹的基本职掌，但这一看法未关照到《通典》的相关记载。

[2] 文书号：2004TBM207：1-12a、2004TBM207：1-12b，荣新江、李肖、孟宪实主编：《新获吐鲁番出土文献》，中华书局 2008 年版，第 72—73 页。据文书整理者所作解题，文书背面有押署，文字不识。“元利”又见《唐西州高昌县史张才牒为逃走卫士送庸緤价钱事（二）》（文书号：72TAM230：62（b），《吐鲁番出土文书》第四册，文物出版社 1996 年版，第 85 页），任仓曹参军，即张元利。参见李方：《唐西州官吏编年考证》，中国人民大学出版社 2010 年版，第 99 页。

9 ］牒［

（后缺）

（二）

（前缺）

1 ］七月廿九日至□［

2 ］□仓曹，总经二百廿六［

3 ］帖上件官摄［

4 ］至任判，［

（后缺）

二、《唐仪凤三年（678）西州法曹牒功曹为检李恒让去年功过事》[1]：

1 ］牒功曹

2 ］恒让去年摄判仓曹□［

3 ］□□□□［

（后缺）

三、《唐仪凤某年（676—679）西州牒为考课事》[2]：

（前缺）

[1] 文书号：2004TBM207：1-1，荣新江、李肖、孟宪实主编：《新获吐鲁番出土文献》，第 76 页。据文书整理者所作解题，李恒让于仪凤二年（677 年）十月至三年十一月摄判仓曹参军。又见橘文书《唐仪凤二年西州北馆文书》、中村文书《唐仪凤二年西州都督府仓曹下市司柳中县符》（《西域文化丛书》第三册，第 74、84 页）。亦可参见李方：《唐西州官吏编年考证》，第 93—95 页。但整理者未解释将该件文书所残缺的发文机构确定为法曹的原因。推测其定名应受到前引《唐上元三年西州法曹牒功曹为仓曹参军张元利去年负犯事》等考课文书的影响。

[2] 文书号：2004TBM207：1-14，荣新江、李肖、孟宪实主编：《新获吐鲁番出土文献》，第 75 页。据文书整理者所作解题，通判官大爽仪凤二年时任功曹参军，同年十一月后判录事参军。又见《唐府史高歡牒为件录西州诸曹今日当值官典事》（文书号：72TAM161：5（a），《吐鲁番出土文书》第四册，第 379 页）、《唐仪凤二年西州北馆文书》（橘文书、中村文书：《西域文化丛书》第三册，第 74、65—66 页）。但李方《唐西州官吏编年考证》则认为功曹参军并不是大爽的本官。他是以参军的身份摄判功曹、录事等参军，第 86—88 页。此件文书并非与地方官吏的年度考课相关，而是在接到“准诏具录功过奏闻”的命令后，录事参军大爽请求“付诸司检报”的判语。

1 军准

2 诏具录功过奏闻，表

3 本附案。其李恒让

4 付诸司检报，余后判。

5 谘，仍检。大爽白

6 廿六日

7 依判[

（后缺）

四、《武周长安四年关为法曹处分事》[1]：

（前缺）

1 ］法曹参军□［

2 ］请处分。牒□［

3 ］犯同者关［

4 ］令去年考□［

5 ］状关，关至准状［

6 长安四年［

7 □［

（后缺）

以上四件文书中，第一件相对较完整，笔者先就其内容略作考释。此件文书是西州法曹给功曹的牒文。由于之前功曹牒请法曹检案，查明仓曹参军张元利自"上元二年考后已来，□〔有〕何勾留负犯"，因而此件文书是法曹回牒功曹告知所查得的详细情况（一件一段1—4行）。

虽然此件文书时间已缺，但可根据唐代考课制度做一推测。唐《考课令》规定：

诸内外文武官九品以上，每年当司长官考其属官。应考者，皆具录一年功过行

[1] 文书号：66TAM360：3-1，柳洪亮：《新出吐鲁番文书及其研究》，新疆人民出版社1997年版，第95页。原文书中武周新字径改本字。

能，议其优劣，定九等考第。京官九月三十日已前校定，外官去京一千五百里内，八月三十日已前校定，三千里内，七月三十日已前校定，五千里内，五月三十日已前校定，七千里内，三月三十日已前校定，万里内，正月三十日已前校定。本州定讫，京官十月一日送簿，外官朝集使送，限十月二十五日已前到京。考后功过，并入来年。无长官，次官考。县令已下，及关镇戍官岳渎令，并州考。津非隶监者，亦州考。[1]

按，西州距长安五千三十里[2]，因而上元三年考课年度为上元二年四月至次年三月。了解到这一点，对于下面讨论文书的时间很有帮助。

根据文书，我们了解到，法曹在依牒检案后，虽然发现有关张元利案卷的记录，是前府史孟贞礼所掌[3]，但已经检觅不获。因为孟贞礼在上元二年十月的时候，大概就因为犯罪事发，被州司录奏禁身。为了了解情况，法曹又询问了山海等人（一件一段 4—6 行）。不过之后的情况，由于文书残缺，不得而知。另外，从本件二段 3 行“帖上件官摄”来看，张元利更准确的身份应该是摄仓曹参军。至于他的本官为何，则不得而知。

本件二段文书是关于张元利在任时间的报告。“总经二百廿六〔日〕”（第 2

[1] 《宋本册府元龟》卷 636《铨选部 · 考课二》，后唐明宗天成元年（926 年）十月尚书考功条奏格例引，第 2076 页。

[2] 《元和郡县图志》卷 40《陇右道下》，中华书局 1983 年版，第 1031 页。

[3] 按，前府史孟贞礼或即新获吐鲁番文书《唐永徽四年（653）八月安西都护府史孟贞等牒为勘印事》（文书号：2004TMM102：6 背面，荣新江、李肖、孟宪实主编：《新获吐鲁番出土文献》，第 107 页）中的府史孟贞。该件文书第三段第 3 行“永徽四年八月廿日史孟贞牒”，其后是功曹参军令狐京伯及录事参军隆悦的署名（第 4—5 行），可知此时孟贞是安西都护府功曹府史。在显庆三年（658 年）安西都护府西迁龟兹后，唐朝于西州置都督府（张广达：《唐灭高昌国后的西州形势》，初刊日本东京大学东洋文化研究所《东洋文化》第 68 号（1988 年），收入《西域史地丛稿初编》，上海古籍出版社 1995 年版，第 137—139 页；荣新江：《新出吐鲁番文书所见西域史事二题》，载《敦煌吐鲁番文献研究论集》第五辑，北京大学出版社 1990 年版，第 339—345 页），故此后孟贞便为西州都督府府史。虽然永徽四年、上元三年相距有 23 年之久，但考虑到府史作为流外官，虽有任职年限（“四周而代”，《唐六典》卷 30《三府督护州县官吏》，“功曹、司功参军”条，第 748 页），但其执行较为宽松，以至于“若有景行，明闲案牍，任经十年，不在解限”（《唐会要》卷六九《丞簿尉》，开元十六年五月二十五日敕，第 1446—1447 页），故能常年任职。参见任士英：《唐代流外官制研究（上）》，载《唐史论丛》第五辑，三秦出版社 1990 年版，第 289—291 页；张玉兴：《唐代县官与地方社会研究》，天津古籍出版社 2009 年版，第 160—161 页；赵璐璐：《唐代县级政务运行机制研究》，社会科学文献出版社 2017 年版，第 35 页。

行）是对张元利在上元三年考课年度内的在任时间的统计。因为根据《考课令》的规定，“考前厘事不满二百日，不合成考”。所谓厘事，“谓都论在任日，至考时有二百日，即成考。请假停务，并不合破日”[1]。也就是说，如果张元利在本考课年度内在任日不超过二百日，则不能计为成考。虽然其日数可通入来年，但是就成考数而言，则相应减少一次[2]。对于张元利而言，他的上元三年考课年度内在任日数已经符合成考条件了。

更为难得的是，文书残片为我们保留了张元利摄官上任的时间是上元二年七月廿九日。根据《二十史朔闰表》推算[3]，自是日起至上元三年三月十八日，合计二百廿六日。那么这件牒文更具体的时间应该是在三月十八日后不久。这个时间，恰好与上文据西州至京道里数推算出来的考课校定时限（三月三十日前）是吻合的。

通过上引《考课令》及《唐六典》[4]相关规定可知，州部之内所有官员的考课都由功曹直接负责，而由长官（无，则次官）负总责。那么功曹为何要请求法曹检报官员的负犯情况呢？这当然与法曹“掌定罪”或“鞫狱定刑”的职责有关。

可是笔者另文已经讨论了唐代府州曹司政务处理中的刑狱审断问题，并认为法曹并非府州一级中唯一参与到地方司法政务运行中的机构，其他户、仓等各曹在其职务范围内也都会对相关责任人施以杖罪以下的刑罚，即行使相应的司法裁决权[5]。而且就地方州—县两级政务运行而言，部内诸县也无需向所属州司申报杖以下罪。只有徒以上罪，才需要从其他曹司及属县申送至法曹覆审[6]。因此，就地方司法政务运行的特点来看，具有“鞫狱定刑、纠逖奸非”职能的

---

[1] 《宋本册府元龟》卷635《铨选部·考课一》，天宝二年（743年）八月考功奏引，第2071页。

[2] 《唐六典》卷2《尚书吏部》，“考功郎中员外郎”条：“内外官从见在任改为别官者，其年考从后任申校。（其别敕赐考，限当年附校。如不及当年，及当年无考，于以次有考年限。）”第43页。

[3] 陈垣：《二十史朔闰表》，古籍出版社1956年版，第89页。

[4] 《唐六典》卷30《三府督护州县官吏》：“功曹、司功参军掌官吏考课、假使、选举、祭祀、祯祥、道佛、学校、表疏、书启、医药、陈设之事。”第748页。

[5] 张雨：《府州曹司政务处理中的刑狱审断——以仓曹、户曹为中心》，《唐代司法政务运行机制研究》，中国人民大学2011年博士学位论文，第72—98页。

[6] 张雨：《大理寺与唐代司法政务运行机制转型》，载《中国史研究》2016年第4期。

府州法曹实际上并不能完全掌握部内州县官员所有的犯罪（尤其是杖以下罪）情况。

同时，据《唐六典》载“诸官人犯罪负殿者，计（私罪）赎铜一斤为一负，公罪倍之（即赎铜二斤为一负）。十负为一殿”[1]。就私罪官员而言，赎铜一斤，所赎的罪罚（私罪）不过是五刑之中最低的“笞一十”，一殿也不过对应着杖罪中的最高刑罚“杖一百”[2]，而且还是计犯而成。也就是说官员负殿，往往是杖以下罪的累计[3]。因为若其所犯为徒以上罪，官员则相应要接受除官、免官或官当的处罚，并解去现任官职，追夺所降告身[4]。这就不仅仅是附考殿选的问题了。

既然法曹从断狱定罪的职能上并不能掌握部内所有官员的全部犯罪情况，我们就又回到了之前所提出的问题：功曹为何要向法曹询问官员的负犯情况呢？笔者认为，这正是由于法曹“掌赃赎”的缘故。根据唐律：

诸应议、请、减及九品以上之官，若官品得减者之祖父母、父母、妻、子孙，犯流罪以下，听赎；若应以官当者，自从官当法。其加役流、反逆缘坐流、子孙犯过失流、不孝流及会赦犹流者，各不得减赎，除名、配流如法。除名者，免居作。（即本罪不应流配而特配者，虽无官品，亦免居作。）其于期以上尊长及外祖父母、夫、夫之祖父母，犯过失杀伤，应徒；若故殴人至废疾，应流；男夫犯盗（谓徒以上。）及妇人犯奸者：亦不得减赎。（有官爵者，各从除、免、当、赎法。）[5]

据此可知，九品以上官犯流以下罪，若非“加役流、反逆缘坐流、子孙犯过失流、不孝流、会赦犹流”及“于期以上尊长及外祖父母、夫、夫之祖父母，

---

[1] 《唐六典》卷2《尚书吏部》，“考功郎中员外郎”条，第43页。参见仁井田陞：《唐令拾遗·考课令》第38条：“诸官人犯罪负殿者，私坐计赎铜一斤为一负，公罪二斤为一负，各十负为一殿。校考之日，负殿皆悉附状，当上上考者，虽有殿不降（此谓非私罪）；自上中已下，率一殿降一等。即公坐殿失应降，若当年劳剧，有异于常者，听减一殿。”长春出版社1989年版，第255页。

[2] 《唐律疏议》卷1《名例律》，“笞刑五”“杖刑五”条，第4页。

[3] 据前引仁井田陞复原唐《考课令》第38条，负殿情况与官吏的考课结果息息相关。

[4] 详见《唐律疏议》卷1至2《名例律》，“官当”“除名”“免官”“免所居官”条，第44—58页。亦可参雷闻《唐开元狱官令复原研究》附《唐开元狱官令复原清本》，第31条，见《天一阁藏明钞本天圣令校证》，第648页。

[5] 《唐律疏议》2《名例律》，“应议请减（赎章）”条，第34—37页。

犯过失杀伤，应徒”，“计盗罪至徒以上”[1]，“妇人犯奸者”，且不适用“除、免、官当”情况的，皆听赎。故此，则九品以上官员犯杖以下罪，皆可听赎。

综上可知，尽管在地方司法政务运行中，从案件的断决和审覆环节上，法曹并不能掌握本部所有官员的全部犯罪情况，但是在刑罚的最后执行环节上，因为法曹“掌赃赎”，使得它反而能够间接地掌握了官员们杖罪以下轻刑的负犯情况。当然若据唐开元《狱官令》的规定“杖罪以下，县决之，徒以上，县断定送州，覆审讫，徒罪及流应决杖、笞若应赎者，即决配征赎”[2]，府州法曹似乎也只是对徒以上罪及流罪的附加刑部分的征赎。其实并非如此。此条唐令是为县司所断徒以上罪裁决、执行（包括征赎）程序而生文的，并未涵盖我们前面所提及的府州诸曹所具有的杖以下罪的处理权限，也不能证明法曹不负责部内杖以下罪赃赎的征收。

唐前期府州法曹是否负责部内官员杖以下罪的赃赎？吐鲁番文书《唐为处分支女赃罪牒》可资参考。兹移录如下：

《唐为处分支女赃罪牒》[3]：

（前缺）

1 丈肆尺伍寸，据赃不满［　　　　　〔 ］决〕

2 讫放。其粟既是彼此俱罪［　　　］〔之赃，〕准例没官。别牒

3 交河县，即征支女粟叁［　　　］送州，请供修甲

4 仗，仍牒兵曹检纳处分。其［　　　］所告支女剩取粟

5 既是实，准斗讼律，若告二罪［　　　］〔以上，〕重事实□〔及〕数事等，但一

6 事实，除其罪，请从免者。［　　　］〔牒至〕准状，故牒。

（后缺）

---

[1] 《唐律疏议》2《名例律》，“应议请减（赎章）”条，第37页。

[2] 雷闻：《唐开元狱官令复原研究》附《唐开元狱官令复原清本》，第2条，《天一阁藏明钞本天圣令校证》，第644页。

[3] 文书号：72TAM223：47（a），《吐鲁番出土文书》（图录本）第四册，第124页。〔 〕内校补文字，参见刘俊文：《敦煌吐鲁番唐代法制文书考释》，第495—496页。

此件文书年代不详，据同墓所出文书，除了一件有景龙二年（708年）纪年外，其余多为开元年间，最晚者为开元十一年（723）后[1]。故文书年代大体可确定为开元初年前后[2]。对于文书的性质，刘俊文已指出，是对支女剩取粟科罪征赃及对告发者准律免罪的决定，并据“别牒交河县”及“仍牒兵曹检纳处分”认定，此件文书是西州法曹的官文书，其说可从。虽然由于文书已残，我们不知道支女的身份，以及法曹对支女的最终判罚，不过从“彼此俱罪之赃”[3]和“决讫放”[4]来看，应当是支女应是官员，所犯为杖以下罪。这样就说明即便是杖以下罪的赃赎，府州法曹完全是可以知晓的。赃赎的征收是由法曹专门下牒交河县，令其将赃物粟若干征送于州，充作供修甲仗之用[5]，同时亦牒兵曹知晓此事，并对所送赃粟予以检纳处分。

与上件文书类似的《唐盗物计赃科罪牒》，同样也是一件关于赃赎征收的案卷。亦移录如下：

《唐盗物计赃科罪牒》[6]：

（前缺）

---

[1] 阿斯塔那223号墓文书解题，《吐鲁番出土文书》（图录本）第四册，第118页。

[2] 与西州赃赎物被用于维修甲仗大体同时，京兆府的赃赎钱被用于修缮本府府廨。（清）徐松撰、李健超增订《增订唐两京城坊考》卷四，京兆府“府内廨宇，并隋开皇中制度，其后随事改作。开元元年孟温礼为京兆尹，奏以赃赎钱修理缮葺焉”，三秦出版社2006年版，第203页。

[3] 《唐律疏议》卷4《名例律》，“彼此俱罪之赃”条疏：“受财枉法、不枉法及受所监临财物，并坐赃，依法：与财者亦各得罪。此名‘彼此俱罪之赃’，谓计赃为罪者”，第86页。此四类赃罪，都应该是官员所犯之罪。

[4] 参见下文所引《唐盗物计赃科罪牒》（3—4行）：“计□不满壹疋，合杖六十。□案谘决讫，放。”按，在唐前期司法实践中，亦有徒以下罪“量决罚便放”的情形（《册府元龟》卷85《帝王部·赦宥四》，开元二十二年五月诏，卷151《帝王部·慎罚》，开元二十三年四月壬子诏，中华书局1960年版，第1010—1011、1825页），是帝王赦宥或慎刑的特例。

[5] 在指出地方上用赃钱充修甲仗费用时，李锦绣还举出颜真卿《金紫光禄大夫守太子太傅兼宗正卿赠司空上柱国陇西郡开国公李公（齐物）神道碑铭》“迁北都军器监事。太原为一都之雄镇，军器掌五库之禁兵。故乾没之赃，一徵百万；缮完之利，费省巨亿。少尹严挺之连奏课最，擢拜长安令”（颜真卿：《颜鲁公集》卷六，上海古籍出版社1992年版，第41页）为例，认为李齐物作为北都军器监事，所以能用乾没之赃充缮完之利。第668页。但笔者认为，“乾没之赃，一徵百万”“缮完之利，费省巨亿”均是就李齐物课最而言，并不能直接认为是用乾没之赃充缮完之利。

[6] 文书号：72TAM194：27（a），《吐鲁番出土文书》（图录本）第四册，第52页。录文参见刘俊文：《敦煌吐鲁番唐代法制文书考释》，第499—500页。

1 ］财［

---

2 一疋（尺）杖六十，一疋加一等，王庆

3 计□不满壹疋，合杖六

4 十。□案谘决讫，放。其

5 钱征到，分付来宾取

6 领□陪赃牒征送。谘，仁

7 赞白

8 十一日

9 盗物获赃，然可科罪，

（中缺）

10 ］款［ ］匪实

（后缺）

关于仁赞的身份，从文书程式来看，应属于判官，故在判词后面有“谘，某白”的签署（第6—7行）。刘俊文只是谨慎地认为他是法吏（判官），并未说明其为法曹参军或是县尉[1]，而李方根据“合杖六十”，属于“县决之”的杖以下罪，故推定其为县尉。并将其与《唐文明元年（684）高昌县准诏放还流人文书》[2]中的骑缝背押“仁”联系了起来，认为此“仁”很可能就是“仁赞”[3]。其说虽然有道理，但也并非完全令人信服。

首先，根据前文的讨论，虽然唐《狱官令》有“杖以下罪，县决之”的规定，但是这只表明县司有杖以下罪的决断权，似乎并不能逆推出“凡是杖以下罪，皆为县司所断”的结论。其次，根据本墓所出开元七年（719年）张行伦墓

---

[1] 刘俊文：《敦煌吐鲁番唐代法制文书考释》，第500—501页。又，刘俊文认为此件文书第1行，可据《唐律律疏》补作：“〔诸窃盗，不得〕财〔笞五十〕”。

[2] 文书号：72TAM230：59（a），60（a），《吐鲁番出土文书》（图录本）第四册，第69页。本件钤有“高昌县之印”。

[3] 李方：《唐西州官吏编年考证》，第148—149页。

志及《唐□□五年佐麴和牒》来看[1]，本件文书的时间亦应为开元初年（以开元元年计），上距文明元年达29年，因此，“仁”与“仁赞”当是两人[2]。虽然对上述两点持不同意见，但笔者同样倾向于认为本件文书是高昌县文书。因为从“陪（倍）赃牒征送”来看，应该是要求将王庆所纳倍赃征收之后，送于州司[3]。所以它应该是县司公文书。而从同墓所出《唐西州高昌县残文书》上盖有“高昌县之印”来看[4]，大概本墓所出文书皆为高昌县文书。那么，仁赞应是开元初年的高昌县尉。

也正因本件文书为县司公文书，且案卷保存不全，故未能见到能够体现府州法曹“掌赃赎”职能的相关文书或程序。

[1] 文书号：72TAM194：12/1，12/12，《吐鲁番出土文书》（图录本）第四册，第53页。唐代年号纪年中，在开元之前，有“五年”者，为武德、贞观、永徽、显庆和咸亨。其中，咸亨五年（674年）已距开元元年有39年之久，恐此件文书的时间并非咸亨以前。

[2] 实际上，李方还认为文明元年之“仁”，还可能与《唐西州高昌县下团头帖为追送铜匠造供客器事》［文书号：64TAM35：25，圣历元年至神龙元年前后，《吐鲁番出土文书》（图录本）第三册，文物出版社1996年版，第523页］中的“尉张仁”是同一个人，见《唐西州官吏编年考证》，第185页。此外，她又根据该件文书中张仁的署名笔迹与《唐高昌县史成忠帖为催送田参军地子并事》［文书号：64TAM36：9，神龙元年前后，《吐鲁番出土文书》（图录本）第四册，第16页］中“尉张”的笔迹相似，提出“尉张”即张仁的看法，见同前书，第192—193页。当然，为了谨慎起见，李方只是提出了自己的推测，在具体编年时，仍将前述三人的资料分别列出，以待后验。笔者注意到，永淳元年（682年）五月高昌县有“主簿判尉思仁”［《唐永淳元年西州高昌县下太平乡符为百姓按户等贮粮事》，文书号：64TAM35：24，《吐鲁番出土文书》（图录本）第三册，第487页］，此人亦见开耀二年（682年）二月前后的《唐西州高昌县诸乡里正上直暨不到人名籍》［文书号：67TAM376：03（a），《吐鲁番出土文书》（图录本）第三册，第291页］，均与文明元年之“仁”时间相近，或为同一人。参见李方：《唐西州官吏编年考证》，第181页；李方：《唐西州官僚政治制度研究》，黑龙江教育出版社2013年版，第37—43页；张雨：《吐鲁番文书所见唐代里正的上直》，载《西域文史》第二辑，2007年。

[3] 根据任赞的判词可知，王庆所犯为窃盗私财。按照“正赃见在未费用者，官物还官，私物还主”和“盗者，倍备”的原则（《唐律疏议》卷4《名例律》，“以赃入罪”条，第88—89页），赃钱与倍赃皆应交由来宾取领（参见《唐律疏议》卷5《名例律》“盗诈取人财物首露”条疏，“甲盗乙绢五疋，……乙乃取甲十疋之物，为正、倍等赃”，第109页）。但在此件文书中，倍赃则入官，故需“牒征送”州，与律文不同。按，高明士指出，此件文书中所征到的赃钱“分付来宾取”，令人费解，见氏著《律令法与天下法》，上海古籍出版社2013年版，第201页。然而真正令人费解的应该是倍赃入官一节。

[4] 文书号：72TAM194：12/2，《吐鲁番出土文书》（图录本）第四册，第53页。

二、府州赃赎钱物的管理体制：法曹与仓曹的分工协作机制

在上一节中，我们利用吐鲁番文书初步探讨了府州法曹“掌赃赎”的职能。但限于史料不足征，难以对该职掌的详情作出全面判断。目前可知的是，在地方司法政务运行中，原本从案件的断决和审覆环节上，并不能掌握本部所有官员的全部犯罪情况的法曹，因为其所具有的“掌赃赎”职能，可以在刑罚的最后执行环节上，间接地掌握官员杖罪以下轻刑的负犯情况。因此在每一年度的地方官吏考课时，功曹需要向其询问相关官员的负犯。

另外，在某些情况下，法曹会在判词中直接对赃赎的支用作出安排。这种安排虽然与法曹“掌赃赎”的职能相关，但并不意味着法曹是地方赃赎钱物的唯一管理机构。还是以前引《唐为处分支女赃罪牒》为例，虽然法曹作出了“其粟既是彼此俱罪之赃，准例没官”的判决，但其赃粟却是由交河县送州，并由“修甲杖”的直接管理部门——兵曹检纳处分。这种对赃赎钱物的支用，或许与唐式的具体规定相关，如前引《刑部式》“诸狱囚应给荐席、医药及汤沐，并须枷、锁、钳、扭、钉、镶者，皆以赃赎物充，不足者，用官物”类似，是对赃赎钱物优先支用的专门性安排，有助于减少国家预算收入的支用。

正如《唐为处分支女赃罪牒》所揭示的那样，府州法曹虽然“掌赃赎”，但却不负责赃赎钱物的具体收支管理。那么《唐盗物计赃科罪牒》文书提到的送州之倍赃物，应该由什么机构征收呢？笔者认为，在一般情况下，地方上的赃赎钱物的征纳和支用，与赋税、公廨田租等一样，是由“掌公廨、度量、庖厨、仓库、租赋征收、田园、市肆之事”[1]的仓曹来负责的。

新获吐鲁番文书《唐永徽五年至六年（654—655）安西都护府案卷为安门等事》（安门案卷），正好说明了地方上赃赎物的收纳和支出是由仓曹统一管理的。兹引录如下：

[1]《唐六典》卷30《三府督护州县官吏》，第748页。

《唐永徽五年至六年安西都护府案卷为安门等事》[1]

1 ］□□［

2 一为分付仓督张隆信□［

3 一为下柳中县□□□［

---

4 户曹

5 判官房门壹具——————

6 □曹：得彼关称，得户曹关称，得参

7 □□户曹事鞠善积等牒称，请造

8 □件门安置者，检库无木可造，流

9 例复多，宜关［

10 郭风尘，天气□□，□□□□□

11 □皆有扇，士司亦应具知，唯户

12 □□门扇，若论流例，应合安门。□

13 □□彼量判。谨关。

14 录事鞠仕达勘同[2]。永徽五年十月廿四日

15 府

16 ］□曹事善积

17 史□□［

---------------------（“俊”）---------------------

18 依判，谘，仕悦示。

（中缺）

19 □□［

20 牒举者。今以状关，关至，所有赃赎、应入官财

---

[1] 文书号：2006TZJI：196、2006TZJI：197、2006TZJI：013、2006TZJI：001、2006TZJI：198a、2006TZJI：010、2006TZJI：015、2006TZJI：016、2006TZJI：017、2006TZJI：002、2006TZJI：009、2006TZJI：005、2006TZJI：195、2006TZJI：194a，荣新江、李肖、孟宪实主编：《新获吐鲁番出土文献》，第304—307页。

[2] 本句原为朱书，当系鞠仕达勾检之署。

21 物，从去年申后已来，仰具报，待至勘会。

22 □□□破用之处，具显用处，并本典赍□

23 □应赴录事司勾勘者，检□□□□□

24 必须子细勘当，不得遗漏。限今月末

25 □□，谨关。

26 　　　　　　　　　　永徽六年正月十二日

27 　　　　　　　　　　　　　史高悊

28 ］参军事隆悦

29 　　　　　　　　　　　　　［

30 　　　　　　　　　　　　　　］□□付

----------------------------------（“俊”）----------------------------

31 检案，武俊白

32 十三日

33 牒检案连如前，谨牒。

34 　　　］

35 　　　　　　　　勘当司检［

36 　　　　　　　　等以不符［

37 　　　　　　　　检武俊［

----------------------------------（“俊”）----------------------------

38 □依勘当司从去年申

39 后已来，令（今）无赃赎之物及

40 无应入官之物。

41 交何（河）县送仓［

42 伍寸，阔三尺伍寸，准直钱肆拾□

43 同前检上件门到，其

44 价直，县已牒别头给讫。

45 牒件检如前，谨牒。

46 ［　　　］

47 交何（河）县送仓曹门

48 两具。既到，付仓督张

-----------------------------------（“俊”）----------------------------

（后缺）

关于本件文书的整理情况及对安门案卷的考释，雷闻、刘安志已有专文详细讨论[1]，本文从略。

从第20—25行录事司关文来看，大概是由于仓曹（第8行）与士曹[2]相互推诿，造户曹门所需木材无从着落，因而录事司便以附司勾勘为名，要求仓曹于永徽六年正月月末之前[3]，具报从永徽五年申报之后“所有赃赎、应入官财物”，并且要求“破用之处，具显用处”。这正说明仓曹不仅负责地方赃赎钱物的征纳，而且也负责赃赎钱物的支用。

也就是说，虽然法曹“掌赃赎”，但它只是对赃赎物的征收与否作出决定，而具体到赃赎物的征纳和支出，则仍与其他财物收支一样，归仓曹负责。这与唐前期勾征管理中勾所与征所是相分离的体制是一致的。比如在中央政务运行中，勾征要先经尚书比部司勾检，然后将结果知会财政机构（尚书金部司、仓部司），由其下省符征纳。而在地方则分别由录事参军和仓曹（或户曹）负责[4]。

另外，从府州录事司可以将赃赎物、应入官财物作为独立的“名品”进行勾勘来看，赃赎物与应入官财物在仓曹文账之中，应该是作为单独的账目存在的。这种账目也正是需要由尚书比部勾检的赃、赎物账。不仅地方府州录事司

[1] 雷闻：《关文与唐代地方政府内部的行政运作——以新获吐鲁番文书为中心》，载《中华文史论丛》2007年第4期。近来，刘安志又据图版对安门案卷的录文加以调整和订正，参见氏著：《关于吐鲁番新出唐永徽五、六年（654—655）安西都护府案卷整理研究的若干问题》，载《文史哲》2018年第3期。

[2] 按，此件文书第4—18行为户曹关文，受文机构应是士曹。据此，该案卷之后当有士曹回文，但今已不可见。从户曹门迟至永徽六年正月十三日后始送至仓曹（第47—48行），故推测此前士曹回文亦在推诿。

[3] 据前引《仓库令》《赋役令》，赃赎钱物与庸调一起，于每年九月上旬从本州起运入京，故此，推测赃赎的申报与造账时间也应截止于庸调的征收期限（每年八月上旬起输日之后的第三十日）。安门案卷中“从去年申后已来”（第21、38—39行），或即指永徽五年九月上旬以后。

[4] 李锦绣：《唐代财政史稿》上卷，第250页。地方上除了由录事参军和仓曹（或户曹）负责分别负责勾征外，还会有单独的州勾所与州征所负责勾征。

要对赃赎钱物的收支账目加以勾勘，新兴的使职系统也逐渐取得了对地方各色赃赎进行勾勘的权力。这大概反映出唐朝中央政府强化对地方预算外收入及支用监管的努力。英藏敦煌文献中天宝年间的敦煌郡（沙州）文书就反映了这一情况。

《敦煌郡牒文抄目及来符事目历（天宝年间）》[1]：

1 廿四日判［

2 度支使勾覆所牒为同前事

3 如同前判

4 监河西和籴使牒为诸色赃赎勘报事

5 其日判，牒监河西和籴使讫，史张宾行

唐代于河西置监和籴使（和籴使），并派遣侍御史等充使，目的应该就是要解决和籴中出现的“始于贵取，而终以耗称，俾边兵受寒，战马多瘦”的“丛脞之病”[2]。而将地方诸色赃赎纳入和籴使的监察范围，应该与上述“丛脞之病”造成的财政紧张有关，因此天宝年间敦煌郡的赃赎被优先用于和籴。或许，正是这种将赃赎钱物的收支纳入使职监管之下的做法，开启了唐后期地方赃赎钱物由诸道观察判官专勾当，并统一申送御史台、由御史专知体制的局面。

敦煌郡赃赎被用于和籴，大概就意味着地方赃赎钱物被统一用于财政优先支用的方面，像之前那样根据地方所需被“随意”支用的现象也就不存在了。

---

[1] 文书号：S.2703/3，录文见王永兴：《唐勾检制研究》，上海古籍出版社 1991 年版，第 61 页。文书拟题及图版见中国社会科学院历史研究所等编：《英藏敦煌文献》（汉文佛经以外部分）第 4 册，四川人民出版社 1991 年版，第 200 页。另参夏炎：《唐代州级官府与地域社会》，天津古籍出版社 2010 年版，第 65—67 页。

[2] （唐）高适：《送窦侍御知河西和籴还京序》，孙钦善校注：《高适集校注》，上海古籍出版社 1984 年版，第 322 页。高适笔下的“窦侍御”恰好又出现在《天宝十三载（754）敦煌郡会计牒》（文书号：P3599，录文见池田温：《中国古代籍帐研究》，“录文与插图”部分，中华书局 2007 年版，第 335—336 页）中，其中就涉及和籴物被挪用的情形。参见卢向前：《唐代和籴研究》，载《唐代政治经济史综论——甘露之变研究及其他》，商务印书馆 2012 年版，第 171—173 页。

同时，能够用于和籴，这又从一个侧面反映出被统收统支的赃赎钱物，其数量并非细微的事实。但这是天宝年间的状况。而从前件安门案卷中仓曹牒文（第38—40行）来看，西州仓曹自永徽五年申报赃赎钱物之后，在相当长的一段时间内（依前文推测，当有四个月之久），竟然未收到任何的赃赎之物及应入官之物。这大概并不意味着西州百姓与官吏在此期间突然变成了“守法楷模”，而是源于预算外收入的不稳定性及其支用的优先性。如在支女案中，赃赎物被直接用于修理甲仗，而由交河县直接征送于西州兵曹，充作该司经费，故无须再经过仓曹。安门案卷中“流例复多”（第8—9行）一语，恰恰说明了这种情况在唐前期地方府州中应该是比较普遍的，而其依据大概就是如前引《刑部式》等相关格式的规定，或者是像京兆尹孟温礼一样奏请皇帝批准。天宝以后，随着边镇十节度体制的确立，军费日增，因此像敦煌郡这样的沿边郡县的赃赎钱物率先被纳入到使职财政收支中统一管理。

三、结语

借助于吐鲁番文书，我们扩展了对唐代府州法曹职掌中“赃赎”所涵盖的地方政务的理解。尽管现有的相关解读还很不充分，但仍可以看到，在地方官员考课事务上，功曹与法曹之间的相互配合。但是这种配合更主要地由于法曹通过“掌赃赎”职能所了解到部内官员的负犯情况，而非仅仅源于其“鞫狱定刑”的职能。同时，法曹与仓曹在赃赎钱物管理中的分工协作，是两者在地方财政管理中分工协作的有机组成部分[1]。府州法曹“掌赃赎”而不负责收支钱物，后者是仓曹的职责。由此，作为预算外收入的赃赎钱物，它的产生与征用在地方政务中被划分为两部分，分别由法曹和仓曹负责，这与在唐前期三省制下分层决策与分层执行机制下，同一件政务的处理，往往由多个部门在不同的环节上

[1] 此外，在囚犯给粮事务上，府州法曹与仓曹也存在分工协作，即在囚徒需要给粮的时候，应由法曹负责向仓曹申报，据所需人数请粮。而在囚犯死亡之后，法曹还要及时通知仓曹，予以核减。参见张雨：《唐代司法政务运行机制研究》，第105—108页。

分别承担相应的管理职责的制度设计和实践是相符的[1]。

最后，通过前文的分析，我们还可以对唐前期赃赎钱物管理体制作一粗浅的概括。由于在京诸司和府州诸曹（包括县司）均有杖以下罪的裁决权，因此赃赎钱物的来源是多元的，但其管理却是相对统一。就地方而言，无论是由于徒以上罪（需要经府州法曹覆审）产生的赃赎，还是由于徒以下罪产生的赃赎（需要申送于州），都会被汇总至法曹。这些赃赎钱物，或者因法曹的处分，或者因格式、诏敕，而优先支用于地方的实际用度中，以节约预算收入。盈余的部分，则由仓曹统一征纳和支用，并建立单独的账目进行管理。相应的钱物和账目，最终会在每年九月上旬，随庸调物一起装车起运，自本州出发，被送入京。随至，申尚书省后纳于太府寺。若赃赎物为金银、鍮石（黄铜），则随朝集使于每年十月二十五日前送入京，纳太府寺。而在京诸司所征赃赎钱物，则是每季度末造账并申送于尚书省、太府寺。相应的，所有的赃赎钱物及其账目，会分别受到府州录事司、临时或固定的使职，以及尚书比部司的勾检，从而被纳入到国家财政管理的大框架下。从这个意义上讲，“掌邦国财货之政令”[2]的太府寺是唐前期赃赎钱物的统一管理机构。

天宝以降，随着边镇体制的变化，逐渐形成将赃赎钱物的收支纳入使职监管的新机制，由此开启了唐后期地方赃赎钱物由诸道观察判官专勾当，并统一申送御史台、由御史专知的新局面。

---

[1] 可参考唐代前期尚书户部四司（户部、度支、金部、仓部）财政收支中的分工与协作关系，见李锦绣《唐代财政史稿》上卷，第290—298页。

[2] 所谓“邦国财货”，主要包括“诸州庸、调及折租等物应送京者”和“杂送物”。《唐六典》卷20《太府寺》，“太府卿少卿”条，第540页。

从敦煌吐鲁番判文看唐代司法审判的效率和质量

郑显文*

司法审判是指国家司法人员依照法定职权和法定程序，运用法律来审理案件的专门活动。古往今来，任何时代的法律纠纷大都要通过司法机关的具体裁判作出决断，因此，若想认识一个时代的法律文明程度，就需要深入了解当时的诉讼审判制度。

司法判例是当时诉讼审判制度运行情况的真实表现。一个朝代的司法状况如何，诉讼审判文书是最好的证明。唐代是中国古代法治清明的时期，关于唐代的诉讼审判的效率和质量情况，传世文献的记述十分简略。从十九世纪末二十世纪初以来，中国西北地区的敦煌、吐鲁番等地发现了许多唐代判例判文，为学术界深入探究唐代诉讼审判的效率和质量提供了珍贵的法律史料。

目前学术界对唐代的诉讼审判制度作了大量的研究工作，发表了许多研究成果，如日本学者池田温的《敦煌判集三种》，[2] 大野仁《唐代の判文》，[3] 布目潮渢《白居易の判を通して见た唐代の蔭》等；[4] 中国学者陈登武《白居易〈百

---

* 郑显文，历史学博士，上海师范大学哲学与法政学院教授，博士生导师。

[2] 〔日〕池田温：《敦煌本判集三种》，原文发表于《古代东亚史论集》（纪念末松保和教授）下卷，吉川弘文馆 1978 年版，后收入杨一凡主编：《中国法制史考证》（丙编）第二卷，中国社会科学出版社 2003 年版，第 493—537 页。

[3] 〔日〕大野仁：《唐代の判文》，收入滋贺秀三主编：《中国法制史：基本资料の研究》，东京大学出版会 1993 年版，第 263—280 页。

[4] 〔日〕布目潮渢：《白居易の判を通して见た唐代の蔭》，收入《中国哲学史の展望と摸索》，创文社 1976 年版，第 545—562 页。

道判〉中的礼教思想》，[1] 霍存福《唐张鷟、白居易两大判词考》，[2] 郑显文《从73TAM509：（1）、（2）号残卷看唐代的保辜制度》，[3] 陈玺的《唐代诉讼制度研究》[4] 等。但到目前为止，无论是法学界还是历史学界尚未有学者根据司法判例对唐代的诉讼审判效率和审判质量等问题进行全面探究。为此，笔者在对敦煌、吐鲁番等地新发现的唐代判例判文进行全面调查的基础上，结合传世文献的记述，从动态的视角对唐代司法审判的效率和质量等问题略作分析，不妥之处，祈求教正。

一、敦煌吐鲁番出土的唐代判例判文及类型化模式

现存的唐代司法判例主要包括传世文献所记述的判例判文和敦煌、吐鲁番等地出土的唐代判例判文两部分内容。依据这些判例判文的性质，笔者将其分为两种类型：第一，唐代各级司法机关根据社会中实际发生的诉讼案件所作的真实司法裁判，如贞观年间在同州发生的房强之弟谋反连坐案，元和六年发生的富平人梁悦杀秦果案，1973 年新疆阿斯塔那出土的编号为 73TAM509：8（1）、（2）号宝应元年六月《康失芬行车伤人案》，1969 年阿斯塔那第 134 号墓出土的 69TAM134：9 号《麟德二年十二月高昌县追讯樊粪塠不还牛定相地子事案件》，1966 年阿斯塔那出土的 66TAM61：24（a）、23（a）、27 / 1（a）、2（a）、22（a）号《麟德二年五月高昌县勘问张玄逸失盗事案》等，这些法律文书是唐代中央和地方司法机关所作的真实裁判文书。第二，唐代司法人员根据以往的案例加工整理而编纂的判例集，或者由法律人员根据律令格式的法律条文而编纂的虚拟判文，主要是为考生参加吏部主持的“试判”考试所作的应试拟判，这些判文包括赵仁本的《法例》，张鷟的《龙筋凤髓判》，白居易的《百道判》《文苑英华》

[1] 陈登武：《白居易〈百道判〉中的礼教思想》，刊载于《法制史研究》2013 年第 23 期。

[2] 霍存福：《唐张鷟、白居易两大判词考》，收入杨一凡主编：《中国法制史考证》甲编第四卷，中国社会科学出版社 2003 年版，第 400—434 页。

[3] 郑显文：《从 73TAM509：（1）、（2）号残卷看唐代的保辜制度》，收入中国法律史学会主办：《法律史论集》第 3 卷，法律出版社 2001 年版，第 201—212 页。

[4] 陈玺：《唐代诉讼制度研究》，商务印书馆 2012 年版。

所收录的判文1062道,《全唐文》收录的判文1186道等。[1]此外,还包括敦煌、吐鲁番出土的判文伯3813号《文明判集》残卷,伯2754号《麟德安西判集》残卷,伯2593号《开元判集》残卷等。

敦煌、吐鲁番等地新发现的唐代判例判文数量很多,它包括二十世纪初在甘肃敦煌藏经洞发现的唐代判例判文以及二十世纪六七十年代以来在新疆的阿斯塔那、哈拉和卓等地发现的唐代判例文书等。这些新出土的唐代法律文书所涉及的司法内容广泛,包括民事法律关系中的买卖、借贷、婚姻、家庭财产继承等方面的诉讼审判文书,刑事法律中的人身伤害、盗窃、贪污受贿等方面的诉讼审判文书,有对地方行政机关的行政处分不服而向上级司法行政机关请求复议的行政诉讼文书,也有关于违背国家的礼制、对外贸易等方面的判例文书等。

敦煌、吐鲁番等地新发现的唐代判例文书有许多是当时地方司法机关的真实判例,如法国国家图书馆藏的敦煌文书斯6417号背《年代不详(公元十世纪前期)孔员信三子为遗产纠纷上司徒状》,伯3257号后晋开运二年十二月《河西归义军左马步押衙王文通及有关文书》,1972年阿斯塔那出土的72TAM209:88、89、90贞观年间《高昌县勘问梁延台雷陇贵婚娶纠纷事案卷残卷》,1973年阿斯塔那出土的73TAM509号开元廿一年《西州都督府勘问蒋化明失过所事案卷残卷》等,皆为唐代沙州地区司法机关的真实裁判文书。

敦煌、吐鲁番等地发现的唐代司法文书也有许多是当时的虚拟判文,这些判文是唐代法律人员根据此前发生的审判案例或律令格式的法律条文编纂的虚拟判文。这些虚拟的判文残卷主要有法国国家图书馆所藏敦煌文书伯2754号《安西判集残卷》,伯2979号《唐开元二十四年九月岐州郿县县尉勋牒判集》,伯2942号《唐永泰年代河西巡抚判集残卷》,伯3813号《文明判集残卷》,伯2754号《安西判集残卷》,伯2593号《开元判集残卷》,1973年新疆阿斯塔那出土的73TAM222:56(1)—(10)《唐西州判集断片》等。

敦煌、吐鲁番等地新出土的唐代判例判文具有重要的法律价值。透过这些唐代的司法判例,不仅真实地再现了唐代诉讼审判的原貌,也为我们深入探究

[1] 高明士:《律令法与天下法》,台湾五南图书出版股份有限公司2012年版,第215页。

唐代司法机关的审判效率和审判质量提供了重要资料。这些判例判文内容丰富，种类繁多，如果按照现代部门法学的分类，笔者将其分为如下几种类型：

其一，关于民事诉讼方面的判例判文。在敦煌、吐鲁番出土的唐代法律文书中，有关民事方面的判例判文数量最多。如在法国国家图书馆所藏敦煌文书伯 2593 号《开元判集残卷》中，就收录了一个给付之诉的案例：隰州刺史王乙妻育子，令坊正为其雇一奶母，月酬一缣。后王乙之子百日而死，其妻拒不付奶母佣金，被奶母诉之官府。[1] 中国科学院图书馆所藏吐鲁番文书《开元中西州都督府处分阿梁诉卜安宝违契事案卷断片》是一件关于合同履行之诉的案件，文书如下：[2]

府司：阿梁前件萄，为男先安西镇，家无手力，去春租
与彼城人卜安宝佃，准契合依时覆盖如法。其人至今
不共覆盖，今见寒冻。妇人既被下脱，情将不伏，请乞商
量处分。谨辞。
付职□□勒藏
盖，勿□重□。
诸如小事，便即
与夺讫申。济
示
十三日

在本案中，原告阿梁控告卜安宝租佃其葡萄园，违契不依时覆盖，造成葡萄树冻伤，请求官府令被告覆盖。济为当地官府的司法官员，他批示令被告藏盖，并指示下属，如以后有“诸如小事，便即与夺讫申”，不须履行诉讼程序。

其二，关于刑事方面的判例判文。敦煌吐鲁番发现的唐代刑事方面的判例判文也有很多，主要涉及人身伤害、盗窃、贪赃受贿等方面的内容。在法国国

[1] 刘俊文：《敦煌吐鲁番唐代法制文书考释》，中华书局 1989 年版，第 480 页。
[2] 刘俊文：《敦煌吐鲁番唐代法制文书考释》，中华书局 1989 年版，第 562—563 页。

家图书馆所藏敦煌文书伯 3813 号《文明判集残卷》中，收录一个投毒盗窃的案件：豆其谷邀与同宿之人共饮，暗地掺入毒药令其迷乱，遂窃其财，所得财物，计当十匹。事后推勘，吐露实情。最后的判决结果是：“（谷）买药令其闷乱，困后窃其资，语窃虽似非强，加药自当强法。”[1] 1972 年，在新疆阿斯塔那出土了 72TAM230：47（a）《唐西州处分支女赃罪牒断片》，这是一件唐代西州地方司法机关对贪赃罪的判决文书，文书首尾残缺，仅存六行，其内容如下：[2]

（前缺）

1 丈肆尺五寸，据赃不满 □

2 讫，放。其粟既是彼此俱罪□□，准例合没官。别牒

3 交河县，即征支女粟参送州，□ 请供修甲

4 仗，仍牒兵曹检纳处分。其 □ 所告支女剩取粟

5 既是实，准《斗讼律》：若告二罪□□，重事实□数事等，但一

6 事实，除其罪。请从免者。□ 准状故牒。

（后缺）

在本案中，原告的告诉虽有不实之处，但因控告支女赃罪一事属实，属于重罪实，轻罪虚，依照唐律的条文，司法机关对告诉者“除其罪”。

其三，关于行政诉讼方面的判例判文。唐代行政诉讼法制十分发达，敦煌吐鲁番发现的唐代法律文书中保存了许多这方面的判例判文。如在敦煌文书伯 2979 号《唐开元二十四年（736 年）九月岐州郿县县尉勋牒判集》中，收录了郿县里正“不伏输勾征地税及草前申廿五”的行政复议案件：“开元廿三年地税及草等，里正众款，皆言据实合蠲；使司勾推，亦云据实合剥。里正则按见逃见死，以此不征；使司则执未削未除，由是却览。为使司则不得不尔，处里正又不得不然。而今见存之人，合征者犹羁岁月；将死之鬼，取辨者何有得期。若专征

[1] 〔日〕池田温：《敦煌本判集三种》，原文发表于《古代东亚史论集》（纪念末松保和教授）下卷，吉川弘文馆 1978 年版，后收入杨一凡主编：《中国法制史考证》（丙编）第二卷，中国社会科学出版社 2003 年版，第 503 页。

[2] 刘俊文：《敦煌吐鲁番唐代法制文书考释》，中华书局 1989 年版，第 495 页。

所由，弊邑其惧。今尽以里正等录状上州司户，请裁垂下。”[1]

在清人编辑的《全唐文》一书中，收录了一件对县级行政长官县令行政不作为的处罚案件，即“对县令不修桥判”，内容如下：“长安万年县坐去岁霖雨不修城内桥，被推按，诉云：各有司，存不伏科罪。”判决意见是：“天开紫极，地列镐京，渭水即饮龙之津，横桥得牵牛之象。而二县称剧，两城攸壮，望双阙而如云，对九途而若砺。频年淫雨，中逵泥泞，石梁隳构，铁锁不修……既愆十月之期，须明三典之坐。”[2]

其四，关于经济诉讼方面是判例判文。敦煌、吐鲁番新出土的有关经济方面的判例判文主要涉及均田的收授、土地的买卖、赋税的征收和减免、财政的收入和支出等内容。在敦煌文书伯2942号《唐永泰年代（公元765—766年）河西巡抚判集》中，收录了一件“甘州地税勾征，耆寿诉称纳不齐”，地方基层官吏请求减免征收的判文，内容如下：“彼州户人，颇闻辛苦。应缘张瓌稗政，遂令百姓艰勤。今既李牧抚邻，亦冀苍生苏息。尚频申诉，何以而然。地子勾征，俱非杂税，妄求蠲免，在法无文。马料兵粮，固须支给。仓储虚竭，何计供承。若望沙州相资，必恐不及时要。终须自活，岂可妄求。牒到，请使君审与耆寿商量，稳便处置，合放任放，须征任征。此间无物可支，彼处固须自给。终须设法，以叶（协）权宜。”[3]

1969年，在新疆阿斯塔那第134号墓出土了《69TAM134：9麟德二年十二月高昌县追讯樊粪塠不还牛定相地子事案件断片》，这是一件丁男樊粪塠之父死亡，应退回口分田一亩，官府重新分配给牛定相，而其子樊粪塠“延引不还”的土地纠纷案件，内容如下：[4]

1　麟德二年十二月日，武城乡牛定相辞。

2　宁昌乡樊粪塠父死退田一亩。

[1] 唐耕耦、陆宏基编：《敦煌社会经济文献真迹释录》第二辑，全国图书馆文献缩微复制中心1990年版，第616页。

[2] 董诰等编：《全唐文》卷980，上海古籍出版社1990年版，第4499页。

[3] 唐耕耦、陆宏基编：《敦煌社会经济文献真迹释录》第二辑，全国图书馆文献缩微复制中心1990年版，第623页。

[4] 刘俊文：《敦煌吐鲁番唐代法制文书考释》，中华书局1989年版，第541页。

3 县司：定相给得前件人口分部一亩，迳今五年

4 有余，从嗦地子，延引不还。请付宁昌县本

5 里追身，勘当不还地子所由。谨辞。

6 付坊追粪塠过县

7 对当。 果 示。

8 十九日。

从文书的内容来看，该案件提起诉讼的时间是麟德二年十二月某日。高昌县衙受理案件后，立即下令坊正“追粪塠过县”，时间是十二月十九日，“果”是高昌县的司法行政官员县令或县丞，由“果”作出了立案受理的批示。

其五，关于军事、礼制、环境卫生、著作权保护等方面的判例判文。敦煌、吐鲁番发现的唐代判例文书类型丰富，所涉及的法律内容广泛。在法国国家图书馆所藏敦煌文书伯 2754 号《唐安西判集残卷》中，有一道是关于军事方面的判文：[1]

（前略）

5 禄之资。远虑深谋，阙于谨慎；危烽要路，失不防闲，万一办

6 侵疆，引弓为寇，入境便当难免，失户即遣死刑。假令素质宽

7 疏，见罪如何不避。勤心职事，臣下常途；岂待提嘶，然为尅己。比

8 闻烽夫，差遣残疾中男。远望必阙机宜，闻者即可心寒，所部

9 何能不惧。略检本州兵士，尚有二百余人，分捉城隍，虽言要重，校量烽

10 候，于事即轻，望抽壹佰余兵，兼助诸烽守备。实冀县官巡查，明

11 示是非，令长务闲，亲加检校。必使在烽调度，无阙所须，觇厚用心，随

12 机驰报。若处分分明了，众事尅条，岁暮论功，自升上第。必闇指的，物

13 务亏违，非直目下科绳，考目亦当贬降。遐方碛外，特异中州，守境

14 邻边，尤资谨慎。幸宜勖励，无掛刑书。并仰县令专知，不得更推丞尉。

[1] 唐耕耦、陆宏基编：《敦煌社会经济文献真迹释录》第二辑，全国图书馆文献缩微复制中心 1990 年版，第 610 页。

在现存的唐代的判文中，还有关于教育、环境保护、著作权等方面的判例判文。《文苑英华》卷545收录的“开沟向街判”就是一件环境保护方面的判例：“丁开沟向街流恶水，县令责情杖六十，诉违法，既有文，不合责情，并仰依法正断。”最后司法者的判决是：“惟丁门接通衢，美非仁里，异汾浍而流恶，成闾阎之致沼，遂使轩车晓（一作晚）度，将坠于曳轮，铜墨风行，有闻箠令。虽礼律之目，彼此或殊，小大之情，得失斯在。而法有恒禁，政贵移风，故议事之刑，则符令典。妄情之诉，期于自息。”在唐代的诉讼审判活动中，已出现了有关侵害著作权案的判例：斛律景注释古籍，被长孙乙剽窃，流传于世，景子讼之官府。最后的判决意见是：“斛律景投斧誓心，题桥表志，研精覃思，温故知新，采摭群言，遂立训传。实求贻厥，垂范将来。长孙乙宅心典坟，先无书籍，习使迷于逐老，窥字感於阴陶。黄金满嬴，罕有一经之誉；白珪无玷，不闻三复之言，而犹借韵李奇，窃名州党。今景男有讼，方觉是非，理须更为昌言，美恶自然明白。”[1]

中国古代传世文献和敦煌吐鲁番文书所保存的唐代判例判文数量很多，涉及的法律内容非常广泛。透过这些司法审判文书，我们对唐代的诉讼审判制度有了比较清晰的认识。有唐一代为了应对纷繁复杂的诉讼案件，对诉讼程序作了许多制度的设计，对审判的效率和审判质量也提出了更高的要求，进一步推动了中国古代诉讼审判制度的发展。

二、对唐代司法官员法律思维和职业技能的考察

“徒法不足以自行”，“有治法尚须有治人”。一个朝代即使制定了十分完备的法律制度，如果没有高素质的司法人员来执行，法律也等于一纸具文，因此，选拔高素质的司法官员同样是一件重要的大事。唐代统治者非常重视选拔高素质的人才担任司法官吏，唐代的司法行政官员在任职前都要经过系统的知识学习和法律职业技能训练，通过吏部主持的“试判”考试才能任职。唐代的“试判”考试主要是为了考察司法行政人员的法律思维能力，考察考生对具体案件的法

[1] （宋）李昉等编：《文苑英华》卷511，中华书局1966年版，第2616页。

律论证能力和裁判能力。据《通典》卷十五《选举三》记述："吏部选才，将亲其人，覆其吏事，始取州县案牍疑议，试其断割，而观其能否，此所以为判也。"可见，"试判"考试主要是考察考生在司法实践中审断疑难案件的能力。

众所熟知，诉讼审判的过程是司法官员运用法律思维对具体案件进行论证推理和作出裁判的过程，唐代吏部的"试判"也正是为了考察考生对疑难案件的审断能力。从古至今，任何诉讼案件的判决首先要经过司法论证，德国著名法学家诺依曼指出："法律者当论证。"[1] 司法机关的判决若能令人信服，就必须经过合理的论证。司法论证与普通论证不同，普通论证的目的是说服听众，而司法论证的目的是对案件事实、判决标准进行合理的推论，确定案件的法律真相。司法论证是诉讼审判的重要程序，任何一个公正合理的判决，都要求法官的司法裁判"建立在理性论证的基础上"。[2] 从现存的唐代判文看，唐代的"试判"考试正是为了考察考生利用法律思维对具体案件的论证推理和提出判决理由的能力。

对于司法官员来说，作出裁判的结果容易，但养成用法律思维，根据案件的事实和国法、天理、人情等因素撰写出判决理由，作出公正的司法裁判却不是一件容易的事情。在现存的古代典籍以及敦煌吐鲁番文书中，保存了许多唐代的判例判文，从中可以窥见唐代司法人员的法律思维和审判技能。

（一）从事实清楚、法律有明确规定的案件看唐代司法人员的法律思维和审判技艺

法律事实是指依法能够引起法律关系产生、变更和消灭的客观情况，是司法裁判的前提和基础。在现存的唐代判例判文中，经常可以看到司法人员对那些事实清楚、证据充分的案件，依照国家的法律条文进行论证和作出判决理由。据《文苑英华》卷 528"清白二渠判"记述："得清白二渠交口，不著斗堰。府司科高陵令罪。云是二月一日以前。"在敦煌发现的开元年间《水部式》残卷中，

[1] 〔德〕诺依曼：《法律论证理论大要》，郑永流、念春译，刊载于《法哲学与法社会学论丛》2005 年卷，总第 8 期，北京大学出版社 2005 年版。

[2] 〔德〕罗伯特·阿列克西：《法律论证理论·序》，舒国滢译，中国法制出版社 2002 年版，第 1 页。

记述了相应的法律条文："京兆府高陵县界清、白二渠交口，着斗门堰。清水恒准水为五分，三分入中白渠，二分入清渠。若水雨过多，即与上下用水处相知开放，还入清水。二月一日以前，八月卅日以后，亦任开放。"[1]司法人员根据唐代《水部式》的条文，提出了如下判决理由："三辅名区，千里奥壤，决渠为雨，荷锸成云。衣食之源，见资于畎亩；桑麻之地，实赖于沟渠。故隐于金椎，沉之石楗，用防飘梗，爰备垫流。县令职在字人，化兼驯翟，用遵常式，或未成规。良以秋潦未收，且疑于瓠子；春流讵泛，未虑于桃花。修葺既非后时，府科何其速耳？请从按记，愚谓合宜。"[2]

在唐代《法例》一书中，记述了一个关于主婚权争议的判文："郭当、苏卿皆娶阿庞为妇，郭当于庞叔静边而娶，苏卿又于庞弟戚处娶之，两家有交竞者。叔之与侄俱是朞亲，依令：婚先由伯叔，伯叔若无始及兄弟。州司据状判，妇还郭当。苏卿不服，请定何亲令为婚主。"司刑人员通过查阅唐代《刑部式》的条文，认为"叔若与戚同居，资产无别，须禀叔命，戚不合主婚；如其分析异财，虽弟得为婚主也。司法人员最终作出了如下判决："检《刑部式》，以弟为定，成婚已讫。"[3]

（二）从法律和礼仪道德相冲突的案件看唐代司法人员的法律思维和审判技艺

美国学者罗斯科·庞德认为，法律规范是普遍、绝对适用的，而"适用道德原则时，必须考虑到具体的环境和人"。[4]在现实生活中，经常发生法律与道德相冲突的案件，如何对这类案件进行论证分析，提出合理的判决理由，对司法人员来说是十分困难的事情。在唐代的司法实践中，针对不同案情，当时的司法人员既考虑到法律的因素，也会充分考虑到道德的因素。敦煌文书伯 3813 号《文明判集》残卷中，记述了秦鸾盗钱为母造佛像案："秦鸾母患在床，家贫

[1] 刘俊文：《敦煌吐鲁番唐代法制文书考释》，中华书局 1989 年版，第 327 页。
[2] （宋）李昉等编：《文苑英华》卷 528，中华书局 1966 年版，第 2702 页。
[3] 〔日〕黑板胜美主编：《令集解》卷 10"嫁女"条，吉川弘文馆昭和四十七年版，第 300 页。
[4] 〔美〕罗斯科·庞德：《法律与道德》，陈林林译，商务印书馆 2015 年版，第 57 页。

无以追福。人子情重，为计无从，乃遂行盗取资，以为斋像。实为孝子，准盗法合推绳，取舍二途，若为科结？”对于该案，司法人员从法律和道德两个方面进行了考量，认为：“秦鸾母患，久缠床枕，至诚惶灼，惧捨慈颜。遂乃托志二乘，希销八难，驰心四部，庶免三灾。但家道先贫，素无资产，有心不遂，追恨曾深。乃捨彼固穷，行斯滥窃；辄亏公宪，苟顺私心；取梁上之资，为膝下之福。今若偷财造佛，盗物设斋，即得着彼孝名，成斯果业。此即斋为盗本，佛是罪根。假贼成功，因赃致福。因恐人人规未来之果，家家求至孝之名。侧镜此途，深乖至理。据礼全非孝道，准法自有刑名。”[1] 在本案中，司法人员通过道理论证的方式认为秦鸾用盗窃的钱财为患病的母亲铸造佛像祈福，不仅违背了国家法律，也与佛教的教义不相符合，更违背了传统的孝道名分，故应追究其法律责任。

礼是中国古代指导人们日常行为的重要准则，也是司法审判的重要依据，凡违背礼制的行为，将会受到法律的惩罚。敦煌文书伯 3813 号《文明判集残卷》收录了一个违背礼制的判文：“长安县人史婆陁，家兴贩，资财巨富，身有勋官骁骑尉，其园池屋宇、衣服器玩、家童侍妾，比侯王。有亲弟颉利，久已别居，家贫壁立，兄亦不分给。有邻人康莫鼻借衣不得，告言违法式事。”[2] 在本案中，史婆陁的行为明显违背了礼制，根据中国古代礼制的原则“上可兼下，下不可僭上”，[3] 最后司法人员依据《礼部式》的条文，提出了如下判决理由：“公为侈丽，无惮彝章。此而不惩，法将安措。至如衣服违式，并合没官。屋宇过制，法令修改。奢之罪，律有明文。宜下长安，任彼科决”。[4]

---

[1] 唐耕耦、陆宏基编：《敦煌社会经济文献真迹释录》第二辑，全国图书馆文献缩微复制中心 1990 年版，第 600 页。

[2] 唐耕耦、陆宏基编：《敦煌社会经济文献真迹释录》第二辑，全国图书馆文献缩微复制中心 1990 年版，第 604—605 页。

[3] （唐）李肇：《唐史国补》卷下；《大明令 · 礼令》记载：“凡官民服色、冠带、房舍、鞍马贵贱，各有等第。上可以兼下，下不可以僭上。”

[4] 刘俊文：《敦煌吐鲁番唐代法制文书考释》，中华书局 1989 年版，第 444 页。

（三）从证据不足和法律未有明文规定的案件看唐代司法人员的法律思维和审判技艺

在中国古代，因司法勘验技术不发达，经常发生对事实真相不能作出明晰判断的案件，对于这类案件，司法人员本着“狱贵深情”的精神，经常提出无罪的判决意见。在敦煌文书伯 3813 号《文明判集》残卷中，记载了一个证据不足的通奸案件：寡妇阿刘夫婿早亡，守志未嫁。在孀居期间生产一子，宣称是“与亡夫梦合”所生。依照唐律规定：“诸奸者，徒一年半；有夫者，徒二年。”[1] 虽然阿刘“语状颇欲生疑，孀居遂诞一男，在俗谁不致惑！欵与亡夫梦合，梦合未可依凭。即执确有奸，奸非又无的状。但其罪难滥，狱贵真情，必须妙尽根源，不可轻为与夺”。[2] 对于本案，司法者采取了疑罪从无的审慎态度，因为没有明确证据证明寡妇阿刘通奸，故作出了疑罪从无的判决意见。

一个时代的法律体系即使再完备，也会有立法上的疏漏，会出现法律条文没有涉及的问题。对于这类案件，唐代的司法人员运用逻辑推理的方法进行论证，提出判决理由。敦煌文书伯 3813 号《文明判集残卷》记述这样一个案例：赵孝信妻张氏有安昌郡君告身。其夫犯奸除名，法司追夺其妻告身。张氏云：“夫主行奸，元不知委，不服夺告身事。”在本案中，司法者根据因果关系进行了推理论证，认为赵信身任折冲，爵班通贵，但因奸源已露，罪合除名，官爵悉被剥夺。妻子张氏因丈夫功勋而获得郡君告身，现今丈夫官爵皆被剥夺，“皮既斯败，毛欲何施？”最后的判决是“告身即宜追夺，勿使更得推延”。[3]

（四）从天理、人情、国法相互冲突的案件看唐代司法人员的法律思维和审判技艺

法律规范的制定具有一定的局限性，一个案件合法与否，是由法律来评判；

---

[1] 《唐律疏议》卷 26，刘俊文点校，法律出版社 1999 年版，第 530 页。

[2] 唐耕耦、陆宏基编：《敦煌社会经济文献真迹释录》第二辑，全国图书馆文献缩微复制中心 1990 年版，第 603—604 页。

[3] 刘俊文：《敦煌吐鲁番唐代法制文书考释》，中华书局 1989 年版，第 439—440 页。

而合理与否，法律则不能作出评断。判决是否合乎情理，更多地需要裁判者的良心和责任感，需要法官的职业伦理和审判技能来判断。美国法学家波斯纳认为："法官最好将其工作理解为在每一个案件中努力获得特定境况中最合乎情理的结果。"[1] 在唐代的司法实践中，经常出现法律与天理、人情相冲突的案件。对于这类案件，司法人员需要经过缜密的考量和论证，提出判决意见。关于"人情"的含义，唐代的司法实践中通常指情感、情节、情况等，是指与个人相关联的事件因素。有唐一代经常发生法律与人情相冲突的案件，司法人员会根据不同情形，作出"法意与人情，两不相碍"的判决。[2]

唐代的司法人员并不是机械地适用法律，有时会充分考虑到人情的因素。长庆年间，京兆府云阳县人张莅欠羽林官骑康宪钱米，康宪前往索要，张莅乘酒醉殴打康宪，康宪气息将绝。宪子买得年十四，为救其父，持木锸击莅首，莅受伤三日后身亡。按照唐律，殴人"至死者，依常律"应处死刑。但唐穆宗认为，"康买得尚在童年，能知子道，虽杀人当死，而为父可哀。若从沉命之科，恐失原情之义，宜付法司，减死罪一等。"[3] 在本案中，作为最高的裁判者唐穆宗就充分考虑到了人情的因素。

"理"是中国古代司法审判中经常见到的一个词语。英国学者马若斐（Geoffrey MacCormack）认为，"理"包括作为理由的"理"和作为规范的"理"两个方面的含义，故"理"经常与"法"结合使用，称作"理法"或"法理"。[4]"理"字在我国古代也通常被认为是"天理"的意思。"天理"指自然的法则，指事物的因果逻辑关系，故"理"也含有公平正义的意思。"理"与"情"的不同之处在于"理"是指自然、社会等方面的原因，而"情"常指个人的因素。

在唐代的司法实践中，经常出现法与理相冲突的案件。对于这类案件，唐代的司法官员会充分地运用法官的自由裁量权，作出符合情理的裁决。在敦煌文书伯 3813 号《文明判集残卷》中，收录了一个改判户籍的判文："宋

---

[1] 〔美〕理查德·波斯纳：《法理学问题》，苏力译，中国政法大学出版社 2002 年版，第 165 页。
[2] 梁治平：《法意与人情》，中国法制出版社 2004 年版，第 233 页。
[3] 《旧唐书》卷《刑法志》，中华书局 1997 年版，第 2155 页。
[4] 〔英〕马若斐（Geoffrey MacCormack）：《南宋时期的司法推理》，原文发表于 Journal of Song-Yuan Studies，Volume41，2011，pp.107–189，后被中国学者陈熠翻译成中文，收入到《传统中国的法律逻辑和司法推理》一书，中国政法大学出版社 2016 年版，第 15—96 页。

里仁兄弟三人，随日乱离，各在一所：里仁贯属甘州，弟为贯属鄠县，美（？）弟处智，贯属幽州，母姜元贯扬州不改。今三处兄弟，并是边贯，三人俱悉入军，母又老疾，不堪运致，申省户部听裁。”对于本案，司法人员运用举例类推的方法进行了论证：“方今文明御历，遐迩乂安，书轨大同，华戎混一。唯兄唯弟，咸曰王臣；此州彼州，俱沾率土。至若名沾军贯，不许迁移，法意本欲防奸，非为绝其孝道。即知母年八十，子被配流，据法犹许养亲，亲殁方之配所，此则意存孝养，具显条章。举重明轻，昭然可悉。”在本案中，司法者认为“子被配流，据法犹许养亲”，现诸子因从军异籍，不能赡养至亲，有违正理。根据唐律“举重以明轻”的原则，最后判决“移子从母，理在无疑。”[1]

（五）从不可抗力和违背公序良俗的案件看唐代司法人员的法律思维和审判技艺

在唐代的司法审判活动中，已充分考虑到了不可抗力的因素，不可抗力是指因自然灾害和意外社会事件等不能预见的因素所出现的客观事实。唐代发生不可抗力因素的事件主要是关于赋税征收、财物运输和人身伤害等方面的案件。在敦煌文书伯 2979 号《唐开元二十四年（736）九月岐州郿县尉勛牒判集》记述了“新剥勾征使责迟晚第卅一”的判文，内容如下：“岐下九县，郿为破邑，有壤地不能自保，日受侵吞。有彫户不能自存，岁用奔走。况加之以师旅，因之以饥馑，遇之以疫疠，亲之以流亡，安得剪尔之郿，坐同诸县之例。”[2] 在白居易的判文集中也收录了一件“江南诸州送庸调，四月至上都。户部科其违限”的案件，司法人员根据不可抗力的原则提出了判决意见：“赋纳过时，必先问罪；淹恤有故，亦可征辞。月既及于正阳，事宜归于宰旅。展如泽国，盖纳地征。

[1] 〔日〕池田温：《敦煌本判集三种》，原文发表于《古代东亚史论集》（纪念末松保和教授）下卷，吉川弘文馆 1978 年版，后收入杨一凡主编：《中国法制史考证》（丙编）第二卷，中国社会科学出版社 2003 年版，第 510—511 页。

[2] 唐耕耦、陆宏基编：《敦煌社会经济文献真迹释录》第二辑，全国图书馆文献缩微复制中心 1990 年版，第 619 页。

岁有入贡之程，敢忘慎守？川无负舟之力，宁免稽迟？苟利涉之惟艰，虽愆期而必宥。”[1]

中国古代虽然没有出现公序良俗的法律概念，但在唐代的司法审判中已有根据公序良俗原则作出裁判的判例。关于善良风俗的含义，著名法学家胡长清作了概括，他认为：“公共秩序（Public policy，order public，Öffentliche Ordnung）者，国家社会之一般利益也。德国第一次民法草案所谓的国家之一般利益（allgemeine Interesten des Staates），盖即指此。善良风俗（bonos mores，good morals，bonnees moeurs，，gute Sitten）者，国民之一般的道德观念也。所谓国民的一般的道德观念，固非道德之理想，亦非个人的道德观或阶级的道德观，乃指吾人日常生活之实践的道德律。”[2] 在唐代判文中，已有司法人员对违背公序良俗的行为进行判决的案例，据白居易的《百道判》记述：“得景妻有丧，景于妻侧奏乐，妻责之，不伏。”最后的判决意见是：“丧则有哀，见必存敬；乐惟饰喜，举合从宜。夫妇所贵同心，吉凶固宜异道。景室方在疚，庭不徹悬；铿锵无倦于鼓钟，好合有伤于琴瑟。既愆夫义，是弃人丧……道路见缞，尤闻必变；邻里有殡，亦为不歌。诚无恻隐之心，宜受庸奴之责。”[3] 在本案中，由于丈夫在妻子服丧期间，于妻子身边奏乐，明显违背了善良风俗的原则，故“宜受庸奴之责”。

总之，李唐政权建国后，通过“试判”考试提升了司法行政官员的法律素质，使司法人员养成了法律思维的能力。唐代司法人员在对案件进行认真调查、论证的基础上，充分地考虑到了国法、天理、人情、不可抗力、公序良俗等方面的因素，最后提出令人信服的判决意见。唐代司法人员法律思维的养成，法律职业技能的训练，提升了司法官员审断疑难案件的能力，从而最大限度地维护了审判的公正。

三、从敦煌吐鲁番出土的法律文书看唐代司法审判的效率

司法效率是诉讼审判的重要原则，审判拖延的现象也是一种司法不公正。

[1] 《白居易集》卷 66，中华书局 1979 年版，第 1383 页。

[2] 胡长清：《中国民法总论》，中国政法大学出版社 1997 年版，第 201 页。

[3] 《白居易集》卷 66，中华书局 1979 年版，第 1388—1389 页。

所谓司法效率，是为了解决司法资源如何配置的问题，司法效率的核心可理解为节约司法成本或对司法资源有效利用的程度。司法公正依赖于效率目标，有时“公正和效率两个目标经常是惊人一致”。[1] 因此，为了实现司法公正，司法活动应充分体现诉讼经济的原则，提高诉讼审判效率，节约司法成本。唐代是中国古代非常注重办事效率的时代，“凡天下官吏各有常员”，“诸司置官，皆有定制”。在国家制定的法典中，对各级司法行政官员的职责、办事效率都作了明确规定，有效保障了司法机关的审判效率。

（一）唐代法律关于诉讼审判程限的规定

为了提高司法行政机关的办事效率，唐代法律规定各级衙门办事皆设有程限：“凡内外百司所受之事皆印其发日，为之程限：一日受，二日报。其事速及送囚徒，随至即付。小事五日，谓不须检覆者。中事十日，谓须检覆前案及有所勘问者。大事二十日，谓计算大簿帐及须咨询者。狱案三十日，谓徒已上辨定须断结者。其急务者不与焉。”[2] 唐令《公式令》对司法审判的程限作了十分琐细的规定：“依令：小事五日程，中事十日程，大事二十日程，徒已上狱案辨定须断结者三十日程。其通判及勾经三人以下者，给一日程；经四人以上，给二日程；大事各加一日程。”[3] 对于故意拖延诉讼审判时间的行为，唐律规定：“稽程者，一日笞十，三日加一等，罪止杖八十。”[4]

唐穆宗长庆元年（821年），御史中丞牛僧孺针对“天下刑狱，苦于淹滞”的现状，奏请对中央司法机关大理寺、刑部的审理期限也设立程限：“大事，大理寺限三十五日详断毕，申刑部，限三十日闻奏；中事，大理寺三十日，刑部二十五日；小事，大理寺二十五日，刑部二十日。”[5] 唐代对中央和地方司法机关审理案件程限的规定，有助于提高诉讼审判的效率，保障诉讼审判的正

---

[1] 钱弘道：《论司法效率》，刊载于《中国法学》2002年第4期。

[2] 《唐六典》卷1“尚书都省”条，中华书局1992年版，第11页。

[3] 〔日〕仁井田陞著，池田温编集代表：《唐令拾遗补·狱官令第三十》，东京大学出版会1997年版，第1291页。

[4] 《唐律疏议》卷9，刘俊文点校，法律出版社1999年版，第214页。

[5] 《旧唐书》卷50《刑法志》，中华书局1997年版，第2155页。

常运行。

（二）疑难案件实行奏谳制度，有效利用司法资源

唐代地方司法机关对于那些事实认定不清或适用法律歧义的案件，可以向上级审判机关奏请裁决，称为奏谳。奏谳制度出现于西汉初年，汉代疑难案件的奏谳须按照程序进行，先由基层审判机关县、道把疑难案件奏报给上级主管机构郡，郡守接受下属的奏谳后，如果能够决断，则将判决意见通告给县和道，交由县、道来执行；如果郡一级司法机关不能决断，“皆移廷尉”，呈报中央的审判机构廷尉；若“廷尉所不能决，谨具为奏”。[1] 唐代继承了该项制度，并加以完善。据唐令《狱官令》规定：“诸州府有疑狱不决者，谳大理寺，若大理仍疑，申尚书省。”[2] 奏谳制度为地方司法机关审理疑难案件找到了一条重要的解决路径，它不仅有效避免了类似案件在各地出现同案不同判决的现象，维护了法律的权威，同时也减轻了基层司法官员的审判压力，使其集中精力处理那些简易的诉讼案件，节约了司法成本，提高了审判效率。

（三）唐代判文关于起诉、立案、审理和判决时间的记述

在敦煌吐鲁番出土的唐代司法文书中，大都记录了民事刑事案件起诉、立案、审理、复核以及最终判决的时间，这与唐律的规定是相一致的。据《唐律疏议》卷24记载：“诸告人罪，皆须明注年月，指陈实事，不得称疑。违者，笞五十。”在1960年阿斯塔那第325号墓出土的编号60TAM325：14/4—1，14/1—2《唐西州高昌县武城乡范葱为诉君子夺地营种事》残卷中，明确记述了诉讼当事人起诉和官府受理的时间：“三年正月日，武城乡范聪，辞”，高昌县受理的日期是正月四日。[3] 在1973年新疆阿斯塔那出土的编号为73TAM509：8/8（a）《唐开元二十一年（公元733年）西州都督府案卷为勘给过所事》中，

[1] 《汉书》卷23《刑法志》，中华书局1997年版，第1106页。

[2] 〔日〕仁井田陞著：《唐令拾遗》，栗劲、霍存福等译，长春出版社1989年版，第720页。

[3] 中国文物研究所等编：《吐鲁番出土文书（图录版）》之（叁），文物出版社1996年版，第105页。

记录了当地官府受理案件的日期，“正月廿四日受，廿五日行判，录事参军元宾检无稽失。”[1] 在2006年新获吐鲁番文书中，有一件是龙朔三年（663年）西州都督府的文书，虽文书残损严重，但清晰记述了受理案件的日期：“十月六日受，即日行……录事，检。”[2]

1966年，在新疆阿斯塔那第61号墓出土了一件编号为《66TAM61：21（a）、20（a）麟德二年（665年）五月高昌县追讯畦海员赁牛事案卷》断片，这是一件唐代地方司法机关审理民事诉讼的案卷，在该文书中，明确记述了地方长官“贰”的审问日期，引之如下：[3]

1 □义□。
2 　畦海员。
3 　右被帖追上件人送者，依追身到。今随□□□
4 牒件状如前。谨牒。
5 　　　麟得二年五月十六日坊正傅□□□
6 　　　　　问　贰　示

在1973年新疆阿斯塔那出土的编号为73TAM509：8/2（a）《宝应元年（762年）六月康失芬行车伤人案卷》中，记录了高昌县司法长官县令“铮”最后的判决意见和日期：“放出，勒保辜，仍随牙余依判。铮示。廿二日”。[4] 高昌县令“铮”签署判决文书的日期是“廿二日”。

（四）从敦煌吐鲁番判例文书看唐代诉讼审判的效率

中国古代交通不发达，信息也不畅通，加之许多朝代存在司法腐败的现象，民众的诉讼成本很高，以至于我国古代长期存在厌讼的风气。在明代万历年间

[1] 中国文物研究所等编：《吐鲁番出土文书（图录版）》之（肆），文物出版社1996年版，第281页。
[2] 荣新江、李肖、孟宪实主编：《新获吐鲁番出土文献》，中华书局2008年版，第325页。
[3] 中国文物研究所等编：《吐鲁番出土文书（图录版）》之（叁），文物出版社1996年版，第136页。
[4] 中国文物研究所等编：《吐鲁番出土文书（图录版）》之（肆），文物出版社1996年版，第333页。

休宁县周氏编纂的《重修城北周氏宗谱》中说："争斗告状，乃不仁之事。夫子约：'听讼，吾犹人也，必也使无讼乎？'盖不以听讼为难，而以无讼为贵。争斗、告讼，忘身败家之所由起也。"[1]

唐代的诉讼审判十分重视效率，尽可能节约司法成本，有效利用司法资源，迅速审结民事刑事等方面的诉讼案件。从敦煌吐鲁番出土的唐代判例文书来看，地方司法机关对于简单的民事、刑事诉讼案件，通常在三、五天内审结。如阿斯塔那第509号墓出土的73TAM509：23/4—6《唐开元二十二年（734年）录事王亮牒诉职田佃人欠交地子案卷》中，当地司法机关的审判时间是："十一月六日受，八日行判。"[2]案件从受理到判决，仅用了三天的时间。

对于那些复杂的诉讼案件，唐代司法机关审理的时间相对较长。在1973年新疆吐鲁番出土的《唐开元二十一年（733年）西州都督府案卷为勘给过所事73TAM509：8（a）之二、三》中，记述了蒋化明案从立案、审理到判决的时间：开元廿一年正月十七日蒋化明到西州主人曹才本家，因过所被盗没有出行凭证，于正月廿一日被捉送到西州官府，正式进入到三审立案程序；正月廿九日法曹对此案进行了勾检，并呈报当地最高司法长官，这期间经过了初审和勾检官程序；二月五日，当地司法长官作出判决："准状告知，任连本过所，别自陈请。其无行文，蒋化明壹人，推逐来由，称是北庭金满县户，责得保识，又非逃避之色。牒知北庭。"在裁判文书的末尾，有西州当地司法官员"斛"签署的审判日期："咨，元璟白，五日。依判，咨崇示，五日。依判，斛斯示，五日。牒件状如前，牒至准状，故牒。开元廿一年二月五日，府谢忠。户曹参军元，史。正月廿九日受，二月五日行判。录事元宾，检无稽失。功曹摄录事参军思勾讫。"[3]从本案司法官员签署的日期看，蒋化明因丢失出行凭证过所，于正月二十一日被捉送到西州官府，经过三审立案的程序后，于正月二十九日正式立案，进入到审判程序，到二月五日最终作出判决，整个诉讼审判时间是十四天。从正月二十九

[1] 卞利：《明清徽州族规家法选编》，黄山书社2014年版，第388页。

[2] 中国文物研究所等编：《吐鲁番出土文书（图录版）》之（肆），文物出版社1996年版，第3215页。

[3] 中国文物研究所等编：《吐鲁番出土文书（图录版）》之（肆），文物出版社1996年版，第292—295页。

日正式立案到二月五日作出判决是六天的时间，与唐《公式令》的记述“中事十日，谓须检覆前案及有所勘问者”恰相吻合。

1973 年，在新疆阿斯塔那出土了编号为 73TAM509：8（1）、（2）号《勘问康失芬行车伤人事案卷》，该案情复杂，根据审判文书的记述，高昌县勾检官录事“诚”作出勾检的时间是宝应元年六月十九日，“诚”上报给高昌县丞“曾”后，曾于当天签署了审理意见：“依判咨，曾示，十九日。”在曾作出审理意见后第三天，高昌县最高司法长官县令“舒”作出了终审判决：“放出，勒保辜，仍随牙。余依判。舒示。廿二日。”[1] 在本案中，从立案到判决，共计用了十四天。

唐代诉讼审判的效率直接影响到了唐末五代时期，在法国国家图书馆所藏敦煌文书伯 3257 号敦煌文书《后晋开运二年（公元 945）十二月河西归义军左马步押衙王文通牒及有关文书》残卷中，记述了寡妇阿龙向官府提起诉讼的时间是开运二年十二月十七日，当地最高长官归义军节度使曹元忠对案件作了受理的批示：“付都押衙王文通细与寻问申上者，十七日。”经过河西归义军都押衙王文通的审理，最后由当地最高司法长官作出判决的日期是：“其义成地赐进君，更不回戈。其地便任阿龙及义成男女为主者。廿二日（签字）。”[2] 该案从立案受理到最终判决，也仅用了五天的时间。

总之，从敦煌、吐鲁番出土的唐代司法判例看，唐代地方司法机关严格按照唐令《公式令》所规定的审判程限进行，并未有审判拖延的现象，这说明唐代诉讼审判的效率是很高的。

四、从敦煌吐鲁番出土的判例文书看唐代司法审判的质量

司法裁判是国家审判机关依法对刑事、民事、经济、行政等方面的诉讼案件所作的判决活动。一个时代的法治状况如何，司法审判的质量和效率是最重要的衡量标准。如何评价司法审判的质量和效果，首先要看判决的结果是否维护诉讼当事人的合法权益，是否维护法律的公平正义。有唐一代对于司法审判

---

[1] 刘俊文：《敦煌吐鲁番唐代法制文书考释》，中华书局 1989 年版，第 566—570 页。

[2] 唐耕耦、陆宏基编：《敦煌社会经济文献真迹释录》第二辑，全国图书馆文献缩微复制中心 1990 年版，第 297—298 页。

的质量非常重视，在唐朝政府制定的《考课令》中，把审判的质量和效率作为考核司法官员的重要标准，凡“决断不滞，与夺合理，为判事之最”；“推鞫得情，处断平允，为法官之最”。[1] 严格的考课标准，有助于提高审判的质量。

笔者认为，衡量司法审判的质量和社会效果主要包含五个方面的标准：第一，是否选拔高素质的法律人才从事司法审判业务，司法官员在诉讼审判过程中是否坚持独立审判，是保证审判质量的关键环节；第二，司法官员是否严格依照国家的法律条文裁判，使判决结果符合法律的原意，有助于提高司法审判的公信力；第三，诉讼审判程序设计合理缜密，司法官员严格按照法律程序进行审理和判决，做到程序的公正；第四，充分发挥司法官员的自由裁量权，使判决结果合情合理，让原被告双方信服，维护司法的权威性；第五，构建严密的审判监督体系，加强司法官员的责任意识，避免冤假错案的发生，提高审判的准确率。

（一）重视选拔高素质的司法人才，在诉讼审判过程中严格执法

古人云：“法正则民悫，罪当则民从。且夫牧民而导之善者，吏也。其既不能导，又以不正之法罪之，是反害于民为暴者也。”[2] 如何选拔高素质的法律人才从事司法审判业务，唐朝统治者进行了制度上的创新，即通过“试判”考试来选拔司法行政官员。唐代的司法行政官员在任职前都要通过吏部主持的“试判”才能任职。唐代的“试判”考试主要是考察考生审断疑难案件的能力，关于“试判”的含义，据《通典》卷十五《选举三》记述：“吏部选才，将亲其人，覆其吏事，始取州县案牍疑议，试其剖断，而观其能否，此所以为判也。”可见，“试判”考试主要是考察考生在司法实践中审断疑难案件的能力。

唐代“试判”所涉及的法律内容广博，具有很强的实践性。唐朝初年，吏部的“试判”考试比较简单，到后来随着考试人数不断增加，试判的难度逐渐增大，所出题目“乃征僻书、曲学、隐伏之义问之，惟惧人之能知也”。[3] 在法国国家图书馆所藏的敦煌文书伯 3813 号《文明判集残卷》中，收录了“郭泰李

[1] 〔日〕仁井田陞：《唐令拾遗》，栗劲、霍存福等译，长春出版社 1989 年版，第 246 页。
[2] 《汉书》卷 23《刑法志》，中华书局 1997 年版，第 1105 页。
[3] （唐）杜佑：《通典》卷 15《选举三》，中华书局 1988 年版，第 361 页。

膺竞梲案”的判文，该判文类似于1842年美国诉霍尔姆斯案，[1] 其案情大致如下：“郭泰、李膺，同为利涉，扬帆鼓棹，庶免倾危。岂谓巨浪惊天，奔涛浴日。遂乃遇斯舟覆，共被漂沦。同得一梲，俱望济己。且浮且競，皆为性命之忧”。郭、李二人俱无相让之心，郭遂推李取梲，李膺溺水身亡。李妻得知真相，到官府起诉，欲追究郭泰推李膺溺水死亡的责任。对于这道“试判”考题，应试者对李膺溺水死亡的因果关系进行了推论，认为“膺死元由落水，落水本为覆舟。覆舟自是天灾，溺死岂伊人咎？各有競梲之意，俱无相让之心。推膺苟在取梲，被溺不因推死。俱缘身命，咸是不轻。辄欲科辜，恐伤孟浪。宋无反坐，泰亦无辜”。[2]

拥有了高素质的司法官员，还要求司法官员在诉讼审判过程中严格执法，排除外部因素的干扰，做到审判公正。在唐代的法律实践中，司法官员严格执法的事例屡见不鲜。唐太宗贞观年间，“或有诈伪阶资者，太宗令其自首，不首，罪至于死。俄有诈伪者事洩，胄据法断流以奏之”。太宗听后大怒，认为是使自己“示天下以不信”。大理寺少卿戴胄据理反驳说：“法者国家所以布大信于天下，言者当时喜怒之所发耳！陛下发一朝之忿，而许杀之，既知不可，而置之以法，此乃忍小忿而存大信，臣窃为陛下惜之。”若“陛下当即杀之，非臣所及，既付法司，臣不敢亏法”。最后唐太宗承认“朕法有失”，听从了大理寺的判决。[3] 上元三年（676年），发生了左威卫大将军权善才、右监门中郎将范怀义砍伐昭陵柏树一案，唐高宗特令杀之，大理寺丞狄仁杰认为二人罪不当死，指出：“陛下作法，悬之象魏，徒罪死罪，具有等差。岂有犯非极刑，即令赐死？法既无恒，则万姓何所措手足！”[4] 唐高宗采纳了狄仁杰的判决意见。武则天时期，李元纮任雍州司户，太平公主与寺院僧人因争夺碾硙发生诉讼，“公主方承恩用事，百司皆希其旨意，元纮遂断还僧寺。”元纮的上级长官雍州长史窦怀贞惧怕太平公主的势力，“促令元纮改断。”李元纮拒绝改判，并在判决文书上写道：“南山或

[1] 〔美〕彼得·萨伯著：《洞穴奇案》，陈福勇、张世泰译，生活·读书·新知三联书店2017年版，第7—8页。

[2] 刘俊文：《敦煌吐鲁番唐代法制文书考释》，中华书局1989年版，第445—446页。

[3] 吴兢：《贞观政要》卷5《公平第十六》，上海古籍出版社1978年版，第165页。

[4] （唐）杜佑：《通典》卷169《刑罚七》，中华书局1988年版，第4373页。

可改移，此判终无摇动”。[1] 正是由于唐代司法官员的严格执法，保障了审判的公正，才使唐代成为中国古代法治最为清明的时期。

（二）严格依照法律条文审断，使判决结果符合法律原意

为了保证审判质量，唐代司法官员在审判中严格按照律、令、格、式的法律条文判决，使裁判的结果符合法律原意。据《新唐书·刑法志》记载：“唐之刑书有四，曰：律、令、格、式。令者，尊卑贵贱之等数，国家之制度也；格者，百官有司之所常行之事也；式者，其所常守之法也。凡邦国之政，必从事于此三者。其有所违及人之为恶而入于罪戾者，一断以律。”在唐代的法典《唐律疏议》中，明确要求司法官员依照国家的法律条文定罪量刑，“诸断罪皆须具引律、令、格、式正文，违者笞三十。若数事共条，止引所犯罪者，听。”皇帝颁布的临时处分，若“不为永格者，不得引为后比。若辄引，致罪有出入者，以故失论。”[2] 唐律的上述条款，从立法层面上确定了法权高于皇权的原则，这已十分接近近代西方刑法的罪刑法定原则了。

在唐代的司法实践中，严格按照法律条文作出判决，是实现司法公正、保证审判质量的重要条件。在唐代诗人白居易的判文中，收录了一个牲畜之间相互伤害的案例：“得甲牛觝乙马死，乙请偿马价。甲云：在放牧处相觝，请陪半价。乙不伏。”根据《唐律疏议》卷 15 记述：“诸犬自杀伤他人畜产者，犬主偿其减价；余畜自相杀伤者，偿减价之半。”在本案中，司法者依据唐律的条文作了判决：“马牛于牧，蹄角难防；苟死伤之可征，在故误而宜别。况日中出入，郊外寝讹：既谷量以齐驱，或风逸之相及。尔牛孔阜，奋骍角而莫当；我马用伤，踠骏足而致毙。情非故纵，理合误论。在皂栈以来思，罚宜惟重；就桃林而招损，偿则从轻。将息讼端，请征律典。当陪半价，勿听过求。”[3]

---

[1] 《旧唐书》卷 98《李元纮传》，中华书局 1997 年版，第 3073 页。

[2] 《唐律疏议》卷 30，刘俊文点校，法律出版社 1999 年版，第 602—603 页。

[3] 《白居易集》卷 67，中华书局 1979 年版，第 1411 页。

（三）建立完善的诉讼审判程序

程序公正是实现司法公正的基础，也是提高审判质量的保障。从现存的唐代法律史料看，唐代诉讼审判坚持程序公正的理念，为保障诉讼审判的正常运行，唐代《狱官令》规定："诸有犯罪者，皆从所发州县推而断之。在京诸司，则徒以上送大理，杖以下当司断之。若金吾纠获，亦送大理。"[1] 唐代法律严禁越诉，也禁止司法官员受理越诉的案件，"诸越诉及受者，各笞四十"。[2]

有唐一代，为了实现审判公正，在诉讼制度方面有许多创新。例如，在民事诉讼方面，实行自诉制度，由民事诉讼的当事人亲自起诉或由近亲属代诉，其他无干碍人员无权提起诉讼。在刑事诉讼审判中，采取从新兼从轻主义的原则，据唐《狱官令》规定："诸断罪未发及已发未断决，逢格改者，若格重，听依犯时格；若格轻，听从轻法。"[3] 在诉讼审判中实行回避制度，"凡鞫狱官与被鞫人有亲属、仇嫌者，皆听更之。"[4] 实行判决公开的原则，凡民事、刑事判决一律当众宣读，司法官员"若不告家属罪名，或不取囚服辩及不为详审，徒、流罪并笞五十，死罪杖一百"。[5]

唐代没有规定审级的限制，只要诉讼当事人对司法机关的裁决不服，可以按照程序逐级上诉，一直上诉到最高统治者皇帝。针对古代民众起诉难和立案难的现象，唐代法律规定，如果诉讼当事人到司法机关起诉，应立即受理，"若应合为受，推抑而不受者笞五十；三条加一等，十条杖九十"。[6] 如果司法官员拒绝受理诉状，须给起诉人"不理状"，说明不立案理由，诉讼当事人凭依司法机关发给的"不理状"向上级司法机关提起诉讼，不属于越诉。若诉讼当事人申请"不理状"而司法官员拒不给付，将对其科以"违令罪"，处以"笞五十"

---

[1] 〔日〕仁井田陞著，池田温编集代表：《唐令拾遗补·狱官令第三十》，东京大学出版会 1997 年版，第 1423 页。

[2] 《唐律疏议》卷 24，刘俊文点校，法律出版社 1999 年版，第 482 页。

[3] 〔日〕仁井田陞著：《唐令拾遗·狱官令第三十》，栗劲、霍存福等译，长春出版社 1989 年版，第 709 页。

[4] 《唐六典》卷 6，中华书局 1992 年版，第 191 页。

[5] 《唐律疏议》卷 30，刘俊文点校，法律出版社 1999 年版，第 610 页。

[6] 《唐律疏议》卷 24，刘俊文点校，法律出版社 1999 年版，第 482 页。

的刑罚。[1] 唐律中该条款的设立，有效地解决了起诉环节中告状难的问题。

为了防止诬告和冤假错案的发生，唐代刑事案件的受理实行三审立案的审核制。凡告人犯罪，非叛以上皆令三审。“应受辞牒，官司并具晓示，并得叛坐之情。每审皆别日受辞。”若控告人“不解书者，典为书之”。[2] 三审立案制度有效预防了诬告和滥诉的现象，确保立案准确。

在唐代的司法审判中，审判机关严格按照诉讼审判程序进行。1973 年，在新疆阿斯塔那第 509 号墓出土了编号 73TAM509：8（1）、（2）号《唐宝应元年（763 年）六月康失芬行车伤人案卷》，该案详细记录了唐代的三审立案制情况：在第 16 行至 25 行是高昌县令舒一审的问案记录；第 26 行至 33 行是高昌县令舒二审的问案记录及签名；第 34 行至 42 行是高昌县令舒三审的问案记录以及被告康失芬请求保辜的申请；第 45 行至 60 行是高昌县勾检官诚对被告康失芬的担保人何伏昏提出保状所作的审核，并呈请高昌县的县丞曾、高昌县令舒作最后的批示。[3]

为了实现审判公正，唐代允许少数民族和外国人使用本民族的语言参与诉讼，并派翻译人员把原、被告的陈述准确地翻译出来。唐代的翻译人称为“译语人”，为了规范翻译人员在诉讼活动中的行为，法律规定“译语人”须在翻译的文书上签字，以保证翻译的内容准确。在 1966 年新疆阿斯塔那出土的 66TAM61：24（a）、23（a）、27 / 1（a）、2（a）、22（a）号《麟德二年五月高昌县勘问张玄逸失盗事案卷》中，官府就让译语人翟浮知为不懂汉语的突厥人春香进行了翻译。[4]

（四）发挥司法官员的自由裁量权，使裁判公平合理

法律规范具有一定的局限性，一个案件合法与否，由法律来评判；而是否合

---

[1] 《唐律疏议》卷 24，刘俊文点校，法律出版社 1999 年版，第 482 页。

[2] （唐）杜佑：《通典》卷 165《刑法三》，中华书局 1988 年版，第 4260 页。

[3] 中国文物研究所等编：《吐鲁番出土文书（图录版）》之（肆），文物出版社 1996 年版，第 329—333 页。

[4] 中国文物研究所等编：《吐鲁番出土文书（图录版）》之（叁），文物出版社 1996 年版，第 238—239 页。

理，法律不能作出评断。司法裁判是否合乎情理，更多地需要裁判者的良心和责任感，需要法官的职业伦理来判断。美国法学家波斯纳指出："法官最好将其工作理解为在每一个案件中努力获得特定境况中最合乎情理的结果。"[1] 因此，只有充分发挥司法官员的自由裁量权，才能使裁判的效果客观公正。所谓自由裁量权，是指司法官员不依据硬性的法律规则裁判，而是享有选择权，可以根据案件的事实作出判决。司法官员行使自由裁量权必须有充分的理由，受到公平正义的法律原则指导。在法国国家图书馆所藏敦煌文书伯 3813 号《文明判集残卷》中，即收录了一个司法人员没有依据法律规范而是根据公平正义原则作出的判文：弘教府队正李陵，从驾征辽东。及阵临战，失马亡弓。贼来相逼，李陵乃以石乱投，贼徒大溃。总营以陵阵功，遂与第一勋。但兵部根据法条以其临阵亡弓失马，取消其劳效。司法人员提出了反驳意见，认为"饰马弯弓，俱为战备。弓持御贼，马拟代劳。此非仪注合然，志在必摧凶丑。但人之秉性，工拙有殊，军事多权，理不专一。陵或不便乘马，情愿步行，或身拙弯弓，性工头石。不可约其军器，抑以不能，苟在破军，何妨取便。若马非私马，弓是官弓，于战自可录勋，言失亦须科罪。今若勋依旧，定罪更别推。庶使勇战之夫，见标功而励己；怯懦之士，闻定罪而惩心。自然赏罚合宜，功过无失，失纵有罪，公私未分。更仰下推，待至量断。"[2]

（五）建立错案预防机制和司法官员责任追究机制，确保审判质量

为了防止发生冤假错案的现象，唐代建立了完备的错案预防机制，以保障审判的公正。唐代法律对于司法官员收受贿赂而枉法裁判的行为处罚极重，据《唐律疏议》卷 11"监主受财枉法"条规定："诸监临主司受财而枉法者，一尺杖一百，一匹加一等，十五匹绞。"监临主司，指"统摄案验及行案主典之类"，

---

[1] 〔美〕理查德·波斯纳：《法理学问题》，苏力译，中国政法大学出版社 2002 年版，第 165 页。

[2] 〔日〕池田温：《敦煌本判集三种》，原文发表于《古代东亚史论集》（纪念末松保和教授）下卷，吉川弘文馆 1978 年版，后收入杨一凡主编：《中国法制史考证》（丙编）第二卷，中国社会科学出版社 2003 年版，第 501—503 页。

包括从事检验、记录、核查、审判等司法人员，由于这些人员的枉法会直接影响审判的公正，故唐律对于这类人员的犯罪行为作了详尽规定。

针对司法官员错判和误判的现象，《唐律疏议》卷30规定："诸断罪应绞而斩，应斩而绞，徒一年；自尽亦如之。失者，减二等。"斩刑和绞刑都是执行死刑的方式，但司法官员如果把绞刑错判为斩刑，或把斩刑错判为绞刑，将被处以徒一年的刑罚。唐律设立该条文的目的是防止司法官员随意"刑名改易"，维护法律的权威性，加强司法官员的责任意识，确保判决准确无误。

由于司法官员疏忽或适用法律条文错误而造成错判误判，唐律称为"断罪失出入"，凡"断罪失于入者，各减三等；失于出者，各减五等。若未决放及放而还获，若囚自死，各听减一等。"如果是初审错判，改由"别使推事，通状失情者，各又减二等；所司已承误断讫，即从失出入法。虽有出入，于决罚不异者，勿论"。[1]

为了保障司法文书正确无误，唐代中央和地方司法机关都设立了勾检官，负责对法律文书的内容进行核查。唐代地方审判机关中的录事参军、主簿、录事等官员负责勾检，有学者认为，各州的录事参军、各县的主簿、录事有勾检稽失的职能，"一切官文书都要经过勾检这一程序，包括刑事或民事的判决在内。[2] 在1973年阿斯塔那第509号墓出土的73TAM509：8/8（a）之三8/8（b）《唐开元二十一年（733年）西周都督府案卷为勘给过所事》中，有"检案元白，廿三日"的记录，[3] 说明唐代地方司法机关的审判文书都要经过勾检官的核查，保证司法文书准确无误。

五、结语

综上所述，长期以来由于唐代的司法资料匮乏，学术界对唐代司法审判的

---

[1] 《唐律疏议》卷30，刘俊文点校，法律出版社1999年版，第606页。

[2] 杜文玉：《唐代地方州县勾检制度研究》，刊载于《唐史论丛》2013年第1期，陕西师范大学出版社2013年版，第1—17页。

[3] 中国文物研究所等编：《吐鲁番出土文书（图录版）》之（肆），文物出版社1996年版，第283页。

效率、审判质量等问题缺乏宏观的认识。从二十世纪初以来，在中国西北地区的敦煌、吐鲁番等发现了许多唐代判例文书，弥补了唐代法律史料的不足。敦煌、吐鲁番等地出土的唐代判例判文内容丰富，包括民事、刑事、经济、行政、军事等方面的司法文书。根据唐代判例判文的性质，可分为唐代司法机关对当时实际发生的案件所作的真实审判文书，以及唐代法律人员根据律令格式法律条文和此前的司法案例为考生参加吏部"试判"考试而编写的虚拟判文两种模式。无论是唐代的真实判例还是虚拟判文，都是唐代司法审判状况的真实表现。

通过对敦煌、吐鲁番等地新发现的唐代判例判文进行调查研究，结合传世的古代法律文献，我们对唐代的诉讼审判效率和审判质量等问题有了比较清晰的认识：

第一，有治法尚须有治人，一个政权即使制定了完备的法律制度，若没有高素质的司法官员严格执法，再好的法律也等于一纸具文。唐朝统治者非常重视选拔高素质的司法官吏，唐代的司法行政官员在任职前都要经过系统的知识学习和严格的法律职业技能训练，通过吏部主持的"试判"考试才能任职。司法官员在诉讼审判的过程中，依法独立审判，不受上级行政长官干涉，以保障审判的公正。

第二，司法效率是实现审判公正的前提条件，唐代是中国古代十分注重司法效率的时代，唐代法律对中央和地方各级司法机关的审判程限都作了明确规定。从敦煌吐鲁番发现的唐代诉讼审判文书看，唐代的民事、刑事、行政、经济等方面的诉讼案件审判效率很高，其中录事参军、主簿等勾检官对司法文书的勾检在一日内完成，通判、县丞的审理也只需一至三日，大多数诉讼案件在十天内审结，一些重大的诉讼案件通常在一个月内审结。唐代司法审判的效率原则节约了诉讼当事人的司法成本，有效地利用了国家的司法资源，提高了审判的权威性。

第三，司法公正是诉讼审判追求的最终目标，也是衡量司法审判质量和效果重要的标准。从现存的法律史料来看，有唐一代为了保证审判的质量，构建了完善的诉讼审判程序，司法官员在审判时严格依照国家的法律条文进行判决，当遇到情理法相冲突的案件时，充分发挥司法官员的自由裁量权，使判决结果客观公正。为了防止冤假错案的发生，提高司法人员的责任心，唐代还制定了司法官员的错案责任追究制，从而确保了审判的质量。

众所熟知，衡量一个时代司法审判质量的客观标准是社会的犯罪率和民众对司法裁判的认知度。唐代是中国古代法治最为清明的时期，在贞观四年（630年），全国断死罪才二十九人。天宝六年（747年），唐玄宗下令"除绞、斩刑，但决重杖"，[1]一度废止了死刑制度。在贞观六年（632年），唐太宗亲录囚徒，"闵死罪者三百九十人，纵之还家，期以明年秋即刑。及期，囚皆诣朝堂，无后者，太宗嘉其诚信，悉原之"。[2]唐朝统治者把死刑犯"纵之还家"并让其主动归案，这在古今中外的刑罚史上是绝无仅有的，分析其中的原因，除了唐代政治、经济等方面的制度优势外，公正的司法审判，囚犯对审判结果的高度认同是不可或缺的因素。

[1]《旧唐书》卷9《玄宗下》，中华书局1997年版，第221页。

[2]《新唐书》卷56《刑法志》，中华书局1997年版，第1412页。

归义军时期敦煌疑难土地纠纷解决的法律智慧

——以索怀义土地返还纠纷案为例

王斐弘 *

如果说对一件件完整的敦煌租佃契约进行阐释，或者对若干份租佃契约要素进行对比、归纳分析，是我们静态观察和研究的必要方式，那么，追问这些签署于纸面的契约，在实际生活中的证据效力究竟如何，会不会在履行过程中发生纠纷，以及发生纠纷后如何解决，它的解纷机制又是什么等一系列问题，以此引入动态的、实证的分析，则是在静态书契研究的基础上，更有深度、更合实情、也更有价值的研究。基于此，我们围绕敦煌所出《后晋开运二年（945）十二月河西归义军左马步押衙王文通及有关文书》（P.3257号，以下简称“王文通及有关文书”）中保存完整的土地纠纷，尝试回答这些问题。

一、索怀义土地返还纠纷案的基本案情

租佃契签订后，会因后续履行中出现的新情况而发生民事纠纷。因此，并非所有的纠纷都能不受客观事实的制约而实现孔子理想的“无讼”境地。敦煌所出的甲午年（934年）二月十九日索义成分付与兄怀义佃种凭（P.3257号），11年后就发生了纠纷，它不以任何人的意志为转移。我们先录这份契约的契文如下：

*　王斐弘，中国计量大学法学院教授。

1 甲午年二月十九日，索义成身着瓜州。所有父祖口分地叁拾贰亩，分

2 付与兄索怀义佃种。比至义成到沙州得来日，所着官司诸杂烽

3 子、官柴草等大小税役，并总兄怀义应料，一任施功佃种。若收得麦粟，任

4 自兄收，颗粒亦不论说。义成若得沙州来者，却收本地。渠河口作税役，不忓

5 自兄之事。两共对面平章，更不许休悔。如先悔者，罚牡羊壹口。恐人无信，

6 故立文凭，用为后验。

7 佃地人兄索怀义（押）

8 种地人索富子（押）

9 见人索流住（押）

10 见人书手判官张盈[illegible]（押）[1]

研究和分析纠纷中的租佃契约，首先要审查它的合法性，即这份契约中的田地是否可以租赁？由于敦煌归义军时期的土地管理仍沿袭唐制，唐开元二十五年（737年）《田令》规定："诸田不得贴赁及质，违者财没不追，地还本主。若从远役、外任，无人守业者，听贴赁及质。"[2] 对照这份租佃契签订的原因，因索义成犯罪而被流放到瓜州，大抵其母寡居而无力耕种，其子年幼，是典型的孤儿寡母，应属于"无人守业"的情形，准令可以租佃，因此，这份租佃契具有合法性。

与同类租佃契约相比，这份租佃契首先在立契时间上没有了年号，只有甲子纪年和月日，这与当时唐代已经覆亡，敦煌处于归义军时期有关。接上叙写的也不是田地的地理位置，而是租地原因：田主索义成因为犯罪而"身着瓜州"，

---

[1] 唐耕耦、陆宏基编：《敦煌社会经济文献真迹释录》第二辑，全国图书馆文献微缩复制中心1990年版，第29页。编者注："此件系后晋开运二年（公元945年）十二月河西归义军左马步押衙王文通牒的附件。"沙知本题为"甲午年（934年）索义成付与兄怀义佃种凭"。参见沙知：《敦煌契约文书辑校》，江苏古籍出版社1998年版，第337页。

[2] 〔日〕仁井田陞：《唐令拾遗》，栗劲、霍存福、王占通、郭延德编译，长春出版社1998年版，第560页。

因此不得不将“所有父祖口分地叁拾贰亩，分付与兄索怀义佃种”。从契约中的这一句话看，因为索义成已罪遣瓜州，其人不在，所以这份契约是以索义成之母阿龙的口吻叙写的。因为索怀义是阿龙丈夫的哥哥，所以称之为“兄”。如以索义成的角度叙写，则应称索怀义为伯父。事实上，索义成之地名为出租，实由其伯父索怀义代种和打理，因此没有租金，只要求地内所着官司诸杂烽子、官柴草等大小税役，由代种人索怀义交纳，但明确约定，索怀义并不承担“渠河口作税役”。此契还约定，等到索义成从瓜州归来之日，再收回本地。

这件签订于公元934年的租佃契，在11年后的945年发生了纠纷。敦煌文献“后晋开运二年（945）十二月河西归义军左马步押衙王文通及有关文书（P.3257号）”，完整载述了索义成之母阿龙的陈状，记录了都押衙王文通询问原告阿龙、被告索佛奴，以及第三人索怀义相关事实的笔录，以及司徒阿郎的最后判决，现照录如下：

A

1 寡妇阿龙

2 右阿龙前缘业薄，夫主早丧。有男义成，先蒙

3 大王世上，身着瓜州。所有少多屋舍，先向出卖与人，只残

4 宜秋口分地贰拾亩已来，恐男义成一朝却得上州

5 之日，母及男要其济命。义成瓜州去时，地水分料、

6 分付兄怀义佃种。更［拾］得□房索佛奴兄

7 弟言说，其义成地空闲。更弟佛奴房有南山兄弟一人

8 投来，无得地水居业，当便义成地分贰拾亩，割与

9 南山为主。其地南山经得三两月余，见沙州辛苦

10 难活，却投南山部族。义成地分，佛奴收掌为主，针草

11 阿龙不取。阿龙自从将地，衣食极难，良［恳］求得处，[1]安

12 存贫命。今阿龙男义成身死，更无丞［承］忘［望］处。[2]男女恩

[1] 〔日〕池田温：《中国古代籍账研究》中为“良求得处”，中华书局2007年版，第507页。

[2] 此处据池田温本加改（P.507）。以下契文，综合两种版本校改，不再一一标注。

13 亲，缘得本居地水，与老身济接性命。伏乞

14 司徒阿郎，仁慈祥照，特赐孤寡老身，念见苦累。伏

15 听　　公凭裁判　　　　　　处分。

16 牒　件　状　如　前，　谨　牒。

17 　　　　　　　　开运二年十二月日寡妇阿龙牒

18 付都押衙王文通，细与寻

19 问申上者。　　　　十七日（押署）

B

甲午年（公元九三四年）二月十九日索义成分付与兄怀义佃种凭（P.3257号），见上，此略。

C

1 都押衙王文通

2 右奉判，付文通勘寻陈□□□□□（状寡妇阿龙）及取地侄索佛奴，

3 据状词理，细与寻问申上者。

4 问得侄索佛奴称，先有亲叔索进君，幼小落贼，已经年

5 载，并不承忘，地水屋舍，并总支分已讫。其叔进君，贼

6 中偷马两疋，忽遇至府，官中纳马壹疋。当时

7 恩赐马贾［价］，得麦粟壹拾硕，立机緤伍疋，官布伍疋。

8 又请得索义成口分地贰拾贰□（亩），进君作户生［主］名，佃

9 种得一两秋来。其叔久居部族，不乐苦地，却向南

10 山为活。其地佛奴承受，今经一十余年，更无别人论

11 说。其义成瓜州致死，今男幸通及阿婆论此地者，

12 不知何理。　伏请　　处分。

13 　　　　　　　　取地人索佛奴 |左手|中旨|节|

14 问得陈状阿龙称，有男□□□（索义成）犯公条，遣着瓜

15 州，只残阿龙有口分地叁拾贰亩。其义成去时，出

16 买［卖］地拾亩与索流住，余贰拾贰亩与伯父索怀

17 义佃种，济养老命。其他，佛奴叔贼中投来，分居
18 父业，总被兄弟支分已讫，便射阿龙地水将去。
19 其时欲拟咨申，缘义成犯格，意中怕怖，因兹不
20 敢词说。况且承地叔在，不合论诤。今地水主叔，却
21 投南山去，阿龙口分，别人受用。阿龙及孙幸通无路存
22 济，始过［是故］陈状者，有实。
23 　　　　　　　　陈状寡妇阿龙 | 右手 | 中旨 | 节 |
24 问得佃种伯父索怀义称，先侄义成犯　　罪遣瓜州，地
25 水立契，仰怀义作主佃种，经得一秋，怀义着防马群，不
26 在。比至到来，此地被索进君射将。怀义元不是口分
27 地水，不敢论说者。有实。
28 　　　　　　　　立契佃种人索怀义 | 左手 | 中旨 | 节 |
29 右谨奉付文通勘寻陈状寡妇阿龙及侄索佛奴、怀义，
30 词理一一分析如前，谨录状上。
31 牒　件　状　如　前，　谨　牒。
32 　　　　　　　　开运二年十二月　　日左马步都押衙王文通牒
33 其义成地分，赐进
34 君，更不迴戈。其地
35 便任阿龙及义
36 成男女为主者。
37 　　　　廿二日（押署）[1]

上述文书分为三部分：A 部，为寡妇阿龙的呈请司徒阿郎的诉请辞状，以及司徒阿郎受理后的批示，要求都押衙王文通“细与寻问申上者”，以“勘寻陈状”，也就是详细调查有关案件事实。B 部，附上的是书面契约，也就是甲午年（934 年）二月十九日索义成之母分付与兄怀义佃种凭。C 部，是王文通询问原、被告双

[1] 唐耕耦、陆宏基编：《敦煌社会经济文献真迹释录》第二辑，全国图书馆文献微缩复制中心 1990 年版，第 295—298 页。此件文书又见池田温：《中国古代籍账研究》，中华书局 2007 年版，第 507—509 页。

方当事人以及第三人的笔录，最后是判词。

在此，先补充本案的一些背景资料。案卷所涉大王指已于清泰二年（935年）去世的前节度使曹议金。曹议金早在后梁贞明年间已在境内自称“托西大王”，故当地人皆以大王称之。司徒阿郎指节度使曹元忠，时曹元忠自称“司徒”。“阿郎”，亦曰“郎主”，系唐宋时对主人的敬称。敦煌人亦称节度使、刺史为“阿郎”。南山指敦煌西南千余里萨毗城一带山区，南山部族指吐谷浑族，其时该族在南山驻牧。[1] 而“都押衙、押衙是唐五代藩镇使府中的重要军将，为节度使的亲信，职级高，权位重，最受节度使倚重。都押衙、押衙构成了归义军政权的中坚支柱，他们出自使府衙内，掌握内外实权。……在唐末五代之际，押衙已演变成一种兼职化的加官，其实际差职是它所兼职的其他具体事务的官职。”[2] 比如，在本案中王文通成了民事案件调查事务官。还有，“都押衙官职分左马步都押衙和右马步都押衙。左马步都押衙简称左都押衙，或径称都押衙、都衙、司理左厢衙务、统领押衙若干。……王文通官职为左马步都押衙，但在牒中行文时一般只称都押衙，而在随后署名时才签左马步都押衙全称，以示正规。”[3]

从阿龙呈递的诉状、租佃契，以及都押衙王文通询问土地的实际占有者、被告索佛奴所作的辩称，原告阿龙进一步的补充意见，以及第三人索怀义的陈述，可理出这一案件比较曲折的基本案情：

寡妇阿龙，丈夫早丧，其子义成因犯罪流放瓜州，家中原有口分地32亩，在义成去瓜州时，将其中的10亩卖给索流住（租佃契的见人之一），余22亩，与伯父索怀义签订租佃契，由其代种和代纳“诸杂烽子、官柴草等大小税役”。索怀义“经得一秋”，便被官府征调“着防马群”，因其“不在”家而无法耕种，导致此地荒闲。

索佛奴有亲叔索进君，“幼小落贼，已经年载”。此后，索进君从“贼中投来”，欲“分居父业”，但父业已“被兄弟支分”完毕，因他无“地水居业”，便

[1] 陈永胜：《后晋开运二年（945）寡妇阿龙地产诉讼案若干法律问题析论》，载《兰州大学学报》2003年第2期。

[2] 冯培红：《晚唐五代宋初归义军武职军将研究》，载郑炳林：《敦煌归义军史专题研究》，兰州大学出版社1997年版，第100—103页。

[3] 冯培红：《晚唐五代宋初归义军武职军将研究》，载郑炳林：《敦煌归义军史专题研究》，兰州大学出版社1997年版，第100—103页。

将撂荒的“义成地分贰拾贰亩”，经“请射”获得，立在自己名下。可索进君耕种一段时间后，因其“久居部落，不乐苦地”，弃地返回南山生活，此地再次撂荒。由此索佛奴就耕种了这块土地，已有十余年。等寡妇阿龙得知其子已死，加之她和孙子索幸通“衣食极难”，遂向归义军衙门递呈诉状，请求收回土地，纠纷由此发生，请求官府裁断。

二、索义成土地返还纠纷案相关法律问题分析

1．本案案由

严格说来，本案虽与租佃契密切相关，但本案并不是租佃纠纷，而是因租佃引起和展开的土地权属纠纷。因为本案并不是在履行租佃契约条款约定的权利和义务过程中发生争执而引起的纠纷，而是因为租佃契签订后，将索义成的口分地租佃给索怀义，由于索怀义耕种一年后，被官府征调“着防马群”，无法耕种，导致土地空闲，才被索佛奴的叔叔索进君“请射”而获得，进而由于索进君也因不愿稼穑，弃地回返南山部族，才由索佛奴耕种十余年，由此引发了此地的权属之争。还因该地在索佛奴耕种期间“针草阿龙不取”，没有任何收益，以致阿龙及索义成之子索幸通生活艰难这一连串的事件引发的纠纷。因此，本案案由，是索义成之母阿龙向归义军府衙状告侄儿索佛奴侵占了原本属于其子索义成的土地，请求返还之诉。因此，可命名为“索义成土地返还纠纷案”。

2. 本案需要澄清的一个相关问题

在索义成罪遣瓜州之际，能否将口分地10亩出卖给索流住？回答是否定的：不准出卖。《唐律疏议·户婚律》“诸卖口分田条”规定：“诸卖口分田者，一亩笞十，二十亩加一等，罪止杖一百。地还本主，财没不追。即应合卖者，不用此律。”[1] 国家法律禁止口分田的卖买，但有“即应合卖者，不用此律”的例外情形。这个例外情形，根据《唐律疏议·户婚律》的规定：“谓永业田家贫卖供葬，及

[1]（唐）长孙无忌等：《唐律疏议》，刘俊文点校，法律出版社1998年版，第263—264页。

口分田卖充宅及碾硙、邸店之类，狭乡乐迁就宽乡者，准令并许卖之。其赐田欲卖者，亦不在禁限。……故云‘不用此律’。”[1] 可见，卖充宅及碾硙、邸店之类，狭乡乐迁就宽乡者，可以出卖口分田。对比之下，出卖 10 亩口分地均不符合这几种法定情形。开元二十五年（737 年）《田令》进一步补充规定：“诸庶人有身死家贫无以供葬者，听卖永业田，即流移者亦如之。乐迁就宽乡者，并听卖口分（卖充住宅、邸店、碾硙者，虽非乐迁，亦听私卖）。”[2] 这里的“流移者”，也就是“因犯罪而被流放及移乡之人”。[3] 那么，索义成犯罪被流放到瓜州，属于“流移者”。但是，“流移者”仅能出卖永业田，并不能因此可以出卖口分田，而阿龙出卖的 10 亩田地，却是口分地，因此出卖违法。这大致也是阿龙在索佛奴耕种近 10 年而不敢主张权利的另一主因，而不单单“缘义成犯格，意中怕怖”而“不敢词说”。至于是否有卖充宅及碾硙、邸店之类，狭乡乐迁就宽乡的情形，已不得而知。但是，阿龙在诉状和向王文通的陈述中，将 10 亩口分地出卖给索流住的事实作了如实陈述，并未见归义军府衙对阿龙和索流住依律追究相应的法律责任。

3. 古今同异：本案的法律关系

在本案中，有两层法律关系，一是租佃法律关系，二是诉讼法律关系。

显而易见，阿龙与索怀义之间，是租佃契约的主体，他们之间是租佃法律关系，这一点毫无疑义，古今相同。

但是，就诉讼法律关系，古今截然不同。在古人看来，阿龙与索怀义之间，也仅仅是租佃契约的当事人，他们之间构成租佃法律关系，不能因此构成诉讼法律关系。由于争议土地的实际占有人是索佛奴，因此，在诉讼法律关系中的“两造”，即原告和被告，应当是阿龙和索佛奴，而索怀义是第三人。

按照现代民事诉讼理论，本案因租佃引发，则本案的原告是阿龙，而被告

---

[1] （唐）长孙无忌等：《唐律疏议》，刘俊文点校，法律出版社 1998 年版，第 263—264 页。

[2] 〔日〕仁井田陞：《唐令拾遗》，栗劲、霍存福、王占通、郭延德编译，长春出版社 1998 年版，第 560 页。

[3] 霍存福：《再论中国古代契约与国家法的关系——以唐代田宅、奴婢卖买契约为中心》，载《法制与社会发展》2006 年第 6 期。

应当是索怀义。因为阿龙将此地租佃给了索怀义，索怀义在租佃期内，由于“它因”导致争议土地闲置，进而被索进君请射获得，后又被索佛奴占有。因此，阿龙只能以索怀义为被告。在诉讼期间，当事人可以申请或法院依职权追加无独立请求权的第三人索佛奴参加诉讼。对古今不同的诉讼法律关系，列简表作一对比：

	古代	现代
原　告	阿　龙	阿　龙
被　告	索佛奴	索怀义
无独立请求权第三人	索怀义	索佛奴

4. 原告、被告资格

为防止以今解古，让我们以古人的诉讼法律关系进行分析。从诉状署名看，本案原告为索义成之母阿龙。就本案的相关事实而言，在索义成死亡后，在家庭共财的背景下，索义成之母阿龙，是与讼争标的物土地由直接利害关系的当事人，因此有资格以自己的名义成为原告，向官府主张权利。索义成之子索幸通，在王文通询问原告阿龙和被告索佛奴时，都被提及。事实上，索幸通是具有法定继承权的权利人之一，也是本案的利害关系人，大概索幸通年幼，[1] 尚无诉讼能力，因此未在诉状中署名而已，但其权利，不容忽视。

在本案中，索佛奴由于实际占有索义成已租佃的土地，应当成为本案的被告，按照现代诉讼理论，也是适格的当事人。

5. 原告的诉称、被告的辩称以及第三人的陈述

阿龙在诉状诉称：她早年丧夫，有男义成，因罪遣瓜州，将出卖 10 亩后剩余的 20 亩地，租佃给义成伯父索怀义佃种。后来空闲，由南山兄弟，也就是索佛奴的叔叔索进君因“无得地水居业”，便“割与南山为主”。但“其地南山经得三两月余，见沙州辛苦难活，却投南山部族”。此后，此地便被“佛奴收掌为

[1] 从索义成去瓜州，至发生纠纷，阿龙呈递诉状，已有 11 年时间，即使索义成去瓜州时索幸通尚未出生，或者刚刚出生，诉讼时也仅 11 岁上下。

主”，而自己“针草”未得。无地之后，衣食极难，而今义成身死，更没有指望。为“与老身济接性命”，伏望司徒阿郎“仁慈祥照”，“念见苦累”，公正裁断，将土地返回老身。

原告阿龙为支持其诉讼请求，还拿出了与索怀义签订的租佃契，作为证据，递交给了王文通。

索佛奴则在王文通询问时的辩称，已如上述案情中的总结，不再复述。需要补叙的是，索进君在“贼中偷马两疋”，将其中壹匹马交给官府，官府对以马价对索进君予以奖赏，“得麦粟壹拾硕，立机緤伍疋，官布伍疋”。同时，索进君又将索义成口分地20亩请射在自己名下。其后，索进君“佃种得一两秋”，应“其叔久居部族，不乐苦地”，又返回了南山部族。因此，索进君之地由佛奴承受，至今耕种已有一十余年，也从来无人对此地提出过异议。原告之子义成瓜州致死，现在索幸通和阿婆索要此地，不知是何道理，请秉公裁断。

针对索佛奴的辩解，阿龙在王文通询问时，修正、补充了以下事实：一是说明了租佃契中的32亩，因为索义成去瓜州时出卖10亩给索流住，因此租佃给索怀义的实有22亩。但这与诉状中的20亩不符，估计是笔误；二是承认索进君贼中投来，欲分父业，已被兄弟分割完毕，便请射阿龙地水的事实；三是说明了为何在索进君请射自己的地水时，不敢申说的原因：“其时欲拟咨申，缘义成犯格，意中怕怖，因兹不敢词说。况且承地叔在，不合论诤”；四是此地承种者叔父索进君已去南山，属于阿龙的口分地，让别人受用，而自己和孙子幸通却“无路存济”，因此陈状。

第三人索怀义在王文通询问时述称：侄儿义成罪遣瓜州，地水立契，由其佃种一年，后去“着防马群”，不在家中。回来后发现“此地被索进君射将”，由于该地本来不是自己的口分地，因此“不敢论说”。

6. 原告、被告和第三人所述事实简析

从原告、被告和第三人所述事实，对照租佃契，本案纠纷的前因后果，来龙去脉已基本清楚。至此，可对原告诉称、被告辩解，以及第三人述称的事实，简析如下：

（1）索进君究竟耕种了多长时间？

索进君请射得地后，究竟是阿龙诉称的“经得三两月余”，还是索佛奴辩称的“佃种得一两秋来”？二者在对这一事实的陈述上相差甚远。如以阿龙所称，则索进君仅仅打理土地两三个月，连一料庄稼都没有耕种完毕，就弃地而去；如以索佛奴的辩称，则意味着索进君耕种了一两年，才去了南山。前者意在索进君的“请射”也是名不副实，没有耕种，因此，索佛奴承其叔索进君之地，就缺乏合法性与正当性；而后者辩解的用意，则与阿龙相反。

分析而论，索佛奴的辩解是不能成立的。因为从租佃契签署到阿龙递呈诉状，总共 11 年。这 11 年中，确定无疑的事实是索怀义佃种一年后，才去“着防马群”，那么，在年限上就还剩 10 年。如果按照索佛奴的说法，索进君“佃种得一两秋来”，则索进君承受此地后，只有 7—8 年，这又与索佛奴给王文通辩称的“其地佛奴承受，今经一十余年”自相矛盾，因此这一辩解的事实不能成立。

（2）索佛奴所述其他事实是否成立？

细分有 4 个主要事实。一是索佛奴讲到，他的叔叔索进君幼小落贼，并偷得贼马，将其中一匹献给官府，得到奖励的事实，应当属实，前半部分，与阿龙陈述的“佛奴叔贼中投来”相合。后半部分，即索进君得到奖励的事实，虽无法确证，但应当属实，此节也与本案纠纷的主因没有直接关系。二是索佛奴讲，索进君“不乐苦地，却向南山为活”，与原告阿龙诉状中所说的“见沙州辛苦难活，却投南山部族”，以及后在王文通询问时所讲的“今地水主叔，却投南山去”是互相印证的；三是关于索佛奴所说的“地水屋舍，并总支分已讫”的事实，也与阿龙诉状中“有南山兄弟一人投来，无得地水居业”，和后来询问笔录中“佛奴叔……分居父业，总被兄弟支分已讫”相合，均可得到确认。四是索佛奴讲，索进君因地水屋舍被分割完毕，在得到官府奖励时，（大抵趁势）“又请得索义成口分地分贰拾贰亩”，虽与阿龙诉状中所述的“当便义成地分贰拾亩，割与南山为主”这一私下交割的行为不符，但与后来阿龙的笔录陈述是一致的：“便射阿龙地水将去”。

但是，索佛奴在上述事实的基础上，认为他是在承受其叔之地，且长期占有此地，则没有任何合法性与正当性。因为索进君并没有将此地以契约的方式，并经官府认可的程序合法让与索佛奴，不能因为他非法占有近 10 年，且相关当事人因故没有论争，就成了合法占有，就具有了正当性。

（3）阿龙、索怀义的行为是否构成默认？

分析而言，既然租佃契所附条件尚未成就——即索义成尚未归来，那么，租佃契并未解除，尚在履行之中，虽有官府征调索怀义“着防马群”不在家的客观情形，因此被索进君“请射”获得，但是，索进君很快弃地去南山部族，此地被索佛奴占有和耕种，阿龙和归来的索怀义均能看到，却默不作声，也就是索佛奴辩解的“其地佛奴承受，今经一十余年，更无别人论说”，他们的行为是否构成默认？

回答是否定的。因为，从事实与情理上讲，阿龙的说法如前已述：“其时欲拟咨申，缘义成犯格，意中怕怖，因兹不敢词说。况且承地叔在，不合论诤”，亦即一怕其子犯罪，不敢言说，二是因为尚在租佃期，由于“承地叔在”，即索怀义在，她没有资格论争。这两点辩解意见，符合情理，应当采信。而索怀义的答复是：“怀义元不是口分地水，不敢论说者”。这一说法似在情理之中，但严格说来，有点不负责任，他应对此承担相应的法律后果。从法理上讲，即使“无别人论说”，也不据此使他获得了占有此地的合法性。所以，索佛奴的这一辩解是不能成立的。

7. 租佃契约的法律效力

（1）租佃契约本身的效力。租佃契约一经签订，即对租佃双方产生拘束力。从契约约定看，地主一方的权利有二：一是有让佃田人索怀义代交土地所附大小税役（除渠河口作）的权利；二是在条件成就之日，即索怀义归来之日收回土地的权利。相应的契约义务有二：一是将土地交由索怀义佃种；二是该地所产麦粟由索怀义自收。佃田人索怀义的权利有二：一是有在该地上施工佃种的权利；二是有获得收成的权利。相应的契约义务有二：一是代交该地的所附大小税役（除渠河口作）；二是在索怀义归来之日，将土地如数归还。双方共同的契约义务是，不得率先毁约，否则，罚牡羊壹口，根据单项约定先悔罚则的惯例，入不悔人。这些权利和义务，就是契约的本身的效力。

（2）租佃契约在民事诉讼中的证据效力。从本案 A/B/C 三部分完整的诉讼材料看，无疑，原告阿龙在递呈诉状后，还提交了租佃契约（即该案诉讼材料的B部分），以证明、支持其诉讼请求。以现代证据理论分析，这份租佃契，在证据种类上，是本案唯一的一份书证，具有稳定性和直接证明性。在证据分类上，阿龙提交的应当是租佃契原件，因此，它既是原始证据，也是证明租佃事实存在的本证，证明效力高，按照最佳证据规则，属于最佳证据。

（3）情势变更后租佃契约的效力。主要是：

第一，索怀义佃种一年后，因官府征调外出，致使土地闲置，租佃契约是否继续有效？首先，租佃契签订后，确实已经履行了一年，索怀义和阿龙任何一方，均无先悔行为，不执行先悔罚则；其次，土地闲置，并非出于佃田人的过错导致，而是不可抗拒的政府行为造成的，因此，也不能认为索怀义违约。等他回来，"此地被索进君射将"，情势再次发生变更。也就是说，他回来后，因为此地经索进君"请射"后所有人发生了更易，已非原主索义成和阿龙，索怀义也无法继续耕种，导致租佃契意外中止。

第二，索进君将本案讼争土地"请射"在自己名下，后又弃地而去，土地处于何种状态？

索进君请射该地，虽然是向官府纳马、受赏而"趁势"而为，但此地当时空闲，却是不争的事实，也是请射获得成功的主因，而且背后还有索进君未分得父业，索义成犯罪诸因，导致阿龙、索怀义等隐忍不言，最终使索进君将此地请射在自己名下。刘进宝先生说："归义军政权继承了唐前期的有关制度，对于无主荒田、逃户土地允许民户请射承佃"，并据敦煌文书，将归义军时期民户请射的田土归为三类：绝户地、不办承料户田土和官荒地，并以索进君"请射"例举其中的"绝户地"情形。此论似乎不够精审。如果按照他对"绝户地"的界定："指该户土地已无人继承，自然就成了无主田土。"[1]就不应将该地归结为"绝地户"。因为该地在索进君"请射"时，大约是索义成刚去瓜州的第二到第三年，其时索义成未死，况且还有其母阿龙和其子幸通，又处在租佃契履行期间，怎能是"绝地户"？言归正传。无论索进君"请射"此地是否合法、有理，但却是另一不争的事实。问题是，索进君请射土地成功后，客观上至少中止了租佃契，那么，他又"却投南山"的弃地行为，究竟是该地处于何种状态呢？

[1] 刘进宝：《归义军土地制度初探》，载《敦煌研究》1997年第2期。

一言以蔽之，实际等于放弃了对此地的占有，使该地处于“悬置”状态。此时，作为租佃双方，应当向官府申说以终结索进君“请射”而获得的土地使用权，在索义成未回来——这一条件未成就时，恢复双方的租佃关系。可惜，阿龙因其子犯法而不敢申说，索义成应此地本不属己，均未行使恢复租佃契的程序与权利，致使索佛奴趁隙钻了空子。

第三，索义成身死之后，也就是租佃契所附条件不能成就之时，租佃契约的效力如何认定？对照本案相关细节，等阿龙得知其子身死瓜州的消息时，索佛奴已经耕种此地10年上下。对租佃双方的当事人而言，因与此地的利害关系不同，索义成“着防马群”回来后发现索进君已请射此地，基于请射效力、基于亲属关系，他只能选择沉默。但是，索进君走后索佛奴承种此地，直至得知索义成不再回来，他也选择了沉默。对此，应推定其为直接放弃租佃权利，并承担自动终止租佃契约的法律后果，即无权再佃种此地。而阿龙选择的是不再沉默，而是立即向归义军府衙主张权利，收回此地，请求官府予以裁断，由此引发了本案。

8. 民事纠纷解决的程序与方式

我们知道，“民事诉讼因有相对立之当事人互为攻击防御，构成诉讼程序。”[1]在本案的相关材料中，我们看到归义军时期的民事诉讼基本程序如下：

（1）制作法律文书：民事诉状。一如敦煌契约的制作一样，民事诉状的制作，必有代书之人。从阿龙的诉状看，该状言简意赅，叙事明晰，详略得当，将纠纷的背景、起因、过程、诉求等写得非常清楚。且用语准确、典雅，不乏词采，比如“仁慈祥照，特赐孤寡老身，念见苦累”等等，颇见功力。诉状不惜笔墨，重点叙写索佛奴与其叔索进君占有讼争土地的过程，为被告的行为导致孤儿寡母“衣食极难”奠定基础，以“恳求得处，安存贫命”恳切的言词，引起审理者的哀矜，十分高明。

（2）向司徒阿郎递呈诉状，同时附上书证《租佃契约》。

（3）司徒阿郎审阅诉状，查看所附的证据材料，受理此案，并作出批示，

[1] 杨建华：《民事诉讼法要论》，北京大学出版社2013年版，第48页。

让都押衙王文通对此案相关事实进行详细调查核实（“细与寻问申上者”）。

（4）王文通询问诉讼当事人与第三人。顺序是：先询问被告，即“取地人索佛奴”，并制作成笔录，让其在笔录的签名处“画左手中指指节”；再回过来询问原告，让她对诉状进行补充说明，对索佛奴的辩解进行回答和说明，并让其在笔录的签名处“画右手中指指节”；最后再询问第三人，即佃田人索怀义，并制作笔录，让其在笔录的签名处“画左手中指指节”。按照现代证据理论，对原告、被告所作的询问笔录，属于“当事人陈述”。而对无独立请求权的第三人索怀义作的询问笔录，应属证人证言。我们还看到，签字画指节以“男左女右”的中国传统规则进行。

（5）王文通将上述笔录呈递给司徒阿郎。也就是“文通勘寻陈状寡妇阿龙及侄索佛奴、怀义，词理一一分析如前，谨录状上”。从其中的“词理一一分析如前”这一表述看，上述 3 件笔录，应当不是“原话照录”，而是添加了王文通的“分析”并经当事人和第三人的确认、签字和画指后递呈给司徒阿郎。这一顺序、方式和手续，体现的恰恰是程序的普遍形态：“按照某种标准和条件整理争论点，公平地听取各方意见，在使当事人可以理解或认可的情况下作出决定。”[1] 谁说中国古代在处理案件时没有程序？

（6）司徒阿郎收到后，作出裁判。

简评：前后相衔的 6 步程序，把一件在现代诉讼中也会认为比较复杂的土地返还纠纷案，在 17 日受理后，22 日就作出了判决，仅用了 6 天！效率之高，令人惊叹，裁判之公，令人折服！

9. 裁判结果

司徒阿郎的最后判决：“其义成地分，赐进君，更不廻戈。其地便任阿龙及义成男女为主者。”仅 26 字，这，恐怕是世界上最短的判决书了。意思是索义成的地分，虽赐进君，但不再回给（进君）。此地任由阿龙及义成子女为主。

---

[1] 季卫东：《法治秩序的建构》，中国政法大学出版社 1999 年版，第 80 页。

三、以古喻今：此案的现代价值

归结起来，主要有三点：

1. 高效。这么复杂的一宗土地返还纠纷案件，从立案到作出判决，仅 6 天。如果将此案放到现在来审，仅立案一个环节就需要 7 天。[1] 如果审理完毕，仅一审，按正常的法定期间，为 6 个月，还不算有特殊情况需要延长的期间。[2] 如果哪一方不服上诉，要二审终审，估计没有 1 年审结不了。相较之下，6 天审结，以现代民事诉讼的理念来看，招致的不是肯定，而是批评，会认为“没有任何程序保障”，觉得不可思议。

2. 直接。此案从实体事实出发，不仅原告阿龙和代书人都认为应直接状告“取地人”，即争议土地的实际占有者索佛奴，而且代表官府的司徒阿郎也认可这一诉讼主体是成立的，当即立案，批示王文通详查。如果放到现在，阿龙状告索佛奴，所附的证据是与索怀义签订的“租佃契约”，必然会以被告不适格，裁定不予受理。等阿龙在诉状中变更了被告人，再次立案后，她还得举证证明索佛奴占有土地的事实，而索佛奴也会因与本案有利害关系申请以无独立请求权的第三人参加到诉讼中来；如果索进君闻讯此案后，很可能还会以有独立请求权的第三人申请参加诉讼，对这块土地主张权利……凡此种种的现代程序保障，在你还没有接触到实体问题时，已被“程序”弄得“筋疲力尽”。这也印证季卫东的说法：“历史的经验已经反复证明，理论上很完美的制度并不一定可以付诸实施，而行之有效的制度却未必是事先设计好的”。[3]

3. 公正。本案都押衙王文通独立调查，没见到他受什么干扰；它将调查得到、并对“词理一一分析”的笔录如实呈递给司徒阿郎，也没见到其中徇什么私情。更重要的是，此案最后的判决令人信服，原因就两个字：“公正”，也就是传统中国法文化孕育出来的删繁就简、因事制宜、直奔主题的实体公正。事实上，

---

[1] 我国《民事诉讼法》第 123 条规定：“……符合起诉条件的，应当在七日内立案，并通知当事人；不符合起诉条件的，应当在七日内作出裁定书，不予受理”。

[2] 我国《民事诉讼法》第 149 条规定：“人民法院适用普通程序审理的案件，应当在立案之日起六个月内审结。有特殊情况需要延长的，由本院院长批准，可以延长六个月；还需要延长的，报请上级人民法院批准。”

[3] 季卫东：《法治秩序的建构》，中国政法大学出版社 1999 年版，第 80 页。

长期受传统文化浸润的国民，自有他们的公正观。季卫东曾说："我国传统法文化作为千锤百炼的结晶，自有其灿烂价值。那种富于人情味的和谐功能、那种防微杜渐的内省模式、那种因事制宜的情节理论，其实或多或少含有超越时代的意义"。[1] 它与现代意义上日趋烦琐的"程序公正"大异其趣。难道设置很多其实没有多少必要、极其烦琐的程序，就一定能保障实体公正？难道只有经由所谓的"正当程序"作出的实体裁判才具有正当性？以此反观我国古代对案件的裁判，的确没有现代意义上的程序保障，却很彻底地解决了纠纷，且将情、理、法三者融为一体，做到了"案结事了"，甚至能令双方当事人心悦诚服，这说明了什么？相反，现代程序保障下的很多民事案件，只有"程序正确"，但"案结事未了"，庞大的上访队伍中绝大部分是涉法上访，又说明了什么？说明专门处理纠纷的机构并未将纠纷处理到位，而是又让它重新回到了社会。因此，"现代程序雍容华贵、费用高昂，未必适应我国的现实需要。这种疑问是有道理的。"[2]

四、余论：其他史料价值

综上可见，"王文通及有关文书"是我们研究敦煌归义军时期土地制度、租佃契约的效力、证据制度、民事纠纷解决机制不可多得的史料，弥足珍贵。此外，它还有以下史料价值：

1. 唐代确实实行过均田制，其影响在地处边陲的敦煌也不例外，租佃契中"父祖口分地叁拾贰亩"透出的信息，即是明证。

2. 在敦煌，从事稼穑，比较艰难，农耕似乎比游牧辛苦："其地南山经得三两月余，见沙州辛苦难活，却投南山部族"。当然，也许是索进君"幼小落贼，已经年载"的缘故，他自小生活在游牧部落，常年的生活习性所致。还有，土地收入不高。22 亩地交由索怀义在代纳诸杂烽子、官柴草等大小税役后，无偿耕种，虽因公外出，致使索进君请射他租佃的土地，但他在索进君走后，也不积极争取收回此地，而任由索佛奴耕种，间接证明该地收益不大，他的积极性

[1] 季卫东：《中国法文化的蜕变与内在矛盾》，载《比较法研究》1987 年第 4 期。李楯：《法律社会学》，中国政法大学出版社 1999 年版，第 229 页。

[2] 季卫东：《法治秩序的建构》，中国政法大学出版社 1999 年版，第 80 页。

不高。

3. 索义成所犯罪名不详，但从两点可知，其罪不轻：一是义成“犯格”，应推定其所犯罪名与“禁违止邪”的“格”有关；二是流刑在五刑中仅次于死刑，让罪犯离家远配及至配所服苦役。《唐律疏议 · 名例律》“流刑”条［疏］议曰：“谓不忍刑杀，宥之于远也。”而实际效果，大抵就是北宋曾布所言的“流之远方，无所资给，徒隶困辱，以至终身”。[1] 而此案史料给我们的结果是索义成在流放期间死亡，无论是流放本身致死，还是其他意外死亡，均见流刑仅次于死刑，其言不虚。

4. 依据唐律和唐田令，在本案中，索义成虽属“流移者”，但只能出卖永业田，不允许出卖口分田，因此，才有租佃契将实际的 22 亩写成了 32 亩，才有“不敢词说”的忌惮。但是，我们也看到，阿龙在诉状中已经如实陈述：“先向出卖与人，只残宜秋口分地贰拾亩已来”，在王文通调查时更是交代了“其义成去时，出卖地拾亩与索流住，余贰拾贰亩与伯父索怀义佃种”，但未见司徒阿郎对此事的地主和买受人索流住进行查处，也没有影响本案的最终判决，难道归义军时期的土地买卖已经不再执行唐律和唐田令，还是其情可矜，比照永业而宽宥之，还是另行处理？不好妄猜，姑且存疑。

5. 索进君竟能将偷来的马献给官府并得到很高的奖励，亦一奇也。

6. 间接看到了中古时期的分家析产，即索进君归来后，“本居父业，总被兄弟支分已讫”。

7. 田地空闲，可“请射”获得。

8. 此案史料，还让我们看到了左马步都押衙王文通，兼理民事纠纷的史实。司徒阿郎，裁判民事纠纷的史实。

9. 从租佃契中的“渠河口作税役”一语，我们可以得到的信息有三，一是归义军时期的统治者把兴修水利作为一项法定的税役；二是由此说明在干旱地区，灌溉之于农业的重要性，也说明官府对此的高度重视；三是获得了民众的认可，因为这一税役出现在很多租佃契中，成为租佃双方念念不忘的法定义务。出力修渠修河，恰与很多契约中的“地水”（即可以用水来浇灌的田地）相契。

---

[1] （元）脱脱等：《宋史 · 刑法三》，中华书局 1977 年版，第 5008 页。

《天圣令》与唐宋死刑奏报制度中的几个问题

李云龙*

一、引言

在唐宋时期，各级官府都拥有大小不等的案件审理、判决与执行权限。对于自身没有审理权限的特定案件，无法作出判决的疑难案件，以及无权执行刑罚的重大案件等，均须通过奏报或者奏谳程序逐级上报，最后由中央司法机构作出决断。死刑奏报制度是其中的重要组成部分，作为中国古代一项非常重要的司法制度，集中体现着传统的慎刑理念。唐宋之际，死刑奏报制度发生了很大变化，对此学界已有较为充分的研究。但以往受限于材料的不足，对于变化过程中的一些细节关注有限。随着北宋《天圣令》的发现及公布，在唐令与南宋令之间架起了桥梁，为从令文比较入手探讨制度变迁的研究思路提供了可能。

笔者对唐宋之际不同时期司法令文进行深入比较后发现，唐宋时期死刑奏报制度的变化主要有三点：第一，由“决前覆奏”改为“决后覆核”，行刑前的覆奏制度被弱化，行刑后的覆核制度则受到重视。第二，对于地方奏报中央的死刑案件，中央在核准后，唐代要求“不得驿驰行下”，宋代则要求“马递行下”。第三，在行刑时遇有囚犯称冤的情况，唐代要求“停决奏闻”，而宋代要求“停决别推”，在适用条件上也有不小的差别。本文将从唐宋司法令文体现出的这几

---

* 李云龙，华中师范大学法学院讲师。本文为中央高校基本科研业务费资助项目“宋令与宋代司法制度研究”（项目编号：CCNU18XJ035）、上海市教委科研创新计划重大项目“‘一带一路’沿线新发现的古代各民族的法律文书整理及研究”（项目编号：2017-01-07-00-02-E00048）、国家社科基金青年项目“里耶、岳麓简牍所见秦代的犯罪与刑罚执行研究”（项目编号：18CFX007）的阶段性成果。

点变化入手，尝试对唐宋死刑奏报制度的演变问题进行讨论。

二、从“决前覆奏”到“决后覆核”

（一）唐宋死刑覆奏制度的差异

关于唐代死刑覆奏制度，唐令中有着较为明确的规定。如《唐令拾遗》中的复原为：“诸决大辟罪，在京者，行决之司五复奏；在外者，刑部三复奏（在京者，决前一日二复奏，决日三复奏；在外者，初日一复奏，后日再复奏。纵临时有敕，不许复奏，亦准此复奏）。若犯恶逆以上及部曲、奴婢杀主者，唯一复奏。其京城及驾在所，决囚日，尚食进蔬食，内教坊及太常寺，并停音乐。”[1]《天圣令》中也有关于覆奏制度的规定，但与唐令相比大为简化。如宋5条：“诸决大辟罪，在京者，行决之司一覆奏，得旨乃决。在外者，决讫六十日录案奏，下刑部详覆，有不当者，得随事举驳。其京城及驾所在，决囚日，内教坊及太常并停音乐。外州决囚日，亦不举乐。”[2]

通过比较令文我们可以发现，宋代的死刑覆奏制度，相较于唐代发生了很大变化。在唐代，执行死刑前，在京师的，执行机构应覆奏五次；在外地的，由刑部覆奏三次。如果是犯恶逆以上及部曲、奴婢杀主的案件，则仅覆奏一次。到了宋初，京师死刑案件由五覆奏降为一覆奏，地方死刑案件则以决后覆核制取代了刑前覆奏制，《天圣令》中规定，在京师的死刑案件，执行机构覆奏一次；在外地的，则在执行完毕六十天内将案件记录上奏，由刑部覆核。

为什么会出现这样的变化呢？中国古代开明的君主往往都能珍惜民命，对枉断擅杀严厉打击，宋代的统治者也不例外，但为何能够容忍地方拥有对死刑的判决和执行权呢？另外，从统治者角度而言，将死刑决定权掌握于中央手中，无疑是制约地方司法权的有效措施之一。特别是对于格外注重统揽大权的宋代君主，为何能够接受中央只拥有决后的覆核权呢？下面我们就以此为切入点，

[1]〔日〕仁井田陞：《唐令拾遗》，栗劲等译，长春出版社1989年版，第692—693页。

[2] 天一阁博物馆、中国社会科学院历史研究所天圣令整理课题组：《天一阁藏明钞本天圣令校证附唐令复原研究》，中华书局2006年版，第327页。

对唐宋时期死刑奏报制度的变化进行考察。

唐中期以后，随着中央政权对地方控制力的下降，唐前期确立的诸多制度不同程度遭到破坏。史载："自唐氏失驭，政事多隳。"[1] 唐代的刑前覆奏制，在唐末五代时期逐渐被摒弃，不再继续实行，尤其是分裂割据的五代时期。《五代会要》载，后唐天成二年六月十二日，大理少卿王爵奏："伏以人命至重，死不再生。近年以来全不覆奏，或蒙赦宥，已被诛夷。伏乞敕下所司，应在京有犯极刑者，令决前决日各一覆奏，听进止。有凶逆犯军令者，亦许临时一覆奏。应诸州府，乞别降敕命指挥。"[2]《旧五代史》也载：

> （天成）二年六月，大理少卿王郁上言："凡决极刑，合三覆奏，近年以来，全不守此。伏乞今后前一日令各一覆奏。"奉敕宜依。八月，西京奏："奉近敕，在京犯极刑者，令决前一日各一覆奏，缘当府地远，此后凡有极刑，不审准条疏覆奏。"奉敕旨："昨六月二十日所降敕文，只为应在洛京有犯极刑者覆奏，其诸道已降旨命，准旧例施行。今详西京所奏，尚未明近敕，兼虑诸道有此疑惑，故令晓谕。"[3]

可见在五代后唐时，臣僚建言希望恢复唐代的死刑覆奏制度，其中提到当时的状况是"近年以来全不覆奏"。最后确立的死刑覆奏为一覆奏，且仅限于京师地区，地方仍按旧例施行。五代时对唐代覆奏制度进行的变通处理，对宋代也产生了影响，奠定了宋初死刑覆奏制度的基本框架。[4]

---

[1] （宋）李焘：《续资治通鉴长编》卷 53，中华书局 1995 年版，第 1165 页。

[2] （宋）王溥：《五代会要》卷 10《刑法杂录》，上海古籍出版社 1978 年版，第 160 页。

[3] 薛居正等：《旧五代史》卷 147《刑法志》，中华书局 1976 年版，第 1966 页。

[4] 戴建国先生指出："宋统治者为缩短审判时间，提高司法办事效率，但又不致草率行事，将死刑的覆核分成两种：凡属有证有据，不难判决的死刑案，其判决执行权交地方掌管，执行前，无须报中央刑部核准，地方只是在刑案执行后将案情申报刑部，刑部进行事后覆审；如属证据不足而有疑难的死刑案则申报中央裁决。这就改变了以往朝代死刑不问有无疑难，一律报中央核准才能执行的做法。"戴建国：《宋代刑事审判制度研究》，载《文史》第三十一辑，第 131 页。

（二）宋代死刑覆奏、覆核制度的演变过程

宋初确立的京师决前一覆奏、地方决后覆核制，相较于唐初似乎是巨大的倒退，但在当时的历史背景下已经是显著的进步。《续资治通鉴长编》载，太祖建隆三年，上谓宰臣曰："五代诸侯跋扈，多枉法杀人，朝廷置而不问，刑部之职几废，且人命至重，姑息藩镇，当如此耶？" 于是"乃令诸州自今决大辟讫，录案闻奏，委刑部详覆之"。[1] 初步确立起死刑的决后覆核制，中央重新掌握了地方死刑的判决与执行情况。《宋会要辑稿》职官一五也载："刑部主覆天下大辟已决公（按）〔案〕，旬奏狱状，举驳其不当者，及官员犯罪除免经赦叙用，定夺雪理给牒。"[2] 太宗至道二年，祠部员外郎、主判都省郎官事王炳上言曰："今职司久废，载籍散亡，惟吏部四司官曹小具，祠部有诸州僧道文帐，职方有诸司闰年图，刑部有详覆诸州已决大辟案牍及旬禁奏状，此外无旧式。"[3] 覆核天下大辟已决案件成为宋初刑部的主要职能之一，相关的案牍、奏状等一直得以留存。

而决后覆核制的确立并非一蹴而就，如开封府，最初并未像诸州一样奏报死刑案件。如真宗咸平四年，御史中丞赵昌言奏："天下大辟，断讫，皆录款闻奏，付刑部详覆，用刑乖当者并加按劾。惟开封府未尝奏案，或断狱有失，止罪原勘官吏，而知府、判官、推官、检法官皆不及责，则何以辨明枉滥，表则方夏。望自今如外州例施行。"[4] 自此之后，开封府才开始将死刑案件奏报刑部。大中祥符二年，朝廷对于京师死刑案件覆核提出了更为细致的程序要求，不仅限于决前一覆奏，在判决前已经有了较为完备的覆核程序。诏："自今开封府、殿前、侍卫司奏断大辟案，经裁决后，百姓即付中书，军人付枢密院，更参酌审定进入，

[1] 《续资治通鉴长编》卷 3，第 63 页。
[2] 徐松辑：《宋会要辑稿》职官一五之一，上海古籍出版社 2014 年版，第 3407 页。
[3] 《续资治通鉴长编》卷 39，第 829 页。
[4] 《续资治通鉴长编》卷 49，第 1070 页。

俟画出，乃赴本司。其虽已批断，情尚可恕者，亦须覆奏。”[1]开封府、殿前司、侍卫马步军司所审理的死刑案件，经过皇帝裁决后，根据身份不同，仍须由中书和枢密院进行参酌审定，最后执行。

军人死刑案件覆奏制度的确立也经过了一个渐进的过程，与普通民众并不完全相同。上面提到的史料中，对京师、殿前司、侍卫马步军司所断死刑案的覆奏程序作了规定，而地方军人死刑案件的覆奏程序也在逐步完善。如《续资治通鉴长编》真宗大中祥符五年三月载：“诸路部署司，科断军人大辟者，承前皆不上奏，止录案申刑部，自今具犯名上枢密院，覆奏以闻。”[2]要求地方审理的大辟案件，不再像一般死刑案件那样决后录案申报刑部，而是决前交由枢密院覆奏，并奏报皇帝。同年五月，诏：“刑部今后奏到断讫禁军大辟（按）〔案〕，具情罪申枢院。”[3]相当于在刑部覆核之后，又增加了枢密院把关的程序。仁宗至和元年九月丁丑：“诏开封府，自今凡决大辟囚，并覆奏之。初，开封府言得枢密院札子，军人犯大辟无可疑者，更不以闻，其百姓则未有明文。上重人命，至是军人亦令覆奏。”[4]可见，自此关于军人死刑案件的覆奏、覆核制度已基本形成：京师与地方的军人死刑案件均须经过覆奏方可执行；执行后的军人死刑案件在录报刑部覆核后，还需经枢密院审核。

学界有观点认为，关于宋代地方无疑虑的死刑案覆核问题，在元丰改制前，州即可判决执行改制后，报提刑司核准才能执行。[5]此说大体不错，如时人云：

天圣中，一岁二千三百余人，当时患其数多，大议改制。元丰岁率二千三百余人。元祐元年、二年、四年，各四千余人。三年，三千人已上。按《国朝会要》淳化初置详覆官，专阅天下奏到已断案牍。熙宁中，始罢闻奏之法，止申刑部。

[1] 《续资治通鉴长编》卷71，第1588页。亦见《宋大诏令集》卷201《大辟经裁决后付中书密院参酌诏》：“自今开封府、殿前、侍卫军司奏断大辟案，经朕裁决后，百姓即付中书，军人付枢密院。更参酌审定进入，俟画出乃付本司。其虽已批断，情尚可恕者，亦须覆奏，务于平允。”（宋）佚名：《宋大诏令集》卷201《大辟经裁决后付中书密院参酌诏》，中华书局1962年版，第746页。

[2] 《续资治通鉴长编》卷77，第1766页。

[3] 《宋会要辑稿》职官一五之三，第3408页。

[4] 《续资治通鉴长编》卷177，第4281页。

[5] 戴建国：《宋代刑事审判制度研究》，载《文史》第三十一辑，第133页。

元丰中，又罢申省，独委提刑司详覆，刑部但抽摘审核。元祐初，始复刑部详覆司，然不专任官属，又有摘取二分之限，乞依祖宗法，专委刑部郎官三两员通明法律者，不限分数，尽覆天下之案。庶令内外官司知所畏惧，而尽心于刑狱焉。[1]

但需要注意的是，在真宗时，随着提点刑狱司的设立以及原有转运司作用的发挥，地方死刑案件的奏报程序已经开始发生变化。[2]《宋大诏令集》载："今择官诸路提点刑狱公事，具官云云，所至专蔡视囚禁、审详案牍，州郡不得迎送聚会。所部每旬具囚系犯由讯鞫，次第申报。常检举催督，有系淹久者，即驰往案问。出入人罪者，移牒覆勘，劾官吏以闻。诸色词讼，逐州断遣，不当已经转运司披断未允者，并收接施行。官吏贪浊弛慢者，具名以闻。"[3] 监督州府所断案件及刑狱公事，成为提点刑狱司的核心职能之一。

《宋会要辑稿》刑法六载，大中祥符五年十二月二十八日，河东路提点刑狱张怀宝言："伏见诸路大辟罪，皆俟旬终报转运、提刑司，若旬初路远即禁囚动经半月，或有情款疑互，审察不及。自今望令即日报两司。"[4] 臣僚提到，地方的大辟案件，均等旬末时申报转运司和提刑司，从"若旬初路远即禁囚动经半月"的描述来看，在申报转运司和提刑司时囚犯尚未处决，仍禁系于狱中。因此，至少从真宗大中祥符年间开始，诸州所判死刑案件须经路转运司、提点刑狱司覆审后方可执行。这意味着除了判决执行后的刑部覆核程序外，在判决执行前

---

[1] 庄绰：《鸡肋编》卷下，丛书集成本。

[2] 对于提点刑狱司的设立背景与概况，《文献通考》中有过说明："宋太宗淳化二年，以司门员外郎董循等一十一人分充诸路转运司提点刑狱，四年省。景德四年，真宗谓王旦曰：'朕虑四方刑狱官吏未尽得人，一夫受冤，即召灾沴。今军民事务，虽有转运使，且地远无由知。先帝尝选朝臣为诸路提点官狱，今可复置，仍以使臣副之。'于是置诸路提点刑狱公事，以朝臣充，始命屯田李拱为之，副以武臣阁门祗候以上充。天禧四年，加劝农使，俄改提点刑狱、劝农使，又以武臣为副使。天圣六年悉罢，明道二年复置。嘉祐中，有武臣同提点河东刑狱，窃用公库银器及乐倡首饰，议者谓武臣不可为监司，罢之。治平元年，罢提点刑狱而委转运司。熙宁二年，诸路提点刑狱复差文臣，其武臣并罢。"（宋）马端临：《文献通考》卷 61《职官考一五》，中华书局 2011 年版，第 1851—1852 页。关于宋代提点刑狱司的沿革、废置问题，参见王晓龙：《宋代提点刑狱司制度研究》，人民出版社 2008 年版。

[3] 《宋大诏令集》卷 161《置诸路提刑诏》，第 610 页。

[4] 《宋会要辑稿》刑法六之五三，第 8559 页。

尚存在路一级的覆审程序，死刑覆核制度在真宗时已经与太祖太宗时有所不同，决前审核的因素在增加。

从另外一些史料来看，转运司、提点刑狱司在特定死刑案件中介入的环节更早。《续资治通鉴长编》载，大中祥符六年三月，诏："比来诸州大辟五人以上，委转运、提点刑狱司录问讫，乃得决，以故颇有留滞。自今听本处不干碍官若三班使臣录问。"[1] 诏敕要求，诸州五人以上的死罪案件，须由转运司、提点刑狱司录问后才能作出判决，录问是宋代判决作出前的重要环节，可见在特定死刑案件中，在判决作出前便需要路一级司法官员介入。到神宗熙宁时，无疑虑死刑案件由州至路、再由路至刑部的程序已经基本确立下来。如神宗熙宁四年正月，检正中书刑房公事李承之言："天下所断大辟，委提点刑狱司勾考，刑部详覆，恐多疏略，容有冤滥。又奏至不以时谳，故久系狱囚。乞自今令刑部月具已覆过大辟案，逐道申中书委检正官覆详，大限十日，小限七日，如有不当或无故稽留者，取旨责罚。"[2]

而且死刑判决前的录问等防弊程序日益规范、严密，如元丰二年，知大理卿崔台符言："流以下罪，长贰亲录问决遣，其大辟罪乞牒御史台选差曾任亲民常参官一员审问，即特旨推勘罪至大辟或命官，即临时取旨差官"诏："大辟罪牒御史台差官赴纠察司审覆，余如所请。"后又诏："报御史台差官同纠察司就寺审覆。"[3] 元祐元年闰二月，殿中侍御史吕陶言："朝廷钦恤之意，防禁最密，每开封府大辟狱具，本处既已录问，则申刑部请覆其实，刑部乃关吏部差官同虑，谓之审问。囚无翻异，则论决如律。事有可疑，则移治他司。"[4] 元祐三年时，还要求提点刑狱司在覆审后再从中抽摘部分案件审覆，对于死刑案件的严谨慎重可见一斑，诏："诸路提点刑狱司已覆大辟案，每路摘取三分已上审覆，季具已覆情节刑名申尚书省。其流配罪摘覆不计分数，不当者并奏裁。"[5] 到南宋时，大

[1] 《续资治通鉴长编》卷 80，第 1821 页。

[2] 《续资治通鉴长编》卷 21，第 5323 页。

[3] 《续资治通鉴长编》卷 296，第 7211 页。又如元丰七年十月："御史蹇序辰乞令诸路提点刑狱司每季具以论决详覆大辟事状以闻，付刑部注籍，点检案治失误。诏提点刑狱司季申刑部。"《续资治通鉴长编》卷 349，第 8365 页。

[4] 《续资治通鉴长编》卷 369，第 8913 页。

[5] 《续资治通鉴长编》卷 412，第 10031 页。

辟覆奏的流程已经相当完备。[1] 有宋一代曾多次尝试恢复唐代的五覆奏、三覆奏制度，但均由于种种原因而难以推行。

上文对宋代死刑覆奏制度的演变脉络进行了梳理，在《天圣令》颁行前后，宋代所施行的正是京师决前一覆奏和地方决后覆核制度。但需要注意的是，这一时期的死刑覆审、覆奏制度并没有完全在《天圣令》中体现出来：

第一，关于覆审制度，唐代的死刑案件，不论有无疑虑，均须奏报刑部（开元二十五年后为中书门下）覆审，而宋代的情况已经发生了很大变化：无疑虑的死刑案件先是由州审理并执行，后改为须经路提点刑狱司覆审；有疑虑的死刑案件先是由州直接奏报中央，后改为须经路提点刑狱司审核，之后又多次反复。中央负责覆审的机构也经过很多变化，始于大理寺、刑部体系也最终稳定于此，《天圣令》行用前后为大理寺、审刑院体系；死刑执行后均由刑部进行覆核。在《天圣令》颁行前，死刑案件判决前及执行前的覆审制度已经陆续出现，由于宋1条所对应的唐令涉及的是死刑覆奏制度，当时宋代已不再实行唐代刑部主导下的死刑覆审制度，原有规定这部分内容的唐1条又无法经过简单改动增入宋代的内容，所以宋代这一时期的死刑覆审制度未能在《天圣令》中体现出来。因此，仅从《天圣令》宋1条内容来看，似乎宋代死刑只存在刑部决后覆核制度，实际则不然，值得注意。

第二，关于覆奏制度，唐代实行京师五覆奏、地方三覆奏制度，例外情况下一覆奏，宋初改为京师一覆奏，地方则无覆奏制度。宋代地方，特别是州与路一级的司法机构逐渐增多、司法制度日益完备、司法官员素养不断提高，这些因素相互作用，促使宋代统治者赋予其更多的司法权限。加之宋代需要奏谳的疑难案件与法定要求奏裁的案件有了很大增长，将无疑虑的死刑案件交由地方处理，有助于中央集中处理其他奏裁案件。戴建国先生也认为，宋代死刑奏报制度之所以与唐代存在较大差别，主要有三个方面的原因：一是出于消灭藩镇割据势力的目的。“为收藩镇大权，宋太祖派中央官出知州县，并赋予各种实

---

[1] 如嘉泰三年五月二十一日，右正言李景和言：“大辟之狱，在县则先以结解，在郡则申以审勘，罪状明白，刑法相当，郡申宪司，以听论决，是谓详覆。情轻法重，情重法轻，事有疑虑，理可矜悯，宪司具因依缴奏朝廷，将上取旨，率多从贷，是谓奏案，著在令典。”《宋会要辑稿》刑法四之五七，第8477页。

权，包括生杀大权，消灭藩镇割据势力。”二是因为“以文人做亲民官，基本上改变了五代以来武将滥刑的状况”，所以允许地方拥有死刑终审权。三是宋代制订有其他相关制度措施来防止地方可能出现的滥刑，“如集体负责的审判制、严格的覆审制、死刑疑案奏谳制以及刑部于案件执行后的覆审制”。[1]结合《天圣令》来看，由于宋代的覆奏制度相较于唐代较为简单，变化也不大，基本在唐代的框架内，所以经过修改成了宋5条，宋人还把死刑执行后的覆核制度增添于此。

综合上文的分析我们能够看到，相较于死刑执行前的覆奏制度，宋代更重视死刑案件判决前及判决后的覆审制度。唐代确立的决前覆奏制度体现出浓厚的慎刑色彩和人文关怀，但将纠正错误的希望寄托于行刑日前后皇帝的判断，其真实作用为何实际上很值得怀疑。如《旧唐书》载：“比来决囚，虽三覆奏，须臾之间，三奏便讫，都未得思，三奏何益。自今已后，宜二日中五覆奏，下诸州三覆奏。”[2]三覆奏须臾之间便可结束，五覆奏亦不过两天，且并不意味着必然启动相关覆审程序，所以其价值远不如决前覆审制度，象征意义更为突出。

何况在司法实践中，死刑覆奏制度未必得到了有效落实，如陈灵海先生的研究所指出的：“查阅史籍，在唐代无数死刑案件中，很少有实质性地采用覆奏制度的。”[3]“全面实行覆奏制，可行性断难想象。”[4]与之形成对比的是，宋代死刑审判、执行过程中纠错机制的适用案例俯拾即是。虽然宋代的死刑判决远多于前代，但时人对本朝的死刑奏报制度却不乏褒奖之词，如有臣僚言：“祖宗别更有家法，殊不杀人，大辟则案条，疑狱则奏上，有司不若唐之州县得专杀人也。”[5]可见宋代死刑奏报制度所发挥的积极作用。

---

[1] 戴建国：《宋代刑事审判制度研究》，载《文史》第三十一辑，第135页。

[2] 刘昫：《旧唐书》卷50《刑法志》，中华书局1975年版，第2140页。

[3] 陈灵海：《唐代刑部研究》，法律出版社2010年版，第240页。

[4] 陈灵海：《唐代刑部研究》，法律出版社2010年版，第242页。

[5] 《续资治通鉴长编》卷480，第11417页。美国学者马伯良先生也指出：“在宋代，如果一个人根据法律被判处死刑，他将会得到十分‘小心谨慎’的对待——如果不说是‘温和慈善’的对待的话。”〔美〕马伯良：《宋代的法律与秩序》，杨昂、胡雯姬译，中国政法大学出版社2010年版，第419页。

三、从“不得驿驰行下”到“马递行下”

通过对比唐宋时期有关死刑奏报的令文，还有一个细节值得注意，唐宋令在此体现出完全不同的理念。在唐令中，对于地方奏报的死刑案件，经中央核准后规定“不得驰驿行下”。如《唐六典》卷六“刑部郎中员外郎”条：“决大辟罪皆防援至刑所，囚一人防援二十人，每一人加五人。五品已上非恶逆者，听乘车并官给酒食，听亲故辞诀，宣告犯状，仍日未后乃行刑。囚在外，奏报之日，不得驰驿行下。”[1]《通典》卷一六八《刑法六》:“诸决大辟罪，皆防援至刑所，囚一人防援二十人，每一囚加五人，五品以上听乘车，并官给酒食，听亲故辞诀，宣告犯状。皆日未后乃行刑。（犯恶逆以上，不在乘车之限。决经宿，所司即为埋瘗，若有亲故，亦任以瘗之。）即囚身在外者，奏报之日，不得驿驰行下。”[2]《唐令拾遗・狱官令》中将其复原为第七条：

诸决大辟罪，皆防援至刑所，囚一人防援二十人，每一囚加五人，五品以上听乘车，并官给酒食，听亲故辞诀，宣告犯状，仍日未后乃行刑。（犯恶逆以上，不在乘车之限。决之经宿，所司即为埋瘗。若有亲故，亦任收葬）。即囚身在外者，奏报之日，不得驿驰行下。[3]

而《天圣令・狱官令》宋6条中则要求“断报之日，马递行下”：“诸决大辟罪皆于市，量囚多少，给人防援至刑所。五品以上听乘车，并官给酒食，听亲故辞诀，宣告犯状，皆日未后乃行刑。（犯恶逆以上，不在乘车之限。决经宿，所司即为埋瘗。若有亲故，亦任收葬。）即囚身在外者，断报之日，马递行下。”[4]对于外地奏报的死刑囚犯，为何唐代要求不得将审核结果驰驿（驿驰）行下，而宋代却要求马递行下呢？究竟是驿递制度有别，还是立法理念发生了变化？

---

[1] 《唐六典》卷6《尚书刑部》，第189页。

[2] （唐）杜佑：《通典》卷168，中华书局1988年版，第4349页。

[3] 〔日〕仁井田陞：《唐令拾遗》，栗劲等译，长春出版社1989年版，第694—695页。

[4] 天一阁博物馆、中国社会科学院历史研究所天圣令整理课题组：《天一阁藏明钞本天圣令校证附唐令复原研究》，中华书局2006年版，第415页。

下面将就此问题进行考察。

（一）唐代驿传制度与宋代递铺制度

驿传制度是中国古代交通系统的重要组成部分，对于实现中央政令畅通和地方有效治理具有不可取代的作用。唐代在前代基础上建立起规模宏大、管理严格的驿传制度。《唐六典》卷五载："驾部郎中、员外郎掌邦国之舆辇、车乘，及天下之传、驿、厩、牧官私马、牛、杂畜之簿籍，辨其出入阑逸之政令，司其名数。凡三十里一驿，天下凡一千六百三十有九所。"[1] 驿与传均为人员往来与文书传递方式，对此学界已有较为充分的研究。[2]

如黄正建先生指出，唐朝用驿，主要有三种，即一般"急速"需要的"遣驿"、特急需要的"驰驿"及最紧急需要的"飞驿"。遣驿，"是皇帝敕准给驿或法令规定可乘驿的官员，以及中央和地方官府有急速文书下达、上报需差遣的驿使等使用的普通遣驿"。"驰驿，是特急需要的用驿"，"与一般遣驿不同的是，前者是一日十驿，后者是一日六驿"。飞驿，"是最紧急需要的用驿"，"无行程之限，每驿要换人换马"。[3] 传则指传送，"有用传送马驴的传送和用非传送马驴（包括其他马、驴、牛车、人力）的传送"，"传送基本上是在本县、本州境内，即逐县逐州传送"。[4] 另外，驿与传的功能虽有重合之处，但分属两个不同的系统。[5]

---

[1] 《唐六典》卷5《尚书兵部》，第162—163页。

[2] 关于唐代驿传制度的研究现状，参见胡戟等主编：《二十世纪唐研究》第八章第四节《交通制度与交通设施》中的"馆驿制度"部分，中国社会科学出版社2002年版，第508—509页；亦见冻国栋：《中国中古经济与社会史论稿》，湖北教育出版社2005年版，第594—597页。

[3] 黄正建主编：《〈天圣令〉与唐宋制度研究》，第二编第一章《唐〈厩牧令〉驿传条文的复原及与日本〈令〉、〈式〉的比较》，中国社会科学出版社2011年版，第133—136页。

[4] 黄正建主编：《〈天圣令〉与唐宋制度研究》，第二编第一章《唐〈厩牧令〉驿传条文的复原及与日本〈令〉、〈式〉的比较》，中国社会科学出版社2011年版，第144页。

[5] 黄正建先生指出："作为官营的交通服务机构，驿承担的任务主要有两项：一是为官员及使者的出行提供食宿车马等服务；二是负责中央与地方之间的公文传递。""传送马驴设于州，其任务有三项：一是给来往使臣或官员提供交通工具（这是对驿的补充），二是承担州的运输任务。""第三，它可能还负责地方政府或地方官员的文书传递，其范围也限于州内或邻州之间。"黄正建主编：《〈天圣令〉与唐宋制度研究》，第二编第二章《唐代的驿、传送与转运》，第167页。

随着唐代政治社会的发展，唐初确立的驿制逐渐难以满足日益频繁的公文往来需求。如曹家齐先生指出的："唐代中后期，政局复杂化，公文传递亦日益频繁，驿在负责通讯方面，越来越力不从心，于是一种新的通讯组织便应运而生，这便是'递'。"[1] 另外，在安史之乱以后，唐朝国力衰退、民生凋敝，对地方的控制力下降。驿制也深受其影响，运行较为混乱，加之驿马缺失，唐初确立的制度难以有效实施。因此，新兴的递铺开始发挥更为重要的作用。

到宋代，递铺正式成为文书传递的主力，唐代驿的功能随之被取代。[2] 根据曹家齐先生的研究，"宋代文书传递分为三个等级，即步递、马递和急脚递，以陆路传递为主"。"步递是文书传递最基本、最普遍的一种传递形式，也是传递等级中的最低一级，其传递方式是铺兵担擎步行接力传递。步递传递之文书主要有两类。一为官方常程文书，主要指地方和朝廷间非机密紧急的一般性文书，其传递速度为日行二百里；二为私人书信。"马递"即为铺兵乘马传递，但有时亦有可能采用铺兵脚走传递"。"急脚递又简称急递，是宋代文书传递中最快者"，"文书之性质须以紧切为原则，非紧切文书一般不发急递"，"急脚递的传递速度为日行四百里"。[3]

可见，唐宋之际，驿传制度发生了不小的变化。文书传递的主要方式由驿转变为递，因而《天圣令·狱官令》宋 6 条，将原唐令中的驰驿（或驿驰）一词改为马递。但无论是唐令中的驰驿还是宋令中的马递，都是指代较为快速的文书传递方式，这是我们在展开分析之前需要了解的。

---

[1] 曹家齐：《宋代文书传递制度述论》，载邓小南主编：《政绩考察与信息渠道——以宋代为重心》，北京大学出版社 2008 年版，第 343 页。亦如黄正建先生所言："随着唐代社会的安定、版图的扩大，以及行政系统的严密，公文传递变得越益频繁。驿既要招待使臣又要负责通信，显然有些力不从心。这时，作为一种具有机构实体的、以传递公文或曰以通信为主的组织就产生了。它首先产生于经济领域，其名称就叫作'递'。"黄正建：《唐代的"传"与"递"》，载《中国史研究》1994 年第 4 期。

[2] 关于宋代驿传制度的研究现状，参见曹家齐：《宋代驿传制度研究述评》，载包伟民主编：《宋代制度史研究百年（1900—2000）》，商务印书馆 2004 年版，第 365—373 页。

[3] 参见曹家齐：《宋代文书传递制度述论》，载邓小南主编：《政绩考察与信息渠道——以宋代为重心》，北京大学出版社 2008 年版，第 348—350 页。

（二）唐代：不得驿驰行下

关于地方奏报的死刑案件，中央在覆审后不得驰驿行决的规定，隋初时即已出现。《隋书·刑法志》载，隋文帝“命诸州囚有处死，不得驰驿行决”。[1] 如上文所述，唐代对死刑案件的判决和行刑均较为慎重，在判决前要进行覆审，行刑前则要进行覆奏。关于覆审，《唐六典》卷六“刑部郎中员外郎”条：

> 凡决死刑皆于中书门下详覆。（旧制皆于刑部详覆，然后奏决。开元二十五年，敕以为庶狱既简，且无死刑，自今已后，有犯死刑，除十恶死罪、造伪头首、劫杀、故杀、谋杀外，宜令中书门下与法官等详所犯轻重，具状闻奏。其左降官，除逆人亲，并犯赃赃、名教，如有刻己自新，以功补过，使司应合闻荐，不须限以贬黜。）[2]

《新唐书》关于大理寺职掌的说明中有云：“掌折狱、详刑。凡罪抵流、死，皆上刑部，覆于中书、门下。”[3] 有疑虑的死刑案件要通过奏谳程序来上报，地方及大理寺需将案件奏交刑部处理，如《新唐书·百官志一》载：“刑部郎中、员外郎，掌律法，按覆大理及天下奏谳，为尚书、侍郎之贰。”[4] 又如《唐令拾遗·狱官令》第三十五条云：“诸州府有疑狱不决者，谳大理寺，若大理仍疑，申尚书省。”[5] 行刑前则需要覆奏。[6] 需要注意的是，覆奏后仍不能立即行刑，地方行决机构在收到中央覆核结果后，须等待三日方可行刑。[7]

---

[1] 《隋书》卷25《刑法志》，第713页。

[2] 《唐六典》卷6《尚书刑部》，第188页。

[3] （宋）欧阳修、宋祁：《新唐书》卷48《百官志三》，中华书局1975年版，第1256页。

[4] 《新唐书》卷46《百官志一》，第1199页。

[5] 〔日〕仁井田陞：《唐令拾遗》，栗劲等译，长春出版社1989年版，第720页。

[6] 《唐六典》卷6载：“凡决大辟罪，在京者，行决之司五覆奏。在外者。刑部三覆奏。（在京者，决前一日二覆奏，决日三覆奏。在外者，初日一覆奏，后日再覆奏。纵临时有敕不许覆奏，亦准此覆奏。）”《唐六典》卷6，第189页。可见，唐代京师死刑案件由行决之司覆奏，覆奏之后行决机构予以执行；地方死刑案件则由刑部覆奏，此时死刑犯羁押于地方（囚身在外），覆奏机构与行决机构分离，因此有将覆奏意见传达给地方（行下）的程序和必要。

[7] 《唐律疏议》卷30《断狱律》“死囚覆奏报决”条规定：“诸死罪囚，不待覆奏报下而决者，流二千里。即奏报应决者，听三日乃行刑，若限未满而行刑者，徒一年；即过限，违一日杖一百，二日加一等。”《唐律疏议》卷30《断狱律》，第572页。

因此，第一，从慎刑的角度来看，不采用较为快速的传达方式，理论上为覆奏之后再纠正错误提供了可能，这与唐代死刑覆审、覆奏、听三日乃行刑等规定所体现的理念相一致。故时人有云："伏以国之令典，先德后刑。所后者法当舒迟，故决罪不得驰驿行下，所先者体宜疾速，故赦书日以五百里为程。"[1]疑狱的奏报亦不得驰驿，如《新唐书·刑法志》载："天下疑狱谳大理寺不能决，尚书省众议之，录可为法者送秘书省。奏报不驰驿。"[2]除此之外，唐令中其他涉及驰驿的令文均要求"驰驿行下"。如唐令《狱官令》复原第40条："诸死罪囚，虽已奏报，犹诉冤枉，事有可疑，须推覆者，以状奏闻，遣使驰驿检校。"[3]《捕亡令》复原第3条："诸追捕罪人，合发人兵者，皆随事斟酌用多少堪济。其当界有军府，即与相知，随即讨捕。若力不能制者，即告比州比县。得告之处，审知是实，先须发兵相知除剪，仍驰驿申奏。"[4]对于告密人所陈事项中涉及谋叛以上的，须驰驿奏闻。如《唐六典》卷六：

凡告言人罪，非谋叛以上，皆三审之。（应受辞、牒官司并具晓示虚得反坐之状。每审皆别日受辞，若有事切害者。不在此例。）告密有不于所由，掩捕则从近也。（谓告密人皆经当处长官告。长官有事，经佐官告。长官、佐官俱有事者，经比界论告。若须有掩捕应与余州相知者，所在准法收捕。事当谋叛已上，驰驿奏闻。且称告谋叛已上不肯言事意者，给驿部送京。其犯死罪囚及缘边诸州镇防人等若犯流人告密，并不在送限。）[5]

再如《天圣令·狱官令》后附载的唐1条，要求刑部分道巡覆地方应申覆案件时，派往岭南的使人须提早驰驿发遣："诸州断罪应申覆者，刑部每年正月共吏部相知，量取历任清勤、明识法理者充使，将过中书门下，定讫奏闻，令分道巡覆。若应勾会官物者，量加判官及典。刑部录囚姓名，略注犯状，牒使知。

[1] （唐）陆贽：《翰苑集》卷20《又奏量移官》，四部丛刊本。
[2] 《新唐书》卷56《刑法志》，第1411页。
[3] 《天一阁藏明钞本天圣令校证附唐令复原研究》，中华书局2006年版，第627页。
[4] 《天一阁藏明钞本天圣令校证附唐令复原研究》，中华书局2006年版，第546页。
[5] 《唐六典》卷6《尚书刑部》，第190页。

（岭南使人以九月上旬，驰驿发遣。）”[1] 可见，在涉及追捕罪人、告密谋叛以上情节及巡覆边地要案等重大事项时，唐代都是通过驰驿这样较为迅速的人员或文书传递方式，以缩短处理时间，提高效率，与宋制并无差别。相比较之下，“不得驰驿行下”的规定显得十分另类，其背后所体现出的正是唐令珍惜民命、慎重行刑的立法精神，希望通过牺牲效率来最大限度地换取公平。

第二，从上引《唐律疏议》中的规定来看，“听三日乃行刑”是自“符”到后起算。[2] 可见无论之前覆奏结果传递耗时长或短，并不影响之后的行刑，因为行刑前所等待这三日，是地方收到覆审结果后才起算，而非中央发出时起算，所以并不需要较为快速的传达方式（驰驿、飞驿），一般的遣驿即可承担。

第三，由于唐制规定，地方死刑案件均须经过覆审与覆奏的程序，如果采用驰驿这种快速但成本较高的传达方式，无疑会给本已忙碌的驿传系统带来很大的负担。

（三）宋代：马递行下

与唐代死刑案件均须奏报中央覆审不同，宋代死刑的处理程序和决定权限有着简化和下移的倾向。在元丰改制前，无疑虑死刑案件由州审理并执行，刑部在事后进行覆核；元丰改制后，州审理完结须由提点刑狱司进行覆核，覆核后方可执行，刑部在事后抽摘覆核。[3] 御史安鼎论本朝岁断大辟人数时云：“按

---

[1] 《天一阁藏明钞本天圣令校证附唐令复原研究》，中华书局 2006 年版，第 338—339 页。

[2] 《唐六典》卷 1“三师三公尚书都省”条：“尚书省下于州，州下于县，县下于乡，皆曰符。”《唐六典》卷 1《三师三公尚书都省》，第 10—11 页。参见〔日〕赤木崇敏：《唐代前半期的地方公文体制——以吐鲁番文书为中心》，载邓小南、曹家齐、平田茂树主编：《文书·政令·信息沟通：以唐宋时期为主》，北京大学出版社 2012 年版，第 119—165 页。

[3] 《宋会要辑稿》职官一五之一载：“刑部主覆天下大辟已决公按（案）、旬奏狱状，举驳其不当者。”第 3407 页。《宋史》卷一六三也载：“国初，以刑部覆大辟案。淳化二年，增置审刑院，知院事一人，以郎官以上至两省充，详议官以京朝官充，掌详谳大理所断案牍而奏之。凡狱具上，先经大理，断谳既定，报审刑，然后知院与详议官定成文草，奏记上中书，中书以奏天子论决。大中祥符二年，置纠察刑狱司，纠察官二人，以两制以上充。凡在京刑禁，徒以上即时以报。若理有未尽或置淹恤，追覆其案，详正而驳奏之。凡大辟，皆录问。”脱脱等：《宋史》卷 163《职官志三》，中华书局 1977 年版，第 3858 页。

《国朝会要》淳化初置详覆官，专阅天下奏到已断案牍。熙宁中，始罢闻奏之法，止申刑部。元丰中，又罢申省，独委提刑司详覆，刑部但抽摘审核。元祐初，始复刑部详覆司，然不专任官属，又有摘取二分之限。”[1] 刑部决后覆核制在《天圣令》中也有体现。[2]

有疑虑的案件则通过奏谳程序上报中央。史载：“宋初，大理寺不置狱，专职详断天下奏案，上刑部详复。”[3]“凡狱讼之事，随官司决劾，本寺不复听讯，但掌断天下奏狱，送审刑院详讫，同署以上于朝。”[4] 关于奏谳制度，《天圣令》中体现在《狱官令》宋 46 条：“诸州有疑狱不决者，奏谳刑法之司。仍疑者，亦奏下尚书省议。有众议异常，堪为典则者，录送史馆。”[5]

“综观宋代的死刑复核制：元丰改制前，州拥有终审执行权，而不必申奏刑部复核。元丰改制后，才加强控制，须由提刑司复核后才能执行。”[6] 既然在《天圣令》颁行的时期，州对无疑虑死刑案件拥有决定权，无须报中央覆核，且在行刑前无覆奏之制，[7] 因此宋 6 中所谓“囚身在外者”，主要是指有疑虑的死刑案

[1] （宋）庄绰：《鸡肋编》卷下，丛书集成本。

[2] 《狱官令》宋 5 条云：“诸决大辟罪，在京者，行决之司一覆奏，得旨乃决。在外者，决讫六十日录案奏，下刑部详覆，有不当者，得随事举驳。”《天一阁藏明钞本天圣令校证附唐令复原研究》，中华书局 2006 年版，第 327 页。

[3] 王云海主编：《宋代司法制度》，河南大学出版社 1992 年版，第 321 页。

[4] 《宋史》卷 165《职官志五》，第 3899 页。“天下奏按，必断于大理，详议于刑部，然后上之中书，决之人主。”《宋史》卷 201《刑法三》，第 5012 页。“在法，大辟情法相当之人，合申提刑司详覆，依法断遣。其有刑名疑虑、情理可悯、尸不经验、杀人无证，见四者，皆许奏裁。”楼钥：《攻媿集》卷 27《缴刑部劄子》，文渊阁四库全书本。

[5] 《天一阁藏明钞本天圣令校证附唐令复原研究》，中华书局 2006 年版，第 336 页。

[6] 王云海主编：《宋代司法制度》，河南大学出版社 1992 年版，第 338 页。

[7] 虽然《宋刑统》中照抄了《唐律疏议》中有关决死罪待覆奏的规定，但恐怕已为具文。《宋刑统》卷 30《断狱律》“决死罪”门：“诸死罪囚，不待覆奏报下而决者，流二千里。即奏报应决者，听三日乃行刑，若限未满而行刑者，徒一年。即过限，违一日杖一百，二日加一等。【疏议曰】：死罪囚，谓奏画已讫，应行刑者，皆三覆奏讫，然始下决。若不待覆奏报下而辄行决者，流二千里。即奏报应决者，谓奏讫报下，应行决者。听三日乃行刑，称日者，以百刻，须以符到三日乃行刑。若限未满三日而行刑者，徒一年。即过限，违一日杖一百，二日加一等。在外既无漏刻，但取日周晬时为限。”（宋）窦仪等：《宋刑统》卷 30《断狱律》，法律出版社 1999 年版，第 561 页。

件和部分官员死刑案件。[1] 从目前所见材料看，宋代似乎也并未沿用唐代“应行决者，听三日乃行刑”的规定，所以在中央对相关案件作出最终裁决后，即要求从速通知地方行刑（马递行下）。况且对于涉及敕牒、狱案的文书，根据宋代文书传递制度的规定，本来就需要采取马递的传达方式。[2]

此外，采用马递的传达方式可能也与宋代赦降频繁有关，采用较快的传达方式，可以减少或者避免出现案件裁决尚未到达但赦书却已先至的情况。[3] 根据郭东旭先生对《宋史》《长编》《宋会要辑稿》《文献通考》的统计，宋代有大赦118次，郊赦103次，曲赦132次，特赦23次，德音72次，录囚246次，合计694次。有8个年份一岁五赦以上，最多时一岁九赦。[4] 而唐代的恩赦相对少一些，据陈俊强先生统计有453次。[5] 关于赦降与断敕之间的效力关系问题，《庆元条法事类》中的一条断狱敕或可提供些思路。

诸罪人已降断敕（批状劄子或省符备降朝旨同。余条称“断敕或敕断”准此。）未到而遇赦降者，于勘所计程，（谓赦降日行五百里，断敕日行四百里，各以入递日时为始。）应在赦降前到者，不得原减。应死者，奏裁。其断敕虽应

[1] 《天圣令·狱官令》宋2：“诸犯罪，杖（罪？）以下，县决之；徒以上，送州推断。若官人犯罪，具案录奏，下大理寺检断，审刑院详正其罪，议定奏闻，听敕处分。如有不当者，亦随事驳正，其应州断者，从别敕。”可见宋初官员犯罪由中央司法机构审理，除非有专门敕旨，地方无权审理，只须等待处理结果。

[2] 如曹家齐先生指出：“观史籍记载，宋代马递所传文书主要有赦降、敕牒、狱案、边报、军兴飞书、赈济、河防及催发贡物文书等。”曹家齐：《宋代文书传递制度述论》，载邓小南主编：《政绩考察与信息渠道——以宋代为重心》，北京大学出版社2008年版，第349页。另外，《宋史·刑法志一》中还有“骑置”的说法：“群臣受诏鞫狱，狱既具，骑置来上，有司断已，复骑置下之州。凡上疑狱，详覆之而无疑状，官吏并同违制之坐。其应奏疑案，亦骑置以闻。”根据颜师古在《汉书》中的解释：“骑置，谓驿骑也。”可见骑置与马递类似，都指较为快速的传达方式，这表明在宋代狱案奏报程序中，已普遍采用马递、骑置等较为快速的传达方式。

[3] 关于宋代恩赦的种类，《宋史》曾有过说明：“恩宥之制，凡大赦及天下，释杂犯死罪以下，甚则常赦所不原罪，皆除之。凡曲赦，惟一路或一州，或别京，或畿内。凡德音，则死及流罪降等，余罪释之，间亦释流罪。所被广狭无常。又，天子岁自录京师系囚，畿内则遣使，往往杂犯死罪以下，第降等，杖、笞释之，或徒罪亦得释。若并及诸路，则命监司录焉。”《宋史》卷201《刑法志三》，第5026页。

[4] 参见郭东旭：《宋朝法律史论》，河北大学出版社2001年版，第378—380页。

[5] 参见陈俊强：《皇权的另一面——北朝隋唐恩赦制度研究》，北京大学出版社2007年版，第246—268页。

前到而罪人未应行决，（谓有疮、病、孕及禁刑日之类。）或应与赦降同日到者，依会恩法。即诸路提点刑狱司覆毕案，牒报论决未到而遇赦降者，并准此。[1]

戴建国先生据此指出："赦令对于已经执行过刑罚的人，不再有效。对于上级司法机关已经裁决下达执行的案子，因多种原因致裁决书未到，而恰遇朝廷颁布大赦令，则以行程来推算日期，即以案件审理处至上级司法机关的路途里程来计算裁决书应到时间，并比照赦书到达时间来决定罪犯是否予以赦免。"[2]当然，《庆元条法事类》反映的主要是南宋的情况，宋初未必如此。但从中我们可以看出，在宋代覆奏程序缺失、文书传递已有规定且赦降较为频繁的背景下，裁决结果是有必要从速下达的，至少没有理由再像唐代那样专门规定不得采取较快的传递方式。

综上所述，与唐代死刑奏报和行刑更注重公正，尽可能增加更多纠正错案的机会相比，宋代更注重效率，在案件结果最终确定的情况下，希望尽快行刑，避免案件积压、刑狱淹延。从表面上看，宋代对于死刑案件的处理似乎不如唐代审慎。但就将罪犯绳之以法、告慰和安抚被害人及其家属的角度而言，在案件没有错误的前提下从速行刑，又何尝不是追求司法公正的体现。与宋代能够取消地方死刑案件决前覆奏的原因类似，这也体现出宋廷对以州、路为核心的地方司法机构的信任，而这种信任正是源于案件处理过程中多种防弊机制的保障。[3]或许在宋人看来，通过分设机构、分立制度进行制约和监督，在案件正常审理程序内查明事实、合理裁判，要远胜于行刑前的核查与纠正。

[1] 谢深甫等：《庆元条法事类》卷16《文书门一・断狱敕》，戴建国点校，收入《中国珍稀法律典籍续编》第1册，黑龙江人民出版社2002年版，第339页。

[2] 戴建国：《宋代刑法史研究》，上海人民出版社2008年版，第350页。

[3] 如学者所指出的："与唐代复审制度相比，宋代的复审制度更为严格。唐代前期，复审往往由原审判机构进行，很难纠正原审的错误，这就失去了复审的意义。而宋代多级司法机构的左右分司，则为翻异案件别推创造了条件。"王晓龙、郭东旭等：《宋代法律文明研究》，人民出版社2016年版，第282页。

四、从“停决奏闻”到“停决别推”

（一）《天圣令·狱官令》宋8、宋34与唐令的差别

如果说，唐代的死刑奏报程序（包括覆审和覆奏）是一种纵向的审查监督体系，更加相信中央司法机构在死刑这样的重大案件中的作用。那么宋代则在此之外，更为倚重横向的制约和纠错，将权力适当下放于地方。[1] 这在上文所讨论的决后覆核、马递行下等问题中都有所体现。另外，还有一项制度集中反映了宋人的这种策略，那就是“翻异别勘”（或称“翻异别推”）制度。《天圣令·狱官令》中有两条涉及死刑执行的令文中出现了“别推”一词，与所据以修改的唐令出现了较大差别。即宋8条：“诸监决死囚，若囚有称冤者，停决别推。”[2] 以及宋34条：“诸死罪囚，虽已奏报，犹诉冤枉，事有可疑，须推覆者，以状奏闻，听旨别推。”[3]

唐令中的相关规定在多种史籍中可以看到，如《通典》卷一六八：“诸决大辟罪，官爵五品以上，在京者大理正监决，在外者上佐监决，余并判官监决。从立春至秋分，不得奏决死刑。若犯恶逆以上及奴婢、部曲杀主者，不拘此令。在京决死囚，皆令御史、金吾监决。若囚者冤枉灼然者，停决闻奏。”[4] 又如《唐六典》卷六：“决大辟罪，官爵五品已上，在京者，大理正监决。在外者，上佐监决。余并判官监决，在京决者，亦皆有御史、金吾监决。若囚有冤滥灼然者，听停决奏闻。”[5] 日本《养老令·狱令》第37条中规定：“凡死罪，虽已奏报，犹诉冤枉，事有可疑，须推覆者，以状奏闻，遣使驰驿检校。”[6] 雷闻先生在此基础上复原了《狱官令》第40条：“诸死罪囚，虽已奏报，犹诉冤枉，事有可疑，

---

[1] 如贾文龙先生所言：“宋朝加强中央集权与其他王朝不同，首先采用的办法是设别官以分职、分割各级长官事权，其次才是采用加强监察的手段。”贾文龙：《宋朝鞫谳分司制度的历史浮沉》，载姜锡东主编：《宋史研究论丛》第十六辑，河北大学出版社2015年版，第3页。

[2] 《天一阁藏明钞本天圣令校证附唐令复原研究》，中华书局2006年版，第328页。

[3] 《天一阁藏明钞本天圣令校证附唐令复原研究》，中华书局2006年版，第333页。

[4] 《通典》卷168《刑法六》，第4349页。

[5] 《唐六典》卷6《尚书刑部》，第189页。

[6] 〔日〕国史大系编修会、黑板胜美编辑：《令义解》，吉川弘文馆1985年版，第324页。

须推覆者，以状奏闻，遣使驰驿检校。”[1]

《天圣令·狱官令》宋8条规定，在监决死刑囚犯时，如果囚犯称冤，则须停止行刑，另行审理。而从唐令来看，要求囚犯冤情明显的，停止行刑，奏报皇帝。可见唐宋令在此有两个差别：其一，在启动程序上，唐令中设置了一个前提条件，即“囚者冤枉灼然”或者“囚有冤滥灼然”的情况下，才能另外作出处理。宋令中则没有这方面的限制，只要囚犯喊冤，便需要作出处理。而且从主体上来看，唐令中是由监决官员来发现冤屈，宋令中则是囚犯本人声诉。其二，在处理方式上，唐令要求停止行刑后，将案件奏报皇帝，宋令则要求另行审理，即由其他机构重新对案件进行审理。这一问题从宋34条及对应唐令中也能看出来，宋令规定，死罪囚犯虽然已经过奏报程序，仍然声诉冤枉，如果案件存在疑虑，仍需要重新审理的，则将案件奏报皇帝，根据旨意另行审理，而唐令要求派遣官员审查核对。

通过比较能够看出，翻异别勘制度的确立及引入令文，是理解唐宋令之间差异的关键所在。下面我们就结合相关令文，对这一时期翻异别勘制度的演变情况进行梳理和分析。翻异别勘是宋代一项非常具有特色的司法制度，指犯人在录问时或行刑前翻供，则对案件重新审理的制度。如徐道邻先生所指出的：“犯人不须要自己上诉，只要在结案时翻供，或者在行刑前喊冤，官厅就要把案子重新从头问起。”[2] 翻异别勘制度起源于唐末五代时期，在此之前唐代存在的是“停决奏闻”之制。

（二）唐与五代时期的“停决奏闻”制度及其演变

在唐代，死刑案件在发现问题后须停决奏闻，这是一项得到普遍实行的制度，如《通典》所载武后时的一起案件：

推事使、左台监察御史卢偡奏称：“告事人问赵推之，得款唐子产与推之手

---

[1] 《天一阁藏明钞本天圣令校证附唐令复原研究》，中华书局2006年版，第627页。

[2] 徐道邻：《翻异别勘考》，载氏著：《中国法制史论集》，志文出版社1975年版，第155页。

状，遣告长孙仲宣，实不知事由者。依问唐子产，得款与推之手状，令告仲宣宅中私置炉，拟打枪槊，谋反是实。其长孙仲宣是子产亲舅，为子产先与三舅庶几妾成蹊私通，仲宣既知，即骂辱子产，为此诬告者。”曹断：“准律：诬告谋反大逆者，斩。从者，绞。又条云：教令人告事虚，应反坐。得实，应赏。皆以告者为首，教令为从。推之为首，处斩。子产为从，处绞。”推之在禁告密，因得引见，遂诉枉屈。武太后曰：“赵推之得唐子产手状，即告。于子产引虚，自是子产之罪，何得枉断杀推之。宜令停决，正断奏闻者。”有功重执曰：“推之所告反由，元于子产处得。奉敕勘当，具状是诬，付法科绳，已断处斩。奏书临决，恩旨遣停。圣上为子产引虚，则将推之枉死。但教令告事，律著正文，告者为首，教者为从。若其事虚受责，推之合当重科。如其反实论功，子产才霑薄赏。律开此制，本防避罪争功。在于宪司，固当守文奉法。”奉敕依奏。迁有功为侍御史。[1]

此案在“奏书临决”时被“恩旨遣停”，要求“停决，正断奏闻”。另外一起案件也是发生在武后时期，《大唐新语》卷四载：

则天朝，奴婢多通外人，辄罗告其主，以求官赏。润州刺史窦孝谌妻庞氏，为其双所告夜醮，敕御史薛季旭推之。季旭言其“咒诅”，草状以闻，先于玉阶涕泣不自胜，曰：“庞氏事状，臣子所不忍言。”则天纳之，迁季旭给事中。庞弃市，将就刑，庞男希瑊诉冤于侍御史徐有功。有功览状曰：“正当枉状。”停决以闻。三司对按，季旭益周密其状。秋官及司刑两曹既宣覆而自惧，众迫有功。有功不获申，遂处绞死。

则天召见，迎谓之曰：“卿比按，失出何多也？”有功曰：“失出，臣下之小过。好生，圣人之大德。愿陛下弘大德，天下幸甚。”则天默然，久之，曰：“去矣。”敕减死，放于岭南。月余，复授侍御史。有功俯伏流涕，固不奉制。则天固授之，有功曰：“臣闻鹿走于山林，而命悬于厨者何。势使然也。陛下以法官用臣，臣以从宽行法，必坐而死矣。”则天既深器重，竟授之，迁司刑少卿。时

[1] 《通典》卷169《刑法七》，第4380—4381页。

周兴、来俊臣等罗告天下衣冠，遇族者数千百家。有功居司刑，平反者不可胜纪，时人方之于定国。中宗朝，追赠越州都督，优赐其家，并授一品官。开元初，窦希瑊外戚荣贵，奏请回己之官，以酧其子。[1]

该案较为典型地体现了唐令中的制度：庞氏在即将受刑时，由其子希瑊代为诉冤，监决官徐有功审核后认为确实存在枉状，因而停止行刑，奏报皇帝。但此时对奏闻后重新审理的机构尚未作出明确规定，该案的原审法官薛季旭仍参与到重新审理中，并对徐有功实施陷害。关于重新审理的次数限制，长庆元年曾作出过规定，《唐会要》载，长庆元年十一月，御史台奏：

应十恶及杀人斗殴、官典犯赃，并伪造计银、劫盗窃盗，及府县推断讫重论诉人等，皆是奸恶之徒，推鞫之时，尽皆伏罪，临刑之次，即又称冤。每度称冤，皆须重推。与证平常，被其追扰，若无惩革，为弊实深。伏请今后有此色贼，台及府县并外州，但计三度推问，不同人皆有伏款。及三度断结讫，更有论诉，一切不重推问。限其中纵有进状，敕下，如是已经三度结断者，亦请受敕处闻奏执论。如本推官典受贿赂，推断不平及有冤滥词状，言讫便可立验者，即请以重推。如所告及称冤推勘又虚，除本犯是死刑外，余罪于本条更加一等。如官典取受有实，亦请本罪更加一等。如所诉冤屈不虚，其经第三度推官典，请于本法外更加一等贬责。其第三度官典，亦请节级科处。[2]

《宋刑统》中也收载了这条敕节文，[3] 从这条敕文来看，唐后期出现的翻异别勘制度有这样几个特点：第一，适用的情形为行刑前，这实际上是对唐令中临决

[1] 刘肃：《唐新语》卷 4《持法第七》，文渊阁四库全书本。

[2] 《唐会要》卷 60《御史台上》，第 1228—1229 页。

[3] 《宋刑统》卷 29《断狱律》："【准】唐长庆元年十一月五日敕节文，应犯诸罪，临决称冤，已经三度断结，不在重推限。自今以后有此色，不问台及府县，并外州县，但通计都经三度推勘，每度推官不同，囚徒皆有伏款，及经三度结断者，更有论诉，一切不在重推问限。其中纵有进状敕下，如是已经三度结断者，亦请受敕处闻奏执论。如是告本推官典受贿赂，推勘不平，及有称冤事状，言讫便可立验者，即请与重推。如所告及称冤无理者，除本犯是死刑外，余罪请于本条外更加一等科罪。如官典取受有实者，亦请于本罪外加罪一等。如囚徒冤屈不虚者，其第三度推事官典，伏请本法外更加一等贬责，其第二、第一度官典亦请节级科处。"第 544 页。

称冤规定的延续和细化。第二，制度的启动主体为囚犯。第三，适用的次数以三次为限，三次以后不再重新审理。第四，重新审理三次以后，如果是告诉该案法官受贿及冤情可以立即查验的，可以再次重审，但审理后证明不实的，除死刑外，加重一等处罚。

会昌四年还有过两次重推的要求，中书门下奏："应合处极刑囚等，郊礼日近，望有鸿恩，每引决之时皆称冤屈，及至推鞫，依前伏罪。容此延引，恐开幸门，今日已后，前件因经两度称冤，重推问无异同者，更不在闻奏。"[1]之后唐代死刑案件"停决奏闻"的制度又进一步完善，太和元年十二月，御史台奏：

伏以京城囚徒准敕科决者，臣当司准旧例，差御史一人监决，如囚称冤，即收禁闻奏，便令监决御史覆勘者。伏虑监决之时，各怀疑惮，务求省便，难究冤辞，恐至无告屈之人，失陛下好生之治。且台司本定四推，以谳疑狱。六察职事以重，不合分外领推。伏请自今以后，有囚称冤者，监察御史闻奏，敕下后，便配四推。所冀狱无冤滞，事得论理。[2]

可见在太和元年御史台上奏之前，停决奏闻后由监决御史覆审的制度就已经确立下来。本次臣僚建议，奏闻之后的具体机构由六察改为四推，以利于案件处理。大中四年，又将引问死囚的时间进一步提前，以避免来不及诉冤的情况发生，御史台奏："准旧例，京兆府准敕科决囚徒，合差监察御史一人到府门监决。御史未至，其囚已至科决处，纵有冤屈，披诉不及。今后请许令御史到府引问，如囚不称冤，然后许行决。其河南府准此。诸州有死囚，仍委长官差官监决，并先引问。"[3]五代时期的情况，也见于《宋刑统》收载的一条敕节文：

【准】唐天成三年七月十七日敕节文，诸道州府凡有推鞫囚狱，案成后，逐处委观察、防御、团练军事判官，引所勘囚人面前录问，如有异同，即移司别勘。若见本情，其前推勘官吏，量罪科责。如无异同，即于案后别连一状，云所录

---

[1] 王钦若等:《册府元龟》卷613，凤凰出版社2006年版，第7078页。

[2]《唐会要》卷60《御史台上》，第1230页。

[3]《唐会要》卷60《御史台上》，第1245页。

问囚人与案款同，转上本处观察团练使、刺史。如有案牍未经录问过，不得便令详断。[1]

细绎这条敕节文，可见相比于唐代出现了几点新变化：第一，适用情形已变为案件事实审理结束后、判决作出前，而非临刑前，似乎体现出对唐代引问程序的借鉴。第二，制度的启动主体为负责录问的官员，而非囚犯。第三，适用案件有所扩大，已不限于死刑。但也并不包括所有案件，从审理机构为道、州、府来看，应该是徒刑以上的案件。从《棠阴比事》记载的五代时期的一则案例中，也能管窥当时翻异别勘制度的运作情况：

后唐孔相循欢莅夷门军府事，长垣县有四巨盗，富有资产。及收，则四贫民耳。时都虞侯姓韩者，密使郭崇韬之僚婿也，与权吏狱典同锻，有款成断，令弃市，虑之无言。就法之际，囚屡回首，公疑，召问之，乃曰“实枉”，且言适为狱吏高其枷尾，遂不得言。即命移于州狱，鞫之，自韩已下凡数十人受赂约七千缗，并以伏法。[2]

有几点值得注意：第一，从“领过萧墙”的描述来看，孔循的录问也是在行刑前进行的，这与唐代大中年间确立的程序很接近。第二，发现冤情后，孔循即下令将案件移交州狱审理，而非奏报皇帝，这与唐代的规定出现了很大不同，已更为接近宋制。通过上述分析能够看到，虽然唐末五代时的翻异别勘制度还较为初步，但基本的要素都已齐备，为宋代相关制度进一步完善奠定了基础。

[1] 《宋刑统》卷29《断狱律》，第544—545页。

[2] 桂万荣：《棠阴比事》《孔察代盗》，文渊阁四库全书本。《折狱龟鉴》卷2也载：“后唐孔循，以邦计贰职，权领夷门军府事，长垣县有四盗巨富，及败，而捕系者乃四贫民也。盖都虞候者郭从韬之僚壻，与推吏狱典同谋，锻成此狱。法当弃市，循亲虑之，囚无一言，领过萧墙而乃屡顾。因召问之，云：适以狱吏高其枷尾，故不得言。请退左右，细述其事。即令移于州狱，俾郡主簿鞫之。受赂者数十人，与四盗俱伏法，四贫民获雪，此盖和𫷷所闻五代时事。”郑克：《折狱龟鉴》卷2《释冤下》，文渊阁四库全书本。

（三）宋代的“停决别推”制度及其确立

宋初继续沿用唐后期至五代形成的翻异别勘制度，太祖建隆二年九月，诏：

若引问检法雪活，不在叙劳之限，自后凡雪活者，须元推勘官枉死已结案，除知州系书官驳正本职不为雪活外，若检法官或转运但他司经历官举驳别勘，因此驳议从死得生，即理为雪活。若从初止作疑似不指事状，或因罪人翻异别勘雪活者，即覆推官理为雪活，仍勘元推官一案断遣。[1]

如果因为翻异别勘而洗刷冤情活人性命的，覆审官员可以得到酬奖。唐末五代时期的翻异别勘制度中，都有提及对原审官员的惩罚措施，但对于发现冤情、雪活罪犯的覆审官员却并无褒奖。自宋代开始，一方面延续对原审官员的惩罚措施，另一方面则逐渐建构起对于覆审官员的褒奖机制。太宗时，继续在司法审判中贯彻这一制度，《文献通考》载：“淳化三年，令诸州决死刑有号呼不伏及亲属称冤者，即以白长吏，移司推鞫。”[2] 因为并未在次数上作出限制，太宗时罪犯翻异情况普遍，带来了很多问题。[3] 此后恢复了唐代长庆元年敕中所确定的三推制度。真宗时，翻异别勘制度又有了进一步完善，大中祥符二年，要求覆审时必须挑选不影响案件公正审理的官员：

光化军民曹兴为盗，将刑称冤，军遣县尉覆按。刑部言尉本捕盗，复令鞫案，虑其避收逮平民之罪，或致枉滥。乃诏：“自今大辟案具，临刑称冤者，并委不

[1] 《宋会要辑稿》刑法四之九三，第 8500 页。

[2] 《文献通考》卷 166《刑考五》，第 4979 页。

[3] 如《宋会要辑稿》载，淳化四年十一月十五日，知制诰柴成务言：“应差官勘事，及诸州推鞫罪人，案成，差官录问，其大辟罪别差职员监决。如录问翻变或监决称冤，即别差官推勘。此诚重刑之至，然臣详酌滋长弊倖，且人之犯罪至重者死，数有翻变，或遇赦免，则奸计得成。纵不遇恩，止是一死。近见蓬州贾克明为杀人前后禁系一年半，七次勘鞫，皆伏本罪，录问翻变。赖陛下英明，经赦不放，差转运副使蒋坚白、提点使臣董循再同推勘，方得处断。其如干连证逮，州县追禁，此又何辜？欲望今后朝廷、转运司、州府差官勘鞫，如伏罪分明，录问翻变，轻者委本州处别勘，重者转运司邻州遣官鞫勘。如三经推勘，伏罪如初，款辨分明，录问翻变，监决称冤者，并依法处断。”《宋会要辑稿》刑法三之五一，第 8419—8420 页。

干碍官覆推之。如阙官，即白转运、按点刑狱使者，就邻州遣官按之。”[1]

大中祥符九年，要求翻异罪犯须移送无关监狱禁系，诏：“大辟罪临刑声冤者，并送不干碍刑狱留禁。具马递申转运、提点刑狱就州选官复勘。”[2]《天圣令·狱官令》宋8条中的“停决别推”，正是这一时期翻异别勘制度的体现。囚犯喊冤即可启动，及不需奏报皇帝另行审理这两个特征，是宋代翻异别勘制度在唐、五代制度基础上逐渐形成的。在此之后，翻异别勘制度又不断完善，仁宗景祐四年诏：“诸州勘大辟罪人，结成公案，聚听录问，或罪人翻变，骨肉申冤，本处移司差无干系官吏推勘，或再翻变，即申转运、提刑司差官推勘。”[3]将大辟案件录问翻异的处理分为两种：初次翻异的由原审机构另选官员重审，再次翻异的则申报转运司、提刑司选官重审。从臣僚的奏折来看，至迟在元丰时，有关翻异别勘的规定已经载入令典：

元丰令，诸录囚以始末案状照对，事无可疑，乃读示所承审取伏状。即罪人翻异若家属称冤，申所属为速换推。又决大辟于市，遣他官与掌狱官同监，量差人防护，仍先给酒食，听亲戚辞诀，示以犯状，不得掩塞其口，及令人众奔噪。并以未、申二时行决，经宿乃许收瘗。又诸州大辟囚，或官员已结正而翻异，或其家属称冤者，并马递申提点刑狱司审察。朝廷矜悼愚民自陷刑辟，必不得已而后决，求所以生之之意，亦可谓尽矣。[4]

哲宗元符时，正式将是否经过录问作为决定由原审机构“换推”，还是由提

[1] 《续资治通鉴长编》卷72，第1626页。《宋会要辑稿》载，大中祥符二年七月二十九日，诏：“大辟罪人案牍已具，临刑而诉冤者，并令不干碍明干官吏覆推。如本州官皆碍，则委转运、提点刑狱司就近差官。”时光化军断曹兴，将刑称冤，复命县尉鞫治。刑部上言：“县尉是元捕盗官，事正干碍，望颁制以防枉滥故也。”《宋会要辑稿》刑法三之五五，第8422页。

[2] 《宋会要辑稿》刑法三之五八，第8424页。

[3] 《宋会要辑稿》刑法三之六二，第8426页。

[4] 《续资治通鉴长编》卷376，第9118—9119页。

点刑狱司“审察”的依据。[1] 南宋时，翻异别勘制度进一步完善，相关制度设计更为规范。对此，徐道邻先生的著述中有着详细梳理，这里不再赘述。对于《庆元条法事类》中涉及的翻异别勘制度规定，徐先生虽有涉及但未予展开。下文将着重对此加以分析，尝试阐释从北宋到南宋翻异别勘制度在法典中的变化。通过细致比勘，本文认为南宋时的变化主要体现在以下几点。

第一，适用的时间提前。在案件审理阶段，上级如果认为存在冤抑，或者罪人诉冤，便可以移推。《庆元条法事类》卷七一职制令载：“诸监司巡按，遇诸州州院、司理院并县禁罪人及品官、命妇公事各徒以上者，虽非本司事，听审问。若情涉疑虑，或罪人声冤，或官司挟情出入而应移推者。牒所属监司行，若承报不行，或虽行而不当者，具事因奏。”[2] 但必须是冤抑不公的情况下才能提前移推，通常须待州县审理完结。[3]

第二，继续规范别勘的程序，明确允许及不需移推的情形。翻异别勘制度的本意是充分保障罪犯的权益，避免审判不公导致冤屈，但不少罪犯也会利用这一漏洞争取时间，以期会赦得以减免。因此，南宋时对翻异的情形作了区分，以保证别勘制度得到有效实施。《庆元条法事类》卷一六：

诸大礼御劄已到而犯强盗、持仗、窃盗、强奸、谋杀人、殴人折伤以上（谋杀、折伤，谓至死应为正犯者。）各罪至徒。官吏犯入己赃。急脚、马递铺兵

---

[1] 《续资治通鉴长编》载，哲宗元符元年，尚书省言：“大理寺修立到，大辟或品官犯罪已结案，未录问，而罪人翻异，或其家属称冤者，听移司别推。若已录问而翻异称冤者，仍马递申提刑司审察。若事不可委本州者，差官别推。”《续资治通鉴长编》卷 499，第 11873 页。有学者认为原审机构重审称“移推”，上级选官重审称“别勘”，实际上二者意思差别不大，如上述史料中二者都被称为“别推”。在《宋会要辑稿》对同一事件的记载中，二者都被称为“别勘”：“大理寺修立到：大辟或品官犯罪已结案未录问而罪人翻异，或其家属称冤者，听移司别勘。若已录问而翻异称冤者，申提刑司审察。事有不可委本州者，差官别勘。”《宋会要辑稿》刑法三之六八，第 8430 页。

[2] 《庆元条法事类》卷 7《监司巡历 · 职制令》，第 118 页。

[3] “诸勘鞫公事，妄作缘故陈乞移推，及州县未结绝，非冤抑不公，而监司辄移者，各杖八十。”《庆元条法事类》卷 73《移囚 · 断狱敕》，第 760 页。“绍熙三年闰二月十九日敕：诸路监司，应所部州县之狱，若非冤抑不公，不得于未结断前移勘。知州县官委有私曲，即行按治。其监司信凭偏辞，不俟结断无故移狱者，许令州郡执奏。”《庆元条法事类》卷 73《移囚 · 随敕申明》，第 761 页。

级、曹司盗匿、弃毁、私坼递角或将带逃亡。官司故稽缓刑狱公事。命官亡身，送还人（丁忧不解官，所差送丧柩人同。）擅自归或逃亡。及部辖职员、将校、节级并为首率众者，各不以大礼赦原减。其故出入人徒以上罪，或容庇罪人拖延及妄为疏驳会问不圆公案，致会大礼赦者，（谓不妨结案或检断而故为方便者。）官司及罪人各准此。即罪人故不承伏若翻异，（家属称冤同。）或故自毁伤及诈称疮、病、产孕、老幼有荫告身在远，或虚称更曾别作过犯，官司信凭会问，各妨结断而致会大礼赦者，（虽赦前已承，但断决不及皆是。）亦不得原减。若因驳问翻异而改断从轻，或刑名不移而罪名改轻若刑名虽加而当叙遗阙从轻，（谓如赃罪改从私罪，或私罪杖改从公罪徒之类。）或干连未经取勘及不曾翻异之人，自从会赦法。[1]

如果是罪人故意不承认审判结果而翻异的情况，不得依照会赦法原减，而如果是被官府驳问而翻异，且确实改判从轻，证明翻异却有实据的，则可以适用会赦法。南宋孝宗时，对于翻异后重新审理的次数进一步放宽，由三推改为五推，这导致审判效率十分低下。为防止不必要案件多次翻异占用司法资源、提高司法成本，对于翻异后不妨碍从重判决、不涉及财产交割之类的案件，则允许不予移推。[2]

应该申报提刑司别推，而擅自移交属县审理的也要受到惩罚。[3] 此外，对于翻异所供词状也更为重视，绍熙时要求将翻辞备录后申报刑部，《庆元条法事类》卷七三，绍熙三年七月十二日，尚书省批下刑部申："乞遍牒诸路监司州军，应有翻异公事，仰所属将翻辞子细备录，缴连申部。"[4] 而且从相关令文来看，至迟

---

[1] 《庆元条法事类》卷 16《赦降 · 断狱敕》，第 338—339 页。

[2] 《庆元条法事类》卷 73《移囚 · 随敕申明》："淳熙六年十月十五日，尚书省批下敕令所申濠州申明：今后翻异公事，令当职官子细照应，所翻情节实碍重罪，即依条移司别推外，若所称冤翻异一项不碍从重论决，或非应令离正理给财产之类者，即依重罪大情已明，二罪以上俱发以重者论，等者从一，不须移推决遣。刑部、大理寺看详：除命官犯公罪重、私罪轻及公私罪重、赃罪轻，若所翻虽系赃私轻罪，亦合移司别推外，余依本州所申。本所审详，刑部看详前项事理已得允当，申省。后批：依敕令所审详到事理施行。"第 761 页。

[3] "诸罪人翻异或家属称冤，应申提点刑狱司差官别推，而辄移属县者，徒二年，若无出入，减三等。"《庆元条法事类》卷 73《移囚 · 断狱敕》，第 760 页。

[4] 《庆元条法事类》卷 73《移囚 · 随敕申明》，第 761 页。

在庆元时，州府已经具有移推的权限：“诸县公事理断不当，州取案审详应别推者，不得却送本县。”[1]

第三，注重对驳正犯罪官吏的褒奖和酬赏，提高官吏的积极性。《庆元条法事类》中有不少赏令与此相关，如《庆元条法事类》卷七三：“诸入人死罪，（谓已结案者。余条推正、驳正死罪准此。）所举驳者，元不议大情而官吏别推能推正，或定夺能驳正者，推、定者准非当职官及吏人驳正格。即举驳入人死罪，虽议大情而止作疑似，或因疑似举驳及翻异称冤而推正、驳正者，各二人理一名。止一名者，命官免试，吏人指射优轻差遣一次。”[2]因为罪犯翻异称冤而重审后予以纠正的，虽然不如“元不议大情而官吏别推能推正，或定夺能驳正”情况下受到的奖赏高，但仍可以通过“二人理一名”的方式来获得优待。能纠正徒、流罪犯的也可以比照死罪受赏：“诸入人徒、流罪或配已结案，（谓将杖以下及无罪或不核配人，作徒、流配罪勘结者。）而录问官吏（元勘当职官非。下文准此。）能驳正或因别推而能推正者，各累及七人比大辟一名计数推赏。”[3]

在程序方面，纠正死罪应当受赏的，须将不当官吏的伏罪状附上：“诸推正、驳正入人死罪，准格应赏者，（推正县解杖、笞及无罪人为死罪者同。）不当官吏虽该原免勿论，仍取伏罪状入案。（推、驳正徒、流罪应赏者，准此。）失于取者，不在赏例。若官司不为施行者，听百日内自陈。（推正县解罪人，当曾于案后收坐，而本州不为施行者，准此。）”[4]应该从朝廷获得酬赏的，须保明申报吏部：“诸推正、驳正死罪，（推正县解杖、笞及无罪人作死罪者同。）应从朝廷推赏者，缴录白案，保明申尚书吏部。”[5]《庆元条法事类》中的赏式里载有具体格式，如《保明推正驳正入人死罪酬赏状》《保明推正县解死罪酬赏状》等。[6]

---

[1] 《庆元条法事类》卷 8《定夺体量·断狱令》，第 144 页。

[2] 《庆元条法事类》卷 73《推驳·赏令》，第 756 页。

[3] 《庆元条法事类》卷 73《推驳·赏令》，第 756—757 页。这是政和时便已确立下来的规定，《宋史》卷 201《刑法志三》：“政和三年，臣僚言：‘远方官吏，文法既疏，刑罚失中，不能无冤。愿委耳目之官，季一分录所部囚禁，遇有冤抑，先释而后以闻。岁终较所释多寡，为之殿最。其徼功故出有罪者，论如法。’诏令刑部立法：诸入人徒、流之罪已结案，而录问官吏能驳正，或因事而能推正者，累及七人，比大辟一名推赏。”第 5024 页。

[4] 《庆元条法事类》卷 73《推驳·赏令》，第 757 页。

[5] 《庆元条法事类》卷 73《推驳·赏令》，第 757 页。

[6] 《庆元条法事类》卷 73《推驳·赏令》，第 758—759 页。

第四，加强对推鞫、驳正不当及违法移推官员的处罚。上引唐及五代敕文中都有提及对初审官吏的惩罚，但内容较为简单。到南宋时，这方面的规定更为详尽，对具体情形区分得更为细致，处罚措施也更为合理。之前负责审理及录问的官员存在不当的，将与该案一并处理。[1] 又如置司鞫狱的情况，一断狱敕载："诸置司鞫狱不当，案有当驳之情而录问官司不能驳正，致罪有出入者，减推司罪一等。即审问（非置司同。）或本州录问者，减推司罪三等。（当职官签书狱案者，与出入罪徒一重。）"[2] 另一方面，如果举驳不当者，亦应受罚："诸官司举驳入人死罪不当者，杖一百。"[3]

五、结语

宋代的死刑奏报制度与唐代差别较大，唐令中规定的、体现唐初法制的决前覆奏制度，在唐后期至五代的分裂、战乱冲击下大为缩水，取而代之的是以刑部为主导的决后覆核制度，《天圣令·狱官令》中的相关令文印证了传世文献中的记载。但这并不意味着宋代轻视民命，而是多种因素相互影响下的产物。一方面，相较于唐代更为强调中央司法机构及皇帝在死刑覆核中的作用，宋代则较为信赖以州、路为代表的地方司法机构所扮演的角色。另一方面，宋代在案件审理、监督等环节的制度设计更为严密，人员配置也更为齐全。

从上文对唐宋之际死刑奏报制度的讨论能够发现，宋令与宋代司法制度体现出浓厚的慎刑思想，充满了人性关怀，且在案件处理中注意地方司法机构作用的发挥。由唐至宋，司法令文与司法制度既有传承延续，也有创新发展。且随着时间推移，后者逐渐成为主流，塑造了宋代法制的基本面貌。而文本与制度演变背后，有着更深层次的社会因素在发挥作用，唐宋之际的社会变迁对宋令与宋代司法制度产生了深刻影响。

---

[1] 如《庆元条法事类》卷73："诸鞠狱，若前推及录问官吏有不当者，一案推结（入死罪者，检断、签书官吏准此）。入流以下罪而已替移事故，即将犯人先次结断，其不当官吏并于案后收坐，虽遇恩，亦取伏辩（签书官吏遇恩，依去官法）。即大情已正而小节不圆，或虽有不同而刑名决罚不异者，并免。"《庆元条法事类》卷73《出入罪·断狱令》，第754页。

[2]《庆元条法事类》卷73《推驳·断狱敕》，第756页。

[3]《庆元条法事类》卷73《推驳·断狱敕》，第756页。

时过境迁：从《吴兴金石记》中的《胡文昭公墓据碑》说开去

张小也*

清人陆心源的《吴兴金石记》中收录了湖州当时尚存的元代“胡文昭公墓据碑”，并加按语。据陆按，此碑形制如下：连额高四尺九寸，广二尺五寸五分，在安定书院上层，五十行，行七十四字，下层四十六行，行十九字，正书额题“安定文昭胡公墓据之碑”，篆书五行，行二字，下题“湖州路安定书院田土钱粮碑记”十三字，平列安定墓道。[1]

细绎碑文，其中记载了湖州安定书院的儒生与何山寺的僧人争夺宋代大儒胡瑗的坟地道路，最后得到了官府支持的过程。正如其额所题，这块碑实际上是一个产权证明，如陆心源所说，“此其公据也”。

胡瑗，字翼之，泰州海陵人，因祖籍安定，流寓陵州，所以“人称之为安定先生”。[2]“以经术教授吴中”，因通晓音律得到范仲淹的赏识，辟丹州推官，后以保宁节度推官任湖州教授。[3]据嘉泰《吴兴志》，宋宝元二年，知州事滕宗谅上表请于朝，建立州学，第二年即康定元年四月，敕书赐名州学，并赐学田，六月州学建成，延请胡瑗主持，“四方之士云集受业”。[4]胡瑗对学生指导有方，章法俱备，庆历中，在范仲淹的主持下，朝廷在各地方兴太学，亦是取法湖州州学也就是胡瑗的教法“着为令”。[5]

---

* 张小也，深圳大学人文学院教授。

[1] （清）陆心源《吴兴金石记》卷 14，清光绪刻潜园总集本。

[2] （清）黄宗羲《宋元学案》卷 1，安定学案表，清道光刻本。

[3] （元）脱脱《宋史》卷 432，清乾隆武英殿刻本。

[4] （宋）谈钥（嘉泰）《吴兴志》卷 11，民国吴兴丛书本。

[5] （元）脱脱《宋史》卷 432，清乾隆武英殿刻本。

胡瑗死后，葬在湖州何山之麓，万历《湖州府志》记载，“县南三十里宋有天章阁待制安定先生胡瑗墓”，下面小字注“何山”。[1]

据万历《湖州府志》，宋淳佑五年，县令蔡节建安定书院，院址在府治西北。元至元二十年，知府许师可重修并加以扩展。元统三年，山长张蔚再次重修，后年久倾圮。[2] 雍正《浙江通志》则依据《归安县志》中的记载，指出安定书院的始建者是孙觉，“宋胡瑗教授湖州，熙宁五年，郡守孙觉请建安定书院”。[3] 这一点看起来特别顺理成章，是因为《宋元学案》中孙觉属于安定一派，与胡瑗有师承关系。

万历《湖州府志》在记载胡瑗墓址的同时，还顺便揭露了一个事件，“元至元中，墓为何山广化寺所侵，踣其碑，总管郝鉴掊得所踣碑，复其墓。[4] 这一事件在《胡文昭公墓据碑》中有极为详细的记载。[5]

胡瑗之墓由安定书院的儒生春秋致祭洒扫，入元亦不变。但是，至元二十二年，何山寺（即广化寺）僧倚恃掌管佛教的“总统所”杨总统的势力，“平其墓垣，斫其坟内树木，毁拆屋宇，围塞行路，倒墙碎碑，撤去神像”。书院申诉至总府、本道提刑按察司、江浙等处行中书省，行下本路约会总统所审理，确认“元系胡安定公坟山田地，书堂秀才物业，被告僧别无堪信文凭”，判归儒生依旧管业。

虽然有此判断，寺僧欺儒生懦弱，“百十成群，阻遏不容致祭”，因此书院连年陈诉不绝。延佑二年，经理田粮的书院山长严与敬、直学潘观德具由申覆提调学校官郝总管（鉴），委归安县尹李承直约会乌程县尹，与山长严与敬、书院耆儒，唤集本处耆老看山人等，与何山寺住持佑长老、耆旧僧人一同询问勘察，再次确认胡瑗坟墓旧基明白，但是僧众耆旧恃强仍不归还。延佑二年

[1] （明）栗祁：《湖州府志》卷 4，陵庙，明万历刻本。

[2] （明）栗祁：《湖州府志》卷 12，明万历刻本。

[3] （清）嵇曾筠：《浙江通志》卷 220，清文渊阁四库全书本。

[4] （明）栗祁：《湖州府志》卷 4，陵庙，明万历刻本。

[5] 利用《胡文昭公墓据碑》研究安定书院与广化寺之争的成果已有莫璟辉：《湖州广化寺遗址：元明儒释消长的一个例证——湖州广化寺与胡瑗墓（安定书院）争端考》，载《湖州师范学院学报》2013 年第 1 期。沈伕琼：《元代江南寺院侵占儒学田产现象探析——以胡文昭公墓据碑为中心》，载《史学集刊》2017 年第 1 期。

十一月初四日，本路总管亲诣何山寺，以理劝谕，住持佑长老与耆旧僧众答应书院于坟冢周围用砖石迭砌墙垣，仍于坟南溪水边一直往来行路，春秋祭祀，并自愿给与文状。但是此后不久，因所垒墙垣被雨冲坏，儒生自备口粮，雇人搬运砖石修理，何山寺僧再次聚众拦截，抢夺所挑砖石，令儒生难以修理，无法致祭。儒生申状于乌程县，乌程县勉谕何山寺听从书院儒生于坟所往来，春秋祭祀，但仍未能彻底解决问题。泰定四年四月初六日，安定书院奉祠陈寿孙呈状，指前述何山寺僧不行归还道路之事，已有乌程县之结论，但僧人又将筑好之界址土墙毁坏，侵占坟墙。乌程县委自县尹于承德实地勘察，将胡瑗所葬坟墓四边原有田地以及以往建筑之墙垣、神道、门楼、书堂遭到侵占情形，逐一追究明白，拟定保结，彩画图本，何山寺僧只得表示“情愿将胡安定公坟南踏道下一直往来旧有门路复还安定书院为主，任从诸儒往来祭祀，于行路北建置大门，以后本寺并不敢侵占上项坟路尺寸，阻碍经行”，也要求安定书院“自复还门路之后，亦不得侵占本寺其余山园地段，起屋筑墙”，如此则愿意拦和息词。

泰定四年九月初七日，安定书院与何山寺会请天宁等寺诸山住持等到府，经当堂审问，“会议得胡安定先生系前代名贤，有功教化，南渡前葬于何楷书堂之右，于本寺元不相妨，既有墓冢，必须复还门道坟路，以通往来，除胡安定公所有见存坟禁砖砌享亭基址起盖享亭外，今次何山寺将胡安定公坟南踏道下元于行路上一直往来到坟旧有门路，两相情愿，复还安定书院为主，任从诸儒往来祭祀”。比前几次有所进展的是规定了这条道路的具体长度、宽度以及墓园大门的位置，“其路横阔计壹丈伍尺小尺，一直自坟南踏道下至外门行路，计柒拾丈小尺，于官有行路北建置大门”，两下和议定彩画图本，并立和议合同文字，僧寺书院各收壹本，“以为永远照用”。

至此，双方的争执已经历时四十余年，其彩画图本及协定道路界限之合同，除由乌程县呈告总府、本道肃政廉访司分司、江浙等处行中书省之外，另由书院立碑镌勒，并出给公据付书院永远为业，务使生员“恪奉祭祀，毋致废弛”，山长“得代相沿，交割施行”。

泰定年间结案之后，书院并未马上立碑，到了至顺四年，有□府史王元珪掌文案，“虑斯文将来或至湮没”，与当时的山长江文龙及本院直学赵遇商定，请命于□提调官总管宰奴丁、嘉议□经历韩惟德承务，[1]刻石以图久远，并以至元以来相关榜文及宋咸淳年间所出证明附载于后，以为考据之证。其中包括：

宋淳佑五年安吉州给到印信砧基壹册，该载侍讲安定文昭胡公坟茔坐落乌程县三碑乡何山，有表思堂叁间，轩屋叁间，两庑肆间，更衣亭叁间，石砌方池畔书堂叁间，自坟城外取中打量东至何山寺贴屋墙直上山顶，计壹拾伍丈，西至官路直上山顶，计壹拾柒丈肆尺，南至官路计叁拾丈，北至山峰顶，计肆拾贰丈，缝印全。给付奉祠陈应甫贡元收执。今陈寿孙收执。

宋咸淳八年正月二十五日，奉御宝批尚书省札付转运司出给印信榜文壹道，禁戢何山寺僧人等毋得侵占安定文昭胡公坟茔山地樵采作践等事，转运司吴判官押榜文壹道，缝印全。

至元十三年十一月，宣授管军万户行安抚司知湖州事奉伯颜丞相钧旨，给付安定胡公坟所张挂禁治诸色军民人等毋得行侵占搔扰榜文壹道，缝印全。

至元二十九年二月十一日，奉到江浙等处行中书省札付该合将胡安定先生坟墓山地书堂房屋归还秀才依旧管业札付壹纸。

延佑三年七月总管府禁治诸人毋得侵夺搅扰胡公坟茔榜文壹道，缝印全。

延佑三年十一月，本路为何山寺复还胡公坟墓本路中奉江浙等处行中书省札付该为安定先生前朝大贤坟墓所在，理合尊崇，委自本路正官常切用心点视，更为出榜，依上严加禁治，毋致似前搅扰，总管府出给榜文壹道，缝印全。

此碑中记载的纠纷反映了元代僧人对于儒生的欺凌，这在当时也是普遍存在的现象，并不新鲜。陆心源提出的问题是，“然安定非无后人，胡氏不讼，而讼者反为书院诸生陈寿孙等。官给公据不给胡氏子孙，反给书院儒生陈寿孙，皆不可解”。也就是说，前述证明产权的文书（碑中称“文凭”）均由书院奉祠收执，出面争讼的也是儒生，而不是他理所当然以为的胡氏后人。另外，陆心源录碑时，儒生的祭祀似乎已经中断，胡瑗的墓也已经破败不堪。“据碑，安定坟茔元时尚有表思堂三间，轩屋三间，两庑四间，更衣亭三间，石砌方池畔书

[1] 陆心源录碑时已有缺文。

堂三间，今则片瓦无存，儒士亦不闻有祭扫之事，可悔也”。[1]

宋元时期，胡瑗的墓由儒生负责祭祀洒扫，儒生对墓地的权利有砧基簿为凭，所以受到僧人侵扰时，出面争讼的是儒生。这样的状态为数百年后清代的陆心源所不解，背后是一个深刻的历史变化过程。

关于这个变化过程，很多学者都从不同的角度进行过研究，其中核心内容是宗族伦理的变化导致宗族势力的壮大。例如科大卫的相关研究，展示了庶民宗族是如何以官祠为依托发展起来的。对于先贤的祭祀，礼制上本是官府之公事，明代以后很多都逐渐转移为“后裔”之私事，并进一步成为宗族的生长点。[2]又如郑振满的相关研究，揭示了百姓对祖先的祭祀如何从依附寺庙到建立祠堂的过程。[3]唐宋时期，由于礼制的限制，人不能祭祀多代祖先，或由于其他原因无法维持祭祀，多交由寺庙进行，因此也会舍田舍屋给寺庙作为祭田支应相关的使费。宋代以后，特别是明中后期以后，由于宗法伦理庶民化，随着祠堂族产的普遍设立，此举已经逐渐没有必要。

从《浙江通志》中梳理出来的胡瑗墓祭的变迁，也可以看到祭祀权从书院转到所谓“胡瑗后代”手中的过程：

宋天章阁待制胡瑗墓，《明一统志》在何山。万历《湖州府志》：元至元中，墓为广化寺所侵，踣其碑，总管郝鉴掘得所踣碑，复其墓。洪武中知县孙成复加封树，成化中知府岳璇劳钺累加修建，嘉靖四年知府冯曾增置墓田。《西吴里语》：其子（当指冯曾之子）杭州察推志康亦葬于旁。后有小字：传详“名宦”。

牟应龙《湖州路总管郝侯祠记》：安定先生葬于湖州何山，至元间墓地忽为邻僧所夺，毁其瓦，伐其树，碎其碑，以绝省扫之路。郝侯始至，慨然曰：“守土之职，风化是先，先贤之墓未复，事有大于此乎？”会经界法行，有土者皆得自实，侯躬率属官往谕以理。僧知墓非寺地，始归之。遂命甃其茔域，缭以垣墉，揆日之吉，偕同僚暨诸生行释菜礼，廉访佥事萨勒迪默色书“安定文昭公之墓”八字刻石，置之冢上。侯名鉴，字子明，卢龙人。

[1] （清）陆心源：《吴兴金石记》卷14，清光绪刻潜园总集本。

[2] 科大卫：《祠堂与家庙：从宋末到明中叶宗族礼仪的演变》，载《历史人类学学刊》第1卷第2期。

[3] 郑振满：《莆田平原的宗族与宗教——福建兴化府历代碑铭解析》，载《历史人类学学刊》第4卷第1期。

张羽《复墓序》：洪武间遣吏度民田，僧乘计帐未定，复诡墓为寺地，四明孙侯成知县事始发其隐，复加封树，前建亭堂三间以祀神，旁为屋三间以栖守者。上其事于朝，诏下复宋元故事秩祀，着为令。

湛若水《胡安定先生墓田记》：嘉靖四年，太守冯君曾始莅湖郡，乃考图志，誓于里正曰，其墓在何山麓者，其守墓之田若干亩，在某里某里者，其悉以白余，尔所不白，则有恒罚。于是胡氏之裔孙联芳者以墓田见侵之状白于府，府尽得其状，田尽复而墓可守，中丞陈公凤梧至郡，躬谒其墓，视亭堂之圮坏，命新之，乃并重封其墓而增祀焉。

笔者以为，这个过程中有一个重要的变化及两个关键词。

一个重要的变化当然是祭祀主体从安定书院变成了所谓胡氏之裔孙。总的来说，随着宗族形式的普遍发展和实体化，人们或从寺庙夺回祭祀产，或将官府、书院等机构无力无暇顾及的祭祀承担起来的情况，胡瑗坟墓祭祀主体的变化大约就属于后面这一种。当然，如我们已知的，明中期以后建立起来的宗族，与其“祖先”的祭祀关系均不是严格的宗法意义上的，甚至没有血缘关系作为前提，所谓“后人”很多都是附会的。

两个关键词则是“度田”和“自实”。自南宋行经界法之后，地籍逐渐独立出来。出于对赋役的需求，统治者比前代更需要丈量土地以求得实数，但出于成本考虑，实际上通常都采取令百姓自己申报的方式。这种方式在一定程度上给产权的转移提供了机会，在改朝换代的过程中，官府册籍被焚是常见之事，出头承差占地的人未必是从前的业主。不仅如此，即便是承平时期，国家在地籍方面提供清晰证据的能力也是有限的。有很多学者都曾探讨过明清时期各地是否曾经真正进行过土地丈量，鱼鳞册是否真正是土地情况的登记。其实，就算丈量是真实的，登记是准确的，随着赋役的定额化，距离实际情况也越来越远了。在上述《浙江通志》的几段文字中，可以很清晰地看到几次“度田”“自实”对于胡瑗坟墓祭祀主体所起到的作用。当然，单纯的“度田”和“自实”并不能起到这样的作用，其背后还是社会结构与社会观念的支撑。[1]

[1] 指明清时期土地权利的证明越来越不依据官府登记，而是依靠民间习惯与民间秩序，笔者在以往研究中有具体展示，这里不再赘述。

在祭产由寺庙书院等主体控制逐渐转移为由宗族控制的过程中，不同的主体之间产生了种种摩擦。我们在明清案牍中看到有关坟山的纠纷，很多都有这样一个深刻的历史背景。这里仅举一例，以供分析，即“义乌县徐汝栋、楼有书争山”一案。[1]

金华府义乌县生员徐汝栋与监生楼有书争控坟山，徐汝栋称“始祖徐侨系宋时名宦，谥为文清，墓在五云寺侧，塑其像于寺中，供奉已久”。雍正十一年二月间，监生楼有书向僧人远映契买寺旁之山五分，葬其父坟，徐汝栋等即以此山为始祖徐侨钦赐祭产具控。当时的黄县令审断楼有书起迁父坟，有书不服，赴金华府呈控，批县查报。署理宋县令先后详覆，该府饬令查勘，经继任程县令于乾隆元年十一月初二日前往勘讯。然而徐汝栋与楼有书各自聚集生监多人，拥挤阻拦，其事上闻，奉批饬审。经该府县彻查，所谓赐产，并无确凭据。而粮册所载徐姓迁管业山止一亩，地止七分六厘，其余皆系寺产。其呈验历任禁示印册碑文，乃系前任据请给发。甚至县志中所载碑文称有寺产相传为文清公祀产之语，亦未指有确据。而且这一说法仅出现在雍正五年新刻县志之内，此前志书并无记载。至于每年僧人给银办祭之事，只是于康熙五十九年僧人慈修住寺之时才出银一次，之后再未发生。徐墓之旁现在葬有各姓坟冢，而楼有书葬父之山在徐墓半里之外，并不在其禁步之内。综合所有证据，府县判断楼有书所买之山为寺产而非祭产。所买坟山自应听其安葬，其田地山塘照旧归业，永为常寺恒产，嗣后不许寺僧私自盗买。徐侨坟墓及寺中塑像仍令僧人照常看管，永远供奉，不得毁坏疏慢，否则予以查究。徐汝栋呈验之碑示印册等经查并非祀产确据，应饬该县涂销，志书所载相关碑文令删除更正，以杜绝后患。

这个案子与我曾经研究过的泾县瑶培垄一案的情形大体一致，这里不再分析其审理过程，而是着重分析坟墓是如何被用来占据坟山的，承审官员又是如何判断的。因为所引材料是判牍，所以内容均为官员如何驳斥他们认为是荒诞不经的证据，所谓“批谎”，但是，从研究的角度看，这些荒诞不经的证据正是民间用来建构自己产权合法性的文化资源。

其一，据徐汝栋的说法，其远祖名侨，宋淳熙年间进士，历官至宝谟阁待制，

[1]（清）袁学谟：《居易堂浙中新集》卷4，清乾隆刻本。

致仕，谥曰文清，墓在五云山智度寺后，寺中有其塑像，徐汝栋因此指其为坟寺。而县官则认为，这或是因为五云寺距离墓地很近，或是因为五云寺为徐侨生前经常游览之地，寺中因此为他塑像，种种情况，已不可知。再查智度寺建于唐大顺二年，原名卧云寺，吴越时期，钱元懿（钱镠之子）为之建殿，改曰五云寺，宋祥符年间朝廷赐额。县官认为，智度寺地位尊崇，时代久远，因此未必因徐侨之墓而有田，也就是说它未必是徐侨之坟寺，或得到过其后人资助的田地。[1]

其二，除了指五云寺为始祖徐侨之坟寺之外，徐汝栋还指称楼有书所买寺山为徐侨钦赐祭田，但是“查其祭田确据，止有顺治十三年、康熙三十七年、五十九年、六十一年历任示约碑文数纸而已”。县官于是断定这必不是祭田，理由有四：“查宋室名臣相业则有韩范欧富诸公，理学则有关闽濂洛诸子，政事文章，彪炳宇宙，及其没也，亦未闻特赐祭田。况文清公身后不过赠官易名，即祭葬之典，绝不闻于史册，而反特有祭田之赐乎？此知其必无祭田者一也；及查徐氏家乘，不过载公生卒年月葬地，并未云有祭田，倘使当日仅有祭葬之赐，为之子若孙者方且为之附会粉饰，以传示将来，岂有钦赐祭田之殊典，反不详叙谱中，没君恩而删宠赐乎？此知其必无祭田者二也。且据徐玑供称，文清公原有钦赐田二百六十亩，山三百十六亩等语。夫赐田所以供祭祀，岂赐山以供鬼薪乎？立说荒唐，此知其必无祭田者三也；粤稽《传》云：周制，成王以周公有大勋劳，故特赐之许田为朝宿之地，如皆有焉，尽天下之郊不足为其地矣。宣王以郑伯母弟懿亲，故特赐之祊田为汤沐之邑，如皆有焉，尽太山之旁不足为其邑矣。周家众建诸侯，慎重名器若此，况南渡后，至于理宗时，朝野粗安，疆圉日促，生聚繁而兵民困，度支束手无策，尚有此等闲田滥赐宰执以下之官乎？此知其必无祭田者四也”。县官进一步指出，“必曰遗有祭田，谓之家置可，谓之钦赐则不可”。也就是说，置买是有可能的，但是钦赐则绝不可能，一是因为徐侨并没有那么高的身份地位，二是因为宋代的制度与社会环境均不允许这种情况存在。

其三，作为土地登记的证明，徐汝栋呈上三本鱼鳞册。县官指出，其中一

[1] 潜台词是唐宋时期，有些佛寺没有赐额，往往依附于权贵富豪，为他们提供祭祀祖先的场所，他们则往往舍宅地入佛寺作为祭祀产。

本不知何年所造，记载徐侨之墓系毁字三千九百八十四号地六分二毫，山一亩，其一本系崇正九年所造，记载徐侨之墓系毁字三千九百十五号地七分六厘，山一亩。将两册互相比较，“虽字号因前后丈量之不同，而墓地实仍此区画”。此地东西南北皆系寺山，再查寺僧所送之鱼鳞册，毁字三千九百十四号内开徐希昌分民地一分六厘，民山一亩，次号即列十六，并无十五号田山字号，更可见徐侨所葬三千九百十五号之外，均属寺产。对此，徐汝栋辩称“从前田皆一例，至万历年间始有僧民之分，因祖产交寺管理已久，所以照僧田科粮”等语。而县官不以为然，在县官看来，“殊不知名之所在，实即归焉，当其编入僧田之际，以徐氏族大人多，岂无一孝子慈孙不为祖宗祭祀起见，群向空门力争归业之理？于以知彼时之人心古朴，不敢以无为有，以致贻讥乡党，得罪祖宗，不比今日之机械错出，一切不顾也”。

其四，徐汝栋所呈证据中，有顺治十三年署义乌令朱经历之禁令，内有“谕葬坟茔及钦赐田地山塘”字样，后又称“除田三十亩递办祭品以备春秋生卒奉祀”等语。至康熙三十七年，前任汤令因有陈必田在公坟禁步内盗葬，断令起迁，仍行示禁，则又开始有二百余亩之说。禁令中甚至又称赞徐氏“英豪蔚起，子姓挺生”等语，夤缘攀附之意一望即知。到了康熙五十九年连县令之碑文中，“先则吞吐其词，继则大肆其说，并不稽考志乘，甘为徐氏牵鼻，为所欲为”。康熙六十一年周令之告示，本为僧人逃户，税粮逋欠，“给示住僧，以便安业”。其中提到了“先哲俎豆”四字，亦是因查连令旧案而言，并未明确指为祭田，但是也被徐氏作为寺田即祭田之证据。可见，清代以来，徐氏利用义乌县官员的禁令等官文书一步一步去落实产权的合法性，其中非常关键的一步是，义乌县于雍正五年重修县志时，将前任连县令之碑文编入其中，使得这些说法看起来更具有权威。

需要说明的是，虽然同类判牍中官员的分析看起来一清二楚，但是在现实中做到这样的“批谎”并不是一件容易的事。因为祭田在不同主体之间的转换在历史上是普遍发生之事，民间社会在礼制与赋役制度上的阳奉阴违、趋利避害等做法，既使得外部效应内部化，减少了个体与个体、个体与国家之间的交易成本，同时又使得产权的名义与实际情况分离，且一直在发生变化。更何况如果从历史发展过程来看，徐家的说法也未必没有道理。

例如，县官所不以为然的为了避税而将土地编入僧田一词，实际上，在赋役的重压下，民间为避税而“花分诡寄”，实属寻常。而且，因为明清以后的产权往往是由强大的民间秩序来保证的，即便徐氏真的采取这样的办法，多半也是既不会被夺，也无妨孝心。[1]

当然，这种和谐共生的状态也有破裂的时候，一旦这种民间自发的秩序难以维持，民事纠纷进入诉讼渠道，就开始显示出极为复杂的样貌。可以说，我们在清代材料中所常见的健讼、厌讼、教谕式的审判、调处等现象基本都是在这一背景下的表现，而各类官箴书、判牍中体现的官员的情怀，也是这一背景下的主流话语。总的来说，历史过程中形成的层层叠叠的依附关系，至于清代，已经根深蒂固、错综复杂，具有深刻的文化背景和区域多样性，作为外力的官府难以匡之国法。

最后，让我们看回《胡文昭公墓据碑》，时至清代，宗族组织的存在已经相当普遍，宗法伦理已经深入人心，所以对于祖坟的祭祀和墓田的控制基本上无可争议地掌握在宗族手中，这就是陆心源在看到《胡文昭公墓据碑》中时感到疑惑的原因。通过梳理这个疑惑背后的历史过程，我们感受到了社会的深刻变化，同时也更好地理解了清代民事纠纷的复杂性。

---

[1] 除了避税，还有其他更复杂的情况，例如刘喆研究过的武汉新洲区黄姓宗族。据其族谱记载，清前期时他们已经是族人众多，拥有大量族产，包括南北二濠以及河埠、附池等水利设施。其中南濠因地理位置便利，出产丰富，尤为利薮，也因此遭到相邻众姓的觊觎。雍正四年，万姓族人百余人在族中士绅万雨夫的指使下，强占南濠。黄姓与万姓进行了长达八年的争讼，夺回了南濠。值得思考的是新洲黄姓在胜诉之后处置涉讼族产的办法：“乾隆三年，公（鸣夏公——带领族人与万姓争讼者）颁恩赉赦返。逾年，附近效尤觊觎利泽，公与其族将濠推入化乐寺之中佛殿作香灯赀，并整肃宇像，布置完善，赖濠僧管业，不下续租。公族除帮税外，岁给租金十贯，定例垂久，一举两全。迄今神庙巍峨，祠产饶裕，禾苗有济，案牍弗劳。”为了保住湖产，新洲黄姓把它推入庙中，而宗族以永佃的形式实现实际的占有。这个故事虽然发生在清代，宗族势力已经发展起来，但是其与寺庙之间在产权的名义与实际两个层面达成的和谐共生状态，对于我们理解明清时期土地权利的复杂形式极有启发。参见刘喆：《黄冈地区家庙研究》中新洲黄氏宗族与广化寺的关系，湖北大学2008年博士学位论文。

平衡商业与政治风险：十八、十九世纪重庆的商业诉讼

邱澎生 *

商人经商，难免面临各式各样的风险。以明清商人而论，大概可有外部与内部两类风险："外部风险"可包括旅途遇盗、货船遇风翻覆、胥吏或官员借故勒索钱财、遭逢罢工而面临危害社会治安的指控等等；"内部风险"则主要包括来自商品与原料价格突然大幅度波动、货币与利率的急速贬升、其他商人的毁约欠债甚至有意诈欺、店内经理或伙计卷款潜逃等等。本文所谓的"商业风险"，主要即指前述各种商业经营有关的内部风险；至于所谓"政治风险"，则特别侧重前述外部风险中那些来自胥吏官员勒索、遭逢罢工而可能被控危害社会治安。

本文探讨的主要课题是：明清中国商人打官司，既希望透过司法协助其解决债务纠纷等"商业风险"问题，但却也可能让自己更加处于胥吏或官员勒索的"政治风险"之下；因而，这些明清商人在面临是否提起诉讼的当下，他们究竟如何权衡"商业风险"与"政治风险"的可能两难？笔者将以十八、十九世纪重庆一些商业诉讼为例证，探讨这个课题。

以目前明清经济史研究成果而论，十八、十九世纪之间大概是当时传统中国经济发展由高峰转向衰落的关键时期，而重庆与苏州则是长江商业大干道上、下游的两个商业中心城市。以学界较多研究的苏州为比较之背景，拿重庆商业诉讼来考察当时商业经营面临的经济与政治风险问题，应该有些重要的代表性。

* 邱澎生，上海交通大学人文学院历史系教授。

一、明清商业书的“风险世界”

在讨论十八、十九世纪重庆商业诉讼之前，不妨先看看由别人写给商人，或是商人写给商人、伙计、学徒等人看的“商业书”，来分梳当时商人在面临诉讼时所描绘的风险问题。

吴中孚的《商贾便览》是十八世纪中国十分有价值的一部商业书，在书中收录的《工商切要》章节里，吴中孚整理了一些他当时能够见到既有商业书的相关内容，勸告商人不要随意提出诉讼，以免地方恶棍会借机使用各种手段勒索自己而从中渔利。

有些商业书作者不仅要商人避免兴讼，甚至还劝人少去旁观衙门审案，以免遭受无妄之灾。如《客商一览醒迷》收录《少入公门，毋观囚罪》所提劝诫：

> 凡到司府州县巡检衙门，及水陆途中口岸处所，或见奸妇、贼犯异常之事，切不可挤入人丛，进衙观看。恐问官疑人打点，漏泄机密，关门扑足（引按：“足”应作“捉”）；或强盗受刑不过，妄指在近搪塞。苟遭其害，虽公断自明，亦受惊骇矣。[1]

商业书作者提出警告，这种到市镇法庭观看审理“奸妇、贼犯异常之事”的行径，其实颇具风险，一方面是有些“强盗受刑不过”，可能便胡乱指认旁观民众中的外地人；另一方面则是因为有些法官心理颇为奇特，喜欢猜测犯罪嫌疑人的“同党”也已偷偷“挤入人丛”到法庭现场观看审理本案。但无论原因为何，一旦这类法官“关门扑捉”，则人生地不熟的外来客商，就算不是一并受刑，也

---

[1] （明）李留德：《客商一览醒迷》，第 326 页。此段文字几乎全同于稍早出版《士商类要》收录的《买卖机关》内［参见（明）程春宇：《士商类要》，第 364 页］，两者应属同源；看来十六世纪编成的《买卖机关》应是不少商业书作者喜欢引用的文本。有学者曾将《商贾便览》收录《江湖必读》原书与萧廷祚续增内容，对照乾隆四十七年（1782 年）《江湖尺牍分韵》与咸丰四年（1854 年）刊印《新增酬世群芳杂锦》两书都收录的《买卖机关事宜》，发现彼此内容“有不少相同”，故推测其共同根据原始文本应是《江湖必读》（参见：鞠清远：《校正〈江湖必读〉》，《食货半月刊》5，9（1937.5）：30—42）。但十六世纪《士商类要》已收录《买卖机关》，则先后关系恐宜倒过来推论：《江湖必读》反而应系改编之前成书的《买卖机关》。不过，若推论《江湖必读》与《买卖机关》其实各有来源，也并非全无可能，仍待考订。

至少会多少饱受“惊骇”。

另外，商人在外见到官员，也是商业书作者建议商人应该小心谨慎的对象与情境。如《士商类要》收录《买卖机关》载有一条“是官当敬，凡长宜尊”，[1]《商贾便览》收录萧廷祚续增《江湖必读》也同样收入此条，[2]两者内容雷同。这条内容主要劝告商人见到任何官员时，都应“起立引避”；同时，遇见任何尊长或是“年纪老大”者，则要敬立路旁或由座位起身，应要“谦让恭敬，不可狂妄僭越”。以《买卖机关》的文本为例，这位不知名的商业书作者对“是官当敬”一语做了以下解释：“官无大小，皆受朝廷一命，权可制人，不可因其秩卑，放肆慢侮。苟或触犯，虽不能荣人，亦足以辱人；倘受其叱挞，又将何以洗耻哉！”[3]官威民卑，晚明官吏对商人之可能危害，确是可由《买卖机关》这段劝诫商人“是官当敬”的论说，感到当时商人受到全国各地大小官员威胁的辛酸与无奈。

有学者曾根据《买卖机关》中的“是官当敬，凡长宜尊”类似内容，综合晚明几种商业书的相关内容而做成以下推断：晚明“商人对政府衙门普遍地抱着一种‘敬而远之’的心理”，尽管当时商人“不可能完全不和衙门打交道，但一涉公门便难免有不测不祸”；同时，再配合清初上海碑刻记载一件盐商控告地棍勾结衙役的诉讼史料，盐商苦叹道：“异商之苦，朝不保夕，人人自危”，[4]晚明除了盐商因为较有势力或可在诉讼过程中得到申雪机会，其他“一般商贩在各地受到衙门中人的诬陷和讹诈”，恐怕便很难得到地方官“公断自明”的公平待遇。[5]晚明商人遭受不肖官吏的侵凌与危害，似乎存在于当时不少地方，上述论断应该大体适用明末清初中国不少地方，但下至十八世纪中国是否仍然如此？便不好一概而论。

这里恐怕涉及我们如何看待明清商业书文本的问题，具体而论，针对上述《买卖机关》作者所言：“官无大小，皆受朝廷一命，权可制人，不可因其秩卑，

[1] （明）程春宇：《士商类要》，第364页。

[2] 《商贾便览》：卷1，第14—15页。

[3] （明）程春宇：《士商类要》，第364页。

[4] 上海博物馆图书数据室编：《上海碑刻资料选集》，上海人民出版社1981年版，第458页。

[5] 余英时：《士商互动与儒学转向：明清社会史与思想史之一面相》，收入《近世中国之传统与蜕变：刘广京院士七十五岁祝寿论文集》上册，台北中研院近史所1998年版，第36—37页。

放肆慢侮。苟或触犯，虽不能荣人，亦足以辱人；倘受其叱挞，又将何以洗耻哉！”这段史料究竟应该如何拿捏分寸？我们到底可由“是官当敬，凡长宜尊”这条史料推论到多远？没错，“官尊民卑”的情势，由十六至十八世纪皆然，但是，我们若整体看待商业书的内容，则其劝诫商人应该谨慎“敬畏、尊敬”的对象也不是只有官员，如何在本文前述的谨慎、勤勉商业伦理以及所谓的“不测之祸”心理恐惧感之间，妥善地拿捏分寸，仍是值得深论。可以深论的方向不少，这里只谈两点。

第一点有关史实判定的问题：十六至十八世纪之间，中国的地方司法秩序恐怕发生不少变化，不好只以明末清初时局概括十八世纪清代盛世的官商关系实际。

史料有限，我们当然很难详论全中国，还是只能略述一些例子。基本上，在明清中国官尊民卑的格局下，有商人面对官员时感到易遭“不测之祸”，故而“少入公门”，避免同地方衙门打交道，这样的商人肯定是有；但是，史料中的反例也仍然存在。十五世纪著名学者王士性（1436 年—1494 年）曾游览中国不少地方，他记录了自己当时见到徽州与江西商人偏爱集体打官司的风气：“（休宁、歙县）商贾在外，遇乡里之讼，不啻身尝之，醵金出死力，则又以众帮众，无非亦为己身地也。近江右人出外，亦多效之”，[1] 用“以众帮众”的方式合作打官司，出现在当时已在中国商场逐渐崭露头角的徽州商人身上，恐怕也不好只视为没有太大意义的特例。到了十八世纪，清代中央政府以及不少地方政府，也分别以《大清律例》与几部“省例”，针对商人与牙行间的债务诉讼以及当铺失火应如何分别赔偿损失等案件，在法律上做了不少改革。[2] 我们若再检索现存清代重庆的地方司法档案，则商业诉讼案件更多；同时，这些案件的不少当事人都是一般商人，并非如大盐商之类的官商关系特别良好者。我们不妨看些实际案例。

---

[1] （明）王士性：《广志绎》，收入周振鹤编校：《王士性地理书三种》，上海古籍出版社 1993 年版，卷 2，“两都”部，第 276 页。文中所谓“江右人”即指江西商人。

[2] 邱澎生：《18 世纪中国商业法律中的债负与过失论述》，载《复旦史学集刊》第一辑《古代中国—传统与变迁》，复旦大学出版社 2005 年版，第 211—248 页。

二、十八世纪重庆城的几件商业诉讼

清嘉庆十六年（1811 年）4 月，四川省巴县（今重庆市）有件商业讼案。在本地从事磁器业生意的牙行商人张志德，遭合资出股的同乡刘新盛控告，指刘新盛任意花费店内股本，但双方各执一词，难定是非。经过巴县县令“批饬八省客长算清”之后，张志德败诉，被巴县县令勒令还钱，并且撤销其牙行执照，不准继续经营牙行生意。缠讼一年多，张志德决定上控，嘱咐他的妻子张任氏“奔赴藩宪具控”，也就是由重庆迳赴成都，向四川布政司呈上此件商业诉讼的控词，诉说其夫张志德的冤枉。四川布政使将上控案发还，要求“巴县确切查明，照例具详”。

嘉庆十八年八月十一日（1813 年 9 月 5 日），时任巴县知县董淳重新查核，并呈交四川布政使一份包括其判决内容的公文书：“张志德敢捏情妄控，实属不安本分，应照〈不应重〉律，杖八十，折责三十板。伏查：领帖开行，例应身家殷实。乃张志德既乏资本，复敢把持，勒派行用；未便复令开设，致有拖欠客账，并滋扰累，应请斥革。除将原领牙帖追缴贮库，另文缴销，俟另募殷实之人顶补承充，并迳详藩宪外，所有议拟斥革缘由，理合具文，详请宪台俯赐察核示遵。”[1]

在十九世纪前半期的重庆城内，类似此案要求“八省客长算清”原告与被告双方债务实情者，仍有其他实例。所谓的“八省客长”，主要都是一些外省乡贯但在重庆经商多年的商人；政府要求其协助处理商业讼案，在现存“巴县档案”中，每当涉讼双方商人各执一词，特别是账务问题无法厘清之际，地方官便常会“令八省客长清算”。

再如嘉庆十一年（1806 年）七八月间开始的另一件巴县较大规模商业讼案，在重庆经营磁器业的一群浙江商人，因为对彼此共同捐款成立的“列圣宫公所”（有时也称“浙江馆”或是“浙江会馆”）公款经管方式产生歧见，沟通不成，愈演愈烈，结果双方互提控告，双方由位于重庆城的巴县知县、重庆知府，一

[1] 四川省档案馆藏“清代四川巴县衙门档案”（编号 6-2-0325）：“巴县张志德无力开设磁器牙行把持滋事追帖斥革一案”。

路控告到位于成都的省级衙门。在此缠讼过程中，巴县知县与重庆知府都曾数次要求“八省客长”，协同担任浙江会馆管事人员之“各栈司事”磁器业商人，再加上地方衙门派出的户、工房书役，一块到重庆城内的“府庙”，公开检点账簿，进行账务比对与彙算。[1]

以这些巴县档案存在的商业讼案的实例看，这批涉讼商人在省、府、县不同地方衙门里互控甚至缠讼，而奉地方官命令协助查核双方商人契据与账簿的“八省客长、各栈司事”，也与地方衙门的户房、工房书役在“府庙”共同核实账册，要说这里面反映商人接触官员反映了什么“不测之祸”的恐惧感，大概也与实际情形出入甚大。

三、结语

十九世纪前半的重庆城，已是当时中国国内商业发达城市之一，吴中孚长年经商的玉山县，多半无法与其相比。但若将对比于苏州、广州、汉口、北京等全国性都会，则重庆商业发达程度毕竟还是有段不小距离。

清代经济发展程度的空间差异甚大，但我们也不好将清代重庆城出现地方官委请“八省客长”与会馆“司事”等商人协助商业纠纷审理工作的事例，视为只是长江上游一座商业城市的孤例。没错，官尊民卑仍是清代官商关系的基本格局，但真要将《买卖机关》的“是官当敬”文句与商业书作者对其内容的相关解释，理解为一般商人面对官员时真的感到时刻会有“不测之祸”，这恐怕便缺少拿捏史料的必要分寸；或至少我们可以这样说：时移势变，这种因为“不测之祸”而特别敬畏官员的商业伦理，应该并非是十八、十九世纪中国商业发达城市里的实际情况。

第二点需要拿捏分寸的，是抄稿本与刊本商业书存在的某些巨大差别，后者总要说些比较堂皇的话，而前者则有时比较肆言放论。王秉元的《生意世事初阶》是抄稿本商业书，其内容固然有不少与《商贾便览》刊本商业书相类似的地方，但试看以下一条内容：“生意不比古时，以老实正派，古古板板；目今，

[1] 四川省档案馆藏“清代四川巴县衙门档案”：“监生章景昌等禀列圣宫武圣庙会首李定安侵吞公款一案”（编号 6-2-0175）。

若依古时做生意者，鬼也不上门！时下，须要花苗，言如胶漆，口甜似蜜，还要带三分奉承，彼反觉亲热，买卖相信。如最相熟者，还可说两句趣话。多大生意，无不妥矣！但今世俗，只宜假，不宜真。又道：一日卖得三石假，三日卖不得一石真。嗟夫！真乃世俗之变也。”[1]这不是在讽刺，而是一位有经验商人一方面感叹人心不古、世风日下，但另一方面却同时教导后进商人不要“古板”，要“言如胶漆，口甜似蜜，还要带三分奉承”，甚至卖东西给顾客时还得“只宜假，不宜真”。为了抢做生意，只得权变，只得假装。

这种话语不太可能写在无法确定读者具体是谁的刊本商业书里，因为抄稿本商业书原则上可以由作者掌握要给谁看，同时也很少具名，透露些商场机密，讲出自己准备哄骗顾客的话，那也无伤大雅。由此看来，刊本商业书里出现的“是官当敬”，到底是保持商人对待包含官员在内的所有人事物都一贯谨慎小心，还是真的特别感到官员将对自己带来“不测之祸”？这中间恐怕还是有再予拿捏分寸的余地。

我们应该继续留意刊刻本与抄稿本明清商业书之间的可能差异，但整体来看，十六到十八世纪出现于中国的许多刊本与抄稿本商业书，都曾发挥一定作用。这些商业书的作者、编者、传抄者与读者，他们针对各自感兴趣的商业事务主题，共同分享并且传播许多经商所需的知识。这些知识不仅影响当时的商业经营与商业训练，而且这些商业书记录的许多经商知识，还能反映当时商人对不同人际关系、个人志业选择乃至德性与财富累积之间因果关系等问题。究竟如何界定与论说，未来，我们应该更好地拿捏分寸，搭配不同文本，让这些商业书“已说”与“未言”的各种可能内容，能够更细致地相互补充。

（本文撰成，由于香港特区政府香港研究资助局补助笔者的研究计划“十八、十九世纪重庆城的商业与政治”（Commerce and Politics from the Mid-Eighteenth to the Mid-Nineteenth Century in an Upper Yangtze City—Chongqing，#14607917，RGC General Research Fund，2017-2018，HK$332，000），特此志谢。同时，也感谢吕卓遥先生协助查找相关史料）

---

[1]（清）王秉元：《生意世事初阶》，第 31 条。

供招已符与清代的冤狱防治

蒋铁初 *

清代立法规定普通刑事案件以供招已符为定罪标准。供招已符的含义及立法目的是什么，立法对防范虚假供招已符作出哪些规定，其实践状况及效果如何。对此问题进行考察，可以总结清代刑案审理的经验与教训，为当下的刑事司法提供借鉴。

一、供招已符与冤狱防治目的

（一）供招已符的含义及演进

1. 供招已符的含义

“供招已符”的提法最早出现在乾隆九年奏准的《断罪不当》条例文中，该条规定：“凡州县审解案件，如供招已符，罪名或有未协，该上司不必将人犯发回，止用檄驳。”[2] “供招已符”即供与招已经相符。供在清代的含义有广义与狭义之分。广义的供指所有诉讼参与人在官府的陈述。原告告词，被告人辩词及认罪供述，证人证言及吏役所做的陈述皆称为供。《清会典》要求“凡听断，依

* 蒋铁初，杭州师范大学沈钧儒法学院教授，研究方向为法律史。本文是笔者承担的2018年国家社科基金《中国仁政司法的传统及其权益转化研究》的阶段性成果，课题编号：18BFX025，也是浙江省哲学与社会科学规划课题《中国古代的仁政司法研究》的阶段性成果，课题编号：16NDJC143YB。

[2] （清）吴芸撰：《大清律例通考校注》，马建石、杨育裳校注，中国政法大学出版社1992年版，第1118页。

状以鞫情，如法以决罚，据供以定案”，[1] 供即指广义的供。狭义的供不包括被告人的认罪供述。招在清代亦有两层含义，一是指被告人的认罪供述，属广义供的范围。如清代条例中有“招认明白，后竟改供”的规定，可见招为供之一种。被告人的认罪供述还有“输服供词”“自认口供”等说法，与招名虽异而实则同。招的第二层含义指有罪认定的案卷文书。清代州县对被告作出徒以上刑罚的有罪认定后，须向上司解送案卷及犯证。州县官将审理案件的过程整理成文，内有犯罪事实、主要证据以及审理过程的记载。这一材料被称为招，连同附于其后的其他证据材料如诉讼参加人的供词记录等统称为招册，材料整理及解审过程称为招解。之所以称为招，是因为它与被告认罪之招密不可分。被告人招认犯罪是前提，而定案招册则是结果。

由于供与招都有两层含义，因此“供招已符”从字面上看亦有两层含义，一是狭义的供与被告人认罪之招相符，即原告告词、证人证词及吏役对案件事实所做的陈述与被告人认罪供词一致。二是广义的供与招文记载的内容一致，即文字记载的诉讼参加人供词与整理案件审理过程形成的招文一致。就后者而言，作为二手材料的招理应与一手材料的供保持一致，否则就属于案卷材料做假。因此，第二层意义的供招应当相符毋庸置疑。但例文中的供招已符是否就是此意还须探讨。我们先来考察一下供招已符的功能。例文称“如供招已符，罪名或有未协，该上司不必将人犯发回，止用檄驳。”我们知道，审理案件无非就是查清事实与适用法律。例文所称罪名或有未协，表明法律适用还存在疑问。当上司复审案件时，发现原审的法律适用有疑，但却不将人犯发回，意味着上司对原审事实认定原则上已经认可。否则就应将人犯发回原审，要求补充相应的供词与证据。而原审事实认定之所以得到上司认可，就是因为已经达到供招已符的程度。如果供招已符仅指招文与原载供词一致，而不要求供词之间的一致，显然不合逻辑。可见，例文中的供招已符指的是供词本身的一致，特别是其他诉讼参加者的供词与被告人的认罪供词一致。而供词与招文相符是不言自

[1] （清）昆冈修：《钦定大清会典》卷55，上海古籍出版社2003年版，第531页。清代强调依供词断案，并非不需要实物证据。事实上清代刑案审理非常重视实物证据，如命案强调必检验尸伤，盗案要赃证明确。不过认定事实的直接证据是供词，实物证据的作用是检验供词真伪。案件若缺少必要的实物证据验证，即使众多供词互证一致，也就不能成为认定事实的依据。

明的要求，无须立法专门强调。

其他诉讼参与人的供词与被告人招认相符是供招已符的字面解释，不过其法律上的含义要比字面含义丰富得多。乾隆五年律《诬告》条例文规定："承审官于听断时，如供证已确，印据见在，纵有一、二人不到，非系紧要犯证，即据现在人犯成招，不得借端稽延。"[1] 条例强调供证、印据、招认都是事实认定的必要条件。清例之所以将供称为供证，有两个原因，一是因为证人证言亦称为供，二是无论是当事人还是证人甚至吏役的陈述，在立法者看来都有证据的功能。除了供词与招认之外，印据亦是不可缺少的定罪要件。乾隆九年《断罪不当》条例文的内容显然受到了五年律《诬告》条例文内容的影响。两者关于定罪条件的规定应当是一致的。供招已符并非可以不要印据，而只是出于追求文字精练目的而作的概括性表述。由此可见，供招已符的含义应当是供证、印据与招认三者相符。

2. 供招已符的历史演进

供招已符作为清代刑事案件审理中有罪认定的条件，其形成并非一朝一夕之事，而是经历了漫长的发展历程。我们首先来考察供证在有罪认定中作用的演进。《尚书·吕刑》对于案件审理的要求是"两造俱备"，孔传称两造为囚证，即当事人与证人，可见他们的供述是认定事实的必备证据，否则就没有必要两造俱备。《吕刑》还要求定罪则应"简孚有众"。《孔传》称"简孚有众是简核诚信，有合众心"；孔疏称"乃从众议断之"。即认定有罪必须要有多人证明。先秦时期的司法实践亦可见供证对事实认定的作用。包山楚简 131—139 号所记载阴地人舒庆涉嫌杀人一案，舒庆不仅提供了自己的父亲和哥哥为证人，还提供了数十名阴地证人证明其没有杀人。[2] 如此众多证人出庭，可见证人证言的作用已为司法者认可。秦汉诉讼中供证作用同样不可缺少。《居延汉简》记载：安定里霍不职等五人就□敞被刺伤一案作证，不职等辞曰："敞实剑庭自刺伤，皆证"。本案中□敞所受剑伤究竟自伤还是他伤是案件争议焦点，官府在听取了五名证

[1] 《大清律例·诬告》例文，田涛、郑秦点校，法律出版社 1999 年版，第 484 页。

[2] 包山楚简整理小组：《包山楚简》，文物出版社 1991 年版，第 350—359 页。

人相同的证言后作出了认定。[1] 北魏时期，供证具备了单独证明作用。《魏书·刑罚志》有"拷不承引，依证而科"的记载，可见在没有被告人招认的情况下，仅依证人证言亦可以认定被告有罪。唐律对此作了更加具体的要求。《唐律·断狱·老幼不拷讯》条规定："诸应议、请、减、若年七十以上，十五以下及废疾者，并不合拷讯，皆据众证定罪。违者以故失论，若证不足，告者不反坐。"所谓众证定罪即依三人以上的证人证言来定罪。宋元明清时期"据众证定罪"立法与唐律基本一致，不同之处在于明清时期众证定罪的适用对象少了请、减等人员，增加了犯罪在逃人员。上述内容都是关于言词证据作用的积极规定，即有言词证据可以认定犯罪成立。此外，明代开始强调言词证据的消极作用，即某些犯罪若缺少言词证据，则犯罪事实不得认定或作存疑处理。明代《问刑条例·强盗新题例》规定："赃亦花费，伙贼已决无证，秋后处决。"《谋杀人新颁条例》亦规定："人命事，证佐不获，备每年矜疑之用。"[2] 至此，无论人犯是否招认，言词证据都不可缺少。

实物证据（印据）的作用在中国古代的事实认定中亦很早就受到重视。特别是人命与伤害案件，实物证据更不可缺。《礼记·月令》称"孟秋之月，命理瞻伤、察创、视折、审断"，都属于对身体的检验。实践中司法者也相当重视实物证据的作用。张家山汉简《奏谳书》第二十二记载了一起先秦时期伤害案件的审理过程。[3] 一女婢被人刺伤，不知凶手是谁，但凶器尚留在受害人后背。官府侦缉到嫌疑人，将刀插入其所佩刀鞘中，恰好合适；甚至刀环破损之处亦与刀鞘破损处相符。嫌疑人遂招认有罪。[4] 汉代实践表明，对于某些不得拷讯的被告人，仅凭实物证据就可证明其有罪。如武帝时淮南王刘安谋反案就因物证充分而认定有罪。[5] 到了唐代，法律开始明确规定实物证据对事实认定的独立作用。法律规定"若赃状露验、理不可疑，虽不承引，即据状断之"，其中的赃状即实

[1] 《居延汉简释文合校》，谢桂华等校，文物出版社 1987 年版。

[2] 《大明律》，怀效锋点校，法律出版社 1999 年版，第 409、416 页。

[3] 李学勤认为该案发生在秦王政六年，即公元前 241 年。参见李学勤著：《〈奏谳书〉解说下》，载《文物》1995 年第 3 期。

[4] 《张家山汉简奏谳书》，引自杨一凡、徐立志主编：《历代判例判牍·第一册》，中国社会科学出版社 2005 年版，第 69—71 页。

[5] 《史记·淮南王衡山王列传》。

物证据。宋刑统承袭了这一规定。明清时期这一规定虽被取消，但法律对于实物证据的消极作用作了要求。前述《强盗新题例》规定："赃亦花费，伙贼已决无证，秋后处决。"可见认定盗罪成立需有赃物这一实物证据。

供招已符中的招在历代的事实认定也起到非常重要的作用。秦律规定：凡讯狱……诘之极而数訑，更言不服，其律当治（笞）谅（掠）者，乃治（笞）谅（掠）。[1] 正因为被告人的"服"是定罪的必须要件，法律才规定在被告人"更言不服"的情况下可以刑讯。实践中也常用刑讯来获得被告人的招认，李斯被审讯时因不认罪而被榜掠千余。[2] 汉代实践中亦有体现招认作用的案件。张家山汉简《奏谳书》第四记载了女子符逃亡案件的审理过程。符在公堂陈述："诚亡，诈自以为未有名数，以令自占书名数，为大夫明隶，明嫁符隐官解妻，弗告亡……"。后官府认定的事实是"符虽以诈书名数，实亡人也"。[3] 事实认定与符的招认一致，可见招认对事实认定的影响。后代立法同样重视招认的作用，为了获得被告招认，刑讯亦继续存在。南朝陈的刑讯条件是被告人"赃验显然而不款"。[4] 北宋时太宗诏令："自今系囚，如证佐明白而捍拒不伏，合讯掠者，集官属同讯问之。"[5] 元代则规定："赃仗已明，而隐讳不招，依法拷问。"[6] 从上述规定可以看出，若被告人不招认，司法者可以对其刑讯。不过早先的法律很少正面规定招认的作用，既未明言无招认不得定罪，亦未明言有招认即可定罪。直至明代，法律才第一次规定招认对定罪的作用。《大明律·处决叛军》条规定："凡边境城池，若有军人谋叛，守御官捕获到官，显迹证佐明白，鞫问招承，行移都指挥使司，委官审问无冤，随即依律处治。"[7] 明代死刑执行须奏请皇帝批准，但军人谋叛属特殊情形，可以无须皇帝决定。为防臣下擅权，法律对于定罪条件作出更高要求。但仅限于处决叛军这一特殊情形，普通犯罪的有罪认定

[1] 睡虎地秦墓竹简整理小组编：《睡虎地秦墓竹简·封诊式》，文物出版社1978年版，第246页。
[2] 《史记·李斯列传》。
[3] 《张家山汉简奏谳书》，引自杨一凡、徐立志主编：《历代判例判牍·第一册》，中国社会科学出版社2005年版，第27—28页。
[4] 《隋书·刑法志》。
[5] 《文献通考》卷166《刑考五》。
[6] 《元典章》卷40《刑部·鞫囚以理推寻》。
[7] 《大明律》，怀效锋点校，法律出版社1999年版，第19页。

并未明文要求被告人招承。明末，王肯堂为明律作注称："鞫问刑名，必据犯人之招草以定其情。"[1] 王肯堂的注肯定不只是学者之言，而应是司法实践中的普遍做法。可见定罪须有被告招承已由明初的只针对叛军扩展到普通犯罪。王肯堂的注解被清初立法吸收。顺治三年《大清律集解附例》沿用明律《吏典代写招草》条原文，在律文"凡诸衙门鞫问刑名等项"后面添加"必据犯者招草以定其情"的小注，"招草"是指没有修改过的认罪供述。[2] 这是中国古代立法第一次将被告人招认明确为定罪的必要要件。嘉庆十五年例文再次强调："如犯未逃走，鞫狱官详别讯问，务得输服供词，毋得节引众证明白、即同狱成之律遽请定案。"《清史稿·刑法三》亦载"断罪必取输服供词"。可见招认在清代刑案的有罪认定中始终不可或缺。[3]

在分别强调了供证、印据与招认的作用后，立法者认识到三者皆不可缺，三者遂始合流。首先是言词证据与实物证据的结合。康熙十八年议准、雍正三年附律的《官司出入人罪》条例文规定："草率定案，证据无凭，枉坐人罪者，亦革职。"证与据在事实认定中皆不可缺少。[4] 稍后是言词证据与招认的结合。康熙十九年纂呈、二十七年颁行则例，雍正三年馆修入律的《诬告》条例文规定：承审官于听断时，如供证已确，纵有一、二人不到，非系紧要犯证，即据现在人犯成招，不得借端稽延。[5] 强调供证与招认都是事实认定的必要条件。接着是乾隆五年律中供证、印据与招认三者结合要求的形成。最后是乾隆九年律中要求供证、印据及招认三者应当相符。至此，清代刑案有罪认定中供招已符的

---

[1] （清）薛允升撰：《唐明律合编》，怀效锋、李鸣点校，法律出版社 2000 年版，第 817 页。

[2] 沈之奇将招草称为服罪招草，见（清）沈之奇撰：《大清律辑注》，怀效锋、李鸣点校，法律出版社 2000 年版，第 1051 页。

[3] 沈之奇就认为："有罪者必有招，既无招则无罪。"（清）沈之奇撰：《大清律辑注》，怀效锋、李鸣点校，法律出版社 2000 年版，第 987 页。从清代的司法实践来看，招认必须是主动承认有罪并供述犯罪过程。被告人对指控犯罪事实不辩解不能视为招认明白。司法者若以"供证已明、被告无辞"作为定罪条件会受到上级驳诘。清代笔记小说《野叟闲谭·哑狱》记载一案：有一哑者被人诬以殴人致死，众供一致。地方定谳上报刑部，刑部以无认罪供词为由驳令严鞫，最终为其洗冤。见《清代笔记小说类编·案狱卷》，黄山书社 1994 年版，第 273 页。

[4] 在中国古代的法律语境中，证主要指证人，据则指实物证据，即前述印据。

[5] （清）吴芸撰：《大清律例通考校注》，马建石、杨育裳校注，中国政法大学出版社 1992 年版，第 888 页。

标准正式形成。

（二）供招已符的具体要求

供招已符作为有罪认定的条件，其要求除了前文所述的供证已确、印据见在、人犯成招且三者相符外，还有以下四个方面具体要求。

1. 定罪须有关键证据

供招已符要求定罪应具备关键证据，其他证据及事实应与关键证据一致。关键证据一般在法律上都有明文规定。对于命案，清代例文规定："凡人命重案，必检验尸伤。"[1] 盗案则规定："鞫审强盗，必须赃证明确。"[2] 强奸案"须有强暴之状，妇人不能挣脱之情，亦须有人知闻，及损伤肤体，毁裂衣服之属"。[3] 强调人证与物证对强奸罪认定的必要性。司法理论亦非常重视关键证据。对于命案，司法者普遍认为关键证据是检验。李士桢认为："人命以伤痕为凭。"[4] 白元峰主张："命案重情，全以验勘情形伤痕为凭。"[5] 对于盗案，王凤生认为："盗贼惟凭赃定，赃真则盗确"。[6] 除了法定关键证据外，实践中对有罪认定不可少的证据，即使不具备法定证据形式，亦可视为关键证据。康熙年间郯城县讼状格式规定：告强盗无地邻见证，娄赃无过付见证者，不准。[7] 若缺少见证人，案件受理都不可以，遑论认定有罪。见证人的关键作用不仅体现在强盗、娄赃等犯罪审理中，在其他一些犯罪审理中同样不可少。刚毅认为："威逼自尽、诈赃毙命、戏杀等狱有必有证佐而定，证佐确切，始为信谳。"[8] 可见关键证人的证明作用在清代司

[1] 《大清律例·检验尸伤不以实》例文，田涛、郑秦点校，法律出版社 1999 年版，第 592 页。
[2] 《大清律例·强盗》例文，田涛、郑秦点校，法律出版社 1999 年版，第 382 页。
[3] 《大清律例·犯奸》，田涛、郑秦点校，法律出版社 1999 年版，第 521 页。
[4] （清）徐栋：《牧令书辑要》刑名下《人命条议五款》，同治七年江苏书局刊，第 4 页。
[5] （清）白元峰：《琴堂必读》，见杨一凡主编：《中国律学文献》第三辑第五册，社会科学文献出版社 2007 年版，第 64 页。
[6] （清）徐栋：《牧令书辑要·刑名下·盗贼案》，同治七年江苏书局刊，第 48 页。
[7] （清）黄六鸿：《福惠全书》，载《官箴书集成·三》，黄山书社 1997 年版，第 327 页。
[8] （清）刚毅：《审看拟式·审看略语》，引自《中华大典·诉讼法分典》，西南师范大学出版社 2011 年版，第 701 页。

法实践中极受重视。嘉庆年间，山东寿光蒋柱控其子被媳董氏谋毒致死，案件上奏朝廷。嘉庆帝谕令："蒋柱与其妻张氏就毒杀情形所供不符，且董氏所供同时中毒之蒋小兑妮系属要证，自应提案对质，以成信谳。"[1]本案中蒋小兑妮的供词即属关键证据，因为缺少这一证据，故而皇帝要求重审。可见事实认定须与关键供证一致对实践确有约束力。

2. 众供必须一致

清代断案以供词为依据，例文要求供证已确，而供证是否确实在形式上的要求即是众供是否一致。早在入关前，清代统治者已重视依众供断案。天聪五年，莽古尔泰奏称："我等虽据私第，每据三次供词，覆加详阅，未有妄断者。"[2]入关后的立法亦重视众供一致的作用。清律《检验尸伤不以实》条例文规定："尸亲控告伤痕互异，许再行复检。"[3]实践中司法者亦非常强调检验尸伤前应达到众供一致。清人王士俊称他为官时，"一遇命案，单骑前赴……至则先问两造口词，即令仵作同两造及地保公同检验，不厌其详。所报伤迹，详录草单。俟三词合同，方亲至检所，逐一加验"。[4]州县官实施亲验行为，都要达到三词合一，可见众供一致对清代司法的影响之巨。对供词一致的强调也得到了最高统治者的认可。前述嘉庆帝要求重审蒋柱控董氏毒夫案中，除了重要证人未讯供外，就是供词不符。可见供词必须相符是各级司法者的共识。

3. 对偶性证据应当一致

所谓对偶性证据，是指必然同时存在且可以互证的两个证据。如凶器与伤痕，赃物与失单等。此类证据必须比对一致，方可认定事实。吴宏认为："故盗案必赃经主认；命案必伤仗相符。"[5]《招解说》主张："详报所起赃物，亦与失单

[1] （清）祝庆祺等编：《刑案汇览三编·一》，北京古籍出版社2004年版，第93页。

[2] 中国第一历史档案馆藏《天聪五年八旗值月档一》。

[3] 《大清律例·断狱》，田涛、郑秦点校，法律出版社1999年版，第592页。

[4] （清）王士俊：《谳狱》，引自《折狱龟鉴补》，陈重业点校，北京大学出版社2006年版，第848页。

[5] （清）吴宏：《纸上经纶》，引自《明清公牍秘本五种》，中国政法大学出版社1999年版，第143页。

相对，一字不可互异。”[1] 实践中如有对偶性证据不一致，则该对偶证据证明的事实不得认定。《驳案汇编》载：朱老五招认抢夺杀死吕国官，官府勘验吕国官确有刀伤。但从朱老五招认藏刀之处所起凶刀，烧验并无血迹。另朱老五招认抢夺之物有肉桂、三七等物，但据留宿吕国官的胡三祝供，吕国官所携物中并无肉桂、三七。朱老五等又翻供称所起肉桂、三七等物系向吴留耕等买来，提讯吴留耕等各供相符。[2] 本案中吕国官的伤口与凶刀、朱老五招认抢夺肉桂等与胡三祝供称吕国官携带物中无肉桂、朱老五供称吴留耕处买来肉桂等物及吴留耕供朱老五买过肉桂是三组对偶性证据，三组证据中，第一组、第二组不一致，第三组一致，结果是对偶供证一致的事实获得认定。

4. 前后供招应当一致

清代司法要求审理中先后取得的反映同一事实的供证与招认应当一致。实践中如发现先后证据不一致，司法者一般不能简单选择一个证据采信，而应重新调查，确认孰真孰伪。清代司法者认为先后供词互异是案件审理的突破口，要求重视互异之处。刑部在针对江苏臬司详报未全部叙供时称：

今云各犯因无质证，恐系狡饰，且内有供出仇扳牵连来差情节，亦恐虚实未定，是以各供概未敢叙入详内，阅之更为骇异。夫狱贵初情，况涉重案，更当以供词为据。既称有仇扳牵连来差情节，正须从此根究虚实，何故反不叙详，即此全将口供删抹之处，其弊更是毕露矣。[3]

对于被告人在各次审理中先后作出的招认，司法者更强调应当一致，司法文书中常见“屡审供认不讳”的记载，[4] 即是前后招认一致的体现。如果招认不一致，司法者不得选择某一次招认定罪，而应重新审讯。《刑案汇览》载：黄玉

[1]（清）佚名：《招解说》，引自《明清公牍秘本五种》，中国政法大学出版社 1999 年版，第 562 页。

[2]（清）全士潮等撰：《驳案汇编》，何勤华等点校，法律出版社 2009 年版，第 141 页。

[3]《世宗宪皇帝朱批谕旨》卷一百七十四之十，上海古籍出版社 2003 年四库全书版，第 423 册 274 页。

[4]（清）全士潮等撰：《驳案汇编》，何勤华等点校，法律出版社 2009 年版，第 151 页。

等人纠众抢劫案中，黄玉等供称系连科富商同黄玉，嘱令其纠人同抢；连科富所供相同，县审认定连科富为首犯；府复审时连科富改供称其商同黄玉等人共抢，并无嘱令纠人同抢之语，府审亦认定连科富为首犯。刑部认为连科富前后供词互异，驳令重审。[1] 本案中尽管连科富两次都招认有罪，但内容不同，故刑部驳令复审。清代法律甚至允许司法者采用极端手段应对前后招认不一致的情形。例文规定："重大案件正犯……或先已招认明白，后竟改供者，准夹讯"。[2] 足见清代司法者对于前后招认一致的重视。

（三）供招已符的立法目的

清人强调供招已符方可认定事实，其认识论基础是"不谋而同"理论。古代中国人很早就认识到反映同一事实的真实材料应当一致的规律，如不一致则其事必伪，因此注重考察供证差异性来发现疑点。《尚书·吕刑》中"察辞于差"即是此种观念的体现。宋人主张"事之实者不谋而同，凡有差者皆非真情也"。[3] 清人王植也指出，"如其伪者，必有参错"。[4] 因为真相只有一个，如果反映同一真相的证据材料都是真实的，从理论上说也应当是一致的。供证、招认都属事实认定材料。如果供招不一致，不仅事实无法认定，且供招中必有不实情形。在未确认供招真伪之前，供招不一致的事实不得随意选择认定。

实践中司法者也认为证据材料有失实可能。就招认而言，清人认为颇不可靠。王又槐认为："谋杀人命以及昏夜械斗并一切暧昧案件，若不执有确据，只凭犯供数语，安知非畏刑而诬认，难保不翻供而呼冤。"[5] 即使未受刑讯，被告供述也未必可信。白如珍认为："盗之真者，到案未必就肯直供；如到案即认，其

---

[1] （清）祝庆祺等编：《刑案汇览三编·一》，北京古籍出版社 2004 年版，第 556 页。
[2] 《大清律例·断狱》，田涛、郑秦点校，法律出版社 1999 年版，第 562 页。
[3] （宋）陈古灵：《州县提纲》卷三，引自杨一凡主编：《历代珍稀有司法文献》第一册，社会科学文献出版社 2012 年版，第 126 页。
[4] （清）王植：《听断》，载（清）徐栋辑：《牧令书》卷十八《刑名中》，道光二十八年刊本。
[5] （清）王又槐：《办案要略·论命案》，群众出版社 1987 年版，第 3、4 页。

中恐有别情，不可遽信。”[1]既然无论是否受到刑讯，受讯人的招认都有不实的可能，因此，仅依招认定罪显然不可取。就供证而言，清人出于对人证易伪的担忧，[2]主张供词必须有印据验证才可认定事实。问题是可以验证供词的实物证据亦常常失实。如盗案中经事主识认的赃物，虽被视为关键证据。但赃物可能是捕役栽赃诬良，识认可能是失主受贿冒领。[3]如此赃物自不可信。命案中尸伤检验是定案关键，但仵作等人可能行私作弊，奸民甚而买尸造伤，不惟伤假，并尸亦假。[4]上述情况下，虚假的供证与实物证据亦可印证一致。司法者若只凭供证定案，而不要求被告招认，同样会造成冤狱。

我们发现，清人为防止有罪事实认定错误，要求供证已确；又恐供证易于作伪，要求有实物证据印证。但立法者亦知无论是供证还是实物证据都可以作伪，从而使彼此达到虚假的一致。为此仅凭供证与印据还不足以认定事实，又加上了人犯成招要求。立法者认为：若被告果真无罪，即使面对虚假的供证与印据，也不会认罪，这样就可以避免错判。如果证据证明的事实又被受讯人认可，可表明定罪没有疑问。但我们应当知道，纵然被告确实有罪，也未必能查到供证已确的程度；即使查到了供证已确，被告依然可能不认罪。可见，被指控的犯罪事实未查到供招已符的程度，并不意味着被告一定无罪，只是有罪无罪不能确信。强调供招已符才能认定有罪，理论上很难冤枉被告；而未达到供招已符不得定罪，则可能使有罪者逃脱法网。由此可见，供招已符的立法目的主要在于预防冤狱，保证有罪认定必须无误。

司法者也认同供招已符的避免冤狱价值。李渔曾言：“验伤者，验尸主所告之伤。非验所不告之伤也。尸主告验词内，言用某器打伤某处，即于所告之处验之。观所告与所验对与不对……百姓被盗而递失单，至获盗之日，所开何物，止追何物给之。其余财帛，焉知非其固有，皆可置而不论，同一理也。检尸之

[1]（清）白如珍：《刑名一得》卷上，引自杨一凡主编：《历代珍稀司法文献》第三册，社会科学文献出版社2012年版，第1133页。

[2] 袁守定认为：“证佐可凭也。而多贿托。”（清）徐栋辑：《牧令书》卷17，引自《官箴书集成·第七册》，黄山书社1997年影印本，第382页。

[3]（清）张五纬撰：《未能信录》卷三，引自杨一凡、徐立志主编：《历代判例判牍·第九册》，中国社会科学出版社2005年版，第524页。

[4]（清）李渔：《资治新书》，引自《折狱龟鉴补》，北京大学出版社2006年版，第839、840页。

官，倘不顾名思义，舍所告之处不验，而验他处，或遍验通身。则无论打伤之情，确与不确，总无不抵命之人矣。”[1] 李渔主张验尸只验尸主所报之伤，追赃只追失主所开之赃。但我们知道，尸主所报之伤与失主所开之单未必完整，以此确认验伤范围及追赃对象，可能漏追被告人之罪。之所以局限在这一范围，主要是考虑到超出尸主所报验伤与超出失单追赃可能会酿成冤狱。

从清代的司法实践来看，供招已符对冤狱防治的作用体现在两个环节。在案件初审阶段，司法者若发现供招不符，则不应认定有罪，可避免冤狱形成。在案件复审阶段，司法者若发现初审中的供招有不符之处，则可从此入手，详细审理，平反初审中形成的冤狱。

二、虚假供招已符的防范

从理论上说，供招已符可以有效避免个别证据虚假而导致的冤狱。但在当事人、证人乃至司法人员串通的情况下，虚假供招已符亦可能达成，从而导致冤狱形成。清代的立法者与司法者显然已经认识到这种风险的存在，在制度与司法理论上分别提出了防范措施。

（一）制度上的防范

1. 隔别讯问

隔别讯问是清人非常重视的讯问方式。前述嘉庆十五年例文要求对犯证应“详别讯问，务得输服供词”，其中“别”即隔别之意。隔别讯问可以发现证据的矛盾之处，是识别一方串通伪供的重要手段。前文已述，供招已符的认识论基础是“不谋而同”理论。众人未谋时同时作伪且内容恰好一致的可能性极低，因此众证作伪较单独证据作伪难度更大，也更易被识破。众供一致之所以可信，也恰是因为众人未能合谋。但我们应当知道，清代法律要求供证一致方可认定事实，当事人对此非常清楚，因此当事人会与相关证人串通，制造供招已符的

[1] （清）李渔：《慎狱刍言·论盗案》，引自《折狱龟鉴补》，北京大学出版社2006年版，第841页。

假相。不过当事人与证人事先准备再周密，也很难完全预料司法者可能讯问的所有问题。因此，对于司法者在公堂上讯问事先未曾串通的问题，他们一般会随机应变。最先陈述者尽量编造较为合理的谎供，而本方证人只要照猫画虎即可达到众证一致的效果。司法者对其隔别讯问，每一个受讯者都不知道本方其他人陈述的内容，就会出现对同一问题陈述迥异的情况，从而暴露证据作伪，虚假供招已符就很难达成。《续佐治药言》载：汪辉祖为平湖令刘冰斋刑幕。平湖有回籍逃军盛大因纠匪抢夺被获，讯为劫案正盗，且起有蓝布棉被经事主确认。刘冰斋覆勘，汪从堂后听审。发现供出犯口，熟滑如背书。首伙八人，无一语差错。汪怀疑有假，请刘冰斋故为增减案情，隔别再讯。则或认，或不认，八人各各歧异，至有号呼诉枉者。再令人依事主所认布被颜色新旧借购二十余条。汪私为记别，杂以事主原认之被再次给认，事主竟无法辨识。于是提犯研鞫，皆不承认。细问其故，乃因盛大到官之初，自认为逃军又犯抢劫，定是死罪，故讯及劫案，信口妄承，而其徒皆附和之。[1] 可见隔别讯问对于发现一方陈述虚假的意义。

2. 初讯通详

所谓初讯通详即州县司法者对于命盗案件的审理，应当在第一次讯问后立即向上司详报初讯情形。前文已述，供招已符要求针对同一事实前后收集的证据应当一致。若不一致，上司应驳令重审。但基层司法者为了防止案件被上司驳回，常常会对案件审理各个阶段获得的证据材料特别是供词进行删改，以求达到先后一致。而这种虚假的一致显然不利于上司在复审中发现真相。为了全面了解初审时司法者获得的供招，清代法律要求州县官初讯后即时详报。《大清会典》记载："若命案，若盗案，得报即通详。" [2] 咸丰十年上谕规定：嗣后各省州县，凡遇命盗案件，一经报到，立即前往勘验。盗案限三日，命案限五日。先将大概情形，切实通禀。如有迟至二十日者，奏请交部议处。倘敢讳匿不报，别经发觉，从重究办。[3] 州县接到命盗案报案后，应立即前往现场勘验讯问，并

---

[1] （清）汪辉祖：《续佐治药言·草供未可全信》。

[2] 《大清会典》卷 55，上海古籍出版社 2002 年续修四库全书版，第 794 册 531 页。

[3] 《清实录·文宗显皇帝实录》卷 328《咸丰十年八月中丙子》。

将验讯结果即时向各上级衙门呈报，此为初审；获得批示后再对案件正式审理，此为批审。通详是为了保证上级司法者能够全面知悉案件初审之情，以发现初审与批审中供招矛盾之处。初讯通详不在于保障先后供招的一致，而在于防范先后供招的虚假一致。

实践中上级司法者比对原审中的初讯与正式审理中针对同一事实的先后供证，若发现两者有冲突之处，就会要求再审或提审，从而发现真实。清代婺源人张桂控称其父张三女被县衙差役俞兆等锁拿毙命。县审定罪后招解到府，府审无异，又招解到司。代理按察使徐士林阅卷，发现府通详载："张桂原词称张三女郁病在床，虎差多人围门系捉，威逼父命。及后批审，张桂又供称，父亲送饭回家，知道来了许多差人，往后门走入厨房内，差人闻其咳，遂到厨房锁拿。"徐士林认为，原告控词中前称卧病在床，后称送饭回家，词供迥异，一定有不实之处。遂提犯亲审，俞兆翻供，称系受到陷害。再查县里复检尸伤，亦与锁拉致死情形不符。[1] 最终冤狱得以平反。

3. 提高刑讯实施条件

如果说证据虚假主要由当事人制造的话，那么，被告人招认的虚假则主要由刑讯所致。如何保证受讯人的陈述不虚，历代立法都颇费心思。唐律规定："察狱之官，先备五听，又验诸证信，事状疑似，犹不首实者，然后拷掠。"[2] 法律规定有疑才可刑讯，意在防范刑讯无辜者。问题是既然案件有疑，则意味着司法者也无法判断受讯人的陈述真伪。而司法者迫于破案压力，更倾向于受讯人作出有罪供述。若受讯人不认罪，刑讯就可能超过法定严厉程度。而严厉的刑讯又可能迫使受讯人承认虚假的罪名，司法者对被告的罪行就会由信疑参半变为确信无疑，进而要求受讯人呈交证据。如受讯人无法呈交，则会被继续刑讯，于是受讯人乃至其家人甚至会伪造受讯人有罪的证据，从而形成证招一致的假象。清人认识到了有疑即可刑讯的弊病，在立法上对刑讯条件作出调整，将有疑刑讯变为有罪才刑讯。律文规定："罪人赃仗证佐

[1] （清）徐士林：《徐公谳词》，齐鲁出版社 2001 年版，第 145 页。

[2] 《唐律疏议》，刘俊文点校，法律出版社 1999 年版，第 592 页。

明白，不服招承。明立文案，依法拷讯”，[1] 例文也规定：“重大案件正犯，及干连有罪人犯，或证据已明，再三详究，不吐实情，或先已招认明白，后竟改供者，准夹讯。”[2] 从立法上看，刑讯要得到的陈述是司法者已经知道的，因此受讯人无法欺骗，即使受讯人打定主意坚决不招，比唐宋时期更加严厉的刑讯也常会迫使其作出有罪供述。蓝鼎元记载了他审理的一桩案件的刑讯使用就是如此。

杜宗城之妾郭氏投水身死，验郭氏有被殴之伤，讯之杜宗城之幼女阿端，言因偷糖被宗城之妻林氏用棍殴打。吏据阿端供词在林氏房门后将小木棍携出，与郭氏所受伤相验符合。讯问林氏，坚不吐实。命刑之，林神色不变；拶其指：拷之二十亦不承。宗城乃谓妻曰：“事已难欺，实言可也。”于是林氏乃据实直言：“因郭氏偷糖四五斤，我怒以掌连批其左右颊，郭氏犹强辩，乃以木棍击其左手、右臂、两脚腕。”再问宗城及乡邻：“果非无别故，无别人殴乎？”皆曰：“并无别人殴打，林氏所言是实。”[3]

本案在刑讯之前的证据要求已经达到清律中的赃仗证佐明白，但嫌疑人不招认，司法者对其刑讯，最终嫌疑人承认了所犯罪行。

4. 禁止辅助司法者实施重要司法行为

清代的辅助司法人员主要有吏和役。吏一般从事记录，役主要从事侦捕和检验。清代法律对于吏和役的职责有明确要求，尤其强调吏役不能实施重要司法行为。在案件审理过程中，不得由吏典代写犯人招词。清律《吏典代写招草》条规定：若吏典等人为人改写及代写招草，增减其正实情节，致罪有出入者，以故出入人罪论。若犯人果不识字，许令在官不干碍之人，依其亲具招情代写。若吏典代写，即罪无出入，亦以违制论。[4] 上述关于招词录写的规定，目的在

[1] 《大清律例·断狱》，田涛、郑秦点校，法律出版社 1999 年版，第 563 页。
[2] 《大清律例·断狱》，田涛、郑秦点校，法律出版社 1999 年版，第 562 页。
[3] （清）蓝鼎元著：《鹿州公案·尺五棍》，群众出版社 1985 年版，第 229 页。
[4] 《大清律例·断狱》，田涛、郑秦点校，法律出版社 1999 年版，第 602 页。

于防止吏典删改招草，从而造成虚假的供招已符。对于役的职能，立法亦有规定。《检验尸伤不以实》条例文规定仵作必须在印官督令下如法检验，不得独任检验。[1]《凌虐罪囚》条例文规定番役若将盗犯及死罪人犯私拷取供，枷号一个月，杖一百；将军流以下犯人私拷取供，递加一等治罪。[2] 清代法律之所以禁止吏役实施实质性的取证行为，就是因为考虑到吏役难以公正地讯问与取证。清代吏役地位低下，合法收入微薄，常靠诉讼自肥，对于案件的真实发现很难用心。再则，吏役处于司法体系的底端，担负的破案压力远大于州县印官，印官无法破案还可以逼迫吏役，而吏役无法将压力再向下传递，便会选择制造冤狱来逃避责罚。《庸闲斋笔记》载：

无锡盗案，屡承屡翻，而赃据凿确，即发审局诸委员亦以为真盗也。公（应敏斋）亲提研讯，见事主则长而大，盗乃矮而小。究诘再四，事主但认赃为据。公因取赃衣反覆视之，遽呼事主前，指一马褂曰："此汝之服耶？"对曰："然。"即令衣之，乃短小甚；呼盗使服，则却称其体。盗乃泣而呼曰："此固我之衣也。"盖无锡是年盗案层出，一无破获，捕役惧比，因获一人强之承，复嘱事主强之认，冀逭其责耳。后经事主历历供出。"[3]

本案中被告的虚假自认与事主的虚假识认皆由捕役安排，而捕役之所以制造假案，原因正是惧比。由此可见，清代立法禁止吏役实施重要司法行为，若果真能得到遵守，是有助于预防虚假供招已符的。

（二）以情理判断供招已符

所谓"情"，是指案件发生时的事实与证据，是司法者据以发现真实的材

---

[1] 《大清律例·断狱》，田涛、郑秦点校，法律出版社 1999 年版，第 592 页。

[2] 《大清律例·断狱》，田涛、郑秦点校，法律出版社 1999 年版，第 568 页。

[3] （清）陈其元：《庸闲斋笔记》卷八，《笔记小说大观》21 册，江苏广陵古籍刻印社 1983 年版，第 235 页。

料。《左传》有“小大之狱，虽不能察，必以情”记载。[1]此处的“情”即是指能够查明案件真相的全部资料。作为事实认定资料的“情”有广义和狭义之分。广义的“情”既包括能够证明争议事实与否存在的证据，还包括对争议事实是否发生可能产生影响的相关事实；狭义的“情”不包括证据，仅指相关事实，既包括客观事实，也包括能够体现行为人心理状态的行为表情。[2]本文中的“情”指狭义的情。而情理则是指相关事实存在的前提下，案件争议事实存在的可能性。若争议事实存在可能性较大，则表明该事实的认定符合情理；反之则不合情理。[3]

供证及其认定的事实应当与情理相符的观念在古代中国很早即已形成。唐宋律中“赃状露验、理不可疑，虽不承引，即据状断之”的规定体现了无招认时认定有罪应达到证据充分、符合情理的要求。司法理论亦有如此主张，郑克认为：“盖赃或非真，证或非实，唯以情理察之，然后不致枉滥。”[4]宋以后“据状断之”规定虽被取消，但情理依然受到重视。元人主张：“其告指不明，无验证可据者，必须以理推寻。”[5]《大明令》要求：“凡鞫问罪囚，必须依法详情推理。”[6]清代的立法虽不像前代法律明文规定情理的判断作用，但司法理论对此非常重视。情理折狱在清代司法者观念中具有广泛的共识，自普通司法者到最高统治者都非常倚重。王又槐认为：“供词须近情理……无情理者，虽执有确据，亦应驳诘。”[7]视情理为判断供词真伪的依据。最高统治者亦不例外，乾隆帝就非常重视情理的作用。在一份针对湖北英山知县倪存谟所审案件的谕旨中，乾隆帝驳称：“杜得正如果拉奸伊媳，必系无人之处，僧人广明何由在旁，此乃情理

[1] 《左传·庄公十年》。

[2] 张斐在注晋律时称“是故奸人心愧而面赤，内怖而色夺”。其中的面赤、色夺即为主观之情。

[3] 例而言之，宋陆九渊知荆门时，有诉人杀其子者，九渊曰：“不至是”，及追究其子，果无恙。（明窦子称著《敬由编·卷十一》）。在本案中，被害人系被告人之子，即为相关之情，而被告人杀害被害人即是争议事实，因被害人与被告人父子关系的存在，因而被告人杀害被害人这一事实的可能性较小，即不符合情理。

[4] 《折狱龟鉴》卷2《释冤下·高防校布按语》。

[5] 《元典章》卷40《刑部·鞫囚以理推寻》。

[6] 《大明律》，怀效锋点校，法律出版社1999年版。第262页。

[7] （清）王又槐：《刑钱必览》卷一，引自杨一凡主编：《历代珍稀有司法文献》第三册，社会科学文献出版社2012年版，第1217页。

之显而易见不必悉心详究而始知者。”[1] 可见，主张供招应与情理相符，虽不如供招已符在立法上有明确要求，但在司法者观念中有着非常重要的地位，而司法者观念也必然在其实践中产生影响。

在强调供招应与情理相符时，情理的判断作用可以从供招是否符合情理两方面来考察。通常情况下司法者多从事实不合情理的角度来强调情理的作用，较少主动声明事实符合情理，除非是对于其他司法者作出的不合情理判断进行反驳。《刑案汇览》载：李得玉投宿。夜间店中遇贼，店主马垫成闻声携刀出捕，遇李德玉因避贼立于院内，喝问时李得玉不应，马垫成疑贼误扎李得玉身死。县审认为李德玉既非正盗，岂有叠扎多伤，并不声喊之理，认定马垫成系故杀李得玉。刑部复核时驳称：殊不知李得玉与马垫成邂逅，本不能辨认声音。在仓促之时，马垫成逢人便扎，与李得玉之默不出声，其心目中俱只有强盗，即大声疾呼，亦不知孰为店主，孰为客人，此固情所必然，理所必有。[2] 本案中刑部之所以强调马垫成的主张符合情理，乃是因为此前地方各级审理都认为马垫成的主张不合情理。从不合情理的角度来强调情理的作用，是因为不合情理的事实基本可以认定为假；而之所以较少从符合情理角度来认定事实，是因为符合情理的主张却未必为真，很多时候虚假事实同样符合情理。

就事实不合情理的程度而言，可分为两个层次，一是轻微的不合情理，二是明显不合情理。[3] 事实不合情理，无论属于哪个层次，上级司法者都会驳令再审或委员重审。只是面对轻微不合情理的事实，重审者若能提供新的证据或强调事实认定没有疑问，则该事实亦会获得上司认定。《刑案汇览》载刑部说帖载：“张文爽将张瑞扎死，令佛云给其盘缠逃往东山藏匿，佛云给钱二吊

---

[1] 《清通典》卷 84，浙江古籍出版社 2000 年版，第 2649 页。该案情节如下：僧广明与杜如意妻通奸，为杜如意父杜得正撞获，广明杀死杜得正，杜如意控县。广明诬称“杜如意撞遇杜得正与其妻有奸，持斧欲斫。广明见其手软，接斧连斫致毙”，并引杜妻为证。倪存谟不识真伪，严刑杜如意致其诬服。

[2] （清）祝庆祺等编：《刑案汇览三编・一》，北京古籍出版社 2004 年版，第 188 页。

[3] 清代一则案例能表明这两种层次的差别：唐八儿三次听从行窃，刑部认为初次可谓年幼无知，二次被胁已属牵强；三次又称被胁，更非情理。见（清）祝庆祺等编：《刑案汇览三编・一》，北京古籍出版社 2004 年版，第 520 页。“牵强”属于程度较轻的不合情理，“更非情理”则属程度较重的不合情理。

放走。吉林将军以佛云难保无同谋纵逸情事将佛云监候待质。刑部认为应驳令严审，务得确情。倘佛云坚供实无同谋情事，则其知人谋害他人，资送正凶藏匿，亦罪有应得。”[1] 本案中佛云供未与张文爽同谋属于轻微不合情理，司法者驳令重审时就已表示，若嫌犯坚供则可认定该事实。而对于严重不合情理的事实认定，在重审后一般会作出新的事实认定。如前述广明致死杜得正一案即是如此。

供招应当符合情理，极少有例外。司法者明知供招不合情理还强行作出有罪认定的案例尚未见到。司法实践中，违背情理的有罪认定是存在的，但都是司法者没有意识到事实与情理不符，因而不能视为供招应当符合情理的例外。供招必须与情理相符是清代司法中的帝王原则，情理是事实认定不容逾越的底线。

三、供招已符的异化

（一）供招已符异化的表现

供招已符的异化指有罪认定表面符合供招已符的条件，但因为司法者获取供招的心态及次序异化，从而导致虚假的供招已符。供招已符异化的第一个表现是司法者的心态异化。司法者获取供招已符的正常心态应当是要获取真实的供招已符，因为只有依真实的供招已符认定的有罪事实才是真实的。异化的心态则表现为司法者有意追求虚假的供招已符特别是口供相符。清代司法理论要求“一人如此供，须人人如此供，一毫不可互异……任其人之多寡，事之驳杂，必使人人口供俱要相同，方成信案……供词不可一字互异，前后相符，自不至于驳诘”。[2] 我们知道，就供述而言，即使每个人都讲真话，亦会存在差异，这原本是正常现象。反之，若供词完全相符，反而可能是串供。前述刘冰斋审理的盛大劫案即是如此。但由于立法强调供招已符，初审司法者在案件审理中如

[1] （清）祝庆祺等编：《刑案汇览三编・一》，北京古籍出版社 2004 年版，第 176 页。

[2] （清）佚名：《招解说》，载《明清公牍秘本五种》，中国政法大学出版社 1999 年版，第 560、562 页。

发现存在供招不符时，就可能删改供词以求得供招已符。制造虚假供招已符既包括司法者故意制造假案而伪造、删改供招的情形，也包括司法者正常审理中发现供、招不符，虑及无法结案而删改供招的情形。前者如无锡盗案中虚假的供招已符即是捕役有意安排的，后者在实践中也不鲜见。前述乾隆年间倪存谟审理僧人广明因奸致死杜如意父杜得正一案中，杜如意呈词与自诬内容不符。依据常理，杜如意果真欲杀其父，广明自旁相助，杜如意不应到官府控告。为了保证供招相符，倪存谟删改告词，捏称案件系访闻获得，以避免上司驳诘。[1]此案一直呈转至皇帝处，依清代的审转制度，可知该案虚假的供招相符骗过了各级司法者。

供招已符异化的第二个表现为供招取得顺序的颠倒。供招已符如欲达到避免冤狱的目的，其取得应遵守一定的次序。例文要求的“供证已确、印据见在、人犯成招”就隐含了先取供证、后取印据、再取招认的次序。而清律要求在用刑讯取招时，事实审理应达到“赃仗证佐明白”或“证据已明”的程度，显然也是对先取供证、后取招认顺序的强调。实践中称职的司法者亦是如此取证的。前引《鹿州公案》所载林氏殴妾一案的审理过程中，司法者先听取报案者供述，然后再验被殴之伤；又据阿端供词取出凶器木棍；最后讯问林氏获得其招。这种先取供词，再取实物证据，最后取招的顺序一般不得颠倒。以供词与印据而言，司法者先令受讯人陈述案情，由于受讯人事先不知道印据检验的结果，如果其陈述虚假，则很难与随后收集的实物证据印证一致，从而致虚假的事实难以得到认定。[2]相反，如司法者先取实物证据，再讯取证人供词，证人可能受到物证的影响信口妄言。一旦物证检验有误，证人再据物证结果陈述，则供词与印据就极易形成一致的假象。前述王士俊强调应“俟三词合同，方亲至检所，逐一加验”，正是出于避免供证言词受检验不当影响的考虑。至于被告人招认更应在供证已确后再去获取。

---

[1] 《清通典》卷84，浙江古籍出版社2000年版，第2649页。

[2] 《纸上经论》记载：郑氏被夫胡秀及夫叔胡新平殴打自缢而死，县审胡新平胡秀皆承认打了钵头，擦了邓氏之额。但尸格所载邓氏额头只有一伤。县详报府，知府认为两份供词必有一假，驳令研审以获取确供。见（清）吴宏：《纸上经论》，引自《明清公牍秘本五种》，中国政法大学出版社1999年版，第192页。

但实践中亦有很多司法者未按这一顺序取证。有的司法者先对嫌疑人刑讯，迫使其承认犯罪，然后再逼其提供犯罪证据，甚至还会诱逼证人作出与嫌疑人招认及物证一致的证词，这样一来，就可以做到供招已符。清代很多冤狱都是这样炼成的。李渔曾言捕役“见有踪跡可疑之人，即指为盗，无论是非，辄逼使招承，痛加箠楚，一语偶合，又令招扳伙伴，展转相诬，诛求无已”[1]，这指出了先取招、后取供证现象的普遍性。前述无锡盗案的审理即是先获一人强迫其承认，复嘱事主认假赃。属典型的先取招，后取供，再取印据。从清代的司法实践看，尽管司法者在颠倒供招取得次序时未必有制造虚假供招的故意，但在客观上经常导致被告人自诬，并在此基础上进一步获得与其相符的虚假供证与印据，从而形成冤狱。可见，供招取得次序的颠倒与虚假供招已符的形成有很强的因果关系。

（二）供招已符异化的原因

供招已符异化有以下三个方面原因。首先是司法者职业素养的缺乏。清代司法者基本上未受过正规的法律教育与训练，故而审判能力不足，进而导致其审理案件事实易犯错误。《兰苕馆外史》载：

某氏子频年出外贸易。家惟一母一妻，母老而且盲，赖妇贤孝。他日，某氏子归，母喜，命妇烹鸡食之。中夜，某氏子暴亡。邻里以为异，鸣之官。验之，果是中毒。邑令疑妇有私，倍加榜掠，妇不胜其苦，遂诬服。问：“奸夫为谁？”妇本无事，况所识素无多人，仓卒间遽以十郎对。十郎者，某氏子在服之弟也。初，某氏子出门时，嘱十郎时为省母，藉代支理家政。十郎年少诚谨，以受某氏子之托，时至其家，经理甚周，母与妇甚德之。今妇迫于严刑，不得已以十郎塞责。令签拘十郎至，十郎见妇，泣曰：“嫂氏云何？”妇亦泣曰：“叔叔，奴……”语未毕，已哽咽不能成声。令见其情状，叱之曰：“奸夫淫妇，在

[1] （清）李渔：《慎狱刍言·论盗案》，载陈重业主编：《折狱龟鉴补》卷4，北京大学出版社2006年版，第619页。

公堂之上，犹不知耻，……作儿女丑态耶！”乃不容十郎置辩，横加鞭楚。十郎无奈，亦遂诬服。狱具，妇与十郎遂均坐大辟。[1]

本案中司法者的错误主要表现在两个方面。一是未能验明某氏子死于何种毒，因此没有查明其死亡的真实原因，反而得出某氏子死于谋杀的错误结论。二是司法者运用情理错误。我们知道，清代重视情理在事实认定方面的作用。但诚如前文所述，以情理断案，通常只能以某一主张不符合情理而怀疑或否定该主张，不能以某一主张符合情理而肯定该主张，特别是在证据不充分的情况下不能凭借情理来推定犯罪事实存在。[2] 但清代的州县官大多缺乏这一基本常识，经常先凭情理认定某一事实可能存在，然后再通过审理甚至滥用刑讯迫使被告承认司法者想象中合乎情理的事实，本案即是如此。司法者面对某氏子死于中毒的检验结论，形成了其妇有私的偏见，并进而刑讯被告迫其供出奸夫。被告对以十郎后，又形成了十郎即是奸夫并共同毒死某氏子的偏见，反复刑讯，获得了虚假的供招已符，酿成冤狱。本案的司法者并无意制造冤狱，但司法者职业素养不足，从而导致证据调查失实及判断事实违反司法逻辑。清代司法者法学教育经历的缺乏导致他们司法水平与能力普遍不足，

[1] （清）许奉恩：《兰苕馆外史》，黄山书社 1996 年版，第 274—275 页。本案后来的事实认定是这样的：中丞某公，闻而疑之。乃改装易服，诣某氏子家。见妪，既诘得食鸡一事。便托腹饥，出钱命代市一鸡。倩人烹好，即置于向日子所具食之处，乃一葡萄架下。公留心黠察，见热气上薰，少选，架上一丝下缒，直入碗中，非竭目力不见。公知有异，取一脔饲犬，犬毙。乃谓妪曰：“尔妇之冤，我能代申，尔姑待之可也。”妪不解所谓，但合手称谢而已。公将熟鸡裹以旋署，檄邑令及承讯在事各官至，以实告之。众喏喏相视，若不深信。公随命呼一犬至，饲以鸡一脔，果立毙，众始服罪。命人往搜架上，得一蝎，长四寸许，盖所缒之丝即是物也。邑令以诬拟罪论抵，馀各议罚有差。此狱幸赖中丞之贤，卒得暴白。

[2] 闫晓君认为：“传统司法官员受情理的影响，倾向性地对一方施加刑讯，并且对表面上符合自己情理判断的人施以重刑以确证自己的预期。”并认为情理判断对冤狱产生具有联系。载霍存福、吕丽主编：《中国法律传统与法律精神》，山东人民出版社 2010 年版，第 496 页。笔者同意闫晓君的情理与冤狱有关的观点，但不认为冤狱可以归责于情理本身，而应归责于司法者对情理的错误理解。

这是清代冤狱经常发生的原因之一。[1]

其次是破案压力导致司法者依有罪推定思维办案。清代司法者的破案压力来自于两个方面：其一是官员的考评与晋升机制。清代对官员的考绩分为两种，一是京察，一是大计，分别适用于京官、外官。两者的标准为四格八法，四格中有“才能”一项，八法中亦有“才力不及”一项。即使后来八法降为六法，“才力不及”亦在其中。[2] 清代地方官的主要职能就是钱谷征收与审断狱讼，因此对州县官才能的考察与审案密不可分。诚如光绪年间冯应寿所言：“夫守之清浊易知也，年之壮老易见也，才之长短亦可于催科、听断诸端参考之也。”[3] 在这种评价机制下，州县官对于刑案侦破的态度非常迫切。其二是清代疑罪处理规定的缺失。中国古代大部分时期法律都承认疑罪可以结案，唐宋律中皆有疑罪从赎的规定。到了明代，法律取消了疑罪处理的规定，但在实践中还允许疑罪可以上请。清代雍正年间，秋审案件的可疑一项被取消，由此带来的后果是各级衙门不能将疑案招解。州县对于一审案件，如发现有疑，只有两种选择，查明被告有罪或者无罪。就证明的难易程度而言，证明无罪比证明有罪更难，因此司法者会倾向于证明有罪。况且，证明有罪意味着案件已结；若查明被告无罪，在犯罪确已发生的情况下，司法者还须进行侦查。在破案压力下，有罪推定的偏见在司法者潜意识里悄然形成。笔者认为，清代立法要求供招已符方可认定有罪，从逻辑上可以推导出事实认定达不到供招已符则不得认定有罪的结论。但清代立法又不承认疑罪从无，甚至从轻亦不允许，实践中亦很难有疑罪从无的做

[1] 郑定、杨昂认为，清代司法官的知识背景决定了其办案不错亦难（郑定、杨昂：《不可能的任务：晚清冤狱之渊薮》，载《法学家》2005 年第 2 期）；徐忠明则提出相反的观点，认为官员的法律知识状况基本上能够胜任日常案件的审理工作（徐忠明：《清代司法官员知识结构的考察》，载《华东政法学院学报》2006 年第 5 期）。但徐忠明所言的能够胜任系指法律适用而言，而非郑定等人所言的事实认定，两者不可同日而语。就事实认定而言，笔者同意郑定等人的观点。

[2] 《清朝文献通考》卷 59、80。

[3] 朱寿朋：《光绪朝东华录》，“光绪十年二月乙丑”条，中华书局 1958 年版，第 2 册，第 1669—1670 页。

法。[1] 可见，清代的立法思路是冲突的，而这一冲突又导致供招已符预防冤狱的目的难以得到贯彻。清代司法者有罪推定的观念显然不利于冤狱预防，而有罪推定观念的产生又与立法的内在矛盾是分不开的。

最后是刑讯的滥用。清代刑讯在立法上的目的是迫使已被证明有罪却坚不承招者认罪。在立法者看来，温和的刑讯不足以达此目的，因此清代刑讯较唐宋时更加严厉。但倘若刑讯实施未达到法定条件，造成冤狱也更容易。实践中未达法定条件的刑讯经常发生。究其原因，除了前述的有罪推定思维外，还与司法者观念中适用非法刑讯的风险微小有关。依清代立法，非法刑讯只有施于无辜者并且致受讯人死亡，刑讯官员才可能受到杖一百的制裁。[2] 问题是即使是如此轻微的制裁在司法者看来亦不可能发生。因为实施刑讯时司法者很少认为受刑讯人是无辜的。既然受讯人有罪，对其实施刑讯就不算滥刑。至于刑讯实施之前应具备的证据明白，司法者亦相信受刑讯人在认罪后自会呈交。只要被告招认，再加上证据明白，届时没有上司会追究刑讯与证据取得的次序问题。如此一来，刑讯就成了司法者获取供招已符的重要手段。

退而言之，即使司法者未形成有罪推定思维，他们还会适用具有试探意图的刑讯。对被告刑讯，被告认罪司法者当然满意；若被告坚持不认罪，司法者亦可向上司表明已经尽到努力讯问的责任。清代判牍中屡有“刑吓之下，坚供不移”的记载，表明司法者常用试探性刑讯为审理手段。巴县档案载：蓝源旷聚众倡乱，程孔固亦与同谋。官府拿获程孔固之子程恒忠，起获经卷及坎卦图章一块。经讯问，程恒忠称虽与蓝源旷面识，但素无往来，并未勾结附逆，在刑吓之下亦坚供不移。本案中司法者并无证据证明程恒忠从逆，但面对程恒忠在常规讯问时未附逆的供述，司法者不能确信；继又刑讯，程恒忠依然供称未附逆，此时

---

[1] 巴县档案载：巡役盘获僧人吉仰花，从其衣包内搜出天平大王木戳一个，内有离卦字样。审讯中吉仰花供与李茂图财谋杀两个和尚及一个孩子，后从天平大王刘天贵传习口号，并称刘天贵与他说起兵之事。所供传习邪教之罪则有木戳为证。结果是其倡立邪教之罪获得认定，而杀人之罪未被认定。本案中吉仰花自认杀人，虽有招认但无其他供证及印据。司法者之所以未认定其杀人之罪，亦未进行调查。原因并非本于疑罪从无的理念，而是因为其倡立邪教、参与谋逆之罪已是死罪，杀人罪为其吸收，再调查已无实际意义。见四川大学历史系编：《清代乾嘉道巴县档案选编·下》，四川大学出版社 1989 年版，第 434 页。

[2] 《大清律例·断狱》，田涛、郑秦点校，法律出版社 1999 年版，第 563 页。

司法者才相信程恒忠的供述。[1] 司法者之所以实施试探性刑讯，是因为他们觉得此种刑讯并不严厉，不存在迫使无辜者自诬的风险。但问题恰就出在此处。我们知道，对刑讯的忍受力因人而异。强健的无辜者甚至是有罪者都可能在刑讯后坚供无罪，但普通的无辜者亦可能畏刑自诬。而无辜者一旦自诬，案件就会进入自诬者自证其罪的轨道。如被告不能交出证据，刑讯将会变得严厉。在司法辅助人员的指引下，自证其罪总能完成，最终形成看似毫无破绽的冤狱。

（三）供招已符的异化与冤狱形成

总而言之，清代冤狱形成基本上都遵循如下路径。刑事案件发生后，职业素养不高的司法者在破案压力下，证据调查或运用情理判断事实时出错，形成了被告有罪的偏见，然后再着力收集被告有罪的证据。在有罪证据不足的情况下颠倒供招取得次序，违法适用刑讯，甚至逼使吏役搜寻有罪证据。而吏役为逃避责罚，再迫使当事人提供证据或直接指点当事人伪造证据。在伪造的供招已符形成后，司法官正中下怀，通常不会再以情理判断其是否可信，详细审察其是否矛盾，隔别讯问验其是真是伪。退而言之，即使初审司法者发现了案件材料中有供招不符之处，在破案压力下，他们也未必会选择重新审理，反而可能删改案件材料，造成供招已符的假象，以避上司驳诘。这样一来，清代立法与司法理论强调的隔别讯问，初讯通详，防止吏役实施重要取证行为，严控刑讯，以情理判断等预防虚假供招已符的措施都有可能失去作用。前文已述，司法者制造虚假供招一致，其目的有二,一是为了制造冤狱，二是为了避免驳诘。就避免驳诘而言，虚假供招已符掩盖了供、招冲突之处，使得上级司法者失去了通过分析供招不符之处发现冤狱的机会。至于制造冤狱的目的原本就与避免冤狱的目的背道而驰。可见无论是出于哪一种目的的虚假供招已符，都使得原本是为了预防冤狱的供招已符，异化成为制造冤狱的推手。而且，以虚假供招已符为定案基础的冤狱，由于其有罪证据在形式上没有矛盾，因而平反亦极为困难。

当然，具体到司法者个体而言，供招已符预防冤狱的效果不可一概而论。

[1] 四川大学历史系编：《清代乾嘉道巴县档案选编·下》，四川大学出版社 1989 年版，第 424 页。

为人正直、办案认真、断狱经验丰富的司法者受到有罪推定思维的影响会较弱，使用刑讯慎重，使用情理判断更加合理，则供招已符预及冤狱的作用更易实现。反之，那些无能昏愦贪贿酷暴之官则更易无视法定取证规则，轻率使用情理断案，形成偏见后滥用刑求，则供招已符更易成为酿成冤狱的手段。

四、结语

清代刑案审理以供招已符作为定罪标准，无疑有避免冤狱的目的。但从实践效果来看，显然不容乐观。[1] 特别是很多被查明是冤狱的案件在当初事实认定时都达到了供招已符的定罪标准，可见供招已符在预防冤狱的作用未能完全达到制度设计者对它的期望。司法者职业素养不高，考评机制不合理，司法机制的内在缺陷，司法理念落后等都构成了供招已符预防冤狱效果不彰的原因。我国当下的刑事审判中，冤狱还在一定的范围内存在。相对于犯罪给被害人与社会带来的伤害，冤狱对社会造成的破坏要大得多，受到的关注也更多。在依法治国的大背景下，冤狱的频频出现会摧毁人们对法治的信心。为此，借鉴古代社会预防冤狱的经验与教训就很有必要。就清代供招已符对冤狱预防的影响而言，可为当下借鉴之处有以四个方面：一是定罪应当以证据与口供相结合，无证据绝对不可以定罪，有证据无口供定罪应非常慎重，须确保证据真实。二是认定的有罪事实及各种证据都应当符合情理，采信不合情理的证据或认定不合情理的事实必须作出令人信服的解释。三是应当明确将疑罪以无罪结案。对不能证明被告有罪，亦不能排除其犯罪的情形，要依法判决其无罪，将有罪证据不足判决无罪变成司法者的自觉。四是严禁刑讯及任何变相刑讯行为。只要是刑讯取得的证据，不管其是否可信都不得采用。如此可以减少刑讯逼供适用的概率，从而减小刑讯制造冤狱的可能。

---

[1] 由于未被平反的冤狱在史料中都没有被视为冤狱，因此清代冤狱预防的实际效果无法统计，以已经平反的冤狱来判断冤狱预防效果是有问题的。可以这样认为，清代司法实践中的冤狱数量肯定比已发现的冤狱数量要大得多。

后　记

法律文明是一个不断流动的载体，它总是通过不同的途径互相交流、相互影响。在世界古代的历史长河中，有一条贯穿亚欧大陆东西两端的大动脉，即举世闻名的丝绸之路，古代东西方的政治、经济和文化往来就是通过这条陆路通道不断互相传播的。

丝绸之路作为古代东西方文化的重要通道，不仅蕴藏着巨大的经济价值，也蕴含着丰富的法律文化价值。从十九世纪末以来，国内外考古工作者在丝绸之路沿线新发现了许多古代法律文书，这些新出土的法律文书分布地域广泛，涉及丝路沿线的古代汉族、藏族、粟特、突厥、佉卢、回鹘、党项、蒙古、波斯等诸多民族的法律制度。深入调查和研究丝绸之路沿线新发现的古代各民族的法律文书，不仅有助于了解当时丝路沿线各民族的法律状况，还能促进现阶段中国与丝绸之路沿线各国的法律文化交流。

法律史学界很早就有学者关注丝绸之路沿线新发现的古代法律文书，并作了许多基础性的研究工作。从 2015 年以来，上海师范大学法律史学研究团队就把对古代丝绸之路沿线新发现的古代法律文书作为学术研究的重点。2016 年，法律史学科先后获得上海师范大学第九期校级重点学科“法律史学”项目的资助；2017 年 6 月，又成功申报了上海市教委科研创新计划重大项目“一带一路沿线新发现的古代各民族的法律文书整理及研究”，为我校的法律史学研究提供了非常便利的条件。

近几年来，上海师范大学法律史学科先后举办了“中国传统民事法律的近代转型及未来展望”学术研讨会、“丝绸之路沿线新发现的汉唐时期的法律文书研究”学术研讨会等许多学术会议，出版了《中国古代的法典、制度与礼法社会》

《中国传统民事法律的近代转型和未来展望》等著作，发表了《从敦煌吐鲁番判文看唐代司法审判的效率和质量》《审判中心主义视域下的唐代司法》《唐代司法自由裁量权的法律规制及其实践价值》等学术论文，在国内外法史学界产生了很大影响。

为了加强法学界与历史学界的交流，推动对丝绸之路沿线古代各民族法律文书整理和研究的深入开展，2018 年 11 月在上海师范大学成功召开了“丝绸之路沿线新发现的汉唐时期的法律文书研究”研讨会，此次会议收到学术论文近三十篇，这本学术文集就是在上述成果的基础上编纂而成的。

“丝绸之路沿线新发现的汉唐时期的法律文书研究”学术研讨会主要围绕着三个方面的问题展开了讨论：第一，丝绸之路沿线新发现的法律史料与汉晋时期的法律制度研究。主要成果有杨振红《秦汉时期“符”的尺寸及其演变》，曹旅宁《玉门花海〈晋律注〉补述》等论文。第二，敦煌西域文书与唐代法律史的研究。主要成果有侯文昌《佉卢文买卖契约之格式研究——兼论汉文、拉丁文契的比较》，赵贞《〈神龙散颁刑部格〉所见“宿宵行道”考》，张雨《吐鲁番文书所见唐前期赃赎钱物管理中的地方政务运行——以府州法曹与功曹、仓曹为中心》等论文。第三，新发现的法律史料与古代法制研究。主要成果有王沛《霸姬盘小考》，黄海《笞刑源流考——东周秦汉时期的“笞”与“笞刑”》等论文。通过会议期间的交流，许多学者都充分认识到了丝绸之路沿线新发现的法律文书的重要价值，这些法律史料的发现，有助于重新评价丝绸之路沿线古代各民族的法律制度。

法律史学是一门交叉性的学科，法律史学的研究离不开新的资料。我们殷切希望法学界能够与历史学界等不同学科展开深入的交流，开拓学术研究的视野，不断提高法律史学研究的质量，为当前中国的法制现代化服务。

郑显文

2020 年 5 月 8 日

图书在版编目 (CIP) 数据

丝绸之路沿线新发现的汉唐时期法律文书研究 / 郑显文主编 . —北京：中国法制出版社，2020.8

ISBN 978-7-5216-1207-3

Ⅰ . ①丝…　Ⅱ . ①郑…　Ⅲ . ①法律文书—研究—中国—汉代 - 唐代　Ⅳ . ① D929.2

中国版本图书馆 CIP 数据核字（2020）第 128447 号

责任编辑：李宏伟（lhwstc@163.com）　　封面设计：杨鑫宇

丝绸之路沿线新发现的汉唐时期法律文书研究

SICHOU ZHILU YANXIAN XINFAXIAN DE HANTANG SHIQI FALÜ WENSHU YANJIU

主编 / 郑显文

经销 / 新华书店

印刷 / 北京京华虎彩印刷有限公司

开本 / 710 毫米 ×1000 毫米　16 开　　印张 / 25.25　字数 / 368 千

版次 / 2020 年 8 月第 1 版　　2020 年 8 月第 1 次印刷

中国法制出版社出版

书号 ISBN 978-7-5216-1207-3　　定价：88.00 元

值班电话：010-66026508

北京西单横二条 2 号　邮政编码 100031　　传真：010-66031119

网址：http://www.zgfzs.com　　**编辑部电话：010-66054900**

市场营销部电话：010-66033393　　**邮购部电话：010-66033288**

（如有印装质量问题，请与本社编务印务管理部联系调换。电话：010-66032926）